Netzwerkprotokolle
GE-PACKT

W0086436

Mathias Hein, Michael Reisner

Netzwerkprotokolle
GE-PACKT

Die Deutsche Bibliothek –
CIP-Einheitsaufnahme

Ein Titeldatensatz für diese Publikation ist
bei Der Deutschen Bibliothek erhältlich.

ISBN 3-8266-0857-7
1. Auflage 2002

Printed in Germany

© Copyright 2002 by mitp-Verlag/ Bonn,
ein Geschäftsbereich der verlag moderne industrie Buch AG&Co.KG/ Landsberg

Lektorat: Sabine Schulz
Satz und Layout: G&U e.Publishing Services GmbH, Flensburg

Inhaltsverzeichnis

Aufbau des Buches

Die im Buch verwendete Gruppierung der einzelnen Protokolle und Sub-Protokolle entspricht mit wenigen Ausnahmen im wesentlichen dem ISO/OSI-Referenzmodell. Durch diese Gruppierung in Hauptabschnitte ergibt sich jeweils ein geschlossener thematisch geordneter Überblick über die Funktionalitäten der betreffenden Schicht. Die einzelnen Protokolle wurden innerhalb der einzelnen Kapitel nach den gebräuchlichen Namen und Abkürzungen (z.B. Ethernet und nicht IEEE 802.31) geordnet. Auf eine tabellarische Übersicht aller Parameter wurde bewusst verzichtet. Zum einen lässt das Format dieses Buches eine ausführliche Darstellung aller Parameter nicht zu und zum anderen sind ähnliche Tabellen im Internet unter www.ieee.org für jeden frei zugänglich. Der Index wurde so gestaltet, dass alle Begriffe in alphabetischer Reihenfolge wiedergefunden werden können.

Die jeweiligen Protokollelemente wurden bis auf wenige Ausnahmen herstellerneutral verwendet. Auf herstellerspezifische Eigenheiten wurde zugunsten der internationalen Standards verzichtet.

Jede Protokollbeschreibung enthält eine kurze Einführung in das jeweilige Einsatzgebiet, dessen Aufgaben und Funktionsweisen. Anschließend folgt eine Darstellung des Header und die detaillierte Erklärung der einzelnen Protokollfelder.

1 Normen in der Netzwerkwelt

Die achtziger Jahre brachten eine starke Veränderung der Kommunikationsstrukturen im Verwaltungs- und im Bürobereich mit sich. Bis dahin existierten in diesem Bereich nur spezielle Hard- und Softwarelösungen, die streng hierarchisch auf ein zentrales System ausgerichtet waren. Die zentralen Rechnerkonzepte wurden nach und nach durch viele voneinander unabhängige Geräte abgelöst, die über Lokale Netzwerke (LANs) oder auch Wide Area Networks (WANs) untereinander verbunden wurden. Diese Entwicklung hatte einen rasanten quantitativen und qualitativen Leistungszuwachs der EDV-Endgeräte zur Folge. Mit Schlagworten wie herstelleroffene Datennetze – Open Systems Interconnection (OSI) – wurden die neuen Kommunikationstechniken bezeichnet, mit deren Hilfe eine vernünftige Verwaltung großer Datenmengen und eine schnelle Verteilung der verfügbaren Informationen möglich wurde (Bürokommunikation). Sowohl bei der Kommunikationssoftware als auch bei den Hardwarekomponenten für das Netz entstanden herstellerunabhängige, allgemein verfügbare Lösungen, die der internationalen Normung folgten. Gleichzeitig wurde der Preisverfall durch die Verfügbarkeit von vergleichbaren Geräten erheblich beschleunigt und die weite Verbreitung von LAN-Komponenten ermöglicht.

In den frühen Tagen der Netzwerke wurden von jedem Hersteller eigene Netzwerkprotokolle und Kommunikationsverfahren spezifiziert. Die Firma IBM hatte allein mehr als ein Dutzend Standards auf den Markt gebracht. Dies führte dazu, dass die Netzbetreiber die Rechner unterschiedlicher Hersteller nicht in ein gemeinsames Netzwerk einbinden konnten.

Heute sorgen Normen nicht nur für eine übergreifende Kommunikation zwischen verschiedenen Rechnern, sie schaffen auch die Grundlage für eine wirtschaftliche Entwicklung und Produktion der Netzwerkprodukte. Sichtbare Auswirkungen sind die Massenproduktion, die sich wiederum in niedrigeren Preisen niederschlägt.

Normen werden entweder in staatlichen oder zwischenstaatlichen Normengremien festgelegt oder von Interessensgruppen als de facto Standards entwickelt. Die de facto Standards sind heute weiter verbreitet als die offiziellen Normen. So wurde der PC zwar von IBM entwickelt, aber von Dutzenden anderer Hersteller mehr oder weniger gelungen kopiert. Auch die TCP/IP-Normen werden von keinem staatlichen Normengremium entwickelt, sondern von der Internet-Community. Sie werden zwar als Internet-Normen veröffentlicht, haben jedoch nur als de facto Standards Gültigkeit.

Die Koordination der internationalen Normen übernimmt die ISO (International Standards Organization). Die ISO wurde 1946 gegründet. Bei ihr handelt es sich um eine freiwillige, nicht durch staatliche Verträge geregelte Organisation. Zu ihren Mitglieder gehören die nationalen Normungsinstitute der 89 beteiligten Staaten wie beispielsweise die ANSI (USA), BSI (England), DIN (Deutschland), ON (Österreich) und 85 weitere. Die ISO publiziert für verschiedene Sachgebiete die notwendigen Normen. Das Spektrum reicht von Schrauben und Muttern bis hin zur Schirmung von Kabeln. Die 200 technischen Komitees (TCs) wurden in der Reihenfolge ihrer Entstehung nummeriert. Für die Computer und Informationsverarbeitung ist die TC97 zuständig. Jedes technische Komitee ist wiederum in Unterkomitees, sogenannten Subcommittees (SCs) untergliedert. Diese sind wiederum in Arbeitsgruppen (WG) unterteilt. Die eigentliche Arbeit in den Komitees wird von Freiwilligen erbracht.

Das Normungsverfahren der ISO ist auf einen möglichst breiten Konsens der Mitglieder ausgelegt. Der Normierungsprozess beginnt, wenn eines der nationalen Normungsinstitute das Bedürfnis nach einer internationalen Norm verspürt. Es bildet sich eine Arbeitsgruppe, die ein Draft Proposal (DP) also einen Entwurfsvorschlag, ausarbeitet. Dieser DP wird anschließend an die Mitglieder zur Diskussion verschickt. Wenn die überwiegende Mehrheit für diesen Vorschlag stimmt, wird das Draft Proposal noch einmal überarbeitet und als DIS (Draft International Standard) zur Diskussion und endgültigen Abstimmung verteilt. Das Ergebnis der Diskussion bildet die Grundlage für den endgültigen Text des internationalen Standards (IS), der danach ausgearbeitet, bestätigt und veröffentlicht wird.

ISO/OSI Referenzmodell

Die Kosten der Vernetzung stehen proportional zur Vielfalt der unterschiedlichen Geräte und eingesetzten Protokolle. Das kann am Beispiel eines Simultanübersetzers verdeutlicht werden:

An einer internationalen Konferenz zum Thema „Netzwerksicherheit" nehmen Personen aus mehreren Ländern teil. Die Referenten kommen aus den USA, England und Deutschland. Die Zuhörer stammen aus Japan, China, USA und Frankreich. Um den Zuhörern einen angenehmen Konferenzverlauf zu ermöglichen, hat der Veranstalter für eine Simultanübersetzung der jeweiligen Vorträge gesorgt. Für jede Sprache wird ein spezieller Übersetzer benötigt. Diese Spezialisten werden natürlich für ihre speziellen Fähigkeiten bezahlt. Das schlägt sich in erhöhten Kosten für die Durchführung der Konferenz nieder.

Auf ähnliche Weise steigen die Kosten für die Übersetzung von Protokollen unterschiedlicher Hersteller. Solange nur zwei oder drei Protokolle genutzt werden, sind die Kosten und die Anpassungsproblem einigermaßen überschaubar. Werden weitere Protokolle hinzugefügt, so steigen die Komplexität und die Kosten für den Betrieb exponential an. Das Problem der Umsetzung zwischen Protokollen unterschiedlicher Hersteller veranlasste die International Organization for Standardisation (ISO), eine „universelle Sprache" in Form eines Open-System-Interconnection-Modells (OSI-Modell) zu entwickeln. Durch die Definition von standardisierten Funktionen wurde die Grundlage für eine offene Kommunikation zwischen den unterschiedlichen Produkten geschaffen.

Das ISO/OSI-Referenzmodell bildet heute die Grundlage für die Entwicklung aller Netzkomponenten. Das ISO/OSI-Referenzmodell unterteilt die Funktionen und Aufgaben der Rechnerkommunikation in sieben Schichten. Die unterste Schicht stellt die Schnittstelle zum physikalischen Übertragungsmedium dar und die oberste Schicht die Schnittstelle zur Anwendung bzw. zum Benutzer. Jede Schicht kommuniziert mit der direkt darüber und darunter liegenden Schicht mit Hilfe von schichtspezifischen Header-Informationen. Diese Header-Informationen bestimmen mit Hilfe definierter Felder, die als Dienstzugangspunkte (Service Access Points /SAPs) bezeichnet werden, die jeweilige direkt darüber oder darunter liegende Schicht. In ihrer Funktion sind diese Service Access Points mit Briefkästen vergleichbar. Eine Schicht hinterlegt die spezifischen Informationen für die höheren bzw. niedrigeren Schicht in einem solchen Briefkasten.

Die Protokollinformation jeder Schicht wird automatisch an die Daten angegliedert, bis sie zur Übertragung auf den physikalische Datenträger bereit stehen. Werden die Informationen (Header- und Dateninformationen) von der Zielstation empfangen, so hat die jeweilige Empfängerschicht die Aufgabe, die Informationen auszupacken und entsprechend den Header-Informationen zu verarbeiten.

▸ Die Anwendungs-, Darstellungs- und Kommunikationsschicht sorgen für die Formatierung der Daten und legen die Kommunikationssteuerung zwischen dem lokalen und dem entfernten Rechner fest. Auf der Schicht 7 (Application Layer) werden die anwendungsspezifischen Protokolle bereitgestellt. Die Schicht 6 (Presentation Layer) codiert/decodiert die Daten für das jeweilige System. Die Schicht 5 (Session Layer) sorgt für die Prozesskommunikation und das Umsetzen und Darstellen der Informationen, die zwischen zwei Systemen ausgetauscht werden.

▸ Die Transportschicht (Schicht 4, Transport Layer) garantiert die Zuverlässigkeit der Übertragung zwischen zwei Endstationen. Dazu werden Funktionen zur Fehlerkorrektur und Multiplexmechanismen zur Verfügung gestellt. Die Adressierung auf dieser Schicht erfolgt über spezielle Dienstezugangspunkte. Bei den TCP/IP-Protokollen werden diese Schnittstellen als Sockets bezeichnet.

▸ Die Vermittlungsschicht (Schicht 3, Network Layer) sorgt für die sichere Übermittlung der Daten zwischen unterschiedlichen Netzwerken. Dieser Vorgang wird auch als Routing bezeichnet. Mehrere Netzwerke können so zu einem logischen Gesamtnetzwerk gekoppelt werden.

▸ Die Sicherungsschicht (Schicht 2, Data Link Layer) stellt die Mechanismen zur Adressierung der Informationen innerhalb eines physikalischen Netzes bereit. Auf dieser Schicht werden die Bits in Datenpakete unterteilt. Neben Fehlererkennung kann hier auch eine Flusskontrolle vorgenommen werden.

▸ Die Bitübertragungsschicht (Schicht 1, Physical Layer) wandelt die Informationen in die jeweiligen physikalischen Parameter um. Dabei werden die Informationsdaten in elektrische oder optische Signale umgewandelt.

Institute of Electrical and Electronics Engineers

Eine weitere wichtige Normengruppe ist die IEEE (Institute of Electrical and Electronics Engineers). Außer der Veröffentlichung von Testberichten aus Fachzeitschriften und der Veranstaltung einer Vielzahl von Konferenzen jedes Jahr beschäftigt sich IEEE in einer Normengruppe auch mit der Entwicklung von Normen auf den Gebieten der Elektrotechnik und Informatik. Die IEEE-Norm 802 für lokale Netzwerke bildet den Standard für die LAN-Technologie. Diese Normen wurden von der ISO übernommen und als ISO-Norm 8802 veröffentlicht. Das IEEE-Konsortium beschränkt seine Aktivitäten auf die Definition der Übertragungsmechanismen auf den unteren zwei Schichten des OSI-Referenzmodells.

Nur der Data Link Layer (Schicht 2) und der Physical Layer (Schicht1) werden also von den IEEE-Standards (z.B. CSMA/CD, Token Ring und To-ken Bus) abgedeckt. Die IEEE 802-Gruppe ist in Arbeitsgruppen unter-gliedert, die sich speziellen Tätigkeiten und Aktivitäten verschrieben ha-ben. Die Arbeitsgruppen der IEEE 802-Gruppe sind:

1. IEEE 802.1 HILI Higher Level Interface
2. IEEE (802.2 LLC Logical Link Control
3. IEEE (802.3 CSMA/CD Carrier Sense Multiple Access with Collision Detection (Ethernet)
4. IEEE 802.4 TBUS Token Bus
5. IEEE 802.5 TRING Token Ring
6. IEEE 802.5 DQDB Distributed Queue Dual Bus
7. IEEE 802.7 BBTAG Broadband Technical Advisory Group
8. IEEE 802.8 FOT AG Fiber Optic Technical Advisory Group
9. IEEE 802.9 ISLAN Integrated Services LAN
10. IEEE 802.10 SILS Standard for Interoperable LAN Security
11. IEEE 802.11 WLAN Wireless LANs
12. IEEE 802.12 DPAP Demand Priority Access Protocol
13. IEEE 802.13 (nicht vergeben)
14. IEEE 802.14 CATV LANs in Cable Television Networks
15. IEEE 802.15 WPAN Wireless Personal Area Networks
16. IEEE 802.16 BWA Broadband Wireless Access
17. IEEE 802.17 RPR Resilient Packet Ring

Grundlagen

Datenverarbeitung (DV) ist schon lange mehr, als nur die Eingabe von Daten über eine Tastatur (oder gar über Lochkarten), deren Verarbeitung unter Anwendung mathematischer Algorithmen und - danach - deren Ausgabe auf einem Bildschirm oder Drucker. Moderne DV ist das Verknüpfen und Interpretieren von großen Datenbeständen, die u.U. an vielen verschiedenen Stellen zu finden sind, auf unterschiedlichen Rechnern „gehalten" werden. Um solche Transaktionen durchführen zu können, ist es nötig, dass die Rechner miteinander kommunizieren können. Dieser Datenaustausch bzw. die Datenübertragung (DÜ) der Rechner untereinander geschieht über Leitungen, die häufig zu sogenannten Rechnernetzen miteinander verbunden sind und die je nach Aufgabe, Rechner und räumlicher Entfernung der Rechner die unterschiedlichsten Ausprägungen haben können. Neben den verwendeten Medien wie Kupferdraht, Koaxialkabel, Lichtwellenleiter, Funk- und Laserstrecken unterscheiden sich Netze in der Ausdehnung und der verwendeten physikalischen Topologie. Ein weiteres Unterscheidungsmerkmal ist die Art und Weise, wie die Daten auf das Kabel kommen, man spricht vom sogenannten Zugriffsverfahren. Die wichtigsten Verfahren sind hierbei Aufrufbetrieb- bzw. Polling-Verfahren (wie z.B. bei SDLC, HDLC), Token-Verfahren (z.B. Token-Ring, Token-Bus) und CSMA.

Der bedeutendste Unterschied besteht jedoch in der Sprache, in der sich die Rechner miteinander unterhalten - dem Übertragungsprotokoll. Hier unterscheidet man zwischen solchen, die von Rechnerherstellern entwickelt wurden und auch fast nur von deren Rechnern verwendet werden (z.B. DECnet, SNA) und herstellerunabhängigen Protokollen (z.B. X.25, TCP/IP).

Medien

Das Medium dient zur Übertragung der elektrischen, elektromagnetischen bzw. optischen Signale. Die Auswahl des Mediums richtet sich u.a. nach der Geschwindigkeit und der Strecke, über die die Daten/Signale übertragen werden sollen. Des Weiteren spielen die Kosten für die Beschaffung und Verlegung des Mediums und die Abhörsicherheit eine große Rolle.

Kupferkabel

Das älteste und am häufigsten verwendete Medium ist das Kupferkabel. Weltweit wird es zur Verbindung von Millionen und Abermillionen von Telefonanschlüssen verwendet. Aber auch die meisten Modemstrecken bestehen aus solchen Kupferkabeln. Je nach Verlegeform und „Bauart" unterscheidet man hier zwischen einfacher paralleler (single) und verdrillter (twisted) Kabelführung, ungeschirmten (unshielded) und geschirmten (shielded) Kabel. So handelt es sich beim bekannten IBM-Kabel Typ 1 um ein geschirmtes, verdrilltes Kabel (shielded Twisted Pair, STP). In jüngster Zeit wird aber auch über die Verwendung von nicht geschirmten, verdrillten (Telefon-) Kabel (unshielded twisted pair, UTP) zu Zwecken der Datenübertragung diskutiert. Für die Qualität eines solchen Kabels ist u.a. der Durchmesser maßgebend, das sog. AWG (American Wire Gauge).

Der Vorteil von Kupferkabel ist der sehr günstige Preis und die leichte Verlegbarkeit (Biegeradius praktisch 0), Nachteil die starke Störanfälligkeit und die hohe Störstrahlung (Antennenwirkung) bei höheren Frequenzen.

Koaxkabel

Den Namen hat das Kabel von seiner Bauform mit innenliegendem Signalkabel (Seele), das von einem kreisförmigen, koaxial gelagertem Massekabel umgeben ist. Anwendung findet dieses Kabel schon seit längerer Zeit bei Hochfrequenzinstallationen (z.B. Antennenkabel von Rundfunk und Fernsehgeräten). Zur Verknüpfung von Terminals mit Rechnern wurde es auch schon recht früh von IBM eingesetzt. Mit der Entstehung des Ethernet hielt es Einzug in die Netzwerktechnik. Hier unterscheidet man zwischen dem Yellow Cable und dem Thin-Ethernet (Cheapernet). Für die parallele Übertragung von Daten, Ton und Bild (Breitband) ist es heute noch das wichtigste Medium.

Vorteil ist der inzwischen günstig gewordene Preis und die guten elektrischen Eigenschaften wie Leitfähigkeit, Störsicherheit und Störstrahlsicherheit (vor allem beim Yellow Cable). Darüber hinaus ist mit dem Koaxialkabel sehr einfach die kabelsparende Bustopologie zu realisieren. Nachteil ist - besonders beim Yellow Cable - der etwas größere Verlegeaufwand. Eine Sonderform der Koaxialkabel sind die - hauptsächlich von IBM eingesetzten - Twinax- und Triax-Kabel, die in einem Mantel zwei oder drei Koaxialkabel beinhalten.

Glasfaser/ Lichtwellenleiter (LWL)

Dieses Medium hat die Übertragungstechnik geradezu revolutioniert. Es findet in allen Bereichen Anwendung, besonders aber bei der Installation von Höchstgeschwindigkeitsnetzen (FDDI). Es ist, was seine elektrischen Eigenschaften (Dämpfung, Störsicherheit) angeht, unschlagbar. Zusätzlich ist es aufgrund der nicht vorhandenen Störstrahlung praktisch abhörsicher. Für die Installation gelten heute - nicht zuletzt aufgrund moderner Verlegetechniken - kaum mehr Einschränkungen als bei Kupferkabel. Einziger Nachteil ist der Preis.

Funk

Neben der drahtgebundenen Übertragung existiert auch eine drahtlose Kommunikation. Während die Übertragung über Funk- und Satellitenstrecken schon zu den etablierten Techniken gehört, setzen sich in letzter Zeit auch immer mehr drahtlose Übertragungsverfahren in den Unternehmen durch. Drahtlose Netze versprechen uneingeschränktes Vergnügen am LAN, ohne durch Kabel oder Gebäudegrenzen eingeschränkt zu sein. Dank Standardisierung und Weiterentwicklung der Technik können Wireless LANs nun endlich aus dem Schattendasein treten, das sie lange Zeit fristeten. Die Möglichkeiten für ein drahtloses Netz (Wireless LAN, WLAN) scheinen unbegrenzt: Von der Verbindung zweier Rechner bis zur LAN-Kopplung über mehrere Kilometer ist alles machbar.

Aufgrund der sich vermehrt füllender Kabelkanäle und wegen der steigenden Verlegekosten bietet die Funktechnik, mit der ja problemlos Wände durchdrungen werden können, im Inhouse-Bereich eine echte Alternative zur konventionellen Verkabelung.

Modulationsverfahren / Signalisierungs-Codes

Um Daten/Bits über größere Strecken ohne Qualitätsverlust übertragen zu können, werden sie in übertragungsfreundlichere Signale verwandelt, moduliert. Diese sog. analogen Verfahren haben vor allem den Vorteil, dass sie auch in bandbreiten-begrenzten Medien (z.B. Telefonleitung) vernünftige Übertragungsergebnisse liefern.

Mittels eines Modems (Modulator/Demodulator) werden bei einer festen Frequenz in Abhängigkeit der 1 (ONE) und 0 (ZERO) unterschiedliche Spannungspegel (Amplitudenmodulation = AM), Frequenzen (Frequenzmodulation = FM), Phasensprünge (Phasenmodulation = PM) oder Kombinationen davon (z.B. Quadrature Amplitude Modulation = QAM) überlagert.

Während diese Verfahren hauptsächlich bei der Übertragung über Kupferkabel Verwendung finden und durch Multiplexmechanismen mehrere Kanäle auf einem Kabel zulassen, haben sich - speziell im LAN-Bereich - auf Koaxkabel die digitalen Übertragungsverfahren durchgesetzt. Sie unterliegen praktisch keinen Bandbreiteneinschränkungen und arbeiten ohne Trägerfrequenz; d.h. die Signale werden direkt (unmoduliert) auf das Kabel gegeben. Diese Verfahren heißen Basisband-Verfahren. Die Koppelelemente zwischen den Endgeräten und dem Kabel (MAU = Medium Attachment Unit) sind, aufgrund der einfachen technischen Bauweise preisgünstiger als Modems. Im Bereich der Basisband-Verfahren gibt es verschiedene Übertragungscodes. Der Manchester-Code ist die in 802.3 standardisierte und damit die am weitesten verbreitete Methode im LAN-Bereich. Der jeweilige Bit-Wert wird hier durch eine entsprechende Flanke zur Hälfte der Bitdauer (1 = positiv, 0 = negativ) dargestellt. Dieses Verfahren hat den Vorteil, dass sich der Empfänger sehr leicht auf diese Signal synchronisieren kann, da spätestens nach einer Bitzeit ein Signalwechsel erfolgt.

Klassifizierung

Netzwerke werden nach ihrem Einsatzbereich und ihrem Einsatzgebiet in unterschiedliche Klassen eingeteilt. Eine Möglichkeit der Klassifizierung ist die Unterteilung in Funktionstypen (Terminalnetze, Servernetze, verteilte Systeme etc.). Diese Einteilung ist jedoch rein theoretischer Natur und, da die verschiedenen Netzwerktypen in der Praxis nur in Mischformen vorkommen, wenig hilfreich. Geeigneter Weise differenziert man Netze in Abhängigkeit ihrer Ausdehnung, Geschwindigkeit und Aufgabe. Als wichtigste Grundformen haben sich hierbei seit langem das LAN (Local Area Network) und das WAN (Wide Area Network) etabliert.

LAN

Lokale Netze zeichnen sich durch eine geringe Ausdehnung (bis zu einigen hundert Metern) und relativ hohe Übertragungsgeschwindigkeiten (im MBit/s - Bereich, typisch sind 4 - 1000 MBit/s) aus. Als Medium wird meistens Twisted Pair Kabel oder LWL verwendet.

WAN

Wide Area Networks dienen der Verbindung räumlich weit auseinander liegender Netze. Im allgemeinen erstrecken sie sich über mehrere bis einige hundert Kilometer. Die Übertragungsgeschwindigkeit bewegt sich im Bereich von zweistelligen KBit/s bis wenigen MBit/s (typisch sind 64 kBit/s).

Als Übertragungsmedium werden. Kupfer-/ Telefonleitungen verwendet, die über verschiedene Knoten (Vermittlungsstellen) miteinander verbunden sind.

MAN

Das Bindeglied zwischen den LANs und WANs bilden die MANs (Metro-politan Area Networks). Es handelt sich hierbei um einen relativ jungen Netzwerktyp, der dazu dient, den Kommunikationsbedarf in Städten (City-Net) und Ballungsgebieten (hierzu zählt man auch größere Indus-triekomplexe) abzudecken. Als Technik kommen hier im allgemeinen Hochgeschwindigkeitsstrecken auf Glasfaser-Basis zum Einsatz. MANs zeichnen sich häufig dadurch aus, dass sie mehrere kleine Netze (LANs) mit Hilfe der genannten Techniken über einen oder mehrere Backbones miteinander verbinden. Da diese Techniken auch im LAN-Bereich zum Einsatz kommen, ist der Übergang zwischen LAN und MAN jedoch fließend.

Topologien

Unter Topologie versteht man die Art und Weise, wie die Übertragungs-kanäle (Leitungen) zwischen den einzelnen Knoten angeordnet bzw. miteinander verbunden sind.

Sterntopologie

Die Sterntopologie ist die älteste Verbindungsform. Hier laufen die Ver-bindungsleitungen aller Endgeräte über einen zentralen Knoten, der oft auch als Vermittlungsknoten bezeichnet wird. In der Praxis werden diese Sterne oft hierarchisch miteinander verbunden, d.h. die zentralen Ver-mittlungsknoten sind sternförmig an einen weiteren Knoten angekop-pelt. Das Telefonnetz mit seinen verschiedenen Vermittlungsknoten ist der bekannteste Vertreter. Der Vorteil solcher Netze besteht in der leich-ten Erweiterbar- und Modifizierbarkeit (Patchfelder), so wie in der rela-tiv geringen Beeinflussung des Netzes bei Ausfall eines Endgerätes. Der Nachteil dieser Topologie besteht in der vollständigen Abhängigkeit von dem Zentralknoten, der nicht nur den Durchsatz des Netzes maßgeblich bestimmt, sondern bei einem Ausfall, die gesamte Kommunikation zwischen den Endgeräten lahm legt. Außerdem werden große Kabellängen benötigt, da selbst nebeneinanderliegende Endgeräte immer über die „Zentrale" und nie direkt miteinander verbunden werden können.

Bus-/ Baumtopologie

Bei der Bustopologie werden alle Endgeräte wie Perlen an einer Kette nebeneinander an einem Kabel angeschlossen. Diese Technik findet man nicht nur bei Rechnernetzen (Ethernet), sondern auch innerhalb von Rechnern (z.B. VME-Bus) und bei der Ankopplung von Peripherie (z.B. IEC-Bus, HP-IB-Bus). Bei diesem Verfahren sind alle Zielinstanzen (Endgeräte, Rechnerkarten, Peripheriegeräte) elektrisch parallel geschaltet, so dass alle Geräte alle Signale auf der Leitung (quasi) gleichzeitig registrieren können. Diese Methode spielt bei den LAN-Zugriffsverfahren eine große Rolle.

Vorteil dieser Topologie ist, dass alle Stationen gleichmäßig beansprucht werden. Des weiteren ist der Verlegeaufwand für Leitungen minimal, die Flexibilität bei Erweiterungen maximal.

Nachteil ist, dass durch einen Defekt des Leiters u.U. das gesamte Netz gestört wird und dass sich defekte Stationen ggf. gegenseitig beeinflussen. Des Weiteren darf nicht vergessen werden, dass auch Stationen mit geringem Verkehrsaufkommen ständig den gesamten Netzwerkverkehr bearbeiten (zumindest beobachten) müssen. Abhilfe schafft hier eine hierarchische Strukturierung mehrerer Busse, so dass man eine Baumtopologie erhält, in der eine Aufteilung des Verkehrs nach Hierarchieebenen erfolgen kann.

Ringtopologie

Bei der Ringtopologie sind die Endgeräte zu einem physikalischen Ring zusammengeschaltet, so dass jedes Endgerät einen genau definierten Vorgänger und Nachfolger besitzt. Wie auch bei der Bustopologie ist hier der Verkabelungsaufwand verhältnismäßig gering. Außerdem werden alle Stationen gleichmäßig (mit dem gesamten Verkehr) belastet. Da bei den gängigen Zugriffsverfahren die Nachrichten durch die einzelnen

Stationen hindurchgereicht werden, führt nicht nur der Ausfall des Kabels, sondern auch der Ausfall einer Station zum Zusammenbruch der gesamten Kommunikation. Um diesen gravierenden Nachteil zu verhindern, bedient man sich häufig eines Doppelringes, so dass nicht nur Kabeldefekte, sondern auch das Ausfallen einer Station aufgefangen werden kann. Allerdings gibt es auch Mechanismen am Einfachring, die es erlauben, eine defekte Station physikalisch zu überbrücken.

Vermaschte Netze

Bei vermaschten Netzen sind „n" Knoten über „m" Leitungen miteinander verbunden. Im Extremfall führt das dazu, dass alle Knoten direkt miteinander verbunden sind [m = (n-1)!]. Man findet diese Technik bei modernen Weitverkehrsnetzen, bei denen es auf eine maximale Ausfallsicherheit und hohe Durchsatzraten ankommt.

Basisbandübertragung

Bei der Basisbandübertragung wird das Eingangssignalspektrum in der Regel original auf die Leitung gegeben. Man spricht jedoch auch dann noch von einer Basisbandübertragung, wenn das Signal vor der Übertragung linear oder nichtlinear geformt wird; vorrausgesetzt, dass die Formung keine Frequenzverschiebung in eine völlig verschiedene Frequenzlage bewirkt. Die wichtigste erlaubte Formung ist die Verstärkung, die vor und während der Übertragung erfolgen kann. Auf dem Übertragungsweg wird das Signal mehr oder weniger stark verformt. Das Ausgangssignal setzt sich dann aus einer deterministischen Nutzkomponente, die aus der Übertragungsfunktion des Übertragungsweges zu berechnen ist, und einer zufälligen Störkomponente zusammen, wobei es so beschaffen sein muss, dass der Informationsgehalt des Eingangssignals noch zu entnehmen ist. Um dies zu gewährleisten ist es wichtig, dass jedem Bit ein fester Zeitabschnitt bei der Übertragung zugeordnet wird, über dessen Länge sich Sender und Empfänger einig sind. Man nennt eine solche Übertragung isochron.

Für die Übertragung eines Bit bzw. einer „0" oder einer „1" gibt es verschiedene Verfahren, die mit Sendeamplituden zwischen 0 und +A oder -A und +A arbeiten. Beim Einfachstromverfahren liegt die Erkennungsschwelle somit bei der halben Amplitude, beim Doppelstromverfahren beim Nulldurchgang, was eine erhöhte Genauigkeit bewirkt. Des Weiteren sind die Verfahren in solche zu unterteilen, die die Signaltransitionen nur zu Beginn einer Bitzeit vornehmen und solche, die auch in der Mitte der Bitzeit Signaltransitionen durchführen, was die für die Übertragung benötigte Bandbreite entsprechend erhöht. Ein Beispiel hierfür ist die bekannte Manchestercodierung. Zu weiteren Übertragungsverfahren wie z.B. dem Pseudoternärverfahren oder sogenannten Partial Response Verfahren wird auf die einschlägige Literatur verwiesen.

Unabhängig vom Übertragungsverfahren ist bei einem Basisbandübertragungssystem jedoch nur die Nutzung eines einzigen Übertragungskanals auf einem Übertragungsmedium möglich. Die Bandbreite dieses Kanals kann von Verfahren zu Verfahren variieren, wobei die Kanalkapazität ein Maß dafür ist, wie viel Information über einen Kanal übertragen werden kann. Zu einem bestimmten Zeitpunkt kann sich jedoch nur eine einzige Nachricht auf dem Medium befinden. Will man mehrere Nachrichten über das gleiche Medium senden, so muss man sie echtzeitlich hintereinander schicken. Diese Vorgehensweise nennt man Zeitmultiplex, wobei zwischen synchronem und asynchronen Multiplexing unterschieden wird.

Synchrones Zeitmultiplexing (STD)

Bei Mehrfachnutzung eines Übertragungskanals durch verschiedene Benutzer mittels synchronem Zeitmultiplexing werden feste Übertragungsrahmen definiert, die aus mehreren Zeitschlitzen fester Größe bestehen. Jedem Benutzer ist hierbei ein bestimmter Zeitschlitz zugewiesen, währenddessen er Zugriff auf das Übertragungsmedium hat. Ein Übertragungskanal ist somit durch die Position des Zeitschlitzes im Übertragungsrahmen spezifiziert. Der Zeitschlitz befindet sich relativ zum Übertragungsrahmen immer an der gleichen Stelle, weshalb der Begriff synchron gewählt wurde.

Asynchrones Zeitmultiplexing (ATD)

Beim asynchronen Zeitmultiplexing wird die zu übertragende Information in Datenblöcke fester oder variabler Länge aufgespaltet. Diese werden dann wiederum asynchron über das Medium gesendet, wobei jeder Datenblock eine Identifikationsnummer im Header enthält, der den Sendekanal, von dem die Nachricht stammt, eindeutig identifiziert. Werden Datenpakete variabler Länge verwendet, spricht man von Paketvermittlung (Packet Switching), im Falle fester Länge von Zellenvermittlung (Cell Switching).

Breitbandübertragung

Zu den Breitbandanwendungen gehören nach CCITT (SG XVIII Draft I.113 Jan. 1990) diejenigen Anwendungen, zu deren Übertragung eine Datenrate erforderlich ist, die über der Primärmultiplexrate liegt. Diese errechnet sich in Europa aus der für Sprachübertragung benötigten Kanalkapazität von 64 kBit/s die in Bündeln zu 30+2 Kanälen zu einem Primärmultiplexkanal zusammengefasst werden, der dann folglich eine Primärmultiplexrate von 2048 Mbit/s besitzt (Nordamerika: 24 Kanäle = 1544 Mbit/s).

Bei der Breitbandübertragung wird durch den Einsatz technischer Komponenten der Aufbau und die Nutzung mehrerer Übertragungskanäle auf einem Medium ermöglicht. So können langsame Endgeräte durch den Aufbau mehrerer Kommunikationsverbindungen über das gleiche Hochleistungsmedium Nachrichtensignale übertragen und somit die Kanalkapazität besser nutzen. Die Multiplexverbindung kann auf verschiedene Art und Weise erfolgen.

Beim Frequenzmultiplex (FDM: Frequency Division Multiplex) wird das breite Frequenzspektrum des Mediums in parallele Kanäle zerlegt, die alle eine spezifische Trägerfrequenz besitzen, auf die die zu übertragende Information aufmoduliert wird. Das Breitband entspricht sozusagen mehreren Einzelleitungen, wodurch die gleichzeitige Übertragung mehrerer Nachrichten ermöglicht wird. Wie in Abbildung 1.2 zu sehen ist, liegt in der Mitte jedes Frequenzbandes eine Trägerfrequenz. Diese wird durch Aufprägen der zu übertragenden Information dergestalt verändert, dass der Empfänger die Information durch Demodulation zurückgewinnen kann. Die Trägerfrequenz darf hierbei jedoch nur soweit verändert werden, dass sie sich noch innerhalb des partiellen Frequenzbandes befindet, da sie sonst die Informationen im benachbarten Kanal beeinflussen würde.

Andere Modulationstechniken sind die Amplituden-, Phasen- und Wellenlängenmodulation. Wie der Name schon sagt, wird bei der Amplitudenmodulation die Amplitude des Trägers entsprechend dem Nachrichtensignal ausgelenkt, während bei der Frequenzmodulation die Trägerfrequenz um einen Ruhepunkt ausgelenkt wird, was zu zwei deutlich unterscheidbaren Frequenzen führt. Bei der Phasenmodulation wird die Phase der Trägerfrequenz um einen Ruhepunkt herum, meist der Nullphasenwinkel, ausgelenkt, um die Information „0" oder „1" darzustellen. In optischen Übertragungsnetzwerken hat neben dem Zeitmultiplexverfahren das Wellenlängenmultiplexing die größte Bedeutung erlangt. Hierbei werden die verschiedenen Übertragungskanäle durch Aufteilung des Lichtsignals in Licht hoher und niedriger Moden, also unterschiedlicher Wellenlängen, realisiert.

Vermittlungstechniken

In den bisherigen Betrachtungen sind wir von einer Zweipunktverbindung zwischen Sender und Empfänger ausgegangen. In der Realität liegen jedoch zwischen Datenquelle und Datenziel in der Regel noch einige Stationen, über die die Verbindung geschaltet ist. Vermittlungstechniken stellen die nötigen Verfahren zur Verfügung, um Kommunikationsverbindungen zwischen Sender und Empfänger herzustellen. Prinzipiell kann eine Verbindung permanent oder temporär sein. Steht dem Benutzer eine Datenleitung auf unbegrenzte Zeit zur Verfügung, so spricht man von einer Standleitung. Diese stellt eine feste Übertragungsbandbreite bereit (2 Mbit/s, 34 Mbit/s etc.), die durch die Entwicklung intelligenter Koppelelemente wie Router und dynamisches Bandbreitenmanagement von mehreren Teilnehmern benutzt werden kann. Doch selbst bei dieser fortschrittlichen Entwicklung bleibt der Nachteil der beschränkten Vermittelbarkeit bei Standleitungen bestehen.

Üblicher sind Kommunikationsverbindungen, die dem Benutzer nur auf eine begrenzte Zeit zur Verfügung stehen. Hierbei sind die Verbindungstechniken

- ▸ Circuit Switching,
- ▸ Packet Switching und
- ▸ Cell Switching

zu unterscheiden.

Circuit Switching

Beim Circuit Switching, auch Leitungsvermittlung genannt, wird zu Beginn der Kommunikation eine direkte Verbindung zwischen Sender und Empfänger aufgebaut. In den Vermittlungsstellen werden die benötigten Ressourcen zur exklusiven Nutzung dieser Kommunikationsverbindung reserviert. Die Information kann nun in beliebiger Form (z.B. Sprache beim Telefon) übertragen werden. Bei den verbindungsorientierten Übertragungsverfahren wie z.B. X.25 und Frame Relay werden Mechanismen zur Fehlerkontrolle und Sende- bzw. Empfangsbestätigung implementiert, die gegebenenfalls die Verbindung auflösen, wiederherstellen oder das wiederholte Senden von Paketen initiieren.

Vorteilhaft bei diesen Verfahren sind die geringen Verzögerungszeiten bei der Übertragung, die lediglich durch die Signallaufzeit (ca. 6 ms/ 1000 km bei elektromagnetischen Signalen) bestimmt werden. Des Weiteren kommen alle Pakete in der gleichen Reihenfolge beim Empfänger an, wie sie losgeschickt wurden, da sie ja alle den gleichen Weg benutzen. Nachteilig ist jedoch der Zeitaufwand beim Verbindungsauf- und

-abbau, sowie die mangelhafte Ausnutzung der Leitungskapazität, da bei der Informationsübertragung oft hohe Leerzeiten enthalten sind (bei Sprache ca. 2/3 Leerzeit), die durch andere Teilnehmer nicht genutzt werden können. Des Weiteren wird das Netz bereits durch eine geringe Anzahl von Verbindungen, aufgrund der Reservierungen in den Vermittlungsstellen, in hohem Maße ausgelastet.

Der Einsatz von Multiplexverfahren ist eine Möglichkeit, um die Leitungskapazität einer Standleitung besser ausnutzen zu können.

Packet Switching

Die Nachteile einer feststehenden Verbindung werden durch das Packet Switching umgangen. Hierbei steht jedem Teilnehmer nur ein Recht auf Mitbenutzung der Ressourcen in den Vermittlungsstellen zu. Es handelt sich also um eine verbindungslose Kommunikation, bei der der Benutzer seine zu übertragende Nachricht in paketierter Form variabler Länge an das Netz abgibt, welches sie dann nach dem Store-and-Forward-Prinzip zum gewünschten Endteilnehmer leitet. Hierbei findet keine Empfangsbestätigung durch die Zielstation statt. Jedes Datenpaket muss Angaben über seine Quelladresse, Zieladresse und Laufpfad enthalten, die bei der Zwischenspeicherung in den Vermittlungsknoten ausgewertet werden, um das Paket an die nächste Station weiterleiten zu können. Hierbei ist es möglich, dass die ursprüngliche Paketreihenfolge verändert wird. Durch den wesentlich geringeren Verwaltungsaufwand können erheblich höhere Durchsatzraten als bei der verbindungsorientierten Kommunikation erzielt werden. Vorteilhaft ist weiterhin das Wegfallen des Verbindungsaufbaus, mit Ausnahme der virtuellen Verbindungen im Rahmen des vereinbarten Übertragungsprotokolls, und die verbesserte Ausfallsicherheit und Lastverteilung durch die freie Wegwahl, die die Nutzung von Alternativrouten ermöglicht. Allerdings müssen in den Vermittlungsstellen die geeigneten Ressourcen zur Erbringung der Vermittlungsleistung vorhanden sein. Dazu gehören große Pufferspeicher zur Zwischenspeicherung der Pakete sowie die nötige Verarbeitungsintelligenz, die zum Aufbau der virtuellen Verbindung notwendig ist. Aus der Verwendung unterschiedlicher Paketlängen resultiert jedoch eine unfaire Ressourcenzuteilung zugunsten längerer Pakete, so dass die Laufzeit einer losgeschickten Nachricht nur schwer kalkulierbar ist.

Cell Switching

Um diese Laufzeitunterschiede des Packet Switching zu bereinigen, begrenzt man beim Cell Switching die Länge der Pakete. Eine zu übertragende Nachricht wird hierbei in mehrere Pakete gleicher, relativ kleiner Länge aufgespalten. Diese Pakete, die dann unabhängig voneinander analog dem Packet-Switching-Verfahren versendet werden, werden Zellen genannt. Neben den Charakteristika des Packet Switching, das ja eine komplette Nachricht in einem Paket verschickt, ist beim Cell Switching die Aufteilung einer Nachricht in mehrere Zellen problematisch. Bei möglichen Überholungen von Zellen kann die Nachricht durcheinander geraten, was z.B. mit Hilfe von Sequencing vermieden werden kann. Im Falle ungewollter Duplizierung von Zellen oder bei Zellverlust kann die Nachricht beim Empfänger oft nicht wiederhergestellt werden. Hierzu müssen geeignete Maßnahmen getroffen werden, um z.B. einen Reassembly Deadlock, d.h. die Blockierung der Pufferspeicher durch unvollständige Nachrichten, zu handhaben. Im Vergleich zum Paket Switching benötigt das Cell Switching Verfahren erheblich weniger Pufferspeicher.

Zusammenfassend ist festzuhalten, dass der Hauptunterschied zwischen Circuit Switching und Packet oder Cell Switching in der Bandbreitenzuordnung besteht. Beim Circuit Switching wird einer Verbindung eine feste Bandbreite zugewiesen, während diese bei den paketorientierten Verfahren bedarfsgerecht angefordert werden kann. Die bei der Übertragung nicht genutzte Bandbreite, die bei paketorientierten Verfahren anderweitig vergeben werden kann, geht somit beim Circuit Switching verloren. Da der Bandbreitenbedarf bei der Datenübertragung in LANs stark variiert, hat sich in diesem Bereich in erster Linie das Cell Switching durchgesetzt, wobei die Zellgröße je nach verwendetem Übertragungsprotokoll abweichen kann.

2 LAN-Standards

Die LAN-Standards definieren nur die ersten beiden Schichten des OSI-Referenzmodells. Aus diesem Grund ist es für einen Netzwerker sinnvoll, die grundlegenden Merkmale der einzelnen Standards und die Hauptunterschiede der einzelnen Sub-Spezifikationen zu kennen. Die Schicht 2 wird allgemein als Sicherungsschicht oder im Englischen als Data Link Layer bezeichnet. Die Aufgaben und Funktionen dieser Schicht bestehen in der fehlerfreien Übertragung des Bitstromes der Schicht 1 und der Paketierung dieser Datenbits zu Paketen (Frames). Neben einer minimalen Fehlererkennung kann auf dieser Schicht auch eine Flusskontrolle vorgenommen werden. Die meisten LAN-Standards wurden vom Institute of Electronic and Electrical Engineers (IEEE) erarbeitet. Da diese Gruppe im Februar 1980 ihre Arbeit aufnahm, erhielt sie den Projektnamen „802". Ziel dieser Arbeitsgruppe war die Festschreibung allgemein verbindlicher Standards für die unterschiedlichen Datenkommunikationstechniken. Es wurden die Standards und Protokolle für den Physical und Logical Link Layer definiert. Um den unterschiedlichen Anforderungen der LAN-Architekturen gerecht zu werden, wurde der Data Link Layer von der IEEE 802 Arbeitsgruppe in zwei Sub-Schichten unterteilt, den Medium Access Control- (MAC) und den Logical Link Control- (LLC) Sublayer. Da es sich bei dem Logical Link Control- (LLC) Sublayer um einen für alle LAN-Verfahren allgemein anwendbaren Standard handelt, wurde dieser bei den spezifischen LAN-Definitionen nicht integriert, sondern als separate Spezifikation, LLC-Layer (Logical Link Control gemäß IEEE 802.2) behandelt. Dadurch umfassen die LAN-Standards wie beispielsweise IEEE 802.3 (CSMA/CD, Ethernet), IEEE 802.4 (Token Bus) und IEEE 802.5 (Token Ring) nur noch die physikalische Schicht und den Media Access Control (MAC) Sub-Layer.

höhere Protokollschichten (DECnet, XNS, IPX, TCP/IP, OSI)			
IEEE 802.2			Ethernet
CSMA/CD MAC	Token Ring MAC	FDDI MAC	MAC
IEEE 802.3	IEEE 802.5	FDDI	Ethernet

Abbildung 2.1: Die unteren Schichten des ISO Referenzmodells

IEEE 802.1

Der Arbeitskreis IEEE 802.1, HILI, High Level Interface, beschäftigt sich mit Fragen, die alle IEEE 802-Arbeitskreise betreffen. Dazu gehören insbesondere allgemeine Managementfragen und Aspekte des Internetworking. Es wurde bereits eine Reihe von Normen über diesen Arbeitskreises veröffentlicht:

802.1a:	Overview and Architecture
802.1b:	LAN / MAN Management
802.1d:	MAC Bridges, GARP- und GMRPProtokoll
802.1e:	System Load Control
802.1g:	Remote Bridging
802.1i:	Supplement to MAC Bridges: FDDI
802.1j:	Managed Objects for MAC Bridges
802.1p:	Expedited Traffic and Multicast Filtering
802.1q:	Virtual LANs~VLAN, Architecture and Bridging, GVFP, GARP VLAN Registration Protocol
802.1r:	GARP Proprietary Attribute Registration Protocol for 802.ld Bridges

802.1s:	Supplement to 802.1q: Support for Multiple Spanning Trees
802.1t:	Maintenance
802.1u:	Maintenance
802.1v:	VLAN Classification by Protocot and Port
802.1w:	Rapid Reconfiguration
802.1x:	Port Based Network Access Control

Spanning Tree-Protokoll

Der Einsatz von Ethernet Bridges ermöglicht auch die Realisierung redundanter Netzkonfigurationen. In einem Netz können zwischen zwei Stationen mehrere Transportwege bestehen. Im Fehlerfall (z.B. Unterbrechung der Leitung oder Ausfall einer Bridge) wird die redundante Strecke aktiviert und die Kommunikation zwischen den Stationen aufrecht erhalten. Als Redundanzmechanismus wird von den Ethernet Bridges das Spanning Tree-Verfahren eingesetzt. Der Spanning Tree-Algorithmus (SPT, SPA) dient zur eindeutigen Festlegung von Übertragungswegen zwischen lokalen Bridges in vermaschten Ethernet-Strukturen. Dadurch werden physikalische Netzwerkschleifen auf der logischen Ebene vermieden. Beim Ausfall einer Bridge oder bei einem Kabelbruch wird automatisch eine neue Strecke in der Spanning Tree-Topologie wiederhergestellt, indem deaktivierte Bridge Ports aktiviert werden. Das Umkonfigurieren des Netzes durch den Spanning Tree-Mechanismus erfolgt in einem relativ kurzen Zeitraum (ca. 30 Sekunden). Durch den Spanning Tree-Mechanismus werden von den Bridges zum Aufbau und zur Optimierung des Spanning Tree permanent Datenpakete verschickt. Diese Bridge-zu-Bridge-Kommunikation macht in der Regel nur einen kleinen Prozentsatz der gesamten Netzlast aus. Der Spanning Tree-Mechanismus ist nur für lokale Bridges standardisiert. Bei einigen Herstellern wird dieser Mechanismus auch in Remote Bridges zur Wegfindung und zur Topologieoptimierung verwendet.

Alle Ethernet Bridges unterstützen die Realisierung von redundanten Netzkonfigurationen. Beim transparenten Bridging-Verfahren muss gewährleistet sein, dass Schleifen unterbunden sind und immer nur ein eindeutiger Datenpfad zwischen zwei Netzen aufrecht erhalten wird. Im Fehlerfall in einem redundanten Netzzweig wird durch das Spanning Tree-Verfahren (STP, SPA) dafür gesorgt, dass dieser redundante Netzzweig automatisch aktiviert wird. Der Spanning Tree-Algorithmus und die zugehörigen Bridge-Protokolle sind im IEEE 802.1d-Standard festgelegt.

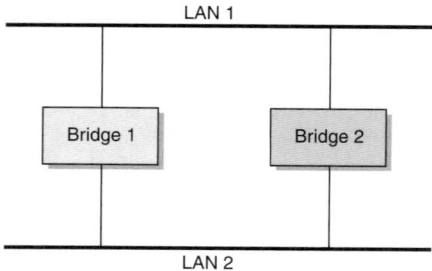

Abbildung 2.2: Redundante Verbindung zwischen zwei LANs

Der IEEE 802.1d-Standard beinhaltet folgende Grundanforderungen:

▸ Zwischen zwei durch Bridges verbundenen LANs besteht immer nur ein eindeutiger Datenweg. Für die Praxis bedeutet dies, dass weitere Verbindungen und Schleifen auf der logischen Ebene beseitigt werden müssen.

▸ Tritt eine Unterbrechung der Verbindung auf oder fällt eine Bridge aus, so versucht der Spanning Tree-Mechanismus die Verbindung über einen alternativen Pfad wieder herzustellen.

▸ Die Eindeutigkeit der Datenpfade sollte sich über einen relativ kurzen Zeitraum einstellen, um die Unterbrechung der Kommunikationswege zu minimieren.

▸ Die ausgewählten Wege und die redundanten Strecken sollten anhand von Parametern festlegbar sein. So kann der Administrator bei der Fehlersuche die Wege der Datenpakete vorher bestimmen.

▸ Der Spanning Tree-Mechanismus darf keinen Einfluss auf die Netz-Performance haben. Er muss eine vollkommene Transparenz für alle Endgeräte garantieren.

▸ Die Bridges sollten mit den Default-Einstellungen sofort einsatzbereit sein, so dass keine weiteren Konfigurationen bei der Installation erforderlich sind.

▸ Die Anforderungen an Memory und CPU-Leistung der Bridge und der einzelnen Bridge Ports müssen möglichst gering sein. Auf keinen Fall darf die Performance der Bridge von der Anzahl der Bridges und LANs im Gesamtverbund abhängen.

Voraussetzung zur Realisierung

Als Grundlage zur Erarbeitung des Spanning Tree-Verfahrens diente der vom IEEE-Gremium erarbeitete Anforderungskatalog an ein solches Bridge-zu-Bridge-Protokoll. Darin wird Folgendes vorausgesetzt:

▸ Zur leichten Identifizierung aller Bridges muss eine eindeutige Gruppenadresse auf MAC-Ebene existieren. Anhand dieser Gruppenadresse werden alle Datenpakete aller am LAN angeschlossenen Bridges identifiziert. Als Gruppenadresse für STP Bridges wurde folgende Adresse festgelegt:
01-80-C2-00-0010

▸ Jede Bridge muss über eine eigene unverwechselbare MAC-Adresse verfügen. Die unverwechselbare MAC-Adresse ist durch die jeweilige 48 Bit lange Hardwareadresse der Bridge definiert.

▸ Jeder Port einer Bridge muss über eine frei wählbare und eindeutige Port-Bezeichnung verfügen.

- Für jede Bridge und für jeden Bridge Port kann eine eigene individuelle Priorität festgelegt werden.
- Jedem Bridge Port können individuelle Wegekosten zugewiesen werden.

Die Identifizierung der Bridge erfolgt anhand der Bridge-Adresse und der jeweiligen Priorität der Bridge. Aus diesen Werten ergibt sich für jede Bridge ein eindeutiger numerischen Wert (Bridge ID). Die Priorität der einzelnen Bridges untereinander wird durch den Vergleich der eindeutigen Bezeichner (Bridge IDs) ermittelt. Die Definition legt fest:

- Für die Bridge mit dem kleinsten numerischen Wert wurde die höchste Priorität festgelegt.

Die Port-Bezeichnung eines Bridge Ports setzt sich aus einer Port-Bezeichnung und einem variablen und frei definierbaren Teil zusammen. Diese Werte ergeben einen eindeutigen numerischen Wert (Port ID) für den jeweiligen Bridge Port. Die Priorität der einzelnen Bridge Ports untereinander wird durch den Vergleich der eindeutigen Bezeichner (Port IDs) ermittelt. Die Definition legt fest:

- Der Port einer Bridge, dem der kleinste numerischen Wert zugeordnet wurde, hat die höchste Priorität.

Berechnung der aktiven Netztopologie

Durch den Spanning Tree-Algorithmus und die Bridge-zu-Bridge-Protokolle wird aus einem willkürlich zusammengeschalteten LAN-Verbund automatisch ein eindeutiger Kommunikationspfad zwischen den angeschlossenen LANs hergestellt. Dabei werden die redundanten Verbindungen zwischen LANs durch die automatische Kommunikation der Bridges untereinander deaktiviert. Dies erfolgt durch die temporäre Deaktivierung einzelner Bridge Ports. Die aktiven Bridge Ports empfangen alle Bridge-Bridge-Datenpakete und propagieren Bridge-Informationen über die aktivierten Ports. Deaktivierte Bridge Ports empfangen zwar alle Bridge-Bridge-Datenpakete, propagieren die Bridge-Informationen jedoch nicht. In der Praxis bedeutet dies, dass Datenpakete zwischen zwei LANs nur über aktive Bridge Ports übermittelt werden. Die deaktivierten Bridge Ports arbeiten im Hot-Standby-Modus und werden nur bei Bedarf durch eine Veränderung der Netztopologie (z.B. durch defekte Kabel, defekte Bridges), in den LAN-Verbund integriert. Dieser Mechanismus sichert die Aufrechterhaltung der eindeutigen Topologie.

Der aktive Pfad zwischen LAN 1 und LAN 3 führt über folgenden Weg:

‣ Bridge 1 Port 1 ÷ Bridge 2 Port 1 ÷ Bridge 3 Port 1 ÷ Bridge 4 Port 1

Der passive Pfad zwischen LAN 1 und LAN 3 führt über folgenden Weg:

‣ Bridge 5 Port 1 ÷ Bridge 6 Port 1 ÷ Bridge 7 Port 1 ÷ Bridge 8 Port 1

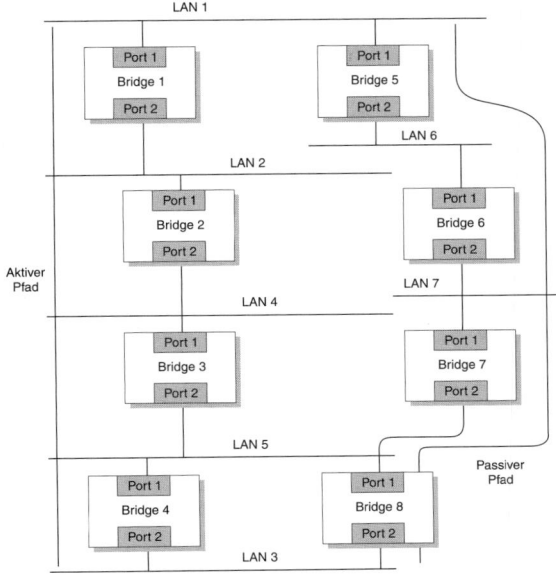

Abbildung 2.3: Bridges im LAN-Verbund

Die aktive LAN-Topologie wird anhand folgender Kriterien ermittelt:

▸ der eindeutigen Bridge-Bezeichnungen (Bridge ID) einer Bridge
▸ der Wegekosten eines Bridge Ports
▸ der eindeutigen Port-Bezeichnung (Port ID) eines Bridge Ports

Die Root Bridge besitzt immer die höchste Priorität. Für jeden Bridge Port im LAN-Verbund wird eine eindeutige Kostenkalkulation ermittelt. Diese Root-Pfadkosten ergeben sich aus der Summe aller Wegekosten, die für ein Paket auf dem Weg zwischen der Root Bridge und dem Port der betreffenden Bridge entstehen. Bei einer Bridge wird immer der Port mit den geringsten Root-Wegekosten als aktiver Port genutzt. Errechnet sich in einem LAN-Verbund für zwei oder mehr Ports der gleiche Wert, so entscheidet die Bridge-Nummer und im weiteren die Port-Nummer über die Wertigkeit des aktiven Pfads.

Gehen wir von dem Fall aus, dass eine der Bridges im LAN-Verbund automatisch zur Root Bridge wird. In unserem Beispiel übernimmt Bridge 1 diese Funktion. Über die beiden Bridge Ports sendet die Root Bridge Informationspakete auf die angeschlossenen LANs. Diese Pakete werden von jedem an das LAN angeschlossenen Bridge Port empfangen. Die am LAN angeschlossenen Bridges lernen durch diese Pakete den Weg zur Root Bridge kennen. Der Bridge Port, über den die Root-Informationen empfangen wurden, wird als designierter Port für dieses LAN bezeichnet. Über diese Ports wird der weitere Weg zu den an diesen Bridges angeschlossenen LANs ermittelt und die Root-Informationen werden weitergeleitet.

Propagieren der aktuellen Topologie

Die Bridges tauschen zur Berechnung der Topologie untereinander dynamisch Bridge Protocol Data Units (BPDUs) aus. Die BPDUs verwenden auf der LLC-Ebene immer die SAP-Adresse: 01000010. Eine BPDU hat das unten dargestellte Format.

Destination-Adresse	Source-Adresse	Längen-feld	DSAP	SSAP	Konfigurations-nachricht

Abbildung 2.4: Aufbau der Bridge Protocol Data Unit (BPDU)

Die zur Ermittlung der aktuellen Topologie verwendeten BPDUs werden als Konfigurations-BPDU bezeichnet. Diese in den BPDUs enthaltenen Informationen werden von der empfangenden Bridge benutzt, um eigene BPDUs auf die angeschlossenen LANs zu übermitteln. Jede Konfigurations-BPDU enthält die eindeutige Bezeichnung der Root Bridge (aus der Sicht des Senders), die kalkulierten Wegekosten zwischen sendendem Port und der Root Bridge, die eindeutige Bezeichnung der sendenden Bridge sowie deren Port-Bezeichnung. Anhand dieser Informationen kann eine empfangende Bridge Entscheidungen fällen:

▸ Ist der sendende Port als designierter Port für dieses LAN geeigneter als der aktuelle designierte Port?

▸ Soll der die Message empfangende Port zum Root Port der Bridge werden?

Das regelmäßige Aussenden der Konfigurations-BPDUs wird durch drei Mechanismen initiiert:

▸ Eine Bridge ist der Meinung, dass sie als Root Bridge im LAN-Verbund agiert. Aus diesem Grund sendet diese Bridge in festen zeitlichen Intervallen Konfigurations-BPDUs aus.

▸ Eine Bridge empfängt eine Konfigurations-BPDU. Aus diesen im Datenpaket enthaltenen Informationen wird der Root Port ermittelt. Die Konfigurations-BPDUs werden an alle LANs weitergeleitet, für die diese Bridge der designierte Port ist.

▸ Eine Bridge empfängt Konfigurationsinformationen über einen designierten Port. Diese Pakete werden durch das Aussenden ihrer eigenen Information an alle Bridges dieses LANs beantwortet.

Durch diese relativ einfachen Mechanismen wird der direkte Weg zur Root Bridge sehr schnell im gesamten Netz verbreitet. Alle anderen Informationen über weitere Root Bridges oder gleichwertige bzw. bessere Wege führen zu Widersprüchen und machen ein erneutes Aushandeln der Topologie erforderlich.

Rekonfiguration der LAN-Topologie

Wird in einem LAN-Verbund eine Bridge außer Betrieb genommen (z.B. durch einen Fehler), eine neue Bridge installiert oder werden die Bridge-Parameter über das Management modifiziert, so muss der LAN-Verbund rekonfiguriert werden. Die Lebensdauer einer Topologie-Information ist zeitlich begrenzt. Jeder BPDU wird eine Altersinformation (Zeitraum seit dem Absenden der Information von der Root Bridge) mitgegeben. Jede Bridge speichert die Information des designierten Ports auf jedem unterstützten LAN Port und überwacht das Alter der Information. Durch die regelmäßige Übermittlung der Konfigurationsdaten durch die Root Bridge wird sichergestellt, dass die Topologieinformation stets aktualisiert wird und der Timer nie abläuft.

Sollten die Topologieinformationen für einen Port jedoch aus irgendeinem Grund nicht mehr aktualisiert werden, so entsteht eine Timeout-Situation. Als Folge des Timeouts wird dieser Port automatisch zum designierten Port für das angeschlossene LAN. Dieser Port sendet die über den Root Port empfangenen Root-Protokollinformationen auf das angeschlossene LAN.

Empfängt eine designierte Bridge über einen bestimmten Zeitraum keine Informationen von der Root Bridge, so nimmt diese Bridge an, dass die Root Bridge ausgefallen ist. In diesem Fall erklärt sich diese Bridge automatisch zur Root Bridge. Beim Ausfall der Root Bridge empfangen alle Bridges im Netzverbund keine weiteren Update-Informationen. Dies führt dazu, dass alle Bridges für einen kurzen Zeitraum zur Root Bridge werden können. Durch das Propagieren der neuen Root-Informationen wird sehr schnell unter den Bridges die neue Root Bridge ermittelt und eine eindeutige, neue Netzwerktopologie wird festgelegt.

Zudem kann folgender Fall eintreten: Der Pfad zur aktuellen Root Bridge ändert sich. Verursacht wird diese Änderung beispielsweise durch das Anheben oder das Absenken der Wegekosten durch den Netzadministrator. Auf der neu konfigurierten Bridge tritt dadurch eine Timeout-Situation ein. Diese Timeout-Situation wird durch die Diskrepanz der Altersinformationen hervorgerufen. Wurden die Wegekosten erhöht, so enthält die Meldung Altersinformationen, die auf einen Zeitpunkt vor dem erwarteten Zeitpunkt des Eintreffens der Message hindeuten. Bei der Herabsetzung der Wegekosten enthält die Meldung Altersinformationen, die auf einen Zeitpunkt nach dem erwarteten Zeitpunkt des Eintreffens der Message hindeuten. In diesen Fälle reagieren die benachbarten Bridges direkt auf die von der Root Bridge ausgesendeten BPDUs. Um sicherzustellen, dass alle Bridges in einem Netzwerk die propagierten Informationen durch den Timeout-Mechanismus löschen, wird in allen von der Root initiierten Konfigurationsinformationen das Alter mit übermittelt. Da nicht immer garantiert werden kann, dass alle Konfigurationspakete bei den Empfängern ankommen, muss ein Mechanismus integriert werden, der die Anzahl der Rekonfigurierungen einer Bridge und somit des Netzes auf ein Minimum reduziert. Aus diesem Grund enthält jede Konfigurations-BPDU einen zusätzlichen Zeitwert, der ein Vielfaches des Zeitintervalls, in dem die Root Bridge die Pakete aussendet, darstellt.

Wechsel des Port-Status

Durch die natürlichen Verzögerungen, die in einem LAN-Verbund bestehen, ist es ungeheuer mühsam, zwischen der aktuellen Topologie und den redundanten Konfigurationen zu unterscheiden. Beispielsweise kann sich die Topologie zu verschiedenen Zeiten in einzelnen Teilen des LANs ändern. Auch die manuelle Veränderung eines Port-Status (vom inaktiven direkt in den aktiven Zustand) kann kurzzeitig zu Datenschleifen und damit zu doppelten Paketen auf dem Netz bzw. zu einer falschen Reihenfolge der Pakete führen. Aus diesem Grunde müssen Bridge Ports erst auf den Empfang von neuen Topologieinformationen warten, bevor diese Informationen auf den angeschlossenen LANs propagiert werden können. Zudem müssen diese Bridges das Lebensalter der Informationen berücksichtigen, damit sichergestellt ist, dass keinerlei alte Topologieinformationen propagiert werden. Auch in diesem kurzen Zeitraum muss gewährleistet werden, dass die Einträge zu Stationen, die nicht mehr an den LANs vorhandenen sind, aus der lokalen Adressdatenbank des Ports gelöscht werden. Auch sollten in dieser in dieser Zeit alle Adressen neuer Stationen in die Datenbank eingetragen werden.

Soll durch den Spanning Tree-Mechanismus ein Port aus dem inaktiven in den aktiven Zustand umgeschaltet werden, so muss dieser Port zuerst in den Listening-Modus übergehen. Im Listening-Modus wird der betreffende Port in die Lage versetzt, die über das angeschlossene LAN übermittelten Pakete zu empfangen. Anhand der in den Paketen enthaltenen Informationen überprüft die Bridge, ob dieser Port vollständig aktiviert wird oder ob dieser Port wieder in den Bocking-Modus zurückkehrt. Bleibt der Port weiterhin im Listening-Modus, so geht er nach Ablauf eines Protokoll-Timers in den Learning-Modus über. Im Learning-Modus werden vom Port keine Pakete weiter transportiert. Die Datenpakete werden nur mitgelesen, die darin enthaltenen Stationsadressen ausgefiltert und die Adressdatenbank wird aktualisiert. Nach Ablauf eines weiteren Timers geht der Port in den Forwarding-Modus über. In diesem Modus ist der Port ganz geöffnet und die Pakete werden von und zu dem angeschlossenen LAN transportiert.

Erkennen von Topologieänderungen

Im Arbeitsmodus einer Bridge müssen die Adressinformationen in der Filterdatenbank nur dann geändert werden, wenn Stationen vom LAN entfernt oder neue Geräte angeschlossen werden. Um die Adresstabellen aktuell zu halten, wird jeder Eintrag mit einer Lebenszeit versehen. Kommt dieses Adresse bis zum Ablauf dieses relativ langen Timers in keinem Paket mehr vor, so wird dieser Eintrag aus der Datenbank gelöscht. Aus der Sicht der Bridge kann eine Veränderung der aktiven Topologie des LAN-Verbundes dazu führen, dass der Eindruck entsteht, als ob gewisse Stationen im Netz wandern würden. Um eine Station eindeutig in einem LAN-Verbund identifizieren zu können, muss sichergestellt werden, dass die neue Topologie komplett gelernt wird, auch wenn nur ein Teil des LAN-Verbundes rekonfiguriert wurde. Der Spanning Tree-Mechanismus ist in der Lage, alle Änderungen der aktiven Topologie automatisch zu erkennen. Die im LAN-Verbund enthaltenen Bridges propagieren diese Änderungen in Richtung der designierten Bridge. Diese Pakete werden so lange wiederholt, bis die Bridge eine Quittung von der designierten Bridge erhält. Die designierte Bridge schickt die Information nach genau dem gleichen Mechanismus in Richtung der Root Bridge weiter. Dadurch pflanzen sich die Änderungsinformationen langsam bis zur Root Bridge fort.

Empfängt eine Root Bridge eine Topologieänderungsmeldung, so stellt diese die geänderten Informationen allen Bridges zur Verfügung. In der Topologieänderungs-BPDU wird zur Signalisierung der Änderung das Topologieänderungs-Flag gesetzt. Die Bridges aktualisieren anhand dieser Informationen die dynamischen Einträge in der Filterdatenbasis.

Port-Zustände

Die einzelnen Ports einer Spanning Tree Bridge können durch den Betrieb oder durch das Management eine Reihe von Zuständen einnehmen. Für jeden Zustand der Ports wurde eine Reihe von Funktionen und daraus resultierenden Aktionen definiert. Der jeweilige Arbeitsmodus legt fest, wie dieser die empfangenen Datenpakete verarbeitet und welche Funktionen auf die darin enthaltenen Informationen folgen müssen.

Für die Bridge Ports wurden fünf Arbeitsmodi festgeschrieben:

- Blocking-Modus
- Listening-Modus
- Learning-Modus
- Forwarding-Modus
- Disabled-Modus

Blocking-Modus

Im Blocking-Modus übermittelt der Port einer Bridge keine Datenpakete. Dadurch wird verhindert, dass Datenpakete bei redundanten Verbindungen doppelt auf das LAN übermittelt werden. Im Blocking-Modus ist der Forwarding-Prozess temporär vollständig unterbrochen. Durch den Learning-Prozess werden außerdem keine neuen Stationen (Adressen) in die Adresstabelle aufgenommen.

Bei der Berechnung der aktuellen Netztopologie muss der im Blocking-Modus befindliche Port jedoch berücksichtigt werden. Der Blocking-Modus wird nach dem Hochfahren (Booten) der Bridge automatisch eingenommen. Während des Betriebs geht der Port durch die in den BPDU-Informationen enthaltenen Daten in den Blocking-Modus, wenn eine andere Bridge oder ein anderer Bridge Port zum aktiven Bridge/Bridge Port für diesen Pfad erklärt wird. In diesem Zustand verbleibt die Bridge ñ oder der Bridge Port ñ, bis ihr/ihm durch ein Konfigurationspaket mitgeteilt wird, dass dieser Port aktiviert werden soll. Danach geht der Port in den Listening-Modus über.

Listening-Modus

Geht ein Port in den Listening-Modus über, so bereitet sich dieser Port darauf vor, in den aktiven Modus überzugehen.

In diesem Zustand können von dem Bridge Port keine Datenpakete übermittelt werden. Konfigurations-BPDUs können nicht weitergeleitet werden. Dies kann zur Schleifenbildung im LAN-Verbund führen. Im Listening-Modus ist auch der Learning-Prozess abgeschaltet, da sonst eventuelle Änderungen in der aktiven Topologie zu Widersprüchen mit den Filterdatenbanken führen könnten. Auch in diesem Fall darf der Forwarding-Prozess keine Pakete weiterleiten. Der Bridge-Algorithmus muss im Listening-Modus den jeweiligen Port in seine Berechnungen einbeziehen. Empfängt die Bridge in diesem Modus eine Konfigurations-BPDU, die definiert, dass es sich bei diesem Port um keinen designierten Port oder Root Port handelt, so geht der Port wieder in den Blocking Modus zurück. Wird keine Konfigurations-BPDU empfangen, so wird der Listening-Modus nach Ablauf eines Timers verlassen, es wird in den Learning-Modus übergegangen.

Learning-Modus

Der Learning-Modus geht in den Listening-Modus durch die Entscheidung des Spanning-Tree-Algorithmus über. Im Learning-Modus initialisiert sich der Port zur Übermittlung von Datenpaketen. Da auch in diesem Zustand eine Schleifenbildung nicht vollständig ausgeschlossen werden kann, werden keine regulären LAN-Pakete vom betreffenden Port weitergeleitet. Damit der Spanning Tree-Algorithmus ordnungsgemäß arbeitet, werden empfangene BPDUs weitertransportiert. Im Learning-Modus trägt der Port alle neuen Stationsadressen in seine Filterdatenbanken ein. Aus dem Learning-Modus kann der Bridge Port in folgende Arbeitszustände überwechseln:

▸ Forwarding-Modus
  Nach Ablauf eines Timers wechselt die Bridge in den Forwarding-Modus.

▸ Blocking-Modus
  Aufgrund der Informationen einer BPDU geht der Port in den Blocking-Modus über.

▸ Disabled-Modus
  Der Netzadministrator kann durch einen Managementbefehl den Port in den Disabled-Modus setzen.

Forwarding Modus

Nur Ports im Forwarding-Modus transportieren reguläre Datenpakete. Durch den Learning-Prozess wird die Port-Datenbank ständig durch neue Adressen (Stationen) aktualisiert. Der im Forwarding-Modus befindliche Port wird bei der Berechnung des aktiven Datenpfads berücksichtigt. Empfangene BPDUs werden in diesem Zustand ausgewertet. Der Forwarding-Modus folgt auf den Learning-Modus entweder durch Ablauf eines Timers oder durch Entscheidung des Spanning Tree-Algorithmus. Der Forwarding-Modus wird erst dann wieder verlassen, wenn durch den Empfang einer BPDU erkannt wird, dass sich eine Schleife im Netz gebildet hat. In diesem Fall wechselt der Port sofort in den Blocking-Modus.

Disabled-Modus

Befindet sich ein Port im Disabled-Modus, so kann er keine Datenpakete empfangen oder transportieren. Dieser Port wird außerdem bei der Berechnung der aktiven und passiven Pfade bzw. Ports nicht berücksichtigt. Der Learning-Prozess aktualisiert die Adressdatenbank nicht. Diesen Zustand erreicht ein Port nur durch das Eingreifen des Netzadministrators.

Protokollparameter und Timer

Alle in einen LAN-Verbund integrierten Bridges tauschen untereinander über die Bridge Protocol Data Units (BPDUs) Informationen untereinander aus. Zwischen den Bridges werden zwei BPDU-Arten übermittelt:

- Konfigurations-BPDUs
- Topology Change Notification BPDUs.

Die Konfigurations-BPDU

Die Aufgabe der Konfigurations-BPDU besteht in der Übermittlung der aktuellen Topologie. Jede Konfigurations-BPDU enthält die eindeutige Bezeichnung der Root Bridge (aus der Sicht des Senders), die kalkulierten Wegekosten zwischen sendendem Port und Root Bridge, die eindeutige Bezeichnung der sendenden Bridge sowie deren Port-Bezeichnung.

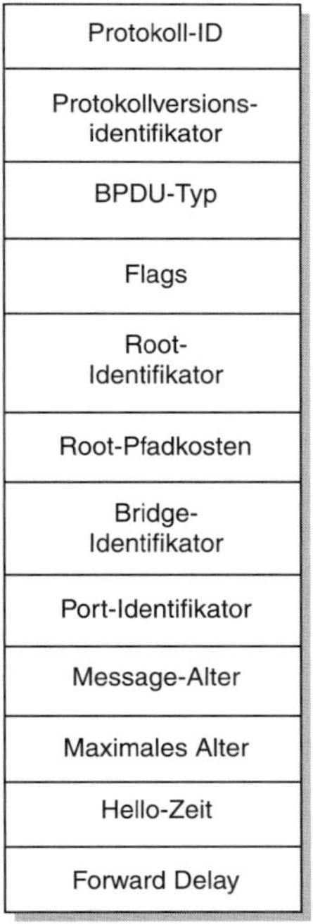

Protokoll-ID
Protokollversions-identifikator
BPDU-Typ
Flags
Root-Identifikator
Root-Pfadkosten
Bridge-Identifikator
Port-Identifikator
Message-Alter
Maximales Alter
Hello-Zeit
Forward Delay

Abbildung 2.5: Konfigurations-BPDU

Protocol Identifier

Länge: 2 Oktett

Enthält eine 2 Byte-lange Kennung des verwendeten Protokolls. Für das Spanning Tree-Protokoll wurde der Wert 0000 0000 0000 0000 festgelegt.

Protocol Version Identifier

Länge: 1 Oktett

Dieses Feld legt die aktuelle Version des Spanning Tree-Protokolls fest. Als einziger Versionsidentifikator wurde bisher der Wert 0000 0000 festgelegt.

Bridge Protocol Data Unit Type

Länge: 1 Oktett

Definiert die Art der Meldung. Als Typ für die Konfigurations-BPDUs wurde der Wert 0000 0000 festgelegt.

Flags

Länge: 1 Oktett

Mit diesem Flag-Feld werden bei der Veränderung der Topologie die Inhalte der BPDU festgelegt. Folgender Werte wurde festgelegt: 0000 0001.

Dieses Flag wird von einer designierten Bridge zur Bestätigung einer Topology Change Notification BPDU gesetzt. An diesem Parameter erkennt die Root Bridge, dass sich die aktive Topologie geändert hat.

‣ 1000 0000

Dieses Flag signalisiert einer Empfänger-Bridge, dass die in der BPDU enthaltene neue Topologie-Information abgespeichert werden muss.

Root Identifier

Länge: 8 Oktett

In diesem Feld wird die eindeutige Kennung der Root Bridge mitgeteilt. Durch das automatische Lernen aller Bridges im LAN-Verbund wird die Identifikationsnummer der aktuellen Root Bridge bekanntgegeben.

Root Path Cost

Länge: 4 Oktett

In diesem Feld sind die aktuellen Wegekosten für den Weg eines Pakets zur Root Bridge enthalten. Anhand dieses Parameters können Bridges den kostengünstigsten Weg zur Root Bridge ermitteln.

Bridge Identifier
Länge: 8 Oktett

In diesem 8 Oktett langen Feld ist der eindeutige Bezeichner der Bridge enthalten, die das Konfigurations-BPDU versendet. Dieses Feld bildet die Grundlage für folgende Funktionen einer Bridge:

- Sollten an einem LAN mehrere Bridges angeschlossen sein, so wird anhand dieses Feldes der kostengünstigste Weg zur Root Bridge ermittelt. Die Bridge, die den kostengünstigsten Weg bereitstellt, wird dadurch zur designierten Bridge.
- Anhand dieses Feldes wird auch festgestellt, ob eine Bridge mehrere Ports zu einem LAN besitzt. Aus den Bridge Identifier-Informationen wird ermittelt, welche Ports temporär abgeschaltet werden sollen.

Port Identifier
Länge: 2 Oktett

Dieses Feld enthält die Port-Bezeichnung des Bridge Ports, der die Konfigurations-BPDU versendet. Der Wert 0 wird nicht zur Identifizierung von Portnummern verwendet.

Message Age
Länge: 2 Oktett

Enthält eine Zeitinformation, die das Alter der BPDU darstellt. Diese Information stellt den Zeitpunkt dar, an dem die BPDU von der Root Bridge versendet wurde. Anhand dieses Parameters entscheidet eine Bridge, ob die BPDU das maximale Alter überschritten hat.

Max Age
Länge: 2 Oktett

Enthält einen von der Root Bridge gesetzten konstanten Wert. Anhand dieses Wertes können die Bridges das Alter einer BPDU ermitteln.

Hello Time
Länge: 2 Oktett

Enthält das Zeitintervall, nach dessen Ablauf die Root Bridge die BPDUs versendet.

Forward Delay
Länge: 2 Oktett
Durch das Forward Delay-Feld ist die Root Bridge in der Lage, den Bridge Forward Delay Parameter aller Bridges auf einen einheitlichen Wert zu setzen. Anhand dieses Wertes wird beispielsweise der Alterungsprozess der Filterdatenbankeinträge realisiert.

Topology Change Notification BPDU

Durch die Topology Change Notification BPDU wird von einer designierten Bridge eines LANs der Root Bridge signalisiert, dass sich die aktive Topologie geändert hat. Als Reaktion auf eine Topology Change Notification BPDU setzt die Root Bridge in alle Konfigurations-BPDUs ein Flag. Anhand dieses Flags erkennen alle Bridges, dass sich die aktive Konfiguration geändert hat. Die Bridges entfernen daraufhin alle alten Informationen aus den Filterdatenbanken.

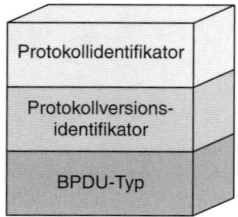

Abbildung 2.6: Topology Change Notification BPDU

Protocol Identifier
Länge: 2 Oktett
Enthält eine 2 Byte lange Kennung des verwendeten Protokolls. Für das Spanning Tree-Protokoll wurde folgender Wert festgelegt: 0000 0000 0000 0000.

Protocol Version Identifier
Länge: 1 Oktett

Dieses Feld legt die aktuelle Version des Spanning Tree-Protokolls fest. Als einziger Versionsidentifikator wurde bisher der Wert 0000 0000 festgelegt.

Bridge Protocol Data Unit Type
Länge: 1 Oktett

Definiert die Art der Meldung. Als Typ für die Topology Change Notification BPDUs wurde der Wert 1000 0000 festgelegt.

Parameter einer Bridge

Zur Unterstützung des Spanning Tree-Protokolls werden in allen in einem LAN-Verbund integrierten Bridges zahlreiche, unterschiedliche Parameter unterstützt. Diese Parameter müssen vom Administrator unter Umständen vor dem Betrieb konfiguriert werden. Die globalen Bridge-Parameter werden nachstehend detailliert behandelt.

Parameter: Designated Root
Enthält die eindeutige Bridge-Bezeichnung der aktuellen Root Bridge.

Parameter: Root Path Cost
Der Parameter Root Path Cost definiert die Kosten des Weges von der jeweiligen Bridge zur Root Bridge. Dieser Wert entspricht den designierten Kosten eines Root Ports. Bei einer Root Bridge wird dieser Parameter immer auf den Wert = 0 gesetzt.

Parameter: Root Port
Definiert die eindeutige Port-Bezeichnung des Ports, für den die geringsten Wegekosten festgelegt sind. Sollten in einer Bridge zwei oder mehrere Ports die gleichen Wegekosten aufweisen, so wird der Port mit der höchsten Port-Bezeichnung als Root Port ausgewählt.

Parameter: Max Age
Definiert das maximale Alter, das erreicht werden muss, bevor die empfangenen Informationen gelöscht werden können.

Parameter: Hello Time
Definiert das Zeitintervall, nach dem die Bridge Konfigurations-BPDUs versendet.

Parameter: Forward Delay
Definiert den Zeitraum, die eine Bridge beim Übergang vom Blocking-Status in den Learning-Status im Listening-Status verbleibt.

Parameter: Bridge Identifier
Legt die eindeutige Bezeichnung einer Bridge fest. Dieser Parameter besteht aus zwei Teilen, einer eindeutigen Bridge-Adresse und einem Teil, aus dem sich die Priorität der Bridge ermitteln lässt. Der Prioritätenteil wird vom Management aus verändert. Anhand dieses Bezeichners werden weitere Funktionen erbracht:

- Absendebezeichner
  Dieser Bridge-Bezeichner wird in allen von der Bridge versandten Konfigurations-BPDUs als Absendeinformation integriert.
- Bezeichner des designierten Ports
  Dieser Bezeichner dient bei allen Root Bridges oder bei Bridges, die im Begriff sind zur Root Bridge zu werden, als eindeutiger Name für den designierten Port der Bridge.

Parameter: Bridge Max Age
Definiert das maximal mögliche Alter einer Root Bridge. Dieser Parameter kann vom Administrator geändert werden.

Parameter: Bridge Hello Time
Die Bridge Root Bridge definiert mit diesem Parameter das Zeitintervall, nach dem spätestens Topology Change Notification BPDUs abschickt werden. Die Länge des Intervalls wird vom Management festgesetzt.

Parameter: Bridge Forward Delay
Definiert das Zeitintervall für das Forward Delay. Dieser Wert wird vom Management eingestellt.

Parameter: Topology Change Detected
Dieser Parameter (Typ BOOLEAN) hat im Normalbetrieb immer den Wert False. Wurde eine Änderung im Netzwerk registriert, so wird dieser Parameter auf den Wert True gesetzt.

Parameter: Topology Change
Anhand dieses Parameters (Typ BOOLEAN) werden durch das Topology Change Flag alle Bridges aufgefordert, sich die in der BPDU enthaltenen neuen Topologieinformationen zu merken. Entspricht der Wert dieses Parameters dem Wert True, so ist der Wert des Filtering Database Ageing Timers gleich dem Wert des Forward Delay-Parameters. Dies bedeutet, dass dynamische Einträge, die älter sind als der Wert des Forward Delay-Parameters, aus der Datenbank gelöscht werden.

Parameter: Topology Change Time
Definiert den Zeitraum, in dem von der Root Bridge BPDUs mit einem gesetzten Topology Change Flag verschickt werden. Der Wert dieses Parameters setzt sich aus der Summe des Brigde Max Age- und des Bridge Forward Delay-Parameters zusammen.

Parameter: Hold Time
Dieser Timer definiert den kleinsten Zeitraum, der von einem Bridge Port zwischen dem Versenden zweier BPDUs abgewartet werden muss. Dieser Parameter ist auf den Wert 1,0 Sekunden fest eingestellt und kann nicht verändert werden.

Bridge Timer
Zur Unterstützung des Spanning Tree-Protokolls werden in allen Bridges zahlreiche Timer unterstützt. Diese Timer müssen vom Administrator unter Umständen vor dem Betrieb konfiguriert werden. Die Bridge Timer werden später detailliert besprochen.

Hello Timer
Der Hello Timer stellt sicher, dass in periodischen Zeitabständen von der Root Bridge die Konfigurations-BPDUs an die angeschlossenen LANs verschickt werden. Der Standard definiert für den Hello Timer einen Wert zwischen 1,0 und 10,0 Sekunden. Als Default-Wert wurden 2,0 Sekunden vorgeschlagen.

Topology Change Notification Timer
Durch den Topology Change Notification Timer wird gewährleistet, dass die designierte Bridge eines LANs jede Topologieänderung bemerkt. Als Wert für diesen Timer wird der Wert des Hello Timers verwendet.

Topology Change Timer
Der Topology Change Timer definiert, wie lange Konfigurations-BPDUs mit gesetztem Topologieänderungs-Flag von der Root Bridge verschickt werden.

Bridge Port-Parameter und Timer im Detail
Zur Unterstützung des Spanning Tree-Protokolls müssen die einzelnen Parameter und Timer einer Bridge genau aufeinander abgestimmt sein. Diese Parameter und Timer müssen vom Administrator unter Umständen vor dem Betrieb konfiguriert werden. Nachstehend werden die Bridge Port-Parameter und Timer detailliert vorgestellt.

Port Identifier
Definiert die eindeutige Bezeichnung eines Bridge Ports. Der Port Identifier ist Bestandteil aller von diesem Port versendeten Konfigurations-BPDUs. Dieser Parameter besteht aus zwei Teilen:

- Einer eindeutigen Bezeichnung des physikalischen Ports einer Bridge. Die Bezeichnung der Ports besteht aus einem Integer-Wert, der von 1 an hochgezählt wird.
- Der Priorität eines Ports. Die Priorität eines Ports wird vom Managementsystem festgelegt.

State

Dieser Parameter definiert den aktuellen Status eines Ports (z.B. Disabled, Listening, Learning, Forwarding, Blocking). Dieser Parameter wird im Normalbetrieb durch den STP-Algorithmus dynamisch verändert. Der Administrator kann jedoch auch über das Managementsystem den Wert dieses Parameters umsetzen.

Path Cost

Dieser Parameter enthält die Einzelkosten des Bridge Ports, wenn dieser Bridge Port als Root Port agiert. Diese Kosten werden zu den designierten Kosten addiert, wenn ein Paket über diesen Port zur Root Bridge geschickt wird. Die Addition erfolgt nur dann, wenn die Bridge nicht gleichzeitig Root Bridge ist. Dieser Parameter kann vom Administrator über das Management gesetzt werden.

Designated Root

Enthält die eindeutige Bezeichnung der Root Bridge. Die Designated Root Bridge wird von jeder designierten Bridge eines LANs in jeder Konfigurations-BPDU eingetragen. Durch diesen Parameter wird in einer empfangenen Konfigurations-BPDU der Root Identifier-Parameter überprüft.

Designated Cost

Mit diesem Parameter werden die Gesamtkosten des Weges von der jeweiligen designierten Bridge zur Root Bridge festgehalten. Dadurch können die Gesamtkosten überprüft werden, die in einer Konfigurations-BPDU enthalten sind.

Designated Bridge

Enthält die genaue Bezeichnung der Bridge, die als designierte Bridge für dieses LAN agiert. Mit diesem Parameter können folgende Funktionen genutzt werden:

▸ Auswahl des günstigsten Ports als designierten Port.
▸ Überprüfung des Bridge Identifier-Parameters einer BPDU.

Designated Port
Definiert die genaue Port-Bezeichnung eines Ports, der als designierter Port für ein LAN agiert. Mit diesem Parameter können folgende Funktionen genutzt werden:

▸ Auswahl des günstigsten Port als designierten Port.
▸ Manuelle Festlegung der aktiven Topologie durch das Management.

Topology Change Acknowledge
Durch dieses Flag wird signalisiert, dass eine Topologieänderung durchgeführt werden muss.

Configuration Pending
Mit diesem Flag wird angezeigt, dass eine Konfigurations-BPDU nach Ablauf des Hold Timers versendet werden soll. Dadurch wird sichergestellt, dass Konfigurations-BPDUs nicht zu oft versendet werden und der Informationsfluss nicht behindert wird.

Message Age Timer
Hiermit wird das Alter der empfangenen Protokollinformation eines Ports überprüft. Nimmt dieser Parameter einen Wert größer als der Max Age-Parameter an, so wird die Information gelöscht. Als Wertebereich für den Message Age Timer wird vom Standard ein Wertebereich zwischen 6,0 und 40,0 Sekunden festgelegt. Als Default-Wert wurden 20 Sekunden definiert.

Forward Delay Timer
Ermöglicht die Kontrolle des Zeitraums, die ein Port im Listening- bzw. im Learning-Modus verbleibt. Als Wertebereich für den Forward Delay Timer wird vom Standard ein Wertebereich zwischen 4,0 und 30,0 Sekunden festgelegt. Als Default-Wert wurden 15 Sekunden definiert.

Hold Timer
Durch diesen Timer wird sichergestellt, dass Konfigurations-BPDUs nicht zu oft verschickt werden. Als Standardwert für den Hold Timer ist der Wert 1,0 Sekunden festgelegt.

Die Funktionen des Spanning Tree-Protokolls im Detail

Prozess: Übermittlung von Konfigurations-BPDUs

Die Konfigurations-BPDUs werden unter folgenden Umständen verschickt:

- als regelmäßige Informationspakete
- als Antwort auf eine Topology Change-Prozedur
- nach Ablauf des Hold Timers

Mit Konfigurations-BPDUs wird zu anderen Bridge Ports, die an das gleiche LAN angeschlossen sind, folgende Information übermittelt:

- Wo befindet sich die designierte Root Bridge?
- Welche Root-Wegekosten entstehen?
- Wer agiert als designierte Bridge?
- Welcher Port agiert als designierter Port?

Zudem werden mit den Konfigurations-BPDUs die Werte der Timer übermittelt.

Funktion

- Wurde der Hold Timer eines Ports aktiviert, wird gleichzeitig das Konfigurations-Pending Flag gesetzt.
- Wurde der Hold Timer nicht aktiviert, wird eine Konfigurations-BPDU nach Ablauf des Timers durch den jeweiligen Port verschickt.

Aus der Sicht der sendenden Bridge werden die folgenden Parameter der Konfigurations-BPDU gesetzt und die folgenden Aktionen erbracht:

Root Identifier

Enthält den Namen der Root Bridge, von der die sendende Bridge annimmt, dass diese als Root Bridge agiert.

Root-Pfadkosten

Enthält die Kosten, die die sendende Bridge für den Weg zur aktuellen Root Bridge ermittelt hat.

Bridge Identifier

Enthält den eindeutigen Namen der sendenden Bridge.

Port-Bezeichnung
Eindeutige Port-Bezeichnung des Ports der Konfigurations-BPDU.

Message Age-Parameter
Handelt es sich beim Sender um die Root Bridge, so muss diese den Message Age-Parameter setzen.

Max Age-, Hello Time-, Forward Delay-Parameter
Die Werte des Max Age-, Hello Time- und Forward Delay-Parameter enthalten die aktuellen Werte der sendenden Bridge.

Topology Change Acknowledgement Flag
Das Topology Change Acknowledgement-Flag wird auf den entsprechenden Wert der sendenden Bridge gesetzt.

Topology Change Flag
In der BPDU wird der aktuelle Wert des Topology Change Flag gesetzt.
Das Configuration Pending Flag wird zurückgesetzt.
Der Hold Timer des Ports wird gestartet.

Prozess: Speichern der Konfiguration

Wird von einer Bridge erstmalig eine BPDU empfangen, so müssen die darin enthaltenen Parameter abgespeichert werden. Die Informationen müssen daraufhin mit den Informationen jeder neu empfangenen Konfigurations-BPDU verglichen und gegebenenfalls aktualisiert werden.

Bei dieser Prozedur werden die Designated Root-, Designated Cost-, Designated Bridge- und Designated Port-Parameter mit den BPDU-Werten des Root-Identifiers, der Root Path Cost, des Bridge Identifier, und des Port Identifier verglichen. Danach wird der Message Age Timer des betreffenden Ports gestartet. Die aufgelisteten Fälle führen zur Änderung der Informationen:

- Der Root Identifier legt eine Bridge fest, die eine höhere Priorität besitzt als die abgespeicherte Designated Root Bridge.

> ‣ Der Root Identifier und die Designated Root Bridge stimmen überein, die Root Path Costs sind jedoch geringer als die in den Designated Costs abgespeicherten Werte für einen Port.

Prozess: Abspeichern der Konfigurations-Timeout-Werte

Um die Werte Max Age, Hello Time, Forward Delay und Topology Change immer auf dem aktuellen Stand zu halten, werden die Informationen der Root Bridge nach dem Empfang der BPDU abgespeichert bzw. aktualisiert.

Senden von Konfigurations-BPDUs

Durch die Konfigurations-BPDUs ist eine Bridge in der Lage, Informationen an die designierte Bridge zu verschicken.

Dieser Prozess wird durch folgende Vorgänge initiiert:

‣ Durch den Empfang einer Konfigurations-BPDU auf dem Root Port.
‣ Nach Ablauf des Hello Timers.
‣ Durch das Ablaufen des Message Age Timers wurde die Bridge als designierte Root Bridge ausgewählt.
‣ Durch die Festlegung einer Bridge zur designierten Bridge durch das Management.

Prozess: Beantwortung einer Konfigurations-BPDU

Nachdem von einer Bridge eine Konfigurations-BPDU auf das angeschlossene LAN gesendet wurde, werden in der Antwort auf diese Konfigurations-BPDU eine designierte Bridge und ein designierter Port ausgewählt. Dieser Fall tritt dann ein, wenn Konfigurations-BPDUs der aktuellen Root Bridge die sendende Bridge nicht rechtzeitig erreichen. Die Generierung der Antwort-BPDU entspricht dem Prozess zur Übermittlung von Konfigurations-BPDUs.

Prozess: Übermittlung von Topology Change Notification BPDUs

Hat eine Bridge eine Änderung in der aktuellen Topologie festgestellt, oder ist der Topology Notification Timer abgelaufen, so wird eine Topology Change Notification BPDU (TCN) an die Root Bridge erzeugt. Nur Bridges, die nicht den Status einer Root Bridge haben, können diese BPDU erzeugen. Die TCN BPDU wird über den Root Port innerhalb des maximalen BPDU Transmission Delay verschickt.

Prozess: Aktualisierung der Konfiguration

Nach dem Empfang einer Konfigurations-BPDU führt eine Bridge die Aktualisierung ihrer Informationen (dieser Vorgang wurde bereits beschrieben) durch. Eine Aktualisierung der Informationen in einer Bridge wird auch dann durchgeführt, wenn ein Port einer Bridge zum designierten Port für ein LAN wurde. Dies kann durch das Ablaufen des Message Age Timers oder durch einen Eingriff des Managements erfolgen. Zur Auswahl der designierten Root, des Root Ports und die Berechnung der Root-Pfadkosten wird der Prozess zur Auswahl der Root Bridge verwendet. Zur Festlegung eines Ports als designierten Port wird der Prozess zur Auswahl des designierten Ports benutzt.

Prozess: Auswahl der Root Bridge in einem Netzverbund

Der Root Port einer Bridge hat die Aufgabe zu entscheiden, welche der an einem LAN angeschlossenen Ports aktiv im Netzverbund arbeiten und welche Ports abgeschaltet werden müssen. Mit dem Prozess zur Auswahl der Root Bridge in einem Netzverbund werden die Designated Root Bridge und ihr Root Port sowie die Root-Wegekosten ausgewählt. Diese Auswahl erfolgt nach folgenden Bedingungen:

- ‣ Wurde für die Bridge die höchste Priorität vergeben, so wird sie als designierte Root Bridge registriert.
- ‣ Haben mehrere Bridges die gleiche Priorität, so wird die Bridge mit den geringsten Wegekosten zur Root Bridge.

- Haben mehrere Bridges die gleiche Priorität, und wurden für sie identische Wegekosten festgelegt, dann wird die Bridge mit dem höchsten Bridge Identifier zur Root Bridge.
- Haben mehrere Bridges gleiche Priorität, gleiche Wegekosten und gleiche Bridge Identifier, so wird der Port mit der höchsten Port-Bezeichnung einer Bridge zum designierten Port.

Treffen auf keinen der Ports die Bedingungen zu,

- so wird der Root Port-Parameter auf Null gesetzt und
- im designierten Root-Parameter wird die betreffende Bridge-Bezeichnung eingetragen,
- der Wert der Root-Wegekosten wird auf Null gesetzt.

Wurde der Bridge Port als Root Port ausgewählt,

- so wird der designierte Root-Parameter der Bridge auf den Wert des Bridge Identifiers für die Bridge gesetzt und
- es werden die Wegekosten der Bridge auf den Wert 0 gesetzt und in dem Wegekostenparameter des Ports eingetragen.

Prozess: Auswahl des designierten Ports

Mit der Auswahl eines designierten Ports wird festgelegt, welcher Bridge Port eines LANs die Pakete transportieren darf und welche Bridge Ports gesperrt sind. Diese Auswahl der Bridge Ports wird im Rahmen der Aktualisierung der Konfigurationsprozedur durchgeführt. Um zum designierten Port erklärt werden zu können, müssen folgende Voraussetzungen erfüllt sein:

- Der betreffende Port arbeitet bereits als designierter Port eines LANs.
- Der Wert des Designated Root-Parameter der Bridge unterscheidet sich vom aktuell gespeicherten Wert für den Port.
- Die Bridge unterstützt einen Weg zur Root Bridge, der geringere Wegekosten als der bisherige Weg aufweist.
- Die Bridge weist einen Weg mit den gleichen Kosten auf, es wurde aber für den Bridge Identifier eine höhere Priorität als für die anderer Bridges registriert.

Prozess: Erklärung zum designierten Port

Die Grundvoraussetzung für diese Funktion ist, dass ein Port zum designierten Port ausgewählt wurde und entsprechende Werte zu den für die Aufrechterhaltung der aktiven Topologie wichtigen Parametern zugewiesen wurden. Dabei werden vom Prozess folgende Funktionen ausgeführt:

▸ Der Designated Root-Parameter des Ports wird mit dem Wert des Designated Root-Parameters gleichgesetzt.

▸ Der Designated Cost-Parameter des Ports wird auf den Wert der Root-Pfadkosten der Bridge gesetzt.

▸ Der Designated Bridge-Parameter des Ports wird mit dem Bridge Identifier der Bridge gleichgesetzt.

▸ Die Designated Port-Parameter eines Ports wird auf den Wert des Port Identifiers des Ports gesetzt.

Ein Port wird unter folgenden Voraussetzungen zum designierten Port:

▸ Nach dem Ablauf des Message Age Timers.

▸ Der Port wurde durch die Designated Port Selection-Prozedur als Folge der Konfigurations-Update-Prozedur zum designierten Port erklärt.

▸ Die Änderung wird durch einen Eingriff des Managements erreicht.

Prozess: Auswahl des Port-Status

Der Status eines Bridge Ports wird über die Informationen in den Konfigurations-BPDUs definiert. Der Status eines Ports erlaubt Rückschlüsse auf seine Funktionen.

Eine Änderung des Port-Status erfolgt unter den Bedingungen, dass:

▸ nachdem ein Konfigurations-BPDU empfangen wurde, die alte Port-Information aktualisiert wird,

▸ nachdem der Message Age Timer eines Ports abgelaufen ist, er designierter Port für ein LAN werden soll oder

▸ eine Änderung durch das Management erreicht wurde.

Wird ein Bridge Port zum Root Port, so werden das Configuration Pending Flag und das Topology Change Acknowledge Flag für den Port zurückgesetzt und die Make Forwarding-Prozedur ausgeführt. Wird der Port zum designierten Port für das angeschlossene LAN, dann wird der aktive Message-Age-Timer gestoppt und die Make Forwarding-Prozedur für diesen Port aktiviert. Sollte der Port als Backup Port definiert sein, so werden das Configuration Pending Flag und das Topology Change Acknowledge Flag gesetzt und die Make Blocking-Prozedur aktiviert.

Prozess: Make Forwarding
Durch Aktivierung dieses Prozesses wird ein Port befähigt, aktiv Datenpakete zu versenden. Auf dem Weg zum Forwarding-Modus wird ein Port vom Blocking-Modus in den Listening-Modus gesetzt. Gleichzeitig wird der Forward Delay Timer gestartet. Nach Ablauf dieses Timers erfolgt erst die volle Aktivierung des Ports. Durch diese Verzögerungszeit wird vermieden, dass sich im Netz temporäre Schleifen bilden können.

Prozess: Make Blocking
Durch Aktivierung dieses Prozesses beendet ein Port das Versenden von Datenpaketen. Befindet sich ein Port nicht im Disabled- und nicht im Blocking-Modus, so treten durch diesen Prozess folgende Aktionen in Kraft:

‣ Befindet sich der Port im Forwarding- oder im Learning-Modus, so wird die Topology Change Detection-Prozedur durchgeführt.
‣ Der Status des Ports wird auf Blocking gesetzt.
‣ Der Forward Delay Timer für den Port wird gestoppt.

Prozess: Topology Change Detection
Mit Hilfe dieses Prozesses wird jede Änderung in der Netzwerktopologie abgespeichert. Dies ist völlig unabhängig davon, ob diese Änderung von der betreffenden Bridge entdeckt oder ob diese Änderung durch Topology Change BPDUs signalisiert wurde. Bevor dieser Mechanismus in Kraft gesetzt wird, muss sichergestellt werden, dass die Root Bridge diese Änderung in der Topologie bereits kennt.

Der Topology Change Detection-Mechanismus wird durch folgende Aktionen ausgelöst:

‣ Empfangen eines Topology Change Notification BPDU auf dem designierten Port eines LANs.
‣ Nach Ablauf des Forward Delay Timers, wenn sich der designierte Port einer Bridge im Forwarding-Modus befindet.
‣ Beim Übergang eines Ports vom Forwarding- oder Learning-Modus in den Blocking-Modus.
‣ Nachdem eine Bridge zur Root Bridge erklärt wurde.

Erhält eine Bridge den Status einer Root Bridge, so wird das Topology Change Flag in der BPDU gesetzt und der Topology Change Timer für die Bridge gestartet. Falls es sich bei der Bridge nicht um die Root Bridge handelt, und das Topology Change Flag nicht gesetzt wurde, dann wird die Transmit Topology Change Notification BPDU-Prozedur durchlaufen und der Topology Change Notification Timer gestartet. Außerdem wird das Topology Change Detected Flag gesetzt.

Prozess: Bestätigung einer Topologieänderung

Durch diesen Prozess wird die Übermittlung von Topology Change Notification BPDUs gestoppt. Diese Prozedur folgt immer auf das Eintreffen eines Konfigurations-BPDUs mit gesetztem Topology Change Acknowledgement Flag von der designierten Bridge des LANs. Dadurch wird das Topology Change Detected Flag zurückgesetzt und der Topology Change Notification Timer angehalten.

Prozess: Acknowledge Topology Change

Durch diesen Prozess wird der Empfang einer, von einer anderen Bridge bemerkten, Topologieänderung bestätigt. Diese Prozedur wird immer nach dem Empfang eines Topology Change Notification BPDUs auf einem designierten Port eines LANs ausgeführt. Nach dem Empfang der Topologieänderung wird das Topology Change Acknowledge Flag gesetzt und die Transmit Configuration BPDU-Prozedur für den Port durchgeführt.

Source Routing

Im Token Ring Bereich unterteilen Bridges ein Datennetz in kleinere, besser überschaubare Einheiten. Der lokale Datenverkehr bleibt auf diese Einheiten konzentriert und nur die Information, die tatsächlich für Stationen an anderen Netzen bestimmt ist, wird von der Bridge transportiert. Dadurch können beliebig große Netzwerke gebildet werden. In der Ethernet-Welt werden nur transparente Bridges eingesetzt, mit denen die LANs untereinander gekoppelt werden. Das bedeutet, dass·die Information ohne jede Änderung der Datenstruktur weitergeleitet wird, wenn die Bridge anhand von gespeicherten Adresslisten erkennt, dass sich der Empfänger des Datenpaketes in einem anderen Subnetz befindet. Die Adresslisten werden durch Mitlesen der Quelladressen aller Datenpakete auf den angeschlossenen Subnetzen selbst gebildet (selbstlernende Bridges). Bei Ethernet-Bridges wird das „Spanning Tree Verfahren" eingesetzt, das gewährleistet, dass in jedem Fall ein eindeutiger Übertragungsweg gewählt wird. Beim Token Ring Verfahren verhält es sich anders, denn jeder Hersteller von Token Ring Produkten orientiert sich am Marktführer IBM. Als IBM im Jahre 1985 den Token Ring vorstellte, wurde gleichzeitig eine Alternative zum herkömmlichen transparenten Übertragen von Daten über Bridges, das Source Routing Verfahren, vorgestellt. Beim Source Routing Verfahren wird mit der Information im Datenpaket gleichzeitig die Information über den Transportweg mitübertragen, so dass die Wegwahlentscheidung auf die Endgeräte verlagert wird.

Source Route Bridges (SRB) arbeiten auf der Schicht 2 des OSI Referenz-Modells. Verwendet wird diese Variante des Bridging nur von Token Ring, obwohl theoretisch auch andere Topologien Source Route Bridging benutzen könnten. Die Idee des Source Route Bridging ist die, dass die Quelle den gesamten Pfad zu ihrem Ziel kennt. Dadurch wird wesentlich weniger Vermittlungsintelligenz benötigt. Das Prinzip dieses Verfahren lässt sich am besten an einem Beispiel erklären:

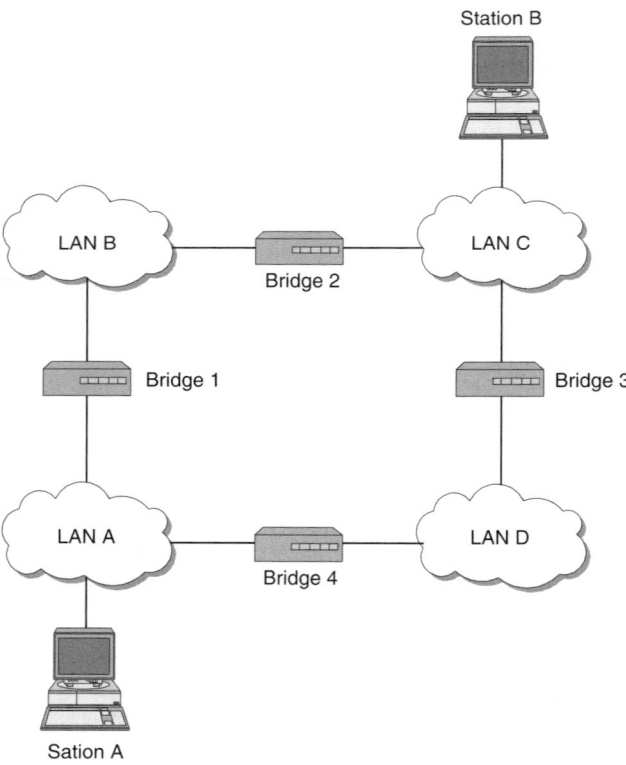

Abbildung 2.7: Source Routing Netz

Der Begriff Source Routing beschreibt sehr treffend die technische Ausführung des Verfahrens. Der Sender (Source) definiert genau die Route, der ein Datenpaket zwischen Absender und Ziel zu folgen hat, indem er ein Routing Information Feld, welches den kompletten Weg zur Zielstation beschreibt, in den Kopf des Datenpaketes einfügt. Um die Datenpakete richtig übermitteln zu können, muss eine Source Routing Bridge auf jedem angeschlossenen Segment alle Datenpakete empfangen. Wird in einem Paket der Routing Information Indikator als Wert 0 empfangen, erkennt die Bridge, dass die Information in diesem Datenpaket keine Routing Information enthält und damit für eine Station im lokalen Subnetz bestimmt ist. Deshalb reagiert die Bridge auf solche Pakete nicht. Der Datenverkehr bleibt somit lokal und wird nicht auf andere Subnetze übertragen. Möchte Station A Daten an Station B senden, muss A zuerst überprüfen, ob B sich am lokalen Netzsegment befindet.

A sendet ein **Test-Frame** aus. Erhält A dieses Paket zurück, ohne dass B es empfangen hat, kann davon ausgegangen werden, dass B sich nicht im lokalen Netzsegment befindet. Somit muss Station A den Pfad zu Station B ermitteln. Hierzu wird mit Hilfe des Broadcast-Mechanismus ein sogenannter Explorer-Frame (auch Route Discovery Frame) erzeugt. Hierzu wird beim Source Routing Verfahren das Adressschema erweitert. Das erste Bit der Quelladresse signalisiert die Nutzung des Source Routing Verfahrens. Ein Routing Information Indicator (RII) mit dem Wert 1 signalisiert, dass zusätzliche Weginformationen (Routing Informations) im Kopf des Datenpaketes eingefügt werden müssen. Diese zusätzliche Information kann bis zu 16 Byte lang sein und beschreibt den kompletten Pfad von der Quellstation zur Zielstation, die das Datenpaket zurücklegen muss. Um diese Funktion erfüllen zu können, muss jedem Netzsegment eine eigene, unverwechselbare Netznummer zugeordnet werden. Zusätzlich zur Ringnummer wird jedoch noch eine weitere Information benötigt, um die Route zwischen Quelle und Ziel vollständig zu beschreiben. In der Praxis kann es vorkommen, dass aus Gründen der

Zuverlässigkeit zwischen zwei Netzsegmenten mehr als eine Bridge die Verbindung ermöglicht. Werden in dieser Weise parallele Bridges aufgebaut, so müssen sie mit einer unverwechselbaren Kennung (Bridge ID) versehen werden. Die Routing Information ist im Prinzip eine Liste aller Subnetze und Bridges, die das Paket durchlaufen muss. Damit gehört das Source Routing Verfahren zu den lernenden Verfahren. Der Explorer Frame läuft von der Quelle (Rechner A) bis zur Zielstation (Rechner B) sämtliche möglichen Wege. Jede dabei durchlaufene Source Routing Bridge trägt dabei ihre Kennung und die Kennung der angeschlossenen Subnetze in das Routing Information Feld ein. Wird das Paket von der Zielstation erkannt, ist die vollständige Wegbeschreibung im Paketkopf gespeichert und kann für den weiteren Datenverkehr zwischen diesen beiden Stationen genutzt werden. Sind mehrere Wege zwischen zwei Stationen möglich, kann nach verschiedenen Gesichtspunkten (Übertragungszeit, Kosten, Übertragungsqualität) der günstigste ausgewählt werden. Diese Fähigkeit der optimalen Wegwahl (Route) zwischen zwei Partnern ist ein wesentlicher Vorteil des Source Routing Verfahrens.

In vorhergehenden wurden die Explorer-Pakete mit Hilfe eines generellen Broadcast vermittelt. Dadurch werden diese Pakete auf dem Weg zum Ziel von den Bridges auf allen verfügbaren Ports übertragen. Eine andere Variante stellt der Single Route Broadcast dar. Hier werden die Explorer-Pakete nur von Bridges weitergeleitet, die einen Spanning-Tree bilden. Dadurch verringert sich die Netzbelastung deutlich.

802.5 MAC-Paketformat

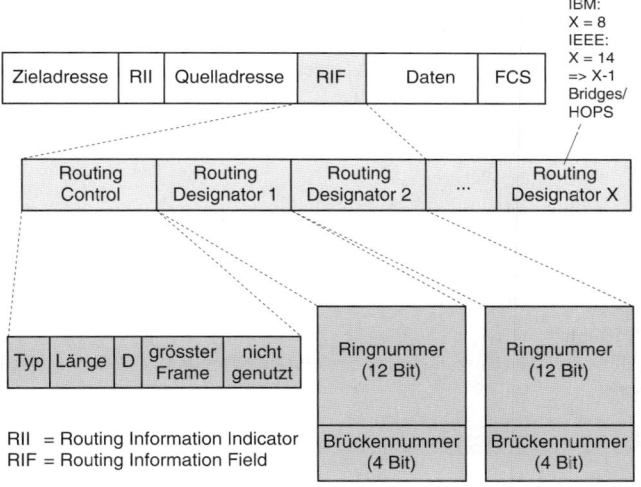

Abbildung 2.8: 802.5 MAC Header

Routing Information Indicator (RII)

▸ 0 lokaler Verkehr. Es werden keine RIF-Informationen in das Paket eingefügt.

▸ 1 nicht-lokaler Verkehr. Paket wird über Bridge weitergeleitet und RIF-Information in das Paket eingefügt.

Routing Information Field (RIF)
Wird nur in Pakete eingefügt, die für andere Segmente bestimmt sind, also Pakete deren RII den Wert 1 aufweist.

Routing Control

‣ General Broadcast (All Paths Explorer): Broadcast der Explorer-Pakete und Vermittlung der Explorer-Pakete auf allen Ports

‣ Single-Route Broadcast (Spanning Tree Explorer): Bridges werden als Spanning Tree konfiguriert und definieren einen eindeutigen Weg der Explorer-Pakete

‣ Manual Single-Route-Broadcast (Specifically Routed): manuelle Konfiguration des Spanning-Tree-Pfades durch den Administrator

Länge
Länge des RIF (2 - 30 Byte)

D (D-Bit)
Gibt an, in welcher Richtung die Routing-Designator-Felder gelesen werden.

‣ von rechts nach links = vorwärts
‣ von links nach rechts = rückwärts

Größter Frame
Definiert die maximale Größe des Pakets, das auf einer Route verarbeitet werden kann.

Routing-Designator
Eindeutiger Wert innerhalb des durch Bridges verbundenen Gesamtnetzes. Dieser Wert setzt sich aus Ringnummer (12 Bit) und Brückennummer (4 Bit) zusammen. Die Brückennummer muss daher nicht im Gesamtnetzwerk eindeutig sein. Nur bei parallel arbeitenden Brücken ist auf die Eindeutigkeit der Bridge ID zu achten.

Route Transparent Verfahren

Es gibt keinen Grund, weshalb transparente oder Source Routing Bridges ausschließlich für Ethernet bzw. für Token Ring verwendet werden. In der Ethernet-Welt hat sich seit den Anfängen das transparente Bridging durchgesetzt und wird auch von einigen Herstellern in der Token Ring Welt benutzt. IBM ist tonangebend in der Token Ring Welt, dadurch wird Source Routing zwangsläufig mit dem Token Ring assoziiert. Dieses spiegelt sich auch in der Arbeit der IEEE Gremien wieder, die derzeit versuchen einen Standard für Bridges zu definieren. Das IEEE 802.1 Gremium (zuständig für allgemeine Netzwerkaspekte) hat für alle MAC Layer Protokolle (z.B. Ethernet und Token Ring) das transparente Bridging vorgeschlagen. Parallel dazu wurde jedoch von IEEE 802.5 (zuständig für Token Ring Standardisierung) die Source Routing Variante eingebracht. Nach jahrelangen Auseinandersetzungen zwischen beiden Gruppen brachte IBM als Kompromissvorschlag bei IEEE 802.1 ein neues Verfahren ein, welches beide Alternativen zulässt.

Aufgrund ihrer unterschiedlichen Pakettypen können Source Routing-Endgeräte und Transparent Bridging-Endgeräte immer nur mit Bridges desselben Typs zusammenarbeiten. Es gibt jedoch im Token Ring einige Endgeräte, die nicht mit dem üblichen Verfahren (Source Rouning Bridge; SRB), sondern mit dem Transparent Bridging (TB) arbeiten. In einem solchen inhomogenen Netzwerk, in dem beide Verfahren eingesetzt werden, sollen zwei Netzsegmente verbunden werden. Dadurch ist der Einsatz von zwei Bridges notwendig. Eine Transparent Bridge, um Pakete von den TB-Endgeräten aus Segment A mit denen aus Segment B zu verbinden und das gleiche analog mit den SRB-Endgeräten.

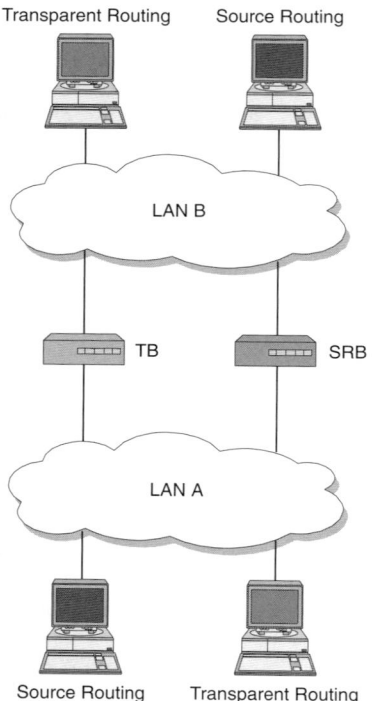

Transparent Routing   Source Routing

LAN B

TB   SRB

LAN A

Source Routing   Transparent Routing

Abbildung 2.9: SRT-Netzwerk

Für die Lösung dieses Problem sorgen Source Route Transparent Bridges.
Solche Bridges werten den Routing Information Indicator aus. Ist der
Wert 1, enthält das Paket schon den Pfad zum Ziel. Die Bridge weiß also,
dass dieses Paket von einem SRB-Endgerät stammt und leitet es deshalb

auch mit dieser Methode weiter. Ist der Wert 0, enthält das Paket also noch keinen Pfad, wendet sie das Transparent Bridging an. Die Bridge übersetzt also keinen Source Routing Frame in einen Transparent Frame, sondern sie entscheidet lediglich, um welchen Pakettyp es sich handelt und verwendet das entsprechende Verfahren. Deshalb kann man auf eine Topologie mit je einer Brücke jeden Typs zugunsten einer Topologie mit einer Source Route Transparent Bridge verzichten.

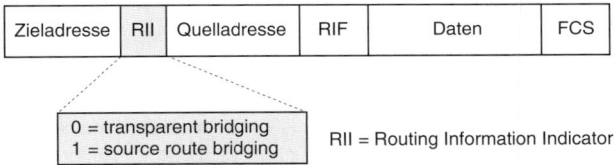

Abbildung 2.10: SRT-Frame

Virtuelle Netze (VLANs)

Mit der Bildung von virtuellen Netzen ist es möglich, Netze unter logischen Gesichtspunkten, d.h. lösgelöst von der physikalischen Topologie, die durch das Kabelnetz vorgegeben ist, zu strukturieren. In den traditionellen Shared Media LANs bilden die Endgeräte eines physikalischen Verkabelungsbereiches, z.B. einer Etage oder eines Gebäudes, eine Netzgruppe. Damit war die Netzstrukturierung vom Standort der Mitarbeiter bzw. Endgeräte abhängig. In Netzen auf Basis von Switching-Technologien kann über die physikalische Netzstruktur eine zweite, logische Netzstruktur gelegt werden. Alle Mitarbeiter die einer gemeinsamen Interessensgruppe angehören, können zu einer Netzgruppe (virtuelles Netz) zusammengefasst werden, egal an welchem Standort sie sich befinden.

VLAN-Arten

In der Vergangenheit entwickelten sich folgende herstellerspezifische VLAN-Ansätze:

- ▸ Port-basierte VLANs
- ▸ MAC-basierte VLANs
- ▸ protokollbasierte VLANs
- ▸ applikationsbasierte VLAN

Port-basierte VLANs

Bei den port-basierten VLANs wird jedem Port im Switch per Management eine definierte VLAN-Nummer zugewiesen. Jedes Gerät, das künftig an einen so konfigurierten Port angeschlossen ist, befindet sich in diesem spezifischen VLAN. Beim Umzug eines Anwender innerhalb des Unternehmens verändert sich auch die physikalische Verbindung zum Switch. Der Administrator muss aus diesem Grund dafür sorgen, dass der nach dem Umzug von dem Anwender benutzte Switch-Port mit der gleichen VLAN-ID konfiguriert wird. Dadurch wird sichergestellt, dass sich die Arbeitsumgebung (VLAN-Mitgliedschaft) des Anwenders nicht ändert. Gleichzeitig muss darauf geachtet werden, dass der ursprünglich benutzte Switch-Port (inklusive der VLAN-ID) deaktiviert wird, um unerlaubte Zugriffe zu verhindern. Das Port-basierte VLAN-Verfahren bietet den Vorteil, dass die VLAN-Technik bei Bedarf im Unternehmen eingeführt werden kann. Dabei muss auch in den Endgeräten (Rechnern und PCs) keine neue Software installiert bzw. keine Konfigurationsänderung vorgenommen werden. Über die Uplink-Ports der Switches werden die getaggten VLAN-Daten übermittelt.

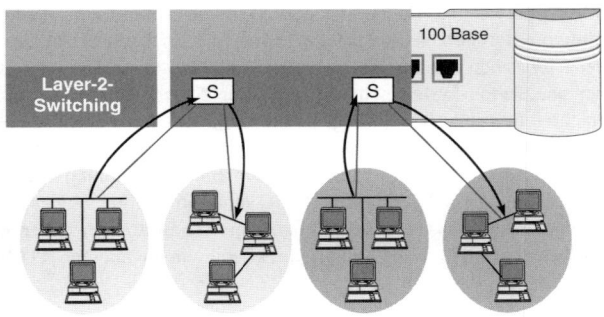

Subnetz A/VLAN-A   Subnetz B/VLAN-B

Abbildung 2.11: Port-basierte VLANs

MAC-basierte VLANs

Mit MAC-basierten VLANs lassen sich einfache Schutz- und Sicherheitsfunktionen in lokalen Netzen aufbauen. Der Anwender dieser proprietären Lösung sollte sich jedoch über die möglichen Konsequenzen im Klaren sein, denn dieser VLAN-Ansatz ist immer von der Unterstützung durch den betreffenden Hersteller abhängig. Auch lassen sich in eine solche VLAN-Lösung keine Produkte anderer Hersteller integrieren.

Bei MAC-basierenden VLANs entscheidet der Switch bei jedem empfangenen Paket, zu welchem VLAN dieses Paket gehört. Der Vorteil von MAC-basierenden VLANs besteht in der Unterstützung von Shared-Media-Technologien. Innerhalb eines Segments können sich die Teilnehmer daher in unterschiedlichen VLANs befinden. Ein automatisierter Stationsumzug ist möglich, da die Station sofort wieder ihrem VLAN zugewiesen wird, wenn diese an einem anderen Port angeschlossen werden. Als Nachteil in der Praxis hat sich erwiesen, dass bei der Erstkonfiguration in den Switches eine zusätzliche Funktion benötigt wird, um nicht alle MAC-Adressen per Hand eintragen zu müssen. Damit eine solche Zuordnung unternehmensweit erfolgen kann, müssen diese Information entweder zwischen den Switch-Systemen ausgetauscht werden oder es müssen alle Switch-Systeme einzeln konfiguriert werden. Ein gewichtiger Nachteil dieses Verfahrens liegt jedoch darin, dass die beiden wichtigsten Gründe für den Aufbau eines Netzwerkes mit VLANs (Broadcast-Eindämmung, Sicherheit) unterlaufen werden. Da die Zuordnung zu den VLANs nur über die MAC-Adresse erfolgt, kann ein geübter Anwender sein Endgerät durch eine einfache Umkonfiguration mit einer anderen MAC-Adresse ausrüsten, und damit direkt mit einem anderen VLAN kommunizieren.

Protokoll-basierte VLANs

Bei protokoll-basierenden VLANs erfolgt die Zuordnung entweder über einen Protokoll-Identifikator und der Verknüpfung mit einem Port (portbasierende Lösung) oder der alleinigen Identifikation der Netzwerkadresse (adressbasierende Lösung).

Der Vorteile dieses Verfahrens besteht darin, dass eine optimale Verkehrsüberwachung möglich wird. Alle Broadcasts können entsprechend der Protokolle segmentiert werden. Auch Endstationen mit Multiprotokollstacks bzw. Shared-Media-Segmente mit Endstationen unterschiedlicher Protokolle werden bei diesem Verfahren unterstützt. Als Nachteile hat sich jedoch die größere Komplexität der protokoll/adressbasierenden Lösung heraus gestellt, die einen erhöhten Administrationsaufwand erfordert. Es werden hierbei vom Administrator genaue Kenntnisse über die im Gebrauch befindlichen Protokolle erwartet. Erschwerend kommt allerdings hinzu, dass dynamische Verfahren, die eine dynamische Adresszuordnung ermöglichen (DHCP, NetWare oder AppleTalk) mit diesem Verfahren nur bedingt kompatibel sind.

Auch hier ist es nicht ganz einfach, diese Netzstruktur als die ideale Lösung darzustellen. Aber sehen wir uns dieses Konzept einmal etwas genauer an!

Applikationsbasierte VLANs

Logische Zuordnungen (Port-Adresse, MAC-Adresse, Protokoll-ID, Netz-adresse) bilden die Basis für die Applikations- oder regel-basierte VLANs. Der wesentliche Vorteil dieses Verfahrens besteht darin, dass dieses VLAN-Modell in der Lage ist, alle anderen VLAN-Modelle abzubilden bzw. zu kombinieren. Der Administrator hat die Möglichkeit die Balance zwischen Sicherheit, Verkehrsoptimierung und Kontrolle selbst zu be-stimmen. Nachteilig wirkt jedoch, dass die Administration äußerst komplex wird und einen erfahrenen Operator benötigt. Die Kosten für ein derartiges proprietäres System und die begrenzte Verfügbarkeit stellen ein weiteres Handicap dar.

VLAN-Standard

Auf Basis des IEEE 802.1 p/Q Standards lassen sich herstellerübergreifende VLANs im Ethernet-Bereich realisieren. Hierzu müssen die Endgeräte und die Koppelkomponenten im Netz diesen Standard unterstützen. Auf den Clients erfolgt die VLAN-Unterstützung durch die Installation von IEEE-802.1p/Q-Treibern. Die Switches im Netz müssen neben der Unterstützung des 802.1p/Q-Verfahrens zusätzlich noch das GARP VLAN Registration Protocol (GVRP) implementiert haben. Beim IEEE 802.1p/Q-Paketformat wird das Typfeld um vier Stellen nach hinten verschoben. Auch das IEEE 802.1p/Q- Paketformat beginnt mit der üblichen Destination-Adresse (zwei Bytes) gefolgt von der Source-Adresse (zwei Bytes). Anstelle des Typfelds werden im erweiterten Paketformat vier Bytes zusätzlich eingefügt, und die nachfolgende Ethernet Header-Information um diese vier Bytes nach hinten verschoben. Innerhalb der zusätzlichen vier IEEE 802.1p/Q- Bytes wird die VLAN-Kennung oder die Priorisierung vorgenommen. Im Ethernet-Paket folgt weiter die bekannte Typfeldkennung, die Daten und der CRC.

Normal Ethernet Frame

| Präambel: 7 | SFD: 7 | DA: 6 | SA: 6 | Type: 2 | Data: 64-1500 | CRC: 4 |

802.1Q Tagged Frame

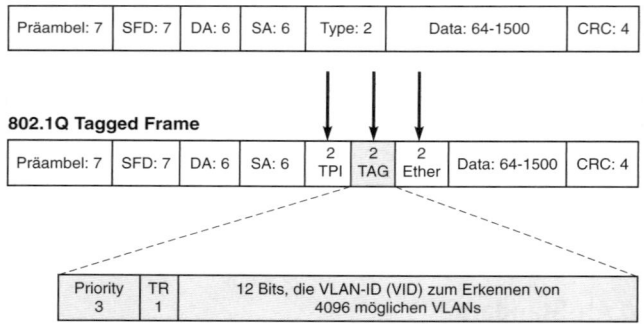

Abbildung 2.12: Erweitertes IEEE 802.1p/Q-Paketformat

Die vier IEEE 802.1p/Q- Bytes haben folgende Bedeutung:

▸ Zwei Byte VLAN-Typkennung

▸ Zwei Byte Tag Control Information (TCI)

Als VLAN-Typkennung wurde der Wert = 8100 von der IEEE eindeutig festgelegt. Die nachfolgende 16 Bit Tag Control Information (TCI) dient sowohl zur Datenpriorisierung (3 Bit), für das Token-Ring-Encapsulation (1 Bit) als auch zur Kennzeichnung des jeweiligen VLAN-Identifers (12 Bit). Mit den zwölf Bits des VID (VLAN-IDentifer)-Feldes können maximal 4096 VLANs vergeben werden.

Praxis

Erfolgt die Unterstützung der VLANs auf den jeweiligen Clients durch eine Treibersoftware direkt an der Adapterkarte, kann der angeschlossene Layer-2-Switch gleichgültig, in welchem VLAN der Client definiert ist, diese Pakete transparent weiterleiten. Der Client kann innerhalb des gesamten Netzwerks beliebig umziehen. Hierfür müssen keine zusätzlichen Konfigurationen im Netz vorgenommen werden. Da die Treiber der

Adapterkarten in der Regel das GVRP VLAN Registration Protocol (Group Virtual LAN Registration Protocol) unterstützen, teilt das Endgerät bei der VLAN-Registrierung dem jeweiligen 802.1Q-fähigen Switch mit, welchen VLAN-Verkehr dieser zu übertragen hat.

Priorisierung im Netz

Auf Basis des IEEE 802.1q - und des IEEE 802.1p-Standards lässt sich in Datennetzen eine Priorisierung der Datenströme vornehmen. Diese Mechanismen erlaubt dem Netzadministrator die Definition von regelbasierten Vorrangsteuerungen im Netzwerk.

Die Standardisierung in der IEEE Projektgruppe 802.1p beschreibt die unterschiedlichen Verkehrslast-Typen, die zugehörigen acht Prioritätsklassen und das Queing (Einreihen der Sendewünsche in Warteschlangen). Um den Netzwerkverkehr zu regulieren, muss im ersten Schritt festgestellt werden, welche Arten von Datenverkehr vorliegen. Daraus sollte eine Planung resultieren, die das Gesamtsystem „Quality of Service" des Netzwerkes beschreibt.

Dazu gehört die Festlegung der Prioritäten und die Verteilung der zur Verfügung stehenden Bandbreite auf die Netzwerkteilnehmer. Diese Zuteilung von Bandbreite ist komplex und bedarf einer sehr sorgfältigen Vorgehensweise bei der Planung.

Der laut 802.1Q getaggte Ethernet Frame kann VLAN Informationen (VLAN tagged) oder Prioritäten-Informationen (Priority tagged) enthalten. Die ersten drei Bits enthalten die Prioritätsstufe 0 bis 7, um die Quality of Service Profile festzulegen. Die letzten 12 Bits adressieren das VLAN, zu der das Ethernet Frame gehört.

Die Verlängerung des Ethernet Frames um 4 Bytes auf maximal 1.522 Bytes macht es zwingend erforderlich, dass alle involvierten aktiven LAN Komponenten diese längeren Ethernet Frames auswerten können oder diese zumindest transparent passieren lassen.

Auf der Ebene 2 legt der IEEE 802.1p/q- Standard die Priorisierung für Switches und paketorientierte Netze fest. In einer Erweiterung des Paket-Headers werden diese Zusatzinformationen untergebracht. Von den 16 Bits werden drei Bit als Priorisierungs-Tag verwendet. Folgende Priorisierungswerte wurden festgelegt:

Dezimal Binär Verkehrstyp

Dezimal	Binär	Verkehrstyp
0	000	Best Effort
1	001	Background
2	010	Standard
3	011	Business-Critical
4	100	Streaming Multimedia
5	101	Interaktive Multimedia
6	110	Interaktive Sprache
7	111	Reserviert

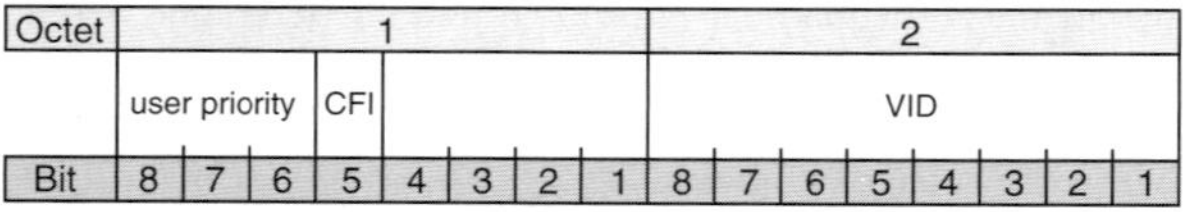

Octet		1									2						
	user priority			CFI					VID								
Bit	8	7	6	5	4	3	2	1	8	7	6	5	4	3	2	1

CFI = Canonicial Format Identifier
VID = VLAN Identifier

Abbildung 2.13: IEEE 802.1p Priorisierungsfeld

Da der 802.1p –Mechanismus nur auf der Schicht 2 arbeitet, kann keine Priorisierung in gerouteten Netzen vorgenommen werden. Daher müssen die Schicht 3 Koppelkomponenten in der Lage sein, die 802.1p- in TOS-Funktionen umzusetzen. Diese Umsetzung funktioniert mittlerweile bei reinen IPv4-Komponenten im LAN zufriedenstellend, kann jedoch nicht angewendet werden, wenn ein IPsec-Protokoll-Stack als

WAN-Protokoll eingesetzt wird. Mit IPsec werden sämtliche Header-Informationen (TOS-Feld, TCP/UDP Port-Nummer) kryptiert und ist deshalb für den Router nicht zugänglich. In diesem Fall müssen im WAN-Gateway die jeweiligen Priorisierungen in die spezifischen WAN-Priorisierungsmechanismen umgesetzt werden.

Type of Service Priorisierung

Das IP-Protokoll (RFC 1349) sieht bereits im Header ein 8 Bit langes Type of Service (TOS) Feld zur Priorisierung vor. Mit Hilfe der TOS-Parameter werden den zu übermittelnden Datenpaketen bestimmte Funktionen mit auf den Weg gegeben. Diese Verarbeitungsanweisungen sollten von Routern und Layer 3 Switches entsprechend umgesetzt werden. Durch den TOS-Mechanismus werden folgende Servicetypen möglich:

TOS-Bits

1000	minimize delay
0100	maximize throughput
0010	maximize reliability
0001	minimize monetary cost
0000	normal Service

Die TOS-Bits werden beispielsweise vom OSPF-Protokoll genutzt. Das OSPF sorgt durch die Definition unterschiedlicher Service-Routen anhand der OSPF-TOS-Definitionen für eine Priorisierung im vermaschten Netz. Dadurch ist es beispielsweise möglich, den Datenverkehr (Telnet, WWW) mit einer hohen Priorität über eine Highspeed-Verbindung umzuleiten, während der eMail-Verkehr über eine kostengünstige, aber langsame Leitung übermittelt wird. Die Kombination der Priorisierungs-Flags mit den TOS-Flags lässt eine abgestufte Steuerung der Daten im Netz zu und definiert für den Datenfluss ein vom Netzadministrator vorgegebenes Verhalten.

Mapping der IP-TOS-Werte auf OSPF-TOS-Werte gemäß RFC 1349

OSPF-TOS-Werte	TOS-Bits	
0	0000	normal Service
2	0001	minimize monetary cost
4	0010	maximize reliability
6	0011	
8	0100	maximize throughput
10	0101	
12	0110	
14	0111	
16	1000	minimize delay
18	1001	
20	1010	
22	1011	
24	1100	
26	1101	
28	1110	
30	1111	

Auch in Routern und Layer 3/4 Switches können mit Hilfe von Filtern bestimmte Datenströme explizit markiert werden. Beispielsweise kann für den gesamten Lotus Notes Datenverkehr eine mittlere Priorität und eine geringe Verzögerung definiert werden. Die Layer 3 Komponente ändert in jedem empfangenen Lotus-Paket die betreffenden TOS-Felder und sorgt beim anschließendem Weiterleiten der Pakete dafür, dass der Lotus-Verkehr über eine bestimmte Netzverbindung mit geringen Verzögerungen geroutet wird. Durch die Definition weiterer Filter können andere Datenströme über gesonderte Strecken mit geringeren Kosten, geringeren Bandweiten usw. geroutet werden. Das individuelle Datenpriorisieren mit Hilfe von Layer 3/4 Filtern funktioniert so lange, wie der Netzbetreiber die Hoheitsrechte über die Ende-zu-Ende-Verbindungen hat. In einem Unternehmensnetz, das aus einer Kombination von LAN- und WAN-Diensten aufgebaut ist und in dem die WAN-Verbindungen über einen Internet Provider zur Verfügung gestellt werden, funktioniert diese Strategie nicht. Die ISPs ignorieren in der Regel die TOS-Definitionen und routen die Pakete wie alle anderen Pakettypen durch ihr Netz. Zur individuellen Behandlung im Netz des ISPs müssen in der Regel zwischen den Netzen des Unternehmens spezielle PVCs (Permanent Virtual Connections) oder Tunnel aufgesetzt werden.

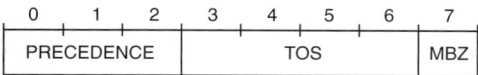

Abbildung 2.14: TOS-Feld

In den meisten Unternehmensnetzen bilden die WAN Interfaces den Performance-Engpass. Momentan ist noch kein Standardverfahren in Sicht, um die 802.1p-Prioritäten auf die ATM QoS-Parameter zu mappen. Die Lane Emulation und das User Network Interface (UNI) Version 2.0 bieten jedoch Möglichkeiten, Unicast-Daten direkt über einen ATM VCCs mit dem entsprechenden QoS zu übermitteln. Daher muss die Edge-Komponente so konfiguriert sein, dass die jeweilige 802.1p Priorität in den betreffenden ATM VCC mit den entsprechenden QoS-Parametern

IEEE Adressen

Jede Workstation, jeder Rechner, File Server oder ein anderes Gerät an einem lokalen Netz muss gemäß den Spezifikationen der internationalen Standardorganisation (ISO) über eine eigene unverwechselbare Hardware-Adresse verfügen. Früher wurde die Registrierung und Vergabe der weltweit universellen Hardware-Adressen von der Firma Rank

Xerox organisiert. Inzwischen hat eine Unterabteilung des IEEE (Institute of Electrical and Electronic Engineers) diese Funktion übernommen. Durch dieses Verfahren wird sichergestellt, dass die Adressen weltweit garantiert nur einmal vorkommen. Eine solche Hardware Adresse besteht aus einer 6 Byte hexadezimal kodierten Zahl.

48 BIT ADRESS FORMAT

I/G	U/L	46 BIT ADRESSE

Abbildung 2.15: Datenstruktur mit I/G , U/L und herstellerspezifischen Block

Die zwei Bits am Anfang einer Adresse (auch High Order Bits genannt) haben eine besondere Bedeutung. Das erste Bit (most significant Bit), auch I/G Bit genannt, unterscheidet zwischen einer individuellen Adresse oder einer Adresse für eine Gruppe, die durch Broadcasts oder Multicasts angesprochen werden kann. Je nach Implementation können die Stationen am Netz beide Adressarten unterstützen. Das zweite Bit, U/L-Bit genannt, unterscheidet zwischen universellen (vom IEEE vergebenen) und lokal (vom Netzbetreiber vergebenen) Adressen. Lokal vergebene Adressen dürfen nur in isolierten Netzen verwendet werden, ein Anschluss an weltweite Übertragungsdienste ist damit nicht erlaubt.

Anschließend folgen 3 Byte herstellerspezifische Kennung. Diese Kennung kann die jeweilige Firma nach firmenspezifischen Gesichtspunkten (Gerät, Seriennummer usw.) vergeben.

Beispiel Herstellercodes

Herstellerkennung	Hersteller/Anwendung
00000C	Cisco
00001D	Cabletron
00005A	Schneider & Koch

Herstellerkennung	Hersteller/Anwendung
0000A2	Wellfleet
0000AA	Xerox
0000C0	Western Digital
0000C6	HP
00802D	Xylogics, Inc.
00AA00	Intel
00DD00	Ungermann-Bass
02608C	3Com
080003	ACC (Advanced Computer Communications)
080020	Sun
08002B	DEC
08005A	IBM
080090	Retix Inc
AA0003	DEC
AA0004	DEC (Lokale logische Adresse für DECnet Systeme)

Diese IEEE-Adresse wird vom jeweiligen Herstellern hardwareseitig auf den Kontrollern fest vergeben und in einem Chip (ROM) abgelegt.

Darstellung der Bits/Bytes bzw. der Adressen

Zur Kommunikation zwischen Rechnern am Netz muss eindeutig festgelegt sein, wie die einzelnen übermittelten Bytes zu interpretieren sind. In der Praxis haben sich zwei verschiedene Systeme durchgesetzt:

‣ Most Significant Bit zuerst,
‣ Least Significant Bit zuerst.

Most Significant Bit zuerst

Bei der Übermittlung eines Datenbytes auf das Netz wird bei diesem Verfahren das Bit mit der höchsten Ordnung zuerst auf das Netz übermittelt. Diesen Übertragungsmechanismus verwenden beispielsweise der FDDI- und der Token Ring (IEEE-802.5) Standard. Die Darstellung, bei denen das Most Significant Bit zuerst übermittelt wird, bezeichnet der Fachmann auch als Big-Endian-Darstellung.

Least Significant Bit zuerst

Bei der Übermittlung eines Datenbytes auf das Netz wird bei diesem Verfahren das Bit mit der niedrigsten Ordnung zuerst auf das Netz übermittelt. Dieses Verfahren verwendet der Ethernet- (IEEE-802.3-) und der IEEE-802.4-Standard. Die Darstellung, bei denen das Least Significant Bit zuerst übermittelt wird, bezeichnet der Fachmann auch als Little-Endian-Darstellung.

Der Anwender und der Netzbetreiber muss sich um die Wertigkeit und die Reihenfolge der einzelnen Bits innerhalb eines Netztyps normalerweise nicht kümmern. Durch die Verfügbarkeit von Translation Bridges (gemäß IEEE 802.1d) kann jedoch die Wertigkeit und die Reihenfolge der einzelnen Bits/Bytes zu einiger Verwirrung führen. In einer Translation Bridge vom Ethernet auf das FDDI-Netzwerk müssen nicht nur bestimmte Protokollformate gedreht (bzw. verändert) werden, sondern auch die einzelnen Adressbytes. In der Praxis bedeutet dies, dass die Translation Bridges die Bit-Anordnung der Daten auf das jeweilige Netzwerk anpasst. Bei der Fehlersuche kann diese Adressdrehung unter Umständen zu erheblichen Verwirrungen führen. Die MAC-Adressen werden normalerweise auf den Netzwerk-Controllern in einem ROM-Chip abgelegt. Es hat sich eingebürgert, dass die LAN-Adressen in der sogenannten Native Order, also entsprechend dem jeweiligen LAN-Protokoll, abgelegt werden.

Beispiele

In den folgenden Beispielen wird dargestellt, wie eine hexadezimale 08-00-02-00-12-11 in der Binärform aussieht und welcher binäre Datenstrom auf dem Netz übermittelt wird.

1. Ethernet

Ethernet-Adresse: 08-00-02-00-12-11

Binär: 0000 1000 0000 0000 0000 0010 0000 0000 0001 0010 0001 0001

Kabel: 0001 0000 0000 0000 0100 0000 0000 0000 0100 1000 1000 1000

2. Token Ring

Token Ring: 08-00-02-00-12-11

Binär: 0000 1000 0000 0000 0000 0010 0000 0000 0001 0010 0001 0001

Kabel: 0000 1000 0000 0000 0000 0010 0000 0000 0001 0010 0001 0001

3. FDDI

FDDI: 08-00-02-00-12-11

Binär: 0000 1000 0000 0000 0000 0010 0000 0000 0001 0010 0001 0001

Durch die Codierung der Bytes in Symbole sieht natürlich die eigentliche Bitfolge 0000 1000 0000 0000 0000 0010 0000 0000 0001 0010 0001 0001 wie folgt auf dem Kabel aus:

11110 10010 11110 11110 11110 10100 11110 11110 01001 10100 01001 01001

Wertigkeiten der Bits bei höheren Protokollen

Den höheren Protokollen ist in den Rechnern immer eine individuelle MAC-Adresse zugeordnet. Da die höheren Protokolle über eine eigene Wertigkeit der Bits in einem Datenbyte verfügen, passt der jeweilige

Rechner diese Informationen bei Bedarf aneinander an. Beim Einsatz von Translation Bridges muss jedoch unter Umständen auf die Darstellung der Adressen in den höheren Protokollen Rücksicht genommen werden.

Generic Attribute Registration Protocol (GARP)

Das Generic Attribute Registration Protocol (GARP) wurde im IEEE 802.1d-Standard definiert, mit dessen Hilfe die Endgeräte ihre Attribute an Bridges/Switch übermitteln. Das GARP ist für die An- und Abmeldung von Attribut-Werten zuständig. Zu diesen Attribut-Werten gehören beispielsweise die Zugehörigkeit zu bestimmten Multicast-Gruppen oder VLANs.

In einem Netzwerk müssen die Switches bzw. Bridges die jeweiligen Ressourcen (Multicast-Gruppen oder VLANs) dynamisch erlernen und bei Bedarf wieder löschen. Erst durch die Registrierung der jeweiligen Ressource können die Pakete gezielt an die jeweiligen Endgeräte weitergeleitet und im Layer 2 Netz bandbreitensparend übermittelt werden. Ein GARP-Teilnehmer (Endstation oder Brücke) meldet hierfür einen Attributwert an bzw. ab. Hierfür übermittelt dieser ein entsprechendes Paket auf das angeschlossene Netz. Eine Station (Bridge, Switch) registriert einen Wert über eine Anmeldung und löscht diesen Wert wieder durch eine Deregistrierung (Freigabe). Sendet eine Station eine Anmeldung ins Netz, registrieren alle anderen Stationen diesen Wert. Dadurch baut sich auch in einem vermaschten Netz eine eindeutige Pfad für diesen registrierten Dienst/Service auf. Das GARP-Protokoll arbeitet auf den Endgeräten und Switches/Brücken immer Port-orientiert. Zwischen den einzelnen Ports werden die Informationen mit Hilfe des GIP (GARP Information Propagation Prozesses) kommuniziert. Am Ende des Registrierungsprozess entsteht für diesen Dienst/Service eine Baumstruktur, die eine Untermenge der aktiven Spanning Tree Konfiguration darstellt und alle Teilnehmer an diesem Service/Dienst zusammenhängend verbindet.

Deklaration und Registrierung von Diensten und Services erfolgen durch einen GID_JOIN oder GTP_JOIN Request, Löschen durch einen GID_LEAVE oder GIP_LEAVE Request. JOIN-Meldungen werden je Port und je Dienst gesendet und regelmäßig wiederholt, damit die beteiligten Switches/Bridges erkennen, dass es für eine Registrierung noch aktive Teilnehmer gibt. Wurde eine LEAVE-Message gesendet, so müssen die weiterhin aktiven Teilnehmer die Möglichkeit haben, durch ein erneutes JOIN die Löschung zu verhindern. Daher wird nach einem LEAVE eine Zeitlang gewartet, bevor die Löschung aktiv wird.

GARP Header

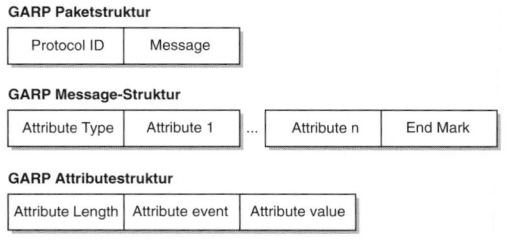

GARP Paketstruktur

Protocol ID	Message

GARP Message-Struktur

Attribute Type	Attribute 1	...	Attribute n	End Mark

GARP Attributestruktur

Attribute Length	Attribute event	Attribute value

Abbildung 2.16: GARP Paketsktruktur

Protocol ID
Dient der Identifizierung des GARP-Protokolls.

Identifier
Der dezimale Wert wird für die Referenzierung zwischen Anfragen und Antworten benutzt.

Attribute Type
Definiert die Art des betreffenden Attributs. Folgende Werte sind definiert:

- ▸ Group Attribute
- ▸ Service Requirement Attribute

Attribute Length
Definiert die Länge des Attributs.

Attribute Event
Beschreibt die Aktion des jeweiligen GARP-Pakets. Folgende Aktionen wurden festgelegt:

0	Leave_all
1	Join_Empty Operator
2	Join_IN Operator
3	Leave_Empty Operator
4	Leave_IN Operator
5	Empty Operator

Attribute Value
Enthält den eigentlichen Wert des jeweiligen Attributs.

End Mark
Definiert das Ende der Attributliste und wird mit dem Wert = 0 gefüllt.

GARP Multicasting Registration Protokoll (GMRP)

Das GARP Multicasting Registration Protokoll (GMRP) dient der Bekanntgabe und der dynamischen Zuordnung bzw. Freigabe von Gruppenadressen im Netzwerk. Das GMRP-Protokoll sorgt bei Layer-2 Switches (Bridges) und Endsystemen für eine automatische Registrierung von Multicast Applikationen. Will ein Endsystem einen bestimmten Multicast-Datenstrom empfangen, teilt das System dies dem Switch über ein GMRP Pakete mit. Der Switch setzt anschließend einen positiven Filter für den Port, an dem das Endgerät angeschlossen ist. Außerdem tauscht der Switch mit seinen Nachbarn bestimmte Informationen über Mitglieder einer Multicast Gruppe (aktive Endgeräte) der jeweiliges Multicast-Stroms aus. Dies geschieht ebenfalls mit GMRP Paketen. Im GMRP werden folgende Informationen verwaltet:

Group Membership Information

- Enthält die Multicast Adresse der Gruppe und zeigt an, ob gerade Mitglieder dieser Gruppe aktiv sind.

Group Service Requirement Information

- Zeigt an, ob Teilnehmer der Gruppe die Voreinstellung „Forward All Groups" oder „Forward All Unregistered Groups" benötigen.

Die per Registrierung mitgeteilte Dienstanforderung bewirkt eine Änderung des Default-Verhaltens für alle Forts eines Layer-2 Switches, die Frames in der Richtung transportieren, aus der die Anforderung empfangen wurde.

Das GMRP-Protokoll unterstützt also folgende Funktionen: Registrieren und Abmelden einer Gruppenadresse, Registrieren und Abmelden von Serviceanforderungen. Außerdem unterstützt das GMRP-Protokoll die Abfrage von registrierten Adressen.

GMRP Header

GMRP Paketstruktur

GMRP Message-Struktur

GMRP Attributestruktur

Attribute Length	Attribute event	Attribute value

Abbildung 2.17: GMRP Paketstruktur

Protocol ID
Dient der Identifizierung des GMRP-Protokolls

Identifier
Der dezimale Wert wird für die Referenzierung zwischen Anfragen und Antworten benutzt.

Attribute Type
Definiert die Art des betreffenden Attributs. Folgende Werte sind definiert:
- Group Attribute
- Service Requirement Attribute

Attribute Length
Definiert die Länge des GMRP-Attributs

Attribute Event
Beschreibt die Aktion des jeweiligen GMRP-Pakets. Folgende Aktionen wurden festgelegt:

0	Leave_all
1	Join_Empty Operator
2	Join_IN Operator
3	Leave_Empty Operator
4	Leave_IN Operator
5	Empty Operator

Attribute Value
Enthält den eigentlichen Wert des jeweiligen GMRP-Attributs.

End Mark
Definiert das Ende der Attributliste und wird mit dem Wert = 0 gefüllt.

GARP VLAN RegistrationProtokoll (GVRP)

Eine VLAN-Zugehörigkeit der Endgeräte kann nicht nur statisch über das Management, sondern auch dynamisch auf Basis des GARP VLAN Registration Protokolls (GVRP) erfolgen. Hier gilt es jedoch zu bedenken, dass eine dynamische VLAN-Zuordnung nur dann sinnvoll ist, wenn durch den Einsatz des Spanning Tree Protokolls Topologieänderungen vorliegen und die Switches dadurch die vorhandenen MAC-Adressen neu lernen müssen.

Das Generic Attribute Registration Protocol (GARP) wurde im IEEE 802.1d-Standard definiert, mit dessen Hilfe die Endgeräte ihre Attribute an den Switch bzw. von Switch zu Switch übermitteln können. Zur Registrierung von Endgeräten in VLANs wurde das GARP um die VLAN-Funktionen (GVRP) erweitert. Die Registrierungsdienste stellt eine GARP Applikation bereit. Diese Applikation ist für die Definition der Semantik der zu übertragenden Parameter verantwortlich und generiert die Protocol Data Units (PDU). Zum Austausch der notwendigen Informationen nutzt GVRP die GARP Information Declaration (GID) und die GARP Information Propagation (GIP). GID beschreibt die gegenwärtigen Zustände für Registrierungen und Deklarationen und bestimmt die notwendigen Aktionen. Eine Registrierung oder Deklaration erfolgt als Beispiel mit GID_JOIN oder GID_JOIN Request, das Löschen mit GID_LEAVE oder GID_LEAVE Request. JOINs werden je Port und je Multicast-Gruppe regelmäßig wiederholt. GIP ist eine Funktion, die Registrierungen und Deklarationen an einem Port an alle Switches im LAN verteilt. Darüber informieren sich die Switches, in welchem VLAN gerade welche Benutzer aktiv sind. GIP reagiert auch entsprechend auf Topologieänderungen, die durch Spanning Tree ausgelöst wurden. Die Weiterleitung der Informationen an GVRP Teilnehmer erfolgt über eine spezielle Multicast-Adresse. Hierfür ist die Multicast-Adresse 01-80-C2-00-00- 21 als Zieladresse für die GVRP Protocol Data Units festgelegt.

GVRP Header

GVRP Paketstruktur

Protocol ID	Message

GVRP Message-Struktur

Attribute Type	Attribute 1	...	Attribute n	End Mark

GVRP Attributestruktur

Attribute Length	Attribute event	Attribute value

Abbildung 2.18: GVRP Paketstruktur

Protocol ID
Dient der Identifizierung des GVRP-Protokolls.

Identifier
Der dezimale Wert wird für die Referenzierung zwischen Anfragen und Antworten benutzt.

Attribute Type
Definiert die Art des betreffenden Attributs. Folgender Wert ist definiert:

‣ VID Group Attribute Type

Attribute Length
Definiert die Länge des GVPR-Attributs.

Attribute Event
Beschreibt die Aktion des jeweiligen GVRP-Pakets. Folgende Aktionen wurden festgelegt:

0	Leave_all
1	Join_Empty Operator
2	Join_IN Operator
3	Leave_Empty Operator
5	Leave_IN Operator
6	Empty Operator

Attribute Value
Enthält den eigentlichen Wert des jeweiligen GVPR-Attributs.

End Mark
Definiert das Ende der Attributliste und wird mit dem Wert = 0 gefüllt.

Link Aggregation

Der Aufbau von redundanten Verbindungen zwischen den Geräten schloss das Spanning Tree-Verfahren ((IEEE 802.1d)) aus, denn der Spanning Tree-Mechanismus deaktivierte automatisch alle redundanten Verbindungen. Nur im Fehlerfall wird auf einen redundanten Weg umgeschaltet. Die Umschaltzeiten des Spanning Tree-Mechanismus sind relativ langsam. Je nach Aufbau des Netzes kann dies zwischen 30 Sekunden bis 2 Minuten dauern. Während dieser Umschaltphase findet zwischen den beteiligten Layer 2 Switches kein Datentransport statt. Dies kann bei zeitkritischen Anwendungen zu einem völligen Abbruch der Verbindungen führen. Erst mit der Einführung der Trunk-Konzepte ließen sich mehrere physikalische Interfaces zu einer logischen Verbindung zusammenfassen und die anstehenden Datenströme wurden auf die im Trunk verfügbaren Übertragungsressourcen aufgeteilt. Im Fehlerfall wird der Datentransport einer beschädigten Verbindung im Millisekundenbereich auf die verbleibenden Verbindungen umgeleitet.

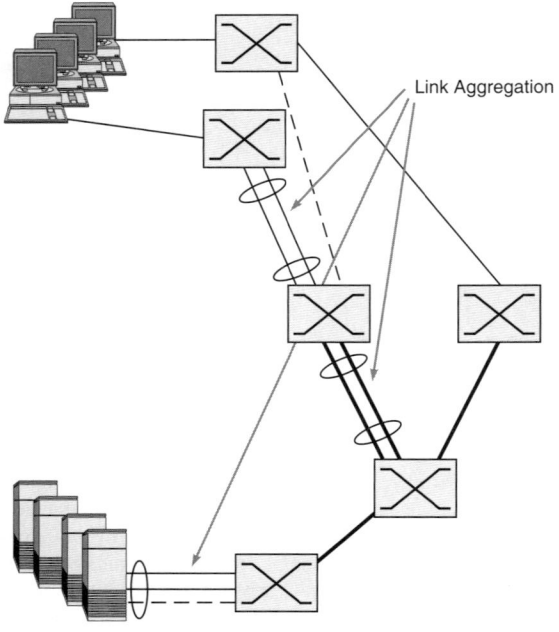

Abbildung 2.19: Trunk-Konzept

Inzwischen wurde diese Funktion unter dem Namen „Link-Aggregation" von der IEEE 803.2ad Arbeitsgruppe standardisiert. Mit Hilfe der Link-Aggregation-Funktionen lassen sich mehrerer physikalischer Links (MAC-Interfaces zu einer logischen Verbindung zusammenfassen. Die zusammengefassten Links werden zeitgleich parallel genutzt und vervielfachen dadurch die zwischen den parallel geschalteten Ports die verfügbare Bandbreite.

Die Vorteile dieser Technologie sind:

▸ Höhere Bandbreite durch Bündelung mehrerer Verbindungen,
▸ Ausfallsicherheit durch die Schaltung redundanter Links,
▸ effektive Bandbreitennutzung durch Load-Sharing / Load-Balancing.

Das logische Zusammenschalten von Leitungen führt zu einer Erhöhung der Bandbreite. Damit lassen sich Punkt-zu-Punkt-Verbindungen zwischen zwei Systemen besser skalieren. Die verfügbaren Leitungen in einem Trunk teilen die Last auf die vorhandenen Ressourcen dynamisch auf. Dadurch ergibt sich natürlich die Anforderung nach der Einhaltung der Paketreihenfolge sowie an der Vermeidung von duplizierten Paketen. Die Mechanismen zur Reihenfolgerichtigkeit und zur Vermeidung der Paketduplikate wurde im Standard nicht genauer spezifiziert und sind den jeweiligen Herstellern überlassen. Fällt eine Leitung innerhalb eines Trunks aus, so wird im Bereich von wenigen Millisekunden der gesamte Datenverkehr auf die verbleibenden Übertragungsressourcen umgeleitet.

Das optionale Link Aggregation-Modul arbeitet zwischen der Media Access Control (MAC) Schicht und den höheren Protokollen. Das Link Aggregation-Modul besteht aus zwei Funktionsblöcken:

▸ Aggregator und
▸ Steuereinheit

Der Aggregator ist für die Verteilung der Pakete auf die Ports eines Trunks nach einem zugrunde liegenden Algorithmus (Frame Distribution) und in Gegenrichtung auch für das Sammeln und Übergeben an die höhere Schicht (Frame Collection) zuständig. Dabei muss der Distributor für die Einhaltung der Paketreihenfolge sorgen. Jeder Port kann nur zu einem Aggregator gehören, wobei in einem System mehrere Aggregatoren existieren können, jedoch nur einer pro Trunk. Jeder Aggregator muss über eine eigene MAC-Adresse verfügen. Somit wird jedem Trunk eine eigene MAC-Adresse zugeordnet. Die Vergabe der MAC-Adresse erfolgt im jeweiligen Gerät und wird von den jeweiligen Herstellern individuell gelöst. Die Zuordnung (Bindung) eines Ports an einen Aggregator kann durch manuelle Konfiguration oder über die Link Aggregation Control-Funktionen erfolgen. Eine vollkommen automatisierte Konfiguration von Trunks nutzt das spezielle Link Aggregation Control Protocol (LACP) im Hintergrund. Die wichtigste Link Aggregation Control-Funktion ist die Überwachung der Trunks auf Fehler (beispielsweise Leitungsunterbrechung), das Zuordnen von Ports zu Trunks und das Verwalten der jeweiligen Konfigurationsdaten.

Im Standard sind für die Link Aggregation-Mechanismen nur Punkt-zu-Punkt-Verbindungen zwischen zwei Systemen vorgesehen. Ein Ausfall eines Switches hat jedoch den Ausfall eines kompletten Trunks zur Folge. Deshalb kann zwar bei bedachter Konfiguration der Ausfall einer Karte oder eines Moduls im Switch abgesichert werden, nicht aber der Ausfall eines ganzen Systems. Durch eine Ergänzung der Link Aggregation-Funktion mit dem Spanning Tree-Mechanismus lassen sich mehrere Trunks zusammenschalten. Dadurch verhalten sich die Trunks wie gewöhnliche Ports mit den bekannten Einschränkungen: keine Schleifen, keine parallelen Leitungen. Es sei jedoch davor gewarnt, denn die Kombination von Link Aggregation, VLANs und Spanning Tree kann sehr unübersichtlich werden.

Das Link Aggregation nach IEEE 802.3ad beschränkt sich im Moment nur auf die Ethernet-Technik. Dabei werden die Verbindungen im Vollduplex Modus betrieben. Die zum Trunk zusammengeschalteten Leitungen müssen immer die gleiche Übertragungsraten unterstützen. Dabei ist es unerheblich, ob es sich dabei um Ethernet, Fast Ethernet oder Gigabit

Ethernet handelt. Eine Mischung der unterschiedlichen Ethernet-Varianten scheidet jedoch als Lösung aus.

Für FDDI und Token Ring gibt es keine standardisierte Lösungen.

Link Aggregation Control Protocol (LACP)

Mit Hilfe des Link Aggregation Control Protokolls (LACP) werden zwischen Partnern eines Links die Link Aggregation Funktionen erbracht. Das LACP-Protokoll basiert auf einem IEEE 802.3 Paket und hat folgendes Format:

Destination Address
Source Address
Length/Type
Subtype = LACP
Version Number
TLV_type = Actor Information
Actor_Information_Length = 20
Actor_System_Priority
Actor_System
Actor_Key
Actor_Port_Priority
Actor_Port
Actor_State
Reserved
TLV_type = Partner Information
Partner_Information_Length = 20
Partner_System_Priority
Partner_System
Partner_Port
Partner_Port_Priority
Partner_Key
Partner_State
Reserved
Collector_Information_Length = 16
TLV_type = Collector Information
CollectorMaxDelay
Reserved
TLV_type = Terminator
Terminator_Length = 0
Reserved
FCS

Abbildung 2.20: LACPDU Paketstruktur

Destination Address (DA)
Die Destination Adresse einer LACP-PDU entspricht immer der Slow_Protocols_Multicast Adresse (01-80-C2-00-00-02)

Source Address (SA)
Die Source Adresse entspricht der individuellen MAC Adresse des Port der die LACP-PDU übermittelt hat.

Length/Type
LACP-PDU-Pakete werden immer mit dem Typfeld (88-09) codiert.

Subtype
Das Subtypfeld identifiziert das spezifische Slow Protocol.LACP-PDUs verwenden immer den Subtypwert 0x01.

Version Number
Definiert die Version des verwendeten LACP-Protokolls. Die aktuelle Version des Standards verwendet die Kennung 0x01.

TLV_type =Actor Information
Dieses Feld definiert die Art der im TLV-Tuple integrierten Information. Die Actor-Information wird durch den Wert 0x01 signalisiert.

Actor_Information_Length
Beschreibt die Länge des TLV-Tuple in Byte. Die Actor-Information verwendet immer eine Länge von 20 Byte.

Actor_System_Priority
Definiert die Priorität des Systems.

Actor_System
Enthält die System ID des Actors und entspricht dessen MAC-Adresse.

Actor_Key
Definiert den Schlüsselwert des betreffenden Ports.

Actor_Port_Priority
Definiert die Priorität des betreffenden Ports.

Actor_Port
Individuelle Port-Kennung.

Actor_State
Mit den Actor State Variablen werden die Aktivitäten des jeweiligen Ports signalisiert. Für das State-Byte wurden folgende Kennungen festgelegt.

Bit	Name	Aktivität
0	LACP_Activity	1 = Activ e LACP
		0 = Passive LACP
1	LACP_Timeout	1 = Short Timeout
		0 = Long Timeout
2	Aggregation	1 = Link Aggregatable
		0 = Link operated as individual
3	Synchronization	1 = Link IN_SYNC
		0 = Link OUT_OF_SYNC
4	Collecting	1 = Collection of incoming frames on this link is enabled
		0 = otherwise FALSE
5	Distributing	0 = distribution of outgoing frames on this link disabled
		1 = otherwise TRUE
6	Defaulted	1 = Actors Receiv e machine using Defaul Partner information
		0 = operational Partner information received in LACPDU
7	Expired	1 = Actors Receive machine in the EXPIRED state
		0 = Actors Receive machine not in EXPIRED state

Reserved
Reserviert für zukünftige Anwendungen.

TLV_type =Partner Information
Dieses Feld beschreibt die Art der Information des TLV-Tuples. Partner-informationen werden immer durch den Wert 0x02 gekennzeichnet.

Partner_Information_Length
Definiert die Länge (in Oktett) des TLV-Tuples. Partnerinformationen haben immer eine Länge von 20 Oktett.

Partner_System_Priority
Definiert die Priorität des Partnersystems.

Partner_System
Enthält die ID des Partnersystems und entspricht dessen MAC-Adresse.

Partner_Key
Definiert den Schlüsselwert des betreffenden Ports auf dem Partnersystem.

Partner_Port_Priority
Definiert die Priorität des betreffenden Ports auf dem Partnersystem.

Partner_Port
Individuelle Port-Kennung des Partnersystems.

Partner_State
Mit den Partner State Variablen werden die Aktivitäten des jeweiligen Ports des Partnersystems signalisiert. Für das State-Byte wurden folgende Kennungen festgelegt.

Bit	Name	Aktivität
0	LACP_Activity	1 = Activ e LACP
		0 = Passive LACP
1	LACP_Timeout	1 = Short Timeout
		0 = Long Timeout
2	Aggregation	1 = Link Aggregatable
		0 = Link operated as individual

Bit	Name	Aktivität
3	Synchronization	1 = Link IN_SYNC
		0 = Link OUT_OF_SYNC
4	Collecting	1 = Collection of incoming frames on this link is enabled
		0 = otherwise FALSE
5	Distributing	0 = distribution of outgoing frames on this link disabled
		1 = otherwise TRUE
6	Defaulted	1 = Actors Receive machine using Default Partner information
		0 = operational Partner information received in LACPDU
7	Expired	1 = Actors Receive machine in the EXPIRED state
		0 = Actors Receive machine not in EXPIRED state

Reserved
Reserviert für zukünftige Anwendungen

TLV_type =Collector Information
Beschreibt die Länge (in Oktett) des TLV-Tuples. Die Collector-Information verfügt immer über eine Länge von 3.

Collector_Information_Length
Beschreibt die Länge (in Oktett) des TLV-Tuples. Die Collector-Information verfügt immer über eine Länge von 16.

CollectorMaxDelay
Beschreibt die Verzögerung (CollectorMaxDelay) der LACP-PDU übermittelnden Station in Zehntel Mikrosekunden. Die Verzögerung hat einen Wertebereich von 0 bis 65 535 (0,65535 Sekunden).

Reserved
Reserviert für zukünftige Anwendungen.

TLV_type =Terminator
Definiert die Art der Information des TLV-Tuples. Terminator (End of Message) Information werden durch den Wert 0x00 signalisiert.

Terminator_Length
Beschreibt die Länge (in Oktett) des TLV-Tuples. Die Terminator-Information verfügt immer über eine Länge von 0.

Reserved
Reserviert für zukünftige Anwendungen.

FCS
Enthält die Prüfsumme (Frame Check Sequence) des Datenpakets.

Marker Protokoll

Mit Hilfe des Marker Protokolls werden zwischen Partnern eines Links weitere Informationen zu den Aggregation Funktionen ausgetauscht. Das Marker-Protokoll basiert auf einem IEEE 802.3 Paket und hat folgendes Format:

Destination Address
Source Address
Length/Type
Subtype = LACP
Version Number
TLV_type = Marker Information
Marker_Information_Length = 16
Requester_Port
Requester_System
Requester_Transaction ID
Pad = 0
TLV_type = Terminator
Terminator Length = 20
Reserved
FCS

Abbildung 2.21: Marker Paketstruktur

Destination Address
Source Address
Length/Type
Subtype = LACP
Version Number
TLV_type = Marker Response Information
Marker_Response_Information_Length = 16
Requester_Port
Requester_System
Requester_Transaction ID
Pad = 0
TLV_type = Terminator
Terminator Length = 0
Reserved
FCS

Abbildung 2.22: Marker Response Paketstruktur

Destination Address (DA)
Die Destination Adresse einer Marker und Marker Response PDU entspricht immer der Slow_Protocols_Multicast Adresse (01-80-C2-00-00-02).

Source Address (SA)
Die Source Adresse von Marker und Marker Response PDUs entspricht der individuellen MAC Adresse des Port, der die PDU übermittelt hat.

Length/Type
Marker und Marker Response Pakete werden immer mit dem Typfeld (88-09) codiert.

Subtype
Das Subtypfeld identifiziert das spezifische Slow Protocol. Marker und Marker Response PDUs verwenden immer den Subtypwert 0x02.

Version Number
Definiert die Version des verwendeten Marker-Protokolls. Die aktuelle Version des Standards verwendet die Kennung 0x01.

TLV_type = Marker Information/Marker Response Information
Dieses Feld definiert die Art der im TLV-Tuple integrierten Information.
Die Marker-Information wird durch den Wert 0x01 signalisiert. Marker
Response Informationen werden immer mit dem Wert 0x02 codiert.

Marker_Information_Length/Marker_Response_Information_Length
Definiert die Länge (in Oktett des TLV-Tuples. Sowohl die Marker als auch
die Marker Response Information verwenden eine Länge von 16 Oktett.

Requester_Port
Individuelle Port-Kennung des Requesters.

Requester_System
Enthält die System ID des Anforderers (Requesters) und entspricht dessen MAC-Adresse.

Requester_Transaction_ID
Enthält die Transaktions ID, die vom Anforderer des Pakets festgelegt
wurde.

Pad
Dient dem Auffüllen der TLV-Tuples auf 16-Byte Grenzen.

TLV_type =Terminator
Definiert die Art der Information des TLV-Tuples. Terminator (End of
Message) Informationen werden durch den Wert 0x00 signalisiert.

Terminator_Length
Beschreibt die Länge (in Oktett) des TLV-Tuples. Die Terminator-Information verfügt immer über eine Länge von 0.

Reserved
Reserviert für zukünftige Anwendungen.

FCS
Enthält die Prüfsumme (Frame Check Sequence) des Datenpakets.

Port-based Network Access Control

Bis ein mobiler Anwender den Fileserver der Firmenzentrale ansprechen darf, muss er mehrere Profilanalysen und Sicherheitsabfragen über sich ergehen lassen. Der lokal operierende Mitarbeiter dagegen authentisiert sich nur im Client-Betriebssystem und darf sich danach meist frei und unbeobachtet bewegen, denn die Switches und Hubs im lokalen Netz hindern ihn meist nicht daran, in gesperrte Bereiche vorzudringen. Der IEEE 802.1X-Standard richtet auf dem Layer 2 eine Authentisierungsebene ein und identifiziert jeden Anwender anhand seiner MAC-Adresse. Der IEEE-802.1X-Standard arbeitet Port-basierend, das heißt, er entscheidet an jedem Port, ob Daten von einer verifizierten Quelle stammen. Der Switch befragt dazu den RADIUS- oder ACE-Dienst über das Extensible-Authentication-Protocol. Fällt die Anfrage negativ aus, filtert der Switch die Pakete an diesem Port aus und blockiert den Saboteur.

IEEE 802.1X wird auch als „Port based Network Access Control" bezeichnet. Es ermöglicht einen sicheren Netzwerkzugang nach erfolgreicher Authentifizierung über das sogenannte Extensible-Authentication-Protocol (EAP, RFC 2284). Dieses beschreibt die Kommunikation zwischen den Endstationen, den Supplicants, und dem Authentication-Server. EAP unterstützt eine Reihe von Authentisierungsmethoden wie RADIUS, Smartcards, Kerberos, Public-Key-Encryption oder One-Time-Passwörter. Es können also bereits existierende AAA-Infrastrukturen eingebunden werden.

Nachdem ein Benutzer oder ein Switch eine Authentisierung angestoßen hat, antwortet der Benutzer mit seinem Benutzernamen und dem entsprechenden Passwort. Sobald der Switch die Authentifizierungsinformationen wieder empfängt, stellt er eine Anfrage an den Authorisierungsserver. Der RADIUS-Server wiederum authentifiziert den Benutzer oder leitet die Authentifizierungsinformationen des Benutzers an eine andere Authentifizierungseinheit weiter, üblicherweise an eine NT-Domain, die NDS oder ein Active-Directory. Sollte die Authentifizierung scheitern, erfolgt eine Rückmeldung an den Switch, die dazu führt, dass der Port in der Betriebsart „Authentication on/Port off" inaktiv bleibt oder in der Betriebsart „Authentication on /Port on with default policy" weiterhin das Standard-Systemverhalten zur Verfügung stellt. Sollte die Authentifizierung erfolgreich verlaufen, versieht der RADIUS-Server die Erfolgsmeldung, die an den Switch zurück gesendet wird, mit einer Filter-ID. Bei dem Filter-ID-Feld handelt es sich um einen Text-String, der eine Funktionsbezeichnung enthält, anhand dessen der Switch ermitteln kann, an welcher Stelle der Relationship-Hierarchy dieser Benutzer anzusiedeln ist. Der RADIUS-Server kennt den Wert, der einem bestimmten Benutzer während des Authentifizierungsversuchs zuzuordnen ist, da er so konfiguriert wurde, dass er die Benutzer mit ihren entsprechenden Funktionen in Einklang bringt.

Der Autorisierungsprozess führt zu dem Ergebnis, dass dem Benutzer entsprechend seiner Identität eine bestimmte Rolle zugewiesen wurde. Die letzte Phase umfasst die Implementierung der entsprechenden Classification-Rules an dieser Schnittstelle, um sicherzustellen, dass dem Benutzer die gewünschten Service-Ebenen und Verhaltensprofile auch wirklich zur Verfügung gestellt werden.

EAP Paketformat

Das EAP Paketformat wurde von der Internet Engeneering Task Force (IETF) im RFC 2284 festgelegt.

Code (1 Byte)
Identifier (1 Byte)
Length (2 Byte)
Data (variable)

Abbildung 2.23: EAP Paketformat

Code

Das Code-Feld dient der Identifizierung des jeweiligen EAP Pakettyps.
Folgende EAP Codes wurden festgelegt:

- 1   Request
- 2   Response
- 3   Success
- 4   Failure

Identifier

Das Identifikatorfeld dient der Zuordnung von Responses zu Requests.
Das Identifikatorfeld und der System Port dienen der eindeutigen Adressierung bei der Authentifikation.

Length

Das Längenfeld beschreibt die Gesamtlänge des EAP Pakets (inklusive
des Code-, Identifier-, Length- und Datenfelds).

Data

Das Datenfeld enthält die eigentlich zu transportierenden Daten.

EAPOL Pakete

Werden Extensible-Authentication-Protocol (EAP) über ein LAN übermittelt, bezeichnet man diese Pakete als EAP over LAN (EAPOL). Diese
Pakete haben folgendes Format:

PAE Ethernet Type	
Protocol Version	Packet Type
Packet Body Length VCI	
Packet Body Variable	

Abbildung 2.24: EAPOL Header-Struktur für 802.3/Ethernet

SNAP-encoded Ethernet Type (8 Byte)
Protocol Version (1 Byte)
Packet Body Length (2 Byte)
Packet Body Variable

Abbildung 2.25: EAPOL Header-Struktur für Token Ring/FDDI

PAE Ethernet Type

Das 2 Byte lange PAE Ethernet Typfeld definiert folgenden Wert:

Port Access Entity Ethernet Type   88-8E

SNAP-encoded Ethernet Type

Das 8 Byte lange SNAP-encoded Ethernet Typfeld definiert folgende SNAP-Werte:

- Oktett 1 bis 3: Standard SNAP Header, Wert: AA-AA-03.
- Oktett 4 bis 6: SNAP PID, Wert: 00-00-00.
- Oktett 7 und 8: PAE Ethernet Type, Wert: Port Access Entity Group Address 01-80-C2-00-00-03

Protocol Version

Definiert die Version des genutzten EAPOL Protokolls. Die aktuelle Version trägt die Versionsnummer: 0000 0001.

Packet Type

Definiert den im Datenrahmen übermittelten Pakettyp. Die folgenden Pakettypen wurden bisher festgelegt:

0000 0000	EAP-Paket
0000 0001	EAPOL-Start
0000 0010	EAPOL-Logoff
0000 0011	EAPOL-Key
0000 0100	EAPOL-Encapsulated-ASF-Alert

Packet Body Length
Definiert die Länge des Packet Body Felds.

Packet Body
Das Packet Body Feld enthält die eigentlichen Informationen. Es wird nur bei folgenden Pakettypen eingefügt: EAP-Paket, EAPOL-Key oder EAPOL-Encapsulated-ASF-Alert. Bei allen anderen Pakettypen wird das Body-Feld nicht aktiviert.

Key Descriptor Format

Das Key Descriptor Format wird nur von EAPOL-Key Messages verwendet. Es hat folgende Struktur:

Descriptor Type (1 Byte)
Key Length (2 Byte)
Replay Counter (8 Byte)
Key IV (16 Byte)
Key Index (1 Byte)
Key Signature (15 Byte)
Key (1 Byte)

Abbildung 2.26: Key Descriptor Format

Descriptor Type
Der Descriptor Type beschreibt nicht nur den Schlüssel, sondern legt auch die Verwendung der nachfolgenden Felder fest. Bisher wurde nur der RC4 Key Descriptor festgelegt.

Key Length
Definiert die Länge des verwendeten Schlüssels.

Replay Counter
Enthält einen Zähler, der verhindert, dass die Meldungen von Angreifern erneut genutzt (Replay Protection) werden können.

Key IV
Enthält einen 16 Byte langen Initialization Vector (IV) Wert.

Key Index
Der aktuelle Key Indexwert wird vom Authenticator generiert. Die Indexnummer wird in Bits 1 bis 7 (Wert: 0-127) übermittelt. Bit 8 dient als Signalisierungsflag und unterscheidet folgende Situationen:

- Unicast Key
- Broadcast Key

Key Signature
Die Key Signature signiert alle Felder des EAPOL Pakets.

Key
Das optionale Feld enthält das erste Byte des Schlüssels. Ist dieses Feld nicht vorhanden, nutzt der Supplicant den Peer-Schlüssel für den EAP Authentifikationsprozess.

3 Logical Link Control

Der Datenaustausch zwischen zwei Stationen wird beim IEEE Standard durch den Logical Link Control (LLC) Layer realisiert. Das IEEE 802.2 Logical Link Control-Protokoll unterstützt sowohl einen verbindungsorientierten als auch einen verbindungslosen Service. Das Logical Link Control-Protokoll wurde in Anlehnung an das LAPB-Protokoll entwickelt und verwendet zur eindeutigen Darstellung der einzelnen Felder die Protcol Data Units (PDUs). Die PDUs bestehen aus einer Destination Adresse, einer Source Adresse, einem Control Feld und der LLC Information (Daten höherer Protokolle).

Die Entwickler des FDDI Standards haben sich eng an die Vorgaben der anderen Standardisierungsgremien gehalten. Das FDDI Netz unterstützt oberhalb des Medium Access Control Sublayers die im IEEE 802.2 Standard festgeschriebenen Logical Link Control Services.

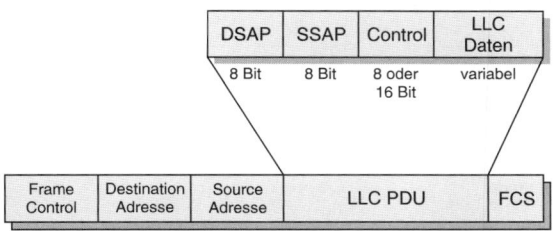

Abbildung 3.1: Format der LLC PDUs

Gemäß der ISO/OSI Terminologie definieren die Adressen den Zugang zur nächst höheren Schicht. Die Adressen werden als LLC Service Access

Points (LSAPs) bezeichnet. Aus diesem Grund werden die 1 Byte langen Destination- und Source Adressen als Destination Service Access Point (DSAP) bzw. Source Service Access Point (SSAP) genannt. Die Adressen des LLC Layers werden gemäß den Spezifikationen immer mit dem Bit der geringsten Wertigkeit (least significant Bit) zuerst auf das Netz übermittelt.

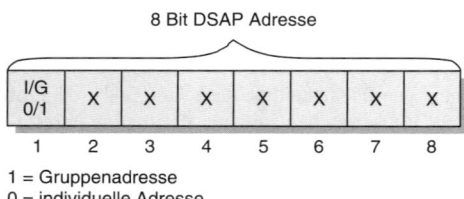

1 = Gruppenadresse
0 = individuelle Adresse

Abbildung 3.2: DSAP Adresse

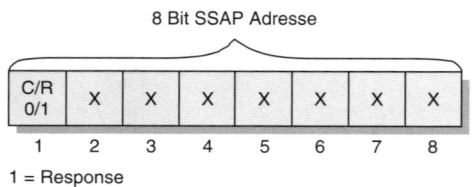

1 = Response
0 = Kommando

Abbildung 3.3: SSAP Adresse

Das erste Bit der DSAP Adresse legt fest, ob es sich bei der Adresse um eine individuelle SAP Adresse oder eine Gruppen SAP Adresse handelt. Das I/G Bit ist bei individuellen Adressen immer auf den Wert = 0 und bei Gruppenadressen auf den Wert = 1 gesetzt. Bei den Source Service Access Point Adressen handelt es sich immer um individuelle Adressen. Aus diesem Grund wird dieses Bit (C/R) zur Unterscheidung von Kommandos (Commands) und Antworten (Responses). Das IEEE Komitee hat für die Link Service Access Point Adressen bisher folgende Werte festgelegt:

Link Service Access Point

Binär	Dezimal	Beschreibung
00000000	0	Null LSAP
01000000	2	Indiv LLC Sublayer Mgt
11000000	3	Group LLC Sublayer Mgt
00100000	4	SNA Path Control
01100000	6	Reserviert (DoD IP)
01110000	14	PROWAY-LAN
01110010	78	EIA-RS 511
01111010	94	ISI IP
01110001	142	PROWAY-LAN
01010101	170	SNAP
01111111	254	ISO DIS 8473
11111111	255	Global DSAP

Tabelle 3.1: Die vom IEEE Komitee festgelegten Werte der Link Service Access Point Adressen

Die Informationen des LLC Frames werden im nachfolgenden Control-Feld codiert. Die Länge des Control Felds beträgt 1 oder 2 Oktett. Als Control-Feldtypen wurden folgende Formate definiert:

‣ Unnumbered Information (U-Format)
‣ Information Transfer (I-Format)
‣ Supervisory (S-Format)

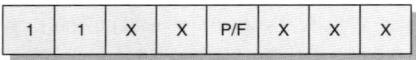

U - Format

P = Poll
F = Final

Abbildung 3.4: UI-Format PDU

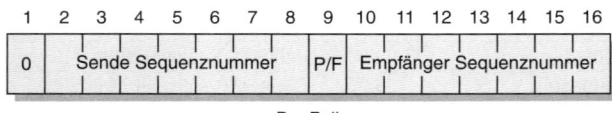

P = Poll
F = Final

Abbildung 3.5: I-Format PDU

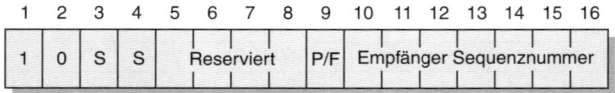

S = Supervisory Bits
P = Poll
F = Final

Abbildung 3.6: S-Format PDU

Die einzelnen Dienste des LLC Protokolls werden in folgende Typen klassifiziert:

- LLC Typ 1
- LLC Typ 2
- LLC Typ 3
- LLC Typ 4

LLC Typ 1

Hierbei handelt es sich um einen rein verbindungslos arbeitenden Dienst (Datagramm Service), der keine Garantie zur fehlergesicherten Übermittlung und zur Flusskontrolle zur Verfügung stellt. Die Informationen, die mit dem LLC Typ 1 verschickt werden, basieren auf dem unnumbered Format (U-Format). Die Länge des Control Felds im U-Format beträgt 1 Oktett. Die ersten zwei Bits des Control Felds sind immer auf den Wert 1-1 gesetzt. Das fünfte Bit wird als Poll/Final (P/F) Bit bezeichnet. Das P/F Bit wird nur in Kommandos und deren Antworten verwendet. Wird von einem Empfänger ein Kommando, bei dem das P-Bit gesetzt ist, empfangen, so sendet dieser so schnell wie möglich eine Antwort PDU mit dem gesetzten F-Bit zurück. Die Regel besagt, dass immer nur eine PDU mit gesetzten P-Bit gesendet werden darf und anschließend auf die Antwort gewartet werden muss. Trifft keine Antwort ein, so läuft der P-Timer in eine Time-Out Situation und eine Fehlerbehebungsprozedur wird gestartet. Die restlichen fünf Bits (Bit 3,4,6,7,8) werden zur Codierung der für den LLC Typ 1 festgelegten U Formatwerte (UI Kommando, XID Kommando, Test Kommando) verwendet.

U - Format PDU

1	2	3	4	5	6	7	8
1	1	0	0	P/F	0	0	0

P = Poll
F = Final

Abbildung 3.7: UI Kommando

XID-Format PDU

1	2	3	4	5	6	7	8
1	1	1	1	P/F	1	0	1

P = Poll
F = Final

Abbildung 3.8: XID Kommando

Test-Kommando PDU

1	2	3	4	5	6	7	8
1	1	0	0	P/F	1	1	1

P = Poll
F = Final

Abbildung 3.9: Test Kommando

LLC Typ 2

Der LLC Typ 2 bietet einen verbindungsorientierten Service und stellt eine fehlerkorrigierte, virtuelle Punkt-zu-Punkt-Verbindungen zwischen zwei Stationen her. Die über eine LLC Typ 2 Verbindung übermittelten Daten werden überwacht und eine Flusskontrolle wurde integriert. Soll eine Verbindung zwischen zwei Stationen mittels einer LLC Typ 2 Prozedur aufgebaut werden, so sendet der Initiator der Verbindung eine Set Asynchronous Balanced Mode Extended (SABME) PDU an den Empfänger. Wird der Verbindungsaufbau vom Empfänger akzeptiert, so sendet dieser eine Unnumbered Acknowledgement (UA) PDU zurück. Der Verbindungswunsch kann vom Empfänger durch das Übermitteln einer Disconnect Mode (DM) PDU abgewiesen werden. Über eine etablierte Verbindung zwischen zwei Kommunikationspartnern können mittels den LLC Typ 2 PDUs bidirektional Informationen ausgetauscht werden. Die einzelnen PDUs werden mit einer individuellen Modulo 128 Sequenznummer versehen. Anhand der Sequenznummern werden verloren gegangene PDUs festgestellt und eine Flusskontrolle der Daten vorgenommen. Die beiden Kommunikationspartner handeln zu Beginn der Verbindung mittels der XID PDUs eine Fenstergröße aus. Der Sender kann so lange PDUs senden, bis die Fenstergröße erreicht ist. Erreicht das Window den Wert 0, so dürfen keine weiteren Informationen mehr übermittelt werden. Durch die Bestätigung der PDUs wird das Fenster wieder geöffnet und die Kommunikation kann fortgesetzt werden. Gültige PDUs werden vom Empfänger immer mit einer Receive Ready (RR) PDU mit der als nächstes erwartete Sequenznummer bestätigt. Stellt der Empfänger eine Sequenznummer fest, die nicht in die logische Reihenfolge passt, so generiert er eine Reject (REJ) PDU. Bestandteil der Fehlerprozedur ist die Sequenznummer mit der ein Empfänger signalisiert mit welcher PDU der Sender erneut die Kommunikation fortsetzen soll. Werden die Daten vom Empfänger nicht bestätigt, so läuft ein Transmission-Timer ab. Dies führt dazu, dass eine Supervisory Command PDU (RR, RNR oder REJ) mit einem gesetzten P-Bit gesendet wird. Dieses Paket zwingt den Empfänger eine Response PDU mit gesetzten F-Bit und der als nächstes erwarteten Sequenznummer zu schicken. Gerät ein Empfänger in die Lage, dass dieser die ankommenden Datenpakete nicht verarbeiten kann, so informiert er den Kommunikationspartner mittels einer Receiver Not Ready (RNR) PDU. Dies bedeutet, dass die Kommunikation temporär unterbrochen wird und erst nach dem Empfang einer Receive Ready (RR) oder einer Reject (REJ) PDU fortgesetzt werden darf. Die Verbindung wird durch eine Disconnect (DISC) PDU abgebrochen und durch eine Disconnect (DISC) PDU bestätigt. Wird zwischen den Kommunikationspartnern ein Protokollfehler von einer Station entdeckt, so sendet diese Station eine Frame Reject (FRMR) PDU, in der die fehlerhaften Parameter aufgelistet sind Anschließend wird die Verbindung abgebaut.

PDU Name	Abkürzung	Kommando	Response
Information	I	ja	ja
Receive Ready	RR	ja	ja
Receive not Ready	RNR	ja	ja
Reject	REJ	ja	ja
Set Asynchronous Balanced Mode Extended	SABME	ja	
Disconnect	DISC	ja	a
Unnumbered Acknowledgement	UA	ja	
Disconnect Mode	DM		ja
Frame Reject	FRMR		ja

Tabelle 3.2: LLC Typ 2 PDUs

LLC Typ 3

Der LLC Typ 3 bietet einen einfachen verbindungsorientierten Kommunikationsmechanismus. Jedes Datenpaket wird durch ein Acknowledge-Paket bestätigt. Der LLC Typ 3 wird auch als reiner Polling Mechanismus zwischen zwei Stationen eingesetzt.

LLC Typ 4

Der LLC Typ 4 wurde speziell für sehr schnelle Punkt-zu-Punkt Datenströme zwischen zwei Kommunikationspartnern entwickelt. Die voll-duplex Kommunikationspfade ermöglichen zwei völlig von einander unabhängige Verbindungen. Durch die Orientierung an reinen Datenströmen (übermittelten Bytes) wurde ein wesentlich effektiverer Retransmission-Mechanismus als bei den rein paketorientierten Systemen spezifiziert.

SubNet Access Protokoll (SNAP)

Der Datenaustausch zwischen zwei Stationen ist beim IEEE Standard durch die Logical Link Control (LLC) realisiert. Eine direkte Einbindung der LLC-Dienste als Ersatz für bestehende Protokolle auf dieser Ebene (z.B. IP, TCP) ist für viele Netzarchitekturen praktisch nicht durchführbar. Erst die Erweiterung des bestehenden LLC Headers (IEEE 802.2 SAP; Service Access Point) um einen SNAP-Header (IEEE 802.3 SNAP; SubNet Access Protokoll) ermöglicht die Unterscheidung der Protokolle auch nach Ethernet Typen (Ethernet Typ Feld). Dadurch lassen sich alle von der IEEE lizensierten Ethernet Protokolle auch auf IEEE 802 Netzen einsetzen. Als Preis für die durch das Subnetwork Access Protokoll (SNAP) gewonnene Vielseitigkeit, muss gegenüber dem Ethernet Standard eine Vergrößerung des Overheads um 8 Byte in Kauf genommen werden.

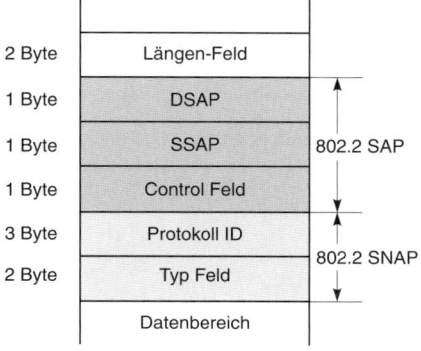

Abbildung 3.10: Aufbau eines SNAP Headers

Destination Service Access Point (DSAP)

Der Wert des DSAP-Feldes (Destination Service Access Point) im 802.2 Header wird beim SNAP Format immer auf den dezimalen Wert 170 (oder AA in hexadezimal) gesetzt. Dieser Wert zeigt an, dass ein IEEE 802.2 SNAP Header folgt.

Source Service Access Point (SSAP)

Der Wert des SSAP-Feldes (Source Service Access Point) im 802.2 Header wird beim SNAP Format immer auf den dezimalen Wert 170 (oder AA in hexadezimal) gesetzt. Dieser Wert zeigt an, dass ein IEEE 802.2 SNAP Header folgt.

Control Feld

Die gesamten Daten werden als LLC Typ 1 (Unnumbered Information) in reinen Datagram-Prozeduren verschickt und das Control Feld muss dafür immer auf den Wert 03 gesetzt sein.

Protokoll Identifikationsfeld

Das Protokoll Identifikationsfeld wird im SNAP Header immer auf den Wert 0 gesetzt.

Typ Feld

Das Typ Feld am Ende des SNAP Headers entspricht dem jeweiligen nachfolgenden Protokoll und wird wie ein Ethernet Typ Feld behandelt.

4 Ethernet

Das IEEE 802.3-CSMA/CD-LAN und die von Digital, Intel und Xerox festgelegte Ethernet Version-2-Variante gehören heute zu den weltweit am
häufigsten installierten lokalen Netzen. Die einfache Art der Installation,
seine Flexibilität, seine Vielseitigkeit und seine einfache Handhabung
sind der Schlüssel zum Erfolg dieser Technologie. Die offene Syste-
marchitektur des IEEE-802.3-Standards bildet die Grundlage für eine
alle Bereiche der Datenkommunikation durchdringende Anwendungs-
möglichkeit. Die Anfänge des Ethernet reichen in die Mitte der siebziger
Jahre zurück. Damals wurde vom Palo Alto Research Center (PARC) der
Firma Xerox Corporation das Ethernet (3 Mbit/s) der Öffentlichkeit vorgestellt. Es dauerte bis zum September 1980, bis ein Firmenkonsortium
(DIX-Gruppe), bestehend aus DEC, Intel und Xerox, den offiziellen Ethernet-Standard (Version 1) veröffentlichte. Die neu gegründete IEEE-
802.3-Arbeitsgruppe nahm diesen Gedanken auf und entwickelte aus
dem firmenspezifischen Standard einen international anerkannten
Netzstandard. Im Dezember 1982 wurde der Entwurf der IEEE-802.3-
Gruppe als „Carrier Sense Multiple Access with Collision Detection
(CSMA/CD)" veröffentlicht. Im gleichen Monat veröffentlichte die DIX-
Gruppe die Spezifikation für Ethernet Version 2. In den folgenden Jahren
wurde das CSMA/CD-Verfahren auf den unterschiedlichsten Übertragungsmedien adaptiert und als IEEE-802.3-Substandards veröffentlicht.

1982	10Base-5	Yellow Cable
1983	10Base-2	Cheapernet
1985	10Broad-36	Breitband
1985	1Base-5	StarLAN

1982	10Base-5	Yellow Cable
1991	10Base-T	Twisted Pair
1993	10Base-F	Fibre Optics
1995	100Base-X	Fast Ethernet
1998	1000BaseX	Gigabit Ethernet
2001	10GBaseX	10 Gigabit Ethernet

Die Architektur der IEEE-Standards basiert auf der Definition von Funktionen in den unteren zwei Subschichten des OSI-Referenzmodells. Der IEEE-802.3-Standard legt dabei den CSMA/CD (Carrier Sense Multiple Access with Collision Detection)-Mechanismus als Zugriffsverfahren auf das Netz und die physikalischen Eigenschaften der Netzwerkkomponenten fest. Der IEEE-802.3-Standard setzt sich aus folgenden Komponenten zusammen:

- dem Media Access Control Protocol (MAC),
- dem Physical Layer Signalling (PLS),
- dem Attachment Unit Interface (AUI),
- dem Medium Dependent Interface (MDI),
- dem Physical Medium Attachment (PMA).

Der Media Access Control (MAC) Layer ist auf der Schicht 2a des OSI-Referenzmodells angesiedelt und bildet die Zwischenschicht zwischen der physikalischen Ebene und den höheren Protokollen. Der MAC Layer definiert das Zugriffsverfahren auf das Medium und legt die Sende- und Empfangsprozeduren fest. Der MAC-Standard ist vollkommen unabhängig von den darunter liegenden physikalischen Gegebenheiten (z.B. Coax, Twisted Pair, Breitband, Glasfaser) des Übertragungsmediums. Der im MAC-Standard enthaltene CSMA/CD-Mechanismus gewährleistet die Gleichberechtigung (Multiple Access) aller Stationen am Netz. Alle Ethernet-Stationen haben jederzeit und immer den uneingeschränkten Zugriff auf das Netz. Der CSMA/CD-Mechanismus steuert den Zugriff auf das Medium. Vor jeder Übertragung wird überprüft, ob das Medium zum Senden von Daten frei (Carrier Sense) oder besetzt ist.

Da beim Basisbandverfahren des Ethernet keine Trägerfrequenz (Carrier) benutzt wird, kann auch kein Carrier erkannt werden. Das Vorhandensein eines Carriers wird beim Basisbandverfahren durch einen Trick realisiert. Dazu wurde folgende Festlegung getroffen:

Die Signale einer sendenden Station werden als Quasi-Carrier ausgewertet. Dies kann dazu führen, dass eine Station das Medium als frei erkennt, obwohl eine andere Ethernet-Station am anderen Ende des Kabels bereits Daten auf das Medium sendet. Daher dauert es eine gewisse Zeit, bis eine Kollision eindeutig erkannt wird. Beim Ethernet-Breitbandverfahren werden auf die Trägerfrequenzen die Ethernet-Daten aufmoduliert. So kann man bei diesem Verfahren eindeutig von einem Carrier Sense-Mechanismus sprechen.

Wurde das Medium bereits durch eine andere Station belegt, so stellt die Station die Übertragung der Daten auf einen späteren Zeitpunkt zurück (Deferring). Wurde der Idle Status festgestellt, bei dem das Medium als frei erkannt wurde, erfolgt die Übertragung der Daten nach einer definierten Zeitspanne. Diese Zeitspanne wird als Interframe Gap bezeichnet und ist 9,6 s (96 Bit-Zeiten) lang. Der Interframe Gap bezeichnet den geringsten Abstand, der zwischen zwei Datenpaketen auf dem Netz auftreten darf. Die Daten werden bitseriell auf das Medium übermittelt. Das gesendete Signal wird zur Kontrolle mit einer Verzögerung von 18 Bits (1,8 s) auf der Empfangsleitung wieder empfangen. Das zur Übertragung verwendete Kabel ist ein Übertragungsmedium mit Tiefpass-Charakteristik, so dass bei der Übertragung auf das Kabel und beim Einschwingvorgang im Empfänger einige Bits verloren gehen. Diese Bits werden als Dribbeling Bits bezeichnet. Da diese Bits nur bei den ersten Bits der 7 bis 8 Byte langen Präambel verloren gehen, werden diese fehlenden Bits nicht bemerkt.

MAC Layer-Sendefunktion

1. Ein Datagramm wird von einer höheren Schicht (LLC- oder anderes Protokoll) an den Empfängerteil des MAC Layers übergeben.

2. Anschließend kreiert der MAC Layer das Datenpaket aus folgenden Bestandteilen:

   ‣ Präambel,
   ‣ Start Frame Delimiter,
   ‣ Destination-Adresse,
   ‣ Source-Adresse,
   ‣ Typfeld (bei Ethernet), Längenfeld (bei IEEE 802.3),
   ‣ Datenfeld mit den Protokollinformationen der höheren Schichten,
   ‣ werden weniger als 48 Byte Datenfeld übermittelt, so wird durch die Padding-Funktion das Datenfeld auf die minimale Länge aufgefüllt.

3. Nachdem das Datenpaket erzeugt wurde, berechnet das Sende-MAC-Modul den Wert des Cyclic Redundancy Checks und setzt diesen in das CRC-Feld ein.

4. Das gesamte Datenpaket wird an das Sende-MAC-Managementmodul weitergeleitet.

5. Das Sende-MAC-Managementmodul bereitet einen seriellen Datenstrom zur Übermittlung auf das Medium vor.

6. Danach wird überprüft, ob das Medium zur Übermittlung der seriellen Informationen frei ist.

7. Bei einem belegten Medium wird die Übermittlung der seriellen Informationen zurückgestellt.

8. Bei einem freien Medium wird die Interframe Gap-Zeit (9,6 s) abgewartet und anschließend werden die seriellen Daten auf das Netz übertragen.

9. Während der Übertragung wird überprüft, ob eine Kollision auftritt.

10. Wird die Übertragung ohne eine Kollision zu Ende geführt, gilt der Übertragungsvorgang als abgeschlossen, und das nächste Datenpaket kann übermittelt werden.

11. Tritt eine Kollision auf, werden folgende Schritte unternommen:
   - Die Übermittlung des bitseriellen Datenstroms wird sofort abgebrochen.
   - Ein Jam-Signal wird auf das Medium gesendet.
   - Nach einer Wartezeit werden die seriellen Daten erneut zur Übermittlung auf das Medium vorbereitet.
   - Nach 16 Fehlversuchen wird die Übermittlung dieses Datenpakets abgebrochen, und die Daten werden verworfen.
   - Anschließend wird an die höheren Schichten eine Fehlermeldung weitergeleitet.

MAC Layer-Empfangsfunktion

1. Alle Datenpakete werden vom Netz empfangen. Es werden nur die Datenpakete weiterbearbeitet, die für den lokalen Empfänger bestimmt sind. Alle anderen Pakete werden verworfen.

2. Anschließend wird vom Empfänger-MAC-Modul anhand des CRC-Wertes das empfangene Datenpaket auf Richtigkeit überprüft. Wird ein Fehler festgestellt, so wird das Datenpaket verworfen.

3. Bei einem gültigen Datenpaket werden folgende Bestandteile aus dem Datenpaket herausgetrennt:
   - Präambel,
   - Start Frame Delimiter,
   - Destination-Adresse,
   - Source-Adresse,
   - Typfeld (bei Ethernet), Längenfeld (bei IEEE 802.3),
   - eventuell im Datenfeld enthaltene Padding-Zeichen.

4. Beim verbleibenden Datenfeld werden folgende Prüfungen vorgenommen:

- ▸ überprüft, ob das Datenfeld die richtige Länge (IEEE 802.3) aufweist und
- ▸ das Datenfeld von seiner Länge ein Vielfaches von 8 Bit aufweist,
- ▸ wird ein Fehler festgestellt, so wird das Datenfeld verworfen.

5. Bei einem gültigen Datenfeld wird das Datenfeld mit den spezifischen Protokollinformationen an das jeweilige höhere Protokoll weitergeleitet.

Durch den CSMA/CD-Mechanismus kann es vorkommen, dass zwei oder mehrere Stationen zur gleichen Zeit feststellen, dass das Medium frei ist. Dies führt dazu, dass diese Stationen gleichzeitig auf das Medium zugreifen und ihre Daten übermitteln. Dadurch überlagern sich die elektrischen Signale auf dem Medium und die übermittelten Informationen gehen durch die Überlagerung der Signale verloren. Die Überlagerung der Signale führt dazu, dass sich der Strom und die Spannung auf dem Kabel erhöhen. Diese Erhöhung wird von der Kollisionserkennung im Transceiver ausgewertet. Kollisionen können nur innerhalb eines relativ kurzen Zeitraums nach dem Aussenden der Daten auftreten. Diesem zeitlichen Zusammenhang entspricht der CSMA/CD-Parameter Slot Time (=512 Bit-Zeiten). Die Slot Time definiert den maximalen Zeitraum bis zur eindeutigen Belegung des Mediums durch eine Station; nach dieser Zeit darf beim Ethernet keine Kollision mehr auftreten.

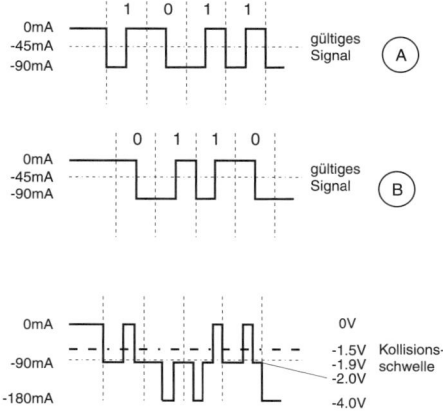

Abbildung 4.1: Kollision auf dem Koaxialkabel

Wird auf dem Kabel ein Schwellwert von -1,5 Volt überschritten, so generiert der Transceiver ein Kollisionssignal (konstantes 10 MHz-Signal). Der Sender bricht dadurch den Sendevorgang der Deutlichmachung der aufgetretenen Kollision und besteht aus der Bit-Kombination 10101010-10101010-10101010-10101010 (10101010-10101010). Nach Abbruch der Übertragung und nach Aussenden des Jam-Signals muss eine bestimmte Zeit (Truncated Binary Exponential Backoff) abgewartet werden, bevor ein neuer Sendeversuch erfolgen kann.

Bei diesem erneuten Sendeversuch kann es natürlich wieder vorkommen, dass eine weitere Kollision auftritt. Der Sendeversuch wird erneut abgebrochen. Die Wartezeit, die bestimmt, zu welchem Zeitpunkt erneut auf das Medium zugegriffen werden kann, wird dynamisch verändert. Dieses Verfahren setzt einerseits die maximale Anzahl der Versuche auf 16 fest (Attempt Limit). Nach dem zehntem Versuch (Backoff Limit) wird die Wartezeit konstant gehalten. Dieses Verfahren stellt sicher, dass zu

einem Zeitpunkt nicht mehrere Stationen gleichzeitig versuchen, in wie-
derkehrender Folge das Medium zu belegen. Dieser Mechanismus lässt
sich am einfachsten an einem Beispiel zeigen:

Nach der ersten Kollision wirft jede an der Kollision beteiligte Station
eine zweiseitige Münze und versucht, anhand des ermittelten Wertes
auf das Medium zuzugreifen. Tritt wieder eine Kollision auf, wirft jede
an der Kollision beteiligte Station eine vierseitige Münze und versucht,
anhand des ermittelten Wertes auf das Medium zuzugreifen. Dieser Vorgang wird bis zum Werfen einer 1024-seitigen Münze fortgesetzt.

Parameter	Wert
Slot Time	512 Bitzeiten
Inter Frame Gap	9,6 Microsekunden
Attempt Limit	16
Backoff Limit	10
Jam Size	32 bis 48 Bit
Maximale Paketgröße	1518 Byte
Minimale Paketgröße	64 Byte
Adressgröße	48 Bit

Tabelle 4.1: Ethernet-Parameter

Aufbau eines Ethernet/IEEE 802.3-Datenrahmens

Der Aufbau des Ethernet-Datenrahmens und des IEEE 802.3-Datenrah-
mens ist bis auf wenige Punkte identisch. Beide Versionen des Datenrahmens können problemlos auf ein- und demselben Netzwerk eingesetzt
werden. Sie beeinflussen sich gegenseitig nicht. Für die praktische Arbeit
bedeutet dies, dass Netzwerk-Controller, die nur auf die Ethernet-Ver-
sion konfiguriert sind, nur diese Datenpakete aussenden und verarbeiten

können. IEEE 802.3 Controller senden und verarbeiten nur Datenpakete, die der IEEE 802.3-Version entsprechen. Um das Chaos perfekt zu machen, gibt es noch eine dritte Möglichkeit, bei der ein Controller beide Versionen empfangen und aussenden kann.

	Ethernet	IEEE 802.3
Präambel	ja	ja
Anzahl Bits	64	56
Start Frame Delimiter	nein	ja
Anzahl Bits		8
Source-Adresse	ja	ja
Anzahl Bits	16/48	16/48
Destination-Adresse	ja	ja
Anzahl Bits	16/48	16/48
Typfeld	ja	nein
Anzahl Bits	16	
Längenfeld	nein	ja
Anzahl Bits		16
Datenfeld	ja	ja
Anzahl Bits	368–12000	368–12000
CRC	ja	ja

Tabelle 4.2: Unterschiede zwischen dem Ethernet- und dem IEEE 802.3-Paketaufbau

Beide Paketversionen weisen eine minimale Länge von 64 Byte und eine maximale Länge von 1518 Byte auf. Die Länge des Datenpakets beginnt bei der Destination-Adresse und endet mit dem CRC-Feld. Die Präambel und das Start Frame Delimiter-Feld werden nicht in die Längenberechnung einbezogen.

Präambel

Wie dargestellt, beginnen beide Datenformate mit einer Präambel. Beim
Ethernet-Standard ist die Präambel 8 Byte lang, während sie beim IEEE
802.3-Standard auf eine Länge von 7 Byte reduziert ist. Die Präambel
setzt sich aus sieben bzw. acht aufeinanderfolgenden 10101010-Bit-
Kombinationen zusammen. Da es sich beim CSMA/CD-Verfahren um ein
asynchrones Übertragungsverfahren handelt, müssen sich alle Empfänger auf die gesendeten Informationen zeitlich synchronisieren können.
Der Zeittakt des Empfängers wird aus den Bits der Präambel gewonnen.

Start Frame Delimiter

Der Präambel folgt beim Ethernet-Verfahren unmittelbar das Destination-Adressfeld. Beim IEEE 802.3-Verfahren wird nur eine 7 Byte lange
Präambel verwendet. Als Rahmenbegrenzer wird ein weiteres Signalisie-
rungsbyte eingeschoben. Der Rahmenbegrenzer wird auch als Start
Frame Delimiter bezeichnet. Eine eindeutige Bitkombination (10101011)
signalisiert dem Empfänger, dass nach diesem Feld das eigentliche Datenpaket beginnt.

Ethernet-Adressen

Jede Workstation, jeder Rechner, jeder Fileserver oder ein anderes Gerät
an einem LAN muss nach den Spezifikationen der International Standar-
dization Organization (ISO) über eine eigene und unverwechselbare
Hardwareadresse verfügen. Früher wurde die Registrierung und Vergabe
der universellen Hardwareadressen von der Firma Rank Xerox organisiert. Inzwischen hat eine eigene Abteilung des Institute of Electrical
and Electronic Engineers (IEEE) diese Funktion übernommen. Dieses Verfahren garantiert, dass die Adressen weltweit nur einmal vorkommen.
Eine solche Hardwareadresse besteht entweder aus einer 16 Bit oder 48
Bit langen, hexadezimal codierten Zahl. Die 16 Bit (2 Byte) langen Adressen werden heute nicht mehr verwendet, sie wurden vom IEEE-Gremium
nur zur Sicherung der Rückwärtskompatibilität mit älteren LAN-Typen
übernommen.

48 BIT ADDRESS FORMAT

I/G	U/L	46 BIT ADRESSE

Abbildung 4.2: 64 Bit (6 Byte) lange Ethernet-Adresse

Die zwei Bits am Anfang einer 6 Byte langen Adresse (High Order Bits) haben eine ganz bestimmte Bedeutung. Das erste Bit (Most Significant Bit), auch als I/G Bit bezeichnet, kennzeichnet die Unterscheidung zwischen einer individuellen Adresse oder einer Gruppenadresse. Gruppenadressen werden auch als Broadcast- und Multicast-Adressen bezeichnet. Je nach Implementation können die Stationen am Netz beide Adressarten unterstützen. Das zweite Bit, U/L Bit genannt, unterscheidet zwischen universellen und lokal vergebenen Adressen. Lokal vergebene Adressen dürfen nur in isolierten Netzen verwendet werden. Ein Anschluss an weltweite Übertragungsdienste ist nicht erlaubt.

Die universellen Ethernet-/IEEE 802.3-Adressen werden von einer eigenen Abteilung des IEEE-Gremiums verwaltet. Ein Hersteller kann dort für seine Firma ein Adressenkontingent beantragen.

Die Adresse ist gegliedert:

‣ 3 Byte Herstellerkennung z.B. 080003 für die Firma Advanced Computer Communications (ACC).

‣ 3 Byte herstellerspezifische Kennung. Diese Kennung kann die jeweilige Firma nach firmenspezifischen Gesichtspunkten (Gerät, Seriennummer etc.) vergeben.

Herstellerkennung Hersteller/Anwendung

Herstellerkennung	Hersteller/Anwendung
00000C	Cisco
00001D	Cabletron
00005A	Schneider & Koch

Tabelle 4.3: Beispiel: Hersteller-Codes

Herstellerkennung Hersteller/Anwendung

Herstellerkennung	Hersteller/Anwendung
0000A2	Wellfleet
0000AA	Xerox
0000C0	Western Digital
0000C6	HP
00802D	Xylogics, Inc.
00AA00	Intel
00DD00	Ungermann-Bass
02608C	3Com
080003	ACC
080020	Sun
08002B	DEC
08005A	IBM
080090	Retix Inc.
AA0003	DEC
AA0004	DEC (Lokale logische Adresse für DECnet-Systeme)

Tabelle 4.3: Beispiel: Hersteller-Codes

Die Adresse wird von den Herstellern meist in der Hardware der Controller fest in einem Chip (ROM) abgelegt.

Achtung: Beim DECnet-Protokoll werden die im Ethernet Controller abgelegten physikalischen Adressen nach dem Start des Rechners und der Aktivierung des DECnet-Protokolls durch eine DEC-spezifische, 48 Bit lange Adresse (beginnend mit AA0004) überschrieben. Die alte Ethernet-Adresse existiert erst wieder, wenn das DECnet-Protokoll deaktiviert wird.

Typ-/Längenfeld

Nach den beiden Adressfeldern folgt beim Ethernet/IEEE 802.3 Header ein Feld mit der Länge 2 Byte. In der Interpretation dieses Feldes unterscheiden sich die Ethernet- (V.2) und die IEEE 802.3-Norm erheblich. Bei der Ethernet-Norm wird dieses Feld als das Typfeld bezeichnet. Das Typfeld dient zur Identifikation des nachfolgenden Protokolls. Dies erfolgt durch eine eindeutige Kodierung (z.B. 08-00 hex für das Internet Protocol).

Typfeldwert (hexadezimal)	Typfeldwert (dezimal)	Protokoll
0600	1536	Xerox IDP
0800	2048	IP
0804	2052	Chaosnet
0805	2053	X.25 Level 3
0806	2054	ARP
6001	24577	DECnet
6002	24578	DECnet
6003	24579	DECnet
6004	24580	DEC LAT
6005	24581	DECnet
6006	24582	DECnet
8035	32821	Reverse ARP
809B	32923	AppleTalk

Tabelle 4.4: Ethernet-Typnummern

Das Längenfeld gibt bei der IEEE 802.3-Version die Länge der im anschließenden Datenteil enthaltenen Dateninformationen in Byte an. Der komplette LLC-Datenbereich und der anschließende Datenteil mit allen darin enthaltenen Protokoll-Headern und -Informationen werden in die Berechnung der Paketlänge mit einbezogen.

Der Standard definiert eine minimale Größe des Ethernet-Pakets von 64 Byte. Werden wenige Informationen in einem Ethernet-Paket codiert, so kann der Fall eintreten, dass die minimale Paketgröße nicht erreicht wird. In diesem Fall wird das Ethernet-Paket durch 00-Werte auf die vorgeschriebene Minimallänge aufgefüllt. Die Längenberechnung im Längenfeld bezieht sich jedoch nur auf die regulären Daten; sie schließt die Füll-Bits (Padding Bits) nicht mit ein.

Datenfeld

Im Datenfeld des Ethernet-Pakets werden die Header- und die Dateninformationen aller höheren Protokolle (Schicht 2b bis Schicht 7) transportiert. Die Länge des Datenfelds beträgt zwischen 46 Byte und 1500 Byte. Werden weniger als 46 Byte an höheren Protokollinformationen übermittelt, so muss das Datenfeld mit Füll-Bits (Padding Bits) vom Typ 00 auf die vorgeschriebene Minimallänge aufgefüllt werden.

Cyclic Redundancy Check-Feld

Der Ethernet-/IEEE 802.3-Datenrahmen wird mit einem Cyclic Redundancy Check- (CRC) Feld abgeschlossen. Das CRC-Feld enthält eine Prüfsumme, mit der ein Empfänger überprüfen kann, ob sich bei der Übertragung ein Fehler auf der Schicht 1 ereignet hat. Jeder Sender berechnet das CRC-Feld, bevor er ein Datenpaket auf das Netz übermittelt. Die CRC-Berechnung erstreckt sich über folgende Felder des Ethernet-/IEEE 802.3-Datenpakets: Destination-Adresse, Source-Adresse, Typ-/Längenfeld und Datenfeld. Zur Berechnung des CRC-Wertes wird ein Generatorpolynom verwendet:

$$G(x) = x^{32} + x^{26} + x^{23} + x^{22} + x^{16} + x^{12} + x^{11} + x^{10} + x^8 + x^7 + x^5 + x^4 + x^2 + x + 1$$

Der daraus entstehende 32 Bit lange Wert wird als CRC-Wert in das CRC-Feld eingetragen. Beim Empfänger wird ein Datenpaket auf der untersten Schicht unter folgenden Bedingungen verworfen:

▸ Die Prüfung des CRC-Feldes ergab einen Fehler.

▸ Das Datenpaket weist in seiner Länge nicht ein Vielfaches von 8 Bit auf.

▸ Die im Längenfeld angegebene Länge stimmt mit der eigentlichen Länge des Datenpakets nicht überein. Diese Prüfung gilt nur für IEEE 802.3-Datenpakete, da nur dieser Pakettyp über ein Längenfeld verfügt.

Ethernet versus IEEE 802.3

Das Ethernet-Verfahren hat sich als *die* Grundlage der Datenkommunikation durchgesetzt. Immer wieder wird die Frage nach dem Unterschied zwischen Ethernet- und den IEEE 802.3-Datennetzen gestellt. Die Benutzer sind irritiert: Kann meine Anwendung, mein bislang gefahrenes Protokoll auch auf IEEE 802.3-Netzen problemlos eingesetzt werden? Mit diesen Fragen werden die Anwender sehr häufig allein gelassen. Die nachstehenden Ausführungen sollen etwas Licht in das dunkle Problemfeld Ethernet vs. IEEE 802.3 bringen.

Die Ursachen der Problematik liegen bereits in den Anfänge des Ethernet. 1980 stellte ein Firmenkonsortium, bestehend aus den Firmen DEC, Intel und Xerox (die DIX-Gruppe), die von ihnen erarbeiteten Spezifikationen für einen Ethernet LAN-Standard der Öffentlichkeit vor. Diese Ausarbeitung wird als Ethernet Version 1-Standard bezeichnet. Weitere Entwürfe und Vorschläge zur Standardisierung des Ethernet folgten durch das IEEE 802.3-Gremium. Die 1982 durch die DIX-Gruppe verabschiedete Ethernet Version 2 ist als die Anpassung von Ethernet Version 1 an den IEEE-Standard zu verstehen.

Physikalische Parameter bei 802.3/Ethernet

Hinsichtlich ihrer physikalischen Parameter (Kabellänge, zulässige Segmentanzahl etc.) unterscheiden sich die beiden Standards kaum. Die Hersteller orientieren sich meist an der etwas detaillierteren und leistungsfähigeren IEEE 802.3-Norm (und nicht an Ethernet Version 2). Ein

Relikt dieses Ethernet-Standards ist der fehlende Heartbeat (SQE-Test). Hier sind die Hersteller einer IEEE 802.3-konformen Realisierung leider nicht konsequent: Den Geräten, die einen Heartbeat benötigen, stehen Knoten gegenüber, die ihn tolerieren, aber auch andere, die ihn überhaupt nicht verarbeiten können. So sind immer noch Transceiver (Medium Attachment Unit/MAU) auf dem Mark, die beides können (und dies umschaltbar).

Paketaufbau: Unterschiede zwischen Ethernet und 802.3

Der Ethernet-Standard und der IEEE-Standard unterscheiden sich gravierend im Rahmenaufbau (Frame-Format) und in der Behandlung der Füllzeichen (Padding Bits). Bei den Ethernet- und bei den IEEE 802.3-Datennetzen werden die Daten als Datenpakete über das Medium übertragen. Wie in Abbildung 4.3 dargestellt, beginnen beide Datenformate mit einer sieben Byte langen Präambel. Diese ermöglicht es dem Empfänger auf den Beginn eines Datenpakets (Start Frame Delimiter) zu synchronisieren. Das Feld setzt sich aus sieben aufeinanderfolgenden 10101010-Bit-Kombinationen zusammen. Als weiteres Byte zur Signalisierung folgt der Rahmenbegrenzer.

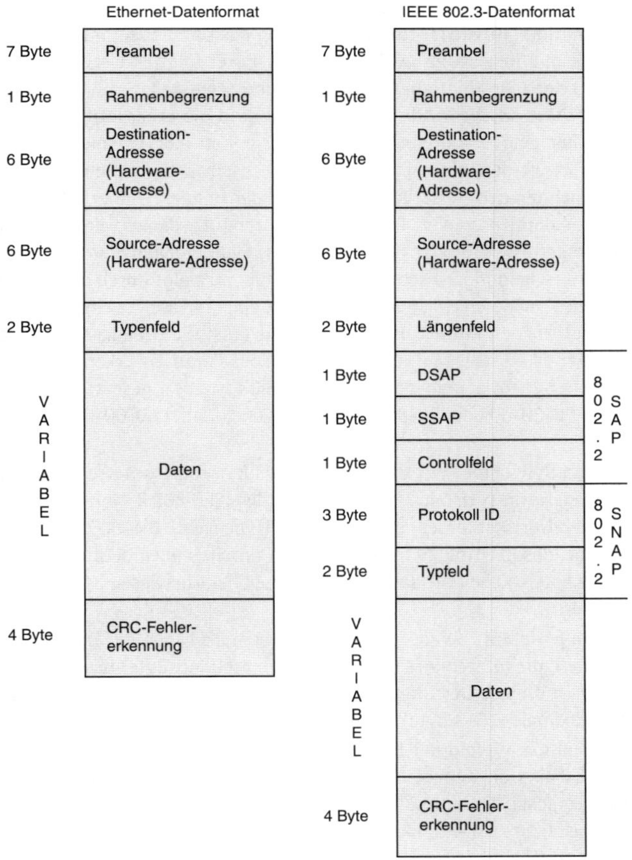

	Ethernet-Datenformat		IEEE 802.3-Datenformat	
7 Byte	Preambel	7 Byte	Preambel	
1 Byte	Rahmenbegrenzung	1 Byte	Rahmenbegrenzung	
6 Byte	Destination-Adresse (Hardware-Adresse)	6 Byte	Destination-Adresse (Hardware-Adresse)	
6 Byte	Source-Adresse (Hardware-Adresse)	6 Byte	Source-Adresse (Hardware-Adresse)	
2 Byte	Typenfeld	2 Byte	Längenfeld	
V A R I A B E L	Daten	1 Byte	DSAP	802.2 SAP
		1 Byte	SSAP	
		1 Byte	Controlfeld	
		3 Byte	Protokoll ID	802.2 SNAP
		2 Byte	Typfeld	
4 Byte	CRC-Fehlererkennung	V A R I A B E L	Daten	
		4 Byte	CRC-Fehlererkennung	

Abbildung 4.3: Die Versionen: Ethernet und IEEE 802.3/802.2

Der Rahmenbegrenzer, der Start Frame Delimiter, ist eine eindeutige Bit-kombination (10101011) zur Signalisierung des Datenpaketanfangs. So-wohl beim Ethernet- als auch beim 802.3-Paket folgt eine sechsstellige (Byte/Oktett) Destination-Adresse und eine sechsstellige (Byte/Oktett) Source-Adresse. Diese Adressen werden fest in die Ethernet/IEEE 802.3 Controller eingebrannt und sie sind, da sie vom IEEE-Gremium global verwaltet werden, einmalig und unverwechselbar. Die ersten 3 Oktett kennzeichnen den Herstellerkode, so dass der Hersteller einer Ethernet-Karte zu identifizieren ist. Der Standard unterstützt die Verwendung von Gruppenadressen (Broadcast/Multicast) und von individuellen Adressen. Die Unterscheidung zwischen den Adresstypen erfolgt durch die Kodie-rung des niederwertigsten Bits (1: Gruppenadresse, 0: individuelle Adresse). Zu den Multicast-Adressen zählt auch die Broadcast-Adresse (FF-FF-FF-FF-FF-FF). Multicast-Adressen sind daran zu erkennen, dass das erste Byte ungerade ist, d.h. das letzte Bit ist auf 1 gesetzt, (z.B. 01-00-00-00-00-00 oder 99-88-77-66-55-44 nicht aber 00-00-00-00-00-01).

Das zwei Byte lange Feld, das den Adressfeldern folgt, unterscheidet die Ethernet-Norm (Version 2) deutlich von der IEEE 802.3-Norm. Bei der Ethernet-Norm ist dieses Feld das Typfeld (Type Field). Dieses Feld hat die Aufgabe, das nachfolgende Protokoll, das durch eine eindeutige Kodie-rung (z.B. 08-00 hex für das Internet Protocol) ausgewiesen ist, zu iden-tifizieren.

Das Längenfeld ist bei der IEEE 802.3-Version als Länge der Dateiinfor-mationen, die im sich anschließenden Datenteil (als Byte) repräsentiert werden, definiert. Der Standard definiert eine minimale (64 Byte) und eine maximale (1518 Byte) Paketgröße.

Nachdem das Typfeld der Ethernet-Norm das Datenfeld eröffnet, folgt im IEEE-Paket die Kennzeichnung für das im IEEE 802.2-Standard defi-nierte Logical Link Control (LLC). Der Datenaustausch zwischen zwei Sta-tionen ist beim IEEE-Standard durch LLC realisiert. Also: Minimal können drei weitere Felder (zu je 1 Byte) auf das Längenfeld folgen. Diese Felder werden DSAP- (Destination Service Accesss Point) und SSAP- (Source Service Access Point) und Control-Feld bezeichnet. Die Kodierung der Link Service Access Points (LSAP) machte in der Vergangenheit den Einsatz einzelner Fremdprotokolle möglich. Die Vergabe dieser Protokollkennungen erfolgte zentral durch das IEEE-Komitee. Die Tabelle zeigt die definierten Link Service Access Points.

IEEE binär	Internet binär	dezimal	Beschreibung
00000000	00000000	0	Null LSAP
01000000	00000010	2	Indiv LLC Sublayer Mgt
11000000	00000011	3	Group LLC Sublayer Mgt
00100000	00000100	4	SNA Path Control
01100000	00000110	6	Reserviert (DOD IP)
01110000	00001110	14	PROWAY-LAN
01110010	01001110	78	EIA-RS 511
01111010	01011110	94	ISI IP
01110001	10001110	142	PROWAY-LAN
01010101	10101010	170	SNAP
01111111	11111110	254	ISO DIS 8473
11111111	11111111	255	Global DSAP

Tabelle 4.5: Link Service Access Point

Diese Methode erwies sich für den praktischen Gebrauch als zu unflexibel, denn z.B. steht für die große Familie der DoD-Protokolle (TCP/IP) allein für das Internet Protocol (IP) eine entsprechende LSAP-Kennung zur Verfügung. Andere Protokolle, z.B. das Address Resolution Protocol, fanden keine Berücksichtigung.

So musste der bestehende LLC Header (IEEE 802.2 SAP/Service Access Point) um einen SNAP Header (IEEE 802.3 SNAP/SubNet Access Protocol) erweitert werden. Alle Daten werden als LLC-Typ-1 (Unnumbered Information) in reinen Datagramm-Prozeduren verschickt. Wird das 802.2-SNAP-Format benutzt, werden das DSAP- und das SSAP-Feld auf den Wert 170 (AA hex) gesetzt. Das Control-Feld wird immer auf den Wert = 0 gesetzt. Daran schließen sich noch zwei weitere Felder an, die den 802-Netzwerktyp (3 Byte) angeben und das Ethernet-Typfeld (2 Byte) beinhalten. Dieses Vorgehen ermöglichte es, dass auch Protokolle ohne DSAP/SSAP 802.3 standardkonform einsetzbar sind. Als Preis für die durch das Subnetwork Access Protocol (SNAP) gewonnene Vielseitigkeit muss aber eine Vergrößerung des Overheads um 8 Byte in Kauf genommen werden.

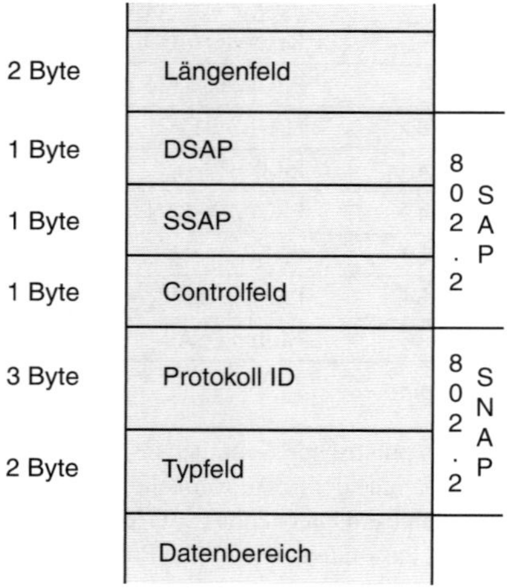

Abbildung 4.4: Aufbau eines IEEE 802 MAC, SAP, SNAP Headers

IEEE 802.3-Datennetze setzen die kürzeste Paketlänge auf mindestens 512 Bit (oder 64 Byte) und die maximale Frame-Länge auf 1518 Bytes fest. Der 802.3 Header benutzt statt des Protokoll-Typfelds diese zwei Byte als Längenfeld. Der maximale Wert für das Längenfeld auf einem 10 MBit/s IEEE 802.3-Netz beträgt also 1518. Der Standard sagt nichts über die Behandlung von Datenrahmen aus, die diesen Wert überschreiten. Datenpakete mit einem größeren Längenfeld können ignoriert, verworfen oder anderweitig ausgewertet werden. Da die meisten Protokoll-Typfelder in einem Bereich liegen, der immer größer als die maximale Größe des Längenfeldes (1518) ist (z.B. 1536 Xerox/XNS, 2048 Internet Protocol/IP, 2054 Address Resolution Protocol/ARP, 24577 DECnet), treten auch bei unterschiedlicher Benutzung des Typ- bzw. des Längenfelds keine Konflikte auf. Dies erklärt die Tatsache, dass Ethernet- und IEEE 802.3-Implementierungen am selben Netz betrieben werden können. In diesem Zusammenhang muss darauf hingewiesen werden, dass die meisten am Markt befindlichen Produkte nur nominell den IEEE 802.3-Standards entsprechen, tatsächlich aber reine Ethernet-Standards implementiert haben. Nur wenige Hersteller weisen reine IEEE-Unterstützung nach oder bieten die Möglichkeit, zwischen den beiden Standards zu wählen.

Praxis

Beide Methoden, die Standard-Ethernet- als auch die IEEE 802.3/802.2-Methode, sind auf der physikalischen Schicht und auf dem Data Link Layer bis hinauf zum MAC Layer kompatibel und können auf dem gleichen Netz nebeneinander betrieben werden. Der Betreiber eines gemischten Netzes muss sich aber bewusst machen, dass er das Netz in zwei inkompatible Subnetze unterteilt. Eine Kommunikation zwischen den beiden Subnetzen ist nur über Umwege möglich. Die einzige praktikable Methode, beide Subnetze miteinander kommunizieren zu lassen, führt über den Umweg eines Gateways. Vorstellbar wäre ein Netzknoten, der beide Methoden unterstützt; dies geht aber zu Lasten der Netz-Performance.

Der für den Netzbetreiber einfachste Weg zur Umstellung auf die jeweilige Norm wäre es, die unterschiedlichen Methoden bei der Systemgenerierung (z.B. bei der Softwareinstallation) des Knotens auszuwählen.

Es bleibt abzuwarten, ob sich die Kommunikation auf Basis von IEEE 802.3 gegenüber der herkömmlichen Ethernet-Methode breitenwirksam durchsetzen wird. Aufgrund der prinzipiellen Bereitschaft der Hersteller, die LLC SNAP-Methode zu unterstützen, liegt es beim Anwender, einen Übergang zu international genormten Verfahren zu realisieren. Bis zur endgültigen Ablösung des Ethernet-Verfahrens werden jedoch noch mehrere Jahre vergehen.

Standard-Ethernet (10Base5)

Das ursprüngliche Ethernet-Verfahren wurde mit der 10Base5-Implementation definiert. Die maximale Datengeschwindigkeit beträgt bei diesem Basisbandübertragungsverfahren 10 MBit/s. Die Daten werden nach dem Manchester-Verfahren codiert. Als Kabel wurde das Thick Ethernet als Netzmedium eingesetzt. Da der Standard die Farbe Gelb für dieses Kabel vorschreibt, wird es auch oft als Yellow Cable bezeichnet. Ein Ethernet-Segment nach dem 10Base5-Standard darf maximal 500 m umfassen. Ein solches Kabelsegment kann aus mehreren Einzelabschnitten bestehen, die mit Verbindungssteckern aneinandergefügt sind. Bis zu fünf maximale Kabelsegmente (Gesamtlänge 2,5 km) können über Repeater als Verbindungskomponenten miteinander gekoppelt werden. Der Standard definiert für eine solche Konfiguration eine maximale Laufzeit (maximale Round Trip Delay/RTD) im gesamten LAN von 64 + 512 = 576 Bit-Perioden. Wird dieser Wert (RTD > 576 Bits) überschritten, so versagt der Kollisionsmechanismus. Als empfohlene Planungsbasis gilt ein Wert von RTD < 480 Bits. Das Yellow Cable wird mit Verbindungssteckern der Norm „N" konfektioniert, muss aber an beiden Enden mit einem Abschlusswiderstand (50 Ohm ± 1 % bei einer Leistung von 1 Watt) versehen sein. Die Abschlusswiderstände verhindern mögliche

Signalreflexionen. Die Kabelsegmente müssen an einer Seite (Abschluss-widerstand) geerdet werden.

Der Anschluss der Endgeräte an das Kabel erfolgt immer über Transcei-ver (Tap- oder N-Konnektoren). Auf dem Kabel sind zur Transceiver-Montage im Abstand von 2,5 m Markierungen angebracht. Der Abstand zwischen zwei Transceivern sollte „n x 2,5 m" betragen. Pro Kabelseg-ment können maximal 100 Transceiver angeschlossen werden.

Die Verbindung zwischen dem Transceiver und dem Endgerät wird über die AUI-Schnittstelle und dem Ethernet-Dropkabel realisiert.

Kennwerte des 10Base5-Standards:

- 50 Ohm Koaxialkabel
- Signalisierungstechnik: Basisband
- Topologie: Bus
- maximale Übertragungsrate: 10 MBit/s
- Kodierung: Manchester-Kodierung
- maximale Segmentlänge: 500 m
- maximale Netzausdehnung zwischen zwei Stationen: 2800 m
- maximale Stationsanzahl pro Segment: 100
- Mindestabstand zwischen zwei Stationen: 2,5 m
- Verbindung zum Medium: AUI Interface über Transceiver-Kabel

Ethernet-Kabel (10Base5)

Das Ethernet-Kabel stellt die Hauptleitung eines Ethernet-Bussystems nach 10Base5 dar. Das Yellow Cable ist durch einen gelben PVC-Außen-mantel mit einem Durchmesser von ca. 10 mm, auf dem im Abstand von 2,5 m Markierungen als Anhaltspunkte für die Transceiver-Montage an-gebracht sind, gekennzeichnet. Das nach der IEEE 802.3- (10Base5) Norm gefertigte Kabel basiert auf den Übertragungseigenschaften eines Koaxialkabels (asymmetrisches Kabel). Der mehrlagige Außenleiter bil-det gleichzeitig die Abschirmung und sorgt dafür, dass die Einflüsse von Störeinstrahlungen gering gehalten werden. Die Isolierschicht zwischen dem Innen- und dem Außenleiter wird als Dielektrikum bezeichnet. Als

Materialien für das Dielektrikum werden PVC oder Polyäthylen eingesetzt. Die Stärke des Dielektrikums richtet sich nach der Höhe der zu
übertragenden Frequenzen. Je höher die Frequenz ist, umso stärker muss
das Dielektrikum ausgebildet sein. Die elektrischen Eigenschaften des
Dielektrikums haben entscheidenden Einfluss auf die Ausbreitungsgeschwindigkeit des Signals. Das Dielektrikum wirkt - zusammen mit dem
Innen- und dem Außenleiter - wie ein Kondensator. Die Kapazität des
Kondensators führt dazu, dass bei einer Erhöhung des Kondensatorwertes die Signalausbreitung verlangsamt wird. Die in der IEEE 802.3-Norm
angegebenen Werte für die Ausbreitungsgeschwindigkeit eines
10Base5-Koaxialkabels beziehen sich auf einen Wert von
>0,77xLichtgeschwindigkeit (c). Die maximale Laufzeitverzögerung in
einem Kabelsegment beträgt 2125 ns. Die Länge eines Ethernet-Segments beträgt aufgrund der maximal zulässigen Dämpfung von 8,6 dB
bei 10 MHz nur 500 m. Da ein Kabel von dieser Länge nicht immer in
einem Stück verlegt werden kann, rät der Standard zur Verlegung von
Einzelabschnitten, die mit Verbindungssteckern aneinandergefügt werden. Da an den Verbindungsstellen Signalreflexionen nicht völlig ausgeschlossen werden können, empfiehlt der Standard Segmentlängen, die
sich aus einem ungeraden ganzzahligen Vielfachen der halben Wellenlänge zusammensetzen. Durch die sich daraus ergebenden Längen von
23,4m, 70,2 m oder 117 m (0,5 m) wird eine Phasengleichheit der Nutzsignale mit den Reflexionen weitgehend vermieden.

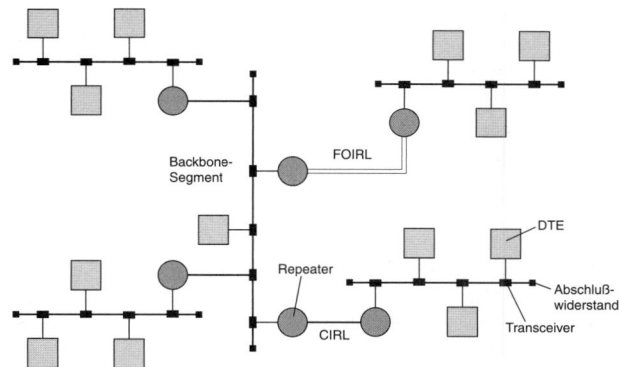

Abbildung 4.5: Typisches 10Base5-Netzwerk

10Base2-Standard

Die 10Base2-Implementation wurde 1983/1984 erarbeitet und 1987 als Anhang zum IEEE 802.3-Standard veröffentlicht. Die maximale Datengeschwindigkeit beträgt bei diesem Basisbandübertragungsverfahren 10 MBit/s. Die Daten werden auf dem Medium nach dem Manchester-Verfahren codiert. Als Kabel wurde das Thin Ethernet (RG58 A/U oder RG58 C/U) als Netzmedium eingesetzt. Die Länge eines Ethernet-Segments beträgt aufgrund der maximal zulässigen Dämpfung von 8,5 dB bei 10 MHz nur 185 m. Ein solches Kabelsegment kann aus mehreren Einzelabschnitten bestehen, die mit BNC-Verbindungssteckern aneinandergefügt sein. Bis zu fünf Kabelsegmente (Gesamtlänge 925 m) können über Repeater als Verbindungskomponenten miteinander gekoppelt werden. Fester Bestandteil dieses physikalischen Standards ist die Integration der Transceiver-Funktionen in den 10Base2-Geräten. Das Cheapernet-Kabel wird mit Verbindungssteckern der Norm „BNC" konfektioniert und muss an beiden Enden mit einem 0,5 Watt 50 Ohm ($\pm$ 1%) Abschlusswiderstand versehen sein. Die Abschlusswiderstände verhindern mögliche Signalreflexionen. Die Kabelsegmente müssen gemäß dem Standard an einer Seite (Abschlusswiderstand) geerdet werden.

BNC-Anschlüsse

Der Anschluss des Koaxialsegments an das Endgerät erfolgt direkt über ein BNC-T-Stück. Gemäß dem Standard muss das BNC-T-Stück so konstruiert sein, dass keine Verbindung zur Erde auftreten kann. Aus diesem Grund muss nach der Installation (Verbindung der Kabelsegmente an das T-Stück) das T-Stück mit Hilfe eines Schutzmechanismus (Tülle) gegen eine zufällige Berührung mit geerdeten Teilen isoliert werden. Einzelne Kabelstücke werden mit BNC-Verbindungssteckern direkt verbunden. Auch diese Verbinder müssen nach der Installation vollständig gegen Masse isoliert werden. Der 10Base2-Standard schreibt vor, dass die Ankoppelimpedanz 8 pF beträgt. Dies führt dazu, dass der Anschluss des Kabels direkt am Endgerät erfolgen muss. Das Endgerät wird mit einem Widerstand von > 100 kOhm angekoppelt. Es darf auf keinen Fall vom T-Stück des Segmentkabels bis zum Endgerät ein Zwischenstück als Kabelverlängerung integriert werden. Dieses zusätzliche Kabel verändert das elektrische Verhalten des gesamten Segments und kann zu Datenverlusten führen.

Eckpunkte des 10Broad2-Standards:

- ▸ 50 Ohm-Koaxialkabel
- ▸ Signalisierungstechnik: Basisband
- ▸ maximale Übertragungsrate: 10 MBit/s
- ▸ Kodierung: Manchester-Kodierung
- ▸ Topologie: Bus
- ▸ maximale Segmentlänge: 185 m
- ▸ maximale Stationsanzahl pro Segment: 30
- ▸ Mindestabstand zwischen zwei Stationen: 0,5 m
- ▸ Verbindung zum Medium: direkt über BNC-Stecker oder über AUI Interface

10Base2-Ethernet-Kabel

Das Ethernet-Kabel stellt die Hauptleitung eines Ethernet-Bussystems nach 10Base2 dar. Dieses Übertragungsmedium ähnelt dem Koaxialkabel vom Typ RG58 mit einem Außendurchmesser von 4,6 mm. Es weist jedoch deutlich bessere Übertragungsqualitäten auf und entspricht den Anforderungen des IEEE 802.3-10Base2-Standards. Mit diesem Kabel ist es möglich, gerade im Bürobereich über kürzere Entfernungen eine kostengünstige Ethernet-Verkabelung zu realisieren (Cheapernet). Die in der IEEE 802.3-Norm angegebenen Werte für die Ausbreitungsgeschwindigkeit eines 10Base2-Koaxialkabels beziehen sich auf einen Wert von > 0,65xLichtgeschwindigkeit (c). In der Praxis werden das RG58 A/U- und das RG58 C/U- häufig mit dem RG62-Kabel (93 Ohm) verwechselt. Beide Koaxialkabel haben ungefähr den gleichen Aufbau und den gleichen Außendurchmesser. Da bei billigen Kabeln der Kabeltyp meist nicht auf den Mantel aufgedruckt ist, kann es sehr leicht geschehen, dass bei der Installation die beiden Kabelsorten verwechselt werden. Fatal wirkt sich die Mischung beider Kabelsorten in einem Segment aus. Tritt ein Fehler, z.B. nach Reparaturen oder Erweiterungen auf, so sollte der Netzbetreiber prüfen, ob nicht ein RG62-Kabel zwischengeschaltet wurde. Die unterschiedliche Kabelimpedanz führt an den Koppelpunkten zu erheblichen Signalreflexionen. Durch einen Time Domain-Reflektometer kann diese Fehlanpassung sehr leicht gemessen werden.

Die maximale Laufzeitverzögerung einer gültigen 10Base2-Konfiguration beträgt 950 ns. Der Anschluss des Endgeräts an das 10Base2 Ethernet-Kabel erfolgt entweder direkt über den auf dem Ethernet Controller integrierten Ethernet Transceiver oder über ein AUI Interface (Dropkabel), wobei der TAP des externen Transceivers die Anpassung an den 10Base2-Standard (BNC Connectoren) ermöglicht. Der Abstand zwischen zwei Transceivern sollte mindestens 0,5 m betragen. Pro Kabelsegment können maximal 30 Transceiver oder Endgeräte angeschlossen werden.

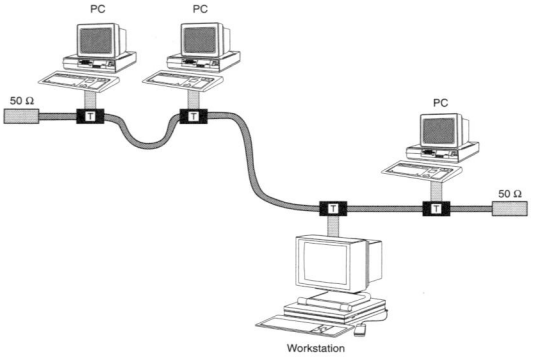

Abbildung 4.6: Cheapernet-Netzwerk

Ethernet auf Twisted Pair-Kabel

Die Standardisierung des Ethernets auf Vierdraht-Leitungen wurde im IEEE 802.3-Gremium in der Ethernet-on-Twisted Pair-Arbeitsgruppe umgesetzt. 1991 wurde der Ethernet-on-Twisted Pair- (10BaseT) Standard veröffentlicht. Die maximale Datengeschwindigkeit beträgt beim 10BaseT-Standard 10 MBit/s. Auf den Twisted Pair-Kabeln wird ebenfalls das Basisbandübertragungsverfahren verwendet. Die Daten werden auf dem Medium nach dem Manchester-Verfahren codiert. Als Kabel wurde ein Unshielded Twisted Pair-Kabel (UTP) mit einer Impedanz von 100 Ohm ± 15 % festgeschrieben. Die Länge eines Twisted Pair-Segments beträgt aufgrund der maximal zulässigen Dämpfung von 11,5 dB bei 10 MHz (UTP-Kabel mit 0,5 mm Aderdurchmesser = AWG 24) auf nur 100 m. Die Laufzeit eines solchen Linksegments beträgt maximal 1000 ns. Der maximale Jitter darf 5 ns pro Twisted Pair-Verbindung betragen. Die 10BaseT-Verkabelung ist strukturell eine sternförmige Verkabelung. Für jeden 10BaseT Port wurde ein Link-Statustest integriert. Die 10BaseT Repeater müssen Netzwerksegmente abtrennen können, falls es zu Störungen auf diesem Segment kommt. Da jeder Anschlusspunkt separat verstärkt wird, heißt dies im Falle einer Störung, dass hinter diesem Anschlusspunkt der betreffende Port automatisch geschlossen werden muss. So wird dafür gesorgt, dass die Funktionsfähigkeit der restlichen Ports nicht beeinflusst wird.

Der einzige genormte Stecker für Twisted Pair-Verkabelungen im Ethernet-Bereich ist der 8-polige RJ45-Stecker (auch Westernstecker genannt). Dieser Stecker ist aus der Telefontechnik bekannt. Er ist sowohl in geschirmter als auch in ungeschirmter Ausführung verfügbar. Die Montage erfolgt in Schneid-/Klemmtechnik mit einer speziellen Quetschzange.

Die einzelnen Kontakte des 8-poligen RJ45-Stecker sind wie in Tabelle 4.6 dargestellt belegt.

Kontakt	Signal	Kontakt	Signal
1	Transmit +	5	nicht belegt
2	Transmit -	6	Receive -
3	Receive +	7	nicht belegt
4	nicht belegt	8	nicht belegt

Tabelle 4.6: Belegung der Kontakte des 8-poligen RJ45-Steckers

Werden zwei Twisted Pair Repeater Ports direkt miteinander verbunden, so muss ein Twisted Pair Crossover-Kabel verwendet werden.

Um die Benutzung von älteren Ethernet-Produkten (z.B. mit einem AUI Interface) in einer reinen Twisted Pair-Verkabelung zu ermöglichen, wurden Transceiver entwickelt, die auf der einen Seite ein AUI Interface und auf der anderen Seite ein 10BaseT Interface unterstützen.

Link-Integritätsfunktion

Fester Bestandteil des 10BaseT-Standards ist der Leitungsverbindungs-test. Da es sich beim Übertragungsverfahren über die TP-Leitungen um ein reines Simplex-Verfahren handelt, muss sichergestellt werden, dass die Verbindung zwischen den beiden Endgeräten in beiden Richtungen aktiv ist. Dabei werden vom TP Repeater wie auch vom TP-Endgerät in regelmäßigen Abständen neben den eigentlichen Datensignalen auch Link-Integritätssignale an die jeweiligen gegenüberliegenden MAUs ge-sendet. Die Frequenz der Link-Integritätssignale beträgt 1 MHz. Nach-dem ein Datenpaket verschickt wurde, dauert es 16 ± 8 ms, bis der Sen-der ein Link-Integritätssignal erzeugt. Empfängt ein TP Port über einen Zeitraum von 50 bis 150 ms keine Link-Integritätssignale, so gilt diese Verbindung als unterbrochen, und es wird eine Fehlermeldung generiert. Werden vom anderen Kommunikationspartner 2 bis 10 aufeinanderfol-gende Link-Integritätssignale empfangen, wird die Verbindung wieder aktiviert, und es können die regulären Daten übermittelt werden. Diese Funktion wird durch den im 10BaseT-Standard definierten Auto Parti-tion-/Reconnection-Algorithmus ausgelöst. Der Algorithmus erlaubt dem Repeater das automatische Abschalten eines Ports, wenn dieser ei-nen Fehler aufweist, und die automatische Reaktivierung des Ports, wenn der Fehler behoben wurde. So wird nur der defekte Port deakti-viert und nicht der gesamte Repeater.

Kennwerte des 10BaseT-Standards:

- 100 Ohm Twisted Pair-Kabel
- Signalisierungstechnik: Basisband
- maximale Übertragungsrate: 10 MBit/s
- Kodierung: Manchester-Kodierung
- Topologie: Stern
- maximale Segmentlänge: 100 m
- Überwachung der Linkstrecken durch Idle-Signal
- Steckerbauform: 8-poliger RJ45-Stecker

‣ Verbindung zum Medium: direkt über RJ45-Stecker oder über AUI Interface

Stromversorgung über Twisted-Pair-Kabel

Die IEEE-Working-Group 802.3af (DTE Power via MDI) hat das Ziel, einen Standard für die Stromversorgung der Endgeräte über Twisted-Pair-Kabel zu realisieren. Mit Hilfe der 802.3af Spezifikation soll die LAN-Schnittstelle automatisch erkennen, ob das angeschlossen Endgerät mit Strom versorgt werden kann. Damit wird verhindert, dass auch Fehlkonfigurationen zu keiner Beschädigung der Netzwerklogik führen. Die Stromversorgung soll über die RJ45-Verbindungen erfolgen. Inzwischen wurden in der af-Arbeitsgruppe erhebliche Fortschritte erzielt und wichtige Fragen, wie beispielsweise Spannungs- und Stromaufnahme, Kennung der Endgeräte, Wahl des Steckers und Verkabelung geklärt. Momentan werden zwei Kabelvarianten (Signal Pair 1/2 - 3/6 und Idle Pair 4/5 - 7/8) für die Stromversorgung diskutiert. Der größte Teil der Hersteller aus der af-Arbeitsgruppe tendiert im Moment zu den Aderpaaren 1/2 - 3/6 für die Stromversorgung der Netzwerkgeräte.

StarLAN (1Base5)

Die früheste Ethernet-Variante basierte auf einem 1 MBit/s schnellen Übertragungsverfahren. Dieser Standard wurde als die Industrienorm StarLAN bekannt. In den IEEE 802.3-Spezifikationen wurde dieses Basisbandübertragungsverfahren in der Subnorm 1Base5 veröffentlicht. Dieser Standard ermöglicht die kostengünstige Übertragung von Ethernet-Daten über ein Twisted Pair-Medium (Telefonleitungen). Die Daten werden auf dem Medium nach dem Manchester-Verfahren codiert. Als Kabel wurde ein Unshielded Twisted Pair-Kabel (UTP) mit einer Impedanz von 100 Ohm $\pm$ 15 % festgeschrieben. Die Länge eines Twisted Pair-Segments zwischen einer DTE und dem Hub oder zwischen zwei Hubs beträgt aufgrund der maximal zulässigen Dämpfung von 6,5 dB bei 1 MHz (UTP-Kabel mit 0,4-0,6 mm Aderdurchmesser = AWG 22 bis AWG 26) auf nur 250 m. Die Laufzeit eines solchen Linksegments beträgt maximal 4 Bit-Zeiten (4 s). über eine Spezialverbindung können 10Base5 Hubs jedoch mit Hilfe von Glasfaserverbindungen über eine maximale Distanz von 4 km verbunden werden. Die 1Base5 MAU teilt sich, wie bei allen anderen Ethernet-Standards, in folgende Bereiche auf: das Physical Medium Attachment (PMA) und das Medium Dependent Interface (MDI). Das Physical Medium Attachment übernimmt dabei die funktionale und das Medium Dependent Interface die physikalische Schnittstelle zum Medium. Als Standardverbinder wurde beim StarLAN die RJ45-Technologie festgeschrieben. Als Standard-MDI Interface steht eine 8-polige RJ45-Buchse zur Verfügung.

Der einzige genormte Stecker des 1Base5-Standards ist der 8-polige RJ45-Stecker. Dieser Stecker ist aus der Telefontechnik bekannt. Er steht in geschirmter und in ungeschirmter Ausführung zur Verfügung. Die Montage erfolgt in Schneid-/Klemmtechnik mit einer speziellen Quetschzange.

Die einzelnen Kontakte des 8-poligen RJ45-Stecker sind wie folgt belegt.

Kontakt	Signal	Kontakt	Signal
1	Upward Data +	5	Nicht belegt
2	Upward Data -	6	Downward Data -
3	Downward Data +	7	Nicht belegt
4	Nicht belegt	8	Nicht belegt

Tabelle 4.7: Die Belegung der Kontakte beim 8-poligen RJ45-Stecker

Beim StarLAN ist jedes Endgerät über Twisted Pair-Leitungen sternförmig mit einem Hub verbunden. Hubs sind Konzentrationspunkte mit integrierter Repeater-Funktion. Die Hubs kommunizieren ihrerseits über eine Kaskade miteinander. Innerhalb eines 1Base5-Netzes bilden die Hubs eine streng hierarchische Baumstruktur. Es dürfen bis zu fünf Hubs hintereinander kaskadiert werden.

Der Hub höchster Ordnung bildet die Wurzel der Baumstruktur. Dieser spezielle Hub wird als Header Hub (HH) bezeichnet. Alle anderen Hubs im Baum übernehmen die Funktion eines Intermediate Hubs (IH). Die Hub Ports werden in Downward Ports und Upward Ports unterteilt. Jeder Hub verfügt nur über einen Upward Port, der die Verbindung zur höheren Hierarchiestufe realisiert. Allein der Header Hub hat nur reine Downward Ports integriert. Empfängt ein Hub von einem angeschlossenen Endgerät ein Datenpaket, so sendet er dieses Signal an alle angeschlossenen Ports aus. Eine Kollision wird vom Hub daran erkannt, dass zwei oder mehrere Hub Ports gleichzeitig Daten senden.

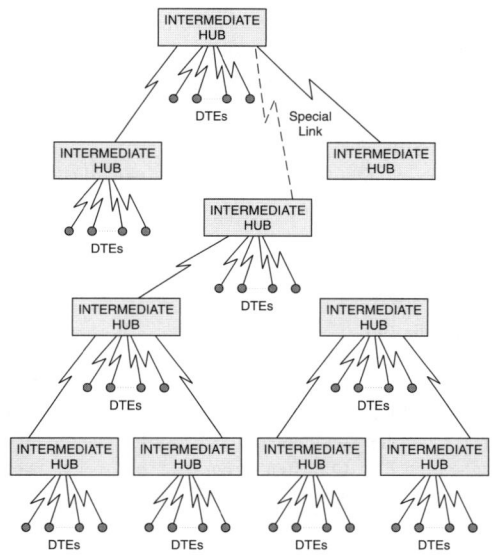

Abbildung 4.7: 1Base5-Netzwerk mit vier Kaskaden

PMA MDI Signal-Kodierung

Die Datenpakete des 1Base5-Standards haben folgenden Aufbau:

<Silence> <Präambel> <Start Frame Delimiter> <Daten> < End-of-Transmission Delimiter>

Die Datenpakete werden nach dem Manchester-Verfahren codiert.

Silence

Als Silence oder Idle (IDL) wird der Zeitraum bezeichnet, an dem keinerlei Netzaktivität registriert wird. Der kleinste Silence-Zeitraum zwischen zwei Paketen wird durch den Interframe Gap (96 s) definiert.

Präambel

Die Präambel setzt sich aus 56 Bit mit folgendem Format zusammen:

10101010 10101010 10101010 10101010 10101010 10101010 10101010

Auf Basis der Präambel erfolgt die zeitliche Synchronisation zwischen Sender und Empfänger.

Start Frame Delimiter (SFD)

Mit dem Start-of-Frame Delimiter (10101011) wird der eigentliche Beginn des Datenpakets angezeigt.

Daten

Im Datenteil sind alle Daten (Empfänger- und Sendeadresse, Typ-/Längenfeld, höhere Protokolle und CRC-Prüfsumme) enthalten.

End-of-Transmission Delimiter

Mit dem End-of-Transmission Delimiter (EFD) wird das Ende eines 1Base5-Datenpakets angezeigt. Das EFD-Feld wird nicht nach den Regeln des Manchester-Verfahrens codiert. In diesem Fall enthält die erste Hälfte des Bit-Wertes nicht den komplementären Wert der zweiten Bit-Hälfte des darzustellenden Bits. Über den gesamten Verlauf von zwei Bit-Zeiten steht also ein High-Signal an. Das EFD-Feld ist das einzige Bit, das während einer gültigen Übermittlung von Daten nicht den Manchester-Bedingungen entspricht.

1Base5-Kollisionen

Auch der 1Base5-Standard stellt sicher, dass Kollisionen eindeutig erkannt und über das Netz hinweg propagiert werden. Senden zwei Geräte gleichzeitig, so stellt der Hub eine Kollision fest und unterbricht die Übermittlung des Datenpakets. Anschließend generiert der Hub ein Collison Present- (CP) Signal. Zur Kodierung des CD-Signals legt der 1Base5-Standard zusätzliche Signalsequenzen fest:

▸ Clocked Violation One (CVH)
▸ Clocked Violation Zero (CVL)

Clocked Violation One (CVH)

Das CVH Bit wird nicht nach den Regeln des Manchester-Verfahrens codiert. Im Fall des CVH Bits ist eine komplette Bit-Zelle auf den Wert 1 gesetzt.

Clocked Violation Zero (CVL)

Das CVL Bit wird nicht nach den Regeln des Manchester-Verfahrens codiert. In diesem Fall wird eine komplette Bit-Zelle auf den Wert 0 gesetzt.

Ein CP-Signal hat den Aufbau CVL, 0, 1, 0 CVH.

Seit der Ethernet-on-Twisted Pair-Standard (10BaseT) verfügbar ist, hat das Star-LAN völlig an Bedeutung verloren; es wird kaum noch realisiert.

Die Eckpunkte des 1Broad5-Standards:

▸ 100 Ohm Unshielded Twisted Pair
▸ Signalisierungstechnik: Basisband
▸ Kodierung: Manchester-Kodierung
▸ maximale Übertragungsrate: 10 MBit/s
▸ Topologie: Stern
▸ maximale Segmentlänge: 500 m
▸ Übertragungsart: asynchron

Ethernet auf Breitband

Seit Mitte der achziger Jahre ist der Ethernet-on-Broadband-Standard als 10Broad36-Spezifikation verfügbar. In diesem Standard wird die Übertragung von Ethernet-Daten über die aus dem Kabelfernsehen bekannte Technik festgelegt. Da es sich beim Kabelfernsehen um eine Frequenzmultiplexertechnik handelt, werden zur Übermittlung der Daten drei Breitbandkanäle mit einer Bandbreite von 18 MHz benötigt. Die drei Breitbandkanäle teilen sich auf 14 MHz Datensignale und 4 MHz Kollisionssignalisierung auf. Die Möglichkeit, viele Datenkanäle parallel und zusätzlich noch Videokanäle zu übertragen, machten die Breitbandtechnik zu einem attraktiven Übertragungsmedium im Backbone-Bereich. Da die Kabelfernsehtechnik immer nur eine Richtung (vom Sender zum Empfänger) des Kabelnetzes benutzt, muss bei der Datenübertragung das Breitbandnetz für die Übermittlung in zwei Richtungen erweitert werden. Dies erfolgt durch die Aufteilung des Frequenzspektrums in eine Senderichtung und eine Empfangsrichtung. Das Headend am Ende der Senderichtung nimmt die empfangenen Signale vom Kabel und transformiert sie auf eine höhere Frequenz. Anschließend werden die Signale in der Empfangsrichtung auf das Kabel gegeben.

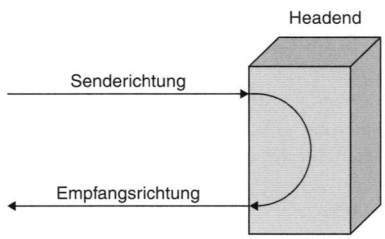

Abbildung 4.8: Transformierung zwischen Sende- und Empfangsrichtung

Der IEEE 802.7-Standard befasst sich mit den physikalischen Bedingungen eines Breitbandnetzes und definiert folgende Netzstrukturen:

▸ Einkabelsystem
▸ Zweikabelsystem

Einkabelsystem (Single Cable System)

Beim Einkabelsystem (Single Cable System) wird der gesamte Frequenzbereich in zwei Richtungen aufgeteilt: Senderichtung und Empfangsrichtung. Zwischen den beiden Bereichen bleibt ein großer Teil der verfügbaren Frequenzen zur klaren Trennung zwischen beiden Bereichen ungenutzt. Mitte der siebziger Jahre wurde das Mid-Split-Verfahren in der Datenübertragung eingeführt. Bei diesem System wurde für den Vorwärtsweg (Senden) ein Frequenzspektrum von 5 bis 108 MHz und für den Rückwärtsweg (Empfangen) ein Frequenzspektrum von 168 bis über 400 MHz festgelegt. Der IEEE 802.3-Standard empfiehlt, wegen der Störempfindlichkeit der unteren Frequenzbereiche (5 bis 30 MHz) diese Bänder nicht zu nutzen. Die Offset-Frequenz beim Mid-Split-Verfahren beträgt 156,25 MHz. Die Sendefrequenz im Headend wird also um die Offset-Frequenz angehoben. Dadurch ergibt sich die Empfangsfrequenz.

Die Entwicklung der lokalen Netze führte Anfang der achtziger Jahre zur Konzeption der High-Split-Technik. Bei diesem System wurde für den Vorwärtsweg (Senden) ein Frequenzspektrum von 5 bis 186 MHz und für den Rückwärtsweg (Empfangen) ein Frequenzspektrum von 222 bis über 400 MHz festgelegt. Die Offset-Frequenz bei dem High-Split-Verfahren beträgt 192,25 MHz. Auf den sechs zur Verfügung stehenden 18 MHz-Sendebändern muss sich der Anwender im Mid- und im High-Split-Verfahren aufgrund der Überlappung der Frequenzbänder für das jeweils zu nutzende Sendeband entscheiden. In der Praxis bedeutet dies, dass nur zwei vollständige Ethernet-Kanäle auf einem Einkabelsystem aufgebaut werden können. Zur Unterstützung mehrerer paralleler Ethernet haben einige Hersteller ein 12 MHz-Breitbandsystem entwickelt. Das 12 MHz-Ethernet-Verfahren wurde vom IEEE-Gremium nicht standardisiert.

Kollision/Signal	Sendeband	Translation Frequenz 156,25 MHz Empfangsband	Translation Frequenz 192,25 MHz Empfangsband
52	35,75 – 53,75	192 – 210	228 – 246
58	41,75 – 59,75	198 – 216	234 – 252
64	47,75 – 65,75	204 – 222	240 – 258
70	53,75 – 71,75	210 – 228	246 – 264
76	59,75 – 77,75	216 – 234	252 – 270
82	65,75 – 83,75	222 – 240	258 – 276

Tabelle 4.8: Einkabel-Frequenzbänder

Zweikabelsystem (Dual Cable System)

Beim Zweikabelsystem (Dual Cable System) wird der gesamte Frequenzbereich in jeder Richtung genutzt. Dazu ist es notwendig, dass die Verkabelung doppelt ausgelegt wird. Ein Kabelstrang wird bei diesem System als Senderichtung, der andere Kabelstrang als Empfangsrichtung
genutzt. Da zwischen dem Sende- und Empfangsbereich beim Zweikabelsystem keine Trennung erfolgen muss, stehen gegenüber dem Mid-
und dem High-Split-Verfahren wesentlich mehr Kanäle zur Verfügung.
Auch beim Zweikabelsystem empfiehlt der IEEE 802.3-Standard wegen
der Störempfindlichkeit der unteren Frequenzbereiche (5 bis30 MHz),
diese Bänder nicht zu nutzen. Der große Nachteil des Dual Cable System
liegt in der doppelten Auslegung der Kabel- und der Verstärkerinfra-
struktur. Dies wirkt sich besonders negativ beim Kostenvergleich zwischen den beiden Systemen aus.

Datenband	Kollisionsband
36 – 50	50 – 54
42 – 56	56 – 60
48 – 62	62 – 66
54 – 68	68 – 72
60 – 74	74 – 78
66 – 80	80 – 84
228 – 242	242 – 246
234 – 248	248 – 252
240 – 254	254 – 258
246 – 260	260 – 264
252 – 266	266 – 270
258 – 272	272 – 276

Tabelle 4.9: Zweikabel-Frequenzbänder (in MHz)

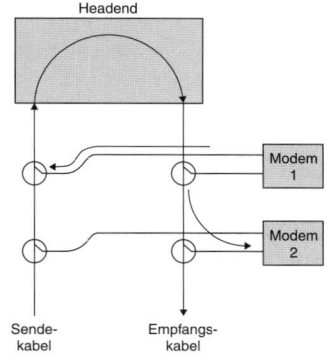

Abbildung 4.9: Zweikabelsystem mit Headend

Die Übermittlung der Ethernet-Daten auf das Breitbandkabel erfolgt mit Hilfe eines Breitbandmodems. Der IEEE-Standard für Ethernet auf Breitband verändert die eigentliche AUI-Schnittstelle zum LAN nicht. So können die gleichen Ethernet-Endgeräte wie bei den anderen Ethernet-Standards an das Breitbandmodem angekoppelt werden. Bei der Übermittlung von Ethernet-Daten auf das Breitband-LAN erbringt das Breitbandmodem folgende Funktionen:

- Das über das AUI Interface empfangene Ethernet-Paket wird gemäß dem Manchester-Verfahren decodiert.
- Die Daten des Pakets werden in None Return to Zero- (NRZ) Signale umgewandelt und mit Hilfe des CCITT V.29-Codes verschlüsselt. Anschließend werden die Daten an das Frame Reformater-Modul weitergeleitet.
- Das Datenpaket, bestehend aus Präambel, Start Frame Delimiter, Destination-Adresse, Source-Adresse, Typ-/Längenfeld, Daten und der CRC-Prüfung, wird vom Frame Reformater-Modul wie folgt modifiziert:
- Präambel, Unscrambled Mode Delimiter (UMD), Start Frame Delimiter, Destination-Adresse, Source-Adresse, Typ-/Längenfeld, Daten, CRC-Prüfung und Broadband End-of-Frame Delimiter (BEOFD).
- Dieses Signal wird durch den Differential Encoder in ein Binary Phase Shift Keying-(PSK) Signal umgewandelt
- Anschließend wird das Signal über den Modulator auf das Medium übermittelt.

Kollisionserkennung über Breitband

Wie beim Basisband-Ethernet können auch im Breitband durch die zeitgleiche Nutzung der Übertragungswege Kollisionen auftreten. Im Basisbandbereich wird mit Gleichspannungspegeln gearbeitet. So kann eine Kollision durch das Unterschreiten eines bestimmten Spannungswertes erkannt werden. Da das Breitbandverfahren im Wechselspannungsbereich arbeitet, muss ein anderer Mechanismus zur Kollisionserkennung und Kollisionssignalisierung verwendet werden. Dazu wird das separate 4 MHz-Kanalband zur Signalisierung benutzt. Gemäß dem Standard muss die Ethernet MAU folgende Funktionen erbringen:

1. Die mit Hilfe des V.29-Codes verschlüsselten Daten werden bis zur Übermittlung der Source-Adresse zwischengespeichert.

2. Der Unscrambled Mode Delimiter (UMD) muss im Sende- und im Empfangskanal als gültiger Wert erkannt werden.

3. Die vom Empfangskanal kopierten Daten werden vom Ende des UMD-Teils des Headers bis zum letzten Bit der Source-Adresse mit den Sendedaten verglichen.

4. Gleichzeitig mit dem Versenden der Daten auf das Breitbandmedium wird von der MAU ein UMD-Timer gestartet. Die Länge des Timers wird durch die Zeit bestimmt, die notwendig ist, um ein HF-Datensignal auf dem Breitband und die im anschließenden Paket enthaltenen UMD-Header-Informationen als gültige Daten zu erkennen.

5. Unter folgenden Bedingungen wird eine Kollision festgestellt:
   ▸ Während des Abgleichs der Empfangsdaten mit den Sendedaten wird ein Fehler festgestellt.
   ▸ Die Zeit des Empfangs-UMD Timers läuft ab, bevor auf dem Empfangskanal ein UMD Header festgestellt wird.
   ▸ Die MAU empfängt vom Endgerät ein Signal, nachdem vom Breitband-Interface bereits ein HF-Signal anliegt.

6. Nachdem die MAU eine Kollision festgestellt hat, wird die Übermittlung von Daten auf dem Datenband und dem Collision Enforcement-Band zurückgestellt.

7. Außerdem wird über die Kollisionssignalisierung an das Endgerät so lange ein Kollisionssignal (Signal Quality Error/ SQE) gesendet, wie ein HF-Signal anliegt. Dies führt zum Abbruch des Sendevorgangs.

8. Wird vom Empfänger im Kollisionsband ein Pegel festgestellt, so wird dieses Signal als Kollision erkannt, und die lokale MAU generiert ein SQE-Signal.

Eckpunkte des 10Broad36-Standards:

- ▸ 75 Ohm-Koaxialkabel
- ▸ Signalisierungstechnik: Breitband
- ▸ Kodierung: Binary Phase Shift Key (PSK)
- ▸ maximale Übertragungsrate: 10 MBit/s
- ▸ Kanäle: drei 6 MHz-Kanäle (18 MHz)
- ▸ Topologie: Baum
- ▸ maximale Segmentlänge: 1800 m
- ▸ Übertragungsart: asynchron
- ▸ Verbindung zum Medium: direkt über F-Stecker oder über AUI Interface

Breitbandkabel

Beim Ethernet auf Breitbandverfahren wird ausschließlich das aus der Fernsehtechnik bekannte Koaxialkabel eingesetzt. Das gemäß der IEEE 802.3- (10Broad36) Norm gefertigte Kabel basiert auf den Übertragungseigenschaften eines Koaxialkabels (asymmetrisches Kabel). Der mehrlagige Außenleiter stellt gleichzeitig die Abschirmung dar und sorgt dafür, dass die Einflüsse von Störeinstrahlungen möglichst gering gehalten werden. Die Isolierschicht zwischen dem Innen- und dem Außenleiter wird als Dielektrikum bezeichnet. Als Materialien für das Dielektrikum werden PVC oder Polyäthylen eingesetzt. Die Stärke des Dielektrikums richtet sich nach der Höhe der zu übertragenden Frequenzen. Je höher die Frequenz ist, umso stärker muss das Dielektrikum ausgebildet sein. Die elektrischen Eigenschaften des Dielektrikums haben einen entscheidenden Einfluss auf die Ausbreitungsgeschwindigkeit des Signals. Das Dielektrikum wirkt zusammen mit dem Innen- und Außenleiter wie ein Kondensator. Die Kapazität dieses Kondensators führt dazu, dass bei einer Erhöhung des Kondensatorwertes die Signalausbreitung verlangsamt wird. Die in der IEEE 802.3-Norm (10Broad36) angegebenen Werte für die Ausbreitungsgeschwindigkeit des Breitband-Koaxialkabels beziehen sich auf einen Wert von > 0,77 x Lichtgeschwindigkeit (c). Konfektioniert werden die Breitband-Koaxialkabel und -Geräte mit der F-Verbindertechnik.

Die Innenleiter- und Außenleiterdurchmesser werden je nach Anwendungsfall dimensioniert. Der Einsatz im Bereich der höheren Frequenzen fordert größere Durchmesser. Für die Übertragung in Weitverkehrsnetzen werden die Koaxialkabel mit 2,6/9,5 mm oder mit 1,2/4,4 mm in sehr großem Umfang eingesetzt. Speziell für die digitale Übertragung wurde die Variante 0,7/2,9 mm entwickelt. Die Koaxialkabel werden bis in einen Frequenzbereich von ca. 450 MHz betrieben. Sie sind preiswert und die Anschlusstechnik ist einfach.

Der Wert des Wellenwiderstands für die im IEEE-Standard 10Broad36 vorgeschlagenen Koaxialkabel beträgt 75 Ohm.

Nach der gültigen IEEE 802.3-Spezifikation errechnet sich die maximale Ausdehnung eines Breitbandnetzes aufgrund des Laufzeitverhaltens der einzelnen Komponenten. Der 10Broad36-Standard definiert für Einkabelsysteme eine maximale Laufzeit (maximum Round Trip Delay/RTD) von 140 Bit-Perioden. Dieser Wert enthält bereits die Laufzeitverzögerung durch das Headend. Wird dieser Wert (RTD > 140 Bits) überschritten, so versagt der Kollisionsmechanismus, und eine Kollision kann nicht mehr eindeutig erkannt werden.

Die Station A versucht mit der am weitesten entfernten Station B zu kommunizieren. Um herauszufinden, ob es sich bei der Netzkonstruktion um eine zulässige Konfiguration handelt, müssen die Verzögerungszeiten aller im Kommunikationspfad befindlichen Komponenten ermittelt werden. Der Standard legt für die Verkabelung folgende Verzögerungszeiten fest:

- ▸ Trunkkabel (Backbone-Kabel): 3,83 ns/m
- ▸ Breitband-Dropkabel: 4,27 ns/s
- ▸ Ethernet-Dropkabel: 5,13 ns/m

Der Standard erlaubt die Verlegung von 1800 m Trunkkabel und 25 m Breitband-Dropkabel zwischen dem Headend und dem am weitesten entfernten Endgerät. Dies bedeutet, dass die vom Breitband-LAN entferntesten Ethernet-Stationen 2(1800m) + 2(25 m) + 2 (50 m je AUI-Kabel) = 3750 m auseinander liegen können.

Ethernet auf Glasfaser

Seit 1993 ist das Ethernet auf Glasfaser endgültig im IEEE 802.3-Standard (10BaseF) festgelegt. Die IEEE-Spezifikationen teilen sich in drei Untergruppen auf:

- ▸ die 10BaseFP-,
- ▸ die 10BaseFL- und
- ▸ die 10BaseFB-Spezifikationen.

Passive Technik (10BaseFP)

Der 10BaseFP-Standard beschreibt alle Funktionen, die zur Datenübermittlung zwischen Endgeräten über die passive LWL-Technik erforderlich sind. Der 10BaseFP-Standard ist in drei Bereiche untergliedert:

- ▸ 10BaseFP Medium Attachment Unit (MAU)
- ▸ 10BaseFP-Sternkoppler (passiv)
- ▸ 10BaseFP Repeater

10BaseFP MAU

Die 10BaseFP MAU (Transceiver) verbindet das Endgerät (DTE) oder den Repeater über Glasfaser mit einem passiven Sternkoppler. Der Anschluss des Endgeräts an das 10BaseFP-Glasfaserkabel erfolgt entweder direkt über den auf dem Ethernet Controller integrierten 10BaseFP Ethernet Transceiver oder über ein AUI Interface (Drop-Kabel), wobei der externe Transceiver die Anpassung an den 10BaseFP-Standard ermöglicht. Die maximale Länge des angeschlossenen 10BaseFP-Linksegments beträgt 500 m. Die Datenrate für den 10BaseFP-Standard ist auf 10 MBit/s festgeschrieben.

10BaseFP-Sternkoppler (passiv)

Die maximale Länge des Linksegments zwischen der MAU und dem passiven Sternkoppler beträgt 500 m. Der maximale Kommunikationspfad über den passiven Sternkoppler beträgt zwischen zwei 10BaseFP MAUs 1000 m. Der Einsatz von passiven Sternkopplern empfiehlt sich nur in Datennetzen, bei denen auf dem Gelände keine oder nur eine zuverlässige Spannungsversorgung gewährleistet ist. Die Ports eines passiven Sternkopplers dürfen eine maximale Durchgangsdämpfung zwischen Ein- und Ausgang von 16 - 20 dB aufweisen. Dies führt aufgrund der passiven Technologie dazu, dass der Sternkoppler nur mit maximal 33 Ports ausgerüstet werden kann. Die optische Sendeleistung eines passiven Ports beträgt -15 dB bis -11 dB. Die Eingangsempfindlichkeit eines Ports beträgt zwischen -27 dB und -41 dB. Die maximale Dämpfung einer Strecke, und aller darin zwischen geschalteten Komponenten beträgt zwischen 16 dB und 26 dB.

PMA MDI-Signalcodierung

Bei der Übergabe der Daten vom Physical Medium Attachment (PMA) Sublayer an das Medium Dependent Interface (MDI) werden die ersten 40 Bit der Präambel umcodiert. Dieser zusätzliche Mechanismus ist sinnvoll, da er die Synchronisation und die Entdeckung von Kollisionen in passiven Systemen gewährleistet. Die ersten 40 Bit einer Präambel werden durch folgende Bitmuster ersetzt:

- Synchronisations-Pattern
- Packet Header Code Rule Violation
- Unique Word

Synchronisations-Pattern

Das 4 Bit lange Synchronisations-Pattern wird nach dem Manchester-Verfahren codiert und enthält das Bitmuster 1010.

Packet Header Code Rule Violation Field

Mit dem 4 Bit langen Packet Header Code Rule Violation Field wird ein spezielles, vom Manchester-Verfahren abweichendes Bitmuster generiert. Das Feld hat folgenden Inhalt: 1, MV0, 0, 1. Das Manchester Code Violation Zero (MV0) Bit wird nicht nach den Regeln des Manchester-Verfahrens codiert. In diesem Fall enthält die erste Hälfte des Bit-Wertes nicht den komplementären Wert der zweiten Bit-Hälfte des darzustellenden Bit. Das MV0 Bit ist das einzige Bit, das während einer gültigen Übermittlung von Daten nicht den Manchester-Bedingungen entspricht.

Unique Word Field

Das 32 Bit lange Unique Word Field stellt sicher, dass die Präambeln der am 10BaseFP-Sternkoppler angeschlossenen MAUs unterschiedlich aufgebaut sind. Die 32 Bit sind unterteilt:

- 12 Bit Organizationally Unique Identifier (OUI)
- 20 Bit 10BaseFP MAU ID

Der OUI-Identifikator wird zentral durch das IEEE-Gremium an die Hersteller vergeben. Die MAU-Identifikationsnummer (ID) muss vom Hersteller als Unikat implementiert werden.

Im Anschluss folgen die verbleibenden 16 Bit der Präambel (10101010 10101010), der Start-of-Frame Delimiter (10101011) und die eigentlichen Informationen des Ethernet Header.

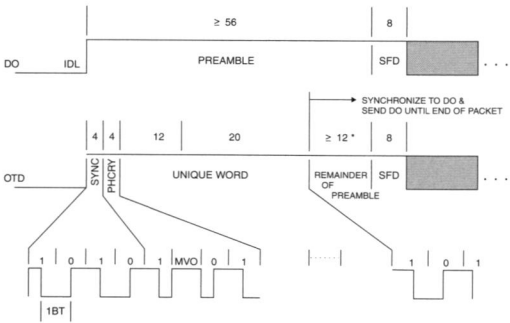

Abbildung 4.10: 10BaseFP-Präambelcodierung

10BaseFP-Kollisionen

Auch der 10BaseFP-Standard stellt sicher, dass Kollisionen eindeutig erkannt und über das Netz hinweg propagiert werden. Wird eine Kollision festgestellt, so bricht der Sender die Übermittlung des Datenpakets ab. Anschließend generiert er ein 33 Bit langes Datenpaket mit dem Aufbau <MV0> <Unique Word>.

Eckpunkte des 10BroadFP-Standards:

- Glasfaserkabel
- Signalisierungstechnik: Basisband
- maximale Übertragungsrate: 10 MBit/s
- Kodierung: Manchester-Kodierung
- Topologie: Stern
- maximale Segmentlänge: 500 m
- Übertragungsart: asynchron
- Verbindung zum Medium: direkt über Lichtwellenleiterstecker oder über AUI Interface

10BaseFL-Standard

Der 10BaseFL-Standard beschreibt alle Funktionen, die zur Datenübermittlung zwischen Endgeräten über die aktive LWL-Technik erforderlich sind. Die Daten werden beim 10BaseFL-Standard asynchron übertragen und entsprechen im wesentlichen den Festlegungen, die in der Fiber Optic Inter Repeater Link- (FOIRL) Norm festgeschrieben wurden. Der 10BaseFL-Standard ist gegliedert in:

- 10BaseFL Medium Attachment Unit (MAU)
- 10BaseFL Repeater

10BaseFL Medium Attachment Unit (MAU)

Die 10BaseFL MAU (Transceiver) verbindet das Endgerät (DTE) oder den Repeater mit dem Glasfasermedium. Der Anschluss des Endgeräts an das 10BaseFL-Glasfaserkabel erfolgt entweder direkt über den auf dem Ethernet Controller integrierten 10BaseFL Ethernet Transceiver oder über ein AUI Interface (Drop-Kabel), wobei der externe Transceiver die Anpassung an den 10BaseFL-Standard ermöglicht. Der 10BaseFL-Standard garantiert, dass in jedem im Netz befindlichen Gerät die Signale auf die volle Leistung regeneriert werden. Jeder Port eines 10BaseFL-Sternkopplers hat eine voll ausgebildete 10BaseFL MAU integriert. Die maximale Länge des angeschlossenen 10BaseFL-Linksegments zwischen zwei 10BaseFL MAUs beträgt 2000 m. Die maximale Länge eines 10BaseFL-Linksegments zwischen einer 10BaseFL MAU und einer FOIRL MAU beträgt 1000 m. Die Datenrate für den 10BaseFL-Standard ist auf 10 Bit/s festgelegt. Die 10BaseFL MAU muss folgende Funktionen erbringen: Senden und Empfangen von Daten, Kollisionserkennung, Jabber und Link-Integritätstest. Die optische Sendeleistung eines Ports beträgt -20 dB bis -12 dB. Die Eingangsempfindlichkeit eines Ports beträgt zwischen -12 und -32,5 dB. Aufgrund der aktiven Technologie der 10BaseFL-Komponenten kann die maximale Dämpfung einer Strecke und aller darin zwischengeschalteten Komponenten zwischen 0 dB und 20,5 dB betragen.

10BaseFP Repeater

Als 10BaseFL Repeater wird ein Repeater bezeichnet, der über mindestens eine integrierte 10BaseFL MAU verfügt. Da ein Repeater auf der physikalischen Schicht arbeitet, werden alle höheren Protokolle ignoriert, und es erfolgt nur die reine Signalregenerierung der Bitströme. Nach den IEEE 802.3-Spezifikationen dürfen nicht mehr als vier Repeater hintereinander kaskadiert werden. Der Standard definiert eine maximale Laufzeit (Maximum Round Trip Delay/ RTD) im LAN von 64 + 512 = 576 Bit-Perioden. Wird dieser Wert (RTD > 576 Bits) überschritten, so versagt der Kollisionsmechanismus. Da die durch 10BaseFL-Standardkomponenten übermittelten Lichtsignale nicht kompatibel zu den 10BaseFP- und 10BaseFB-Standards sind, kann eine Verbindung zwischen den einzelnen 10BaseF-Standards auf der physikalischen Ebene nur über einen Repeater realisiert werden.

10BaseFL-Kollisionen

Als Kollision wird beim 10BaseFL-Standard das Anliegen eines Signals auf dem Empfangskanals während des Sendens von Daten über den Sendekanal gewertet. Wird eine Kollision festgestellt, so bricht der Sender die Übermittlung des Datenpakets ab und generiert ein Jam-Signal.

10BaseFL Jabber

Um zu verhindern, dass eine Station das Medium unzulässig lange belegt, wurde die Jabber-Funktion in den 10BaseFL-Standard integriert. Dieser Unterbrechungsmechanismus garantiert, dass keine MAU länger als 30 ms hintereinander Daten auf das Medium sendet. Wird dieses Sendefenster überschritten, wird automatisch von der Hardware der 10BaseFL MAU der Datentransfer auf das Medium unterbrochen. Gleichzeitig werden an das Endgerät kontinuierlich SQE-Signale ausgegeben. Die SQE-Signale bewirken, dass das Ethernet-Endgerät den Sendevorgang abbricht. Die Jabber-Funktion in der MAU wird entweder durch den Sendeabbruch oder durch das Abschalten der Versorgungsspannung zur MAU zurückgesetzt.

10BaseFL Link-Integritätstest

Für die 10BaseFL Ports wurde ein Link-Integritätstest definiert. Da es sich bei der Übertragung von Ethernet über Glasfaser um ein reines Simplex-Verfahren handelt, muss sichergestellt werden, dass die Verbindung zwischen den beiden Endgeräten in beiden Richtungen aktiv ist. Dabei werden von 10BaseFL Repeatern wie auch von 10BaseFL-Endgeräten in regelmäßigen Abständen neben den eigentlichen Datensignalen Link-Integritätssignale an die gegenüberliegenden MAUs gesendet. Die Frequenz der Link-Integritätssignale beträgt 1 MHz. Nachdem ein Datenpaket verschickt wurde, dauert es 16 ± 8 ms, bis der Sender ein Link-Integritätssignal erzeugt. Empfängt ein 10BaseFL Port über einen Zeitraum von 50 bis 150 ms keine Link-Integritätssignale, so gilt diese Verbindung als unterbrochen, und es wird eine Fehlermeldung generiert. Werden vom Kommunikationspartner 2 bis 10 aufeinanderfolgende

Link-Integritätssignale empfangen, wird die Verbindung wieder aktiviert und die regulären Daten können wieder übermittelt werden.

Eckpunkte des 10 Broad FL-Standards:

‣ Glasfaserkabel
‣ Signalisierungstechnik: Basisband
‣ maximale Übertragungsrate: 10 MBit/s
‣ Kodierung: Manchester-Kodierung
‣ Topologie: Stern
‣ maximale Segmentlänge: 2000/1000 m
‣ Übertragungsart: asynchron
‣ Verbindung zum Medium: direkt über Lichtwellenleiterstecker oder über AUI Interface

10BaseFB-Standard

Der 10BaseFB-Standard beschreibt alle Funktionen zur Datenübermittlung zwischen aktiven Sternkopplern. Dieser Standard kann auch zur Verbindung von FB MAUs (Transceivern) zu aktiven Sternkopplern eingesetzt werden. Beim 10BaseFB-Standard wird die synchrone optische Übertragungstechnik verwendet. Dieser Mechanismus bewirkt, dass der Sternkoppler keine Repeater-Funktionen integriert hat und nur die ankommenden Informationen regeneriert. Dadurch können viele 10BaseFB-Sternkoppler hintereinander kaskadiert werden. Die Repeater-Regeln werden außer Kraft gesetzt. Diese Technik bildet die Grundlage für den Aufbau von Backbone-Strukturen, die ohne Repeater auskommen. Der 10BaseFB-Standard ist in zwei Bestandteile untergliedert:

‣ 10BaseFB Medium Attachment Unit (MAU)
‣ 10BaseFB Repeater

10BaseFB Medium Attachment Unit (MAU)

Die 10BaseFB MAU (Transceiver) verbindet das Endgerät (DTE) oder den Repeater mit dem Glasfasermedium. Der Anschluss des Endgeräts an das 10BaseFB-Glasfaserkabel erfolgt entweder direkt über den auf dem

Ethernet Controller integrierten 10BaseFB Ethernet Transceiver oder über ein AUI Interface (Drop-Kabel), wobei der externe Transceiver die Anpassung an den 10BaseFB-Standard ermöglicht. Der 10BaseFB-Standard garantiert, dass in jedem im Netz angeschlossenen Gerät die Signale auf die volle Leistung regeneriert werden. Jeder Port eines 10BaseFB-Sternkopplers hat eine voll ausgebildete 10BaseFB MAU integriert. Die maximale Länge des angeschlossenen 10BaseFB-Linksegments zwischen zwei 10BaseFB MAUs beträgt 2000 m. Der maximale Datenpfad über einen 10BaseFB-Sternkoppler beträgt - zwischen zwei 10BaseFB MAUs - 4000 m. Die Daten werden nach dem synchronen Verfahren übermittelt. In den Pausen zwischen den Datenpaketen werden Idle-Signale auf das Linksegment übertragen. Dies bewirkt, dass Sender und Empfänger immer aufeinander synchronisiert sind, und bei der Übertragung keine Daten-Bits durch Einschwingvorgänge verlorengehen können. Die Datenrate für den 10BaseFB-Standard ist auf 10 MBit/s estgelegt. Die 10BaseFB MAU muss folgende Funktionen erbringen: Senden und Empfangen von Daten, Kollisionserkennung, Jabber und Link-Integritätstest. Als MTBF-Zeit sind für die 10BaseFB MAU im IEEE 802.3-Standard 10 Millionen Stunden festgelegt. Die optische Sendeleistung eines Ports beträgt -20 dB bis -12 dB. Die Eingangsempfindlichkeit eines Ports beträgt zwischen -12 und -32,5 dB. Aufgrund der aktiven Technologie der 10BaseFB-Komponenten kann die maximale Dämpfung einer Strecke und der zwischengeschalteten Komponenten zwischen 0 dB und 20,5 dB betragen.

Zusätzliche Signale

Der 10BaseFB-Standard definiert die zusätzlichen Signalsequenzen:

- ‣ Manchester Code Violation One (MV1)
- ‣ Manchester Code Violation Zero (MV0)
- ‣ Synchronous Idle (SIDL)
- ‣ Remote Fault (RF)

Manchester Code Violation One (MV1)

Auch das MV1-Bit wird nicht nach den Regeln des Manchester-Verfahrens codiert. Im Fall des MV1 Bit ist eine komplette Bit-Zelle auf den Wert 1 gesetzt.

Manchester Code Violation Zero (MV0)

Das MV0-Bit wird nicht nach den Regeln des Manchester-Verfahrens codiert. Beim MV0-Bit ist eine komplette Bit-Zelle auf den Wert 0 gesetzt.

Synchronous Idle (SIDL)

Die SIDL-Sequenz wird aus der Aneinanderkettung der MV1, MV1, MV0 und MV0 Bits gebildet. Diese Sequenz bewirkt eine Frequenz von 2,5 MHz, die zur Darstellung von Kommunikationspausen zwischen den Datenpaketen verwendet wird. Mit der Übermittlung von SIDL-Symbolen wird sofort nach dem letzten Daten-Bit eines Datenpakets begonnen.

Remote Fault (RF)

Die RF-Sequenz wird aus der Aneinanderkettung der MV1, MV1, MV1, MV0, MV0 und MV0 Bits gebildet. Diese Sequenz bewirkt eine Frequenz von 1,667 MHz. Sie wird zur Übermittlung von Fehlern durch das entfernte Interface verwendet.

Kollisionen

Als Kollision wird beim 10BaseFB-Standard das Anliegen eines Signals auf dem Empfangskanal während des Sendens von Daten über den Sendekanal betrachtet. Wird eine Kollision festgestellt, so bricht der Sender die Übermittlung des Datenpakets ab und generiert ein Jam-Signal.

10BaseFB-Jabber

Um zu verhindern, dass eine Station das Medium unzulässig lange belegt, wurde die Jabber-Funktion in den 10BaseFB-Standard integriert. Dieser Unterbrechungsmechanismus garantiert, dass keine MAU länger als 12 ms hintereinander Daten auf das Medium sendet. Wird dieses Sendefenster überschritten, so wird automatisch von der Hardware der 10BaseFB MAU der Datentransfer auf das Medium unterbrochen.

Gleichzeitig werden an das Endgerät kontinuierlich SQE-Signale ausgegeben. Sie bewirken, dass das Ethernet-Endgerät den Sendevorgang abbricht. Die Jabber-Funktion in der MAU wird entweder durch den Sendeabbruch oder durch das Abschalten der Versorgungsspannung zur MAU zurückgesetzt.

Fehlermanagement über den Link

Da es sich bei der Übertragung von Ethernet über Glasfaser um ein Simplex-Verfahren handelt, muss sichergestellt sein, dass die Verbindung zwischen den beiden Endgeräten in beiden Richtungen aktiv ist. Für die 10BaseFB Ports wurden einige Fehlerzustände definiert, die von den jeweiligen Stationen ausgewertet und an den Linkpartner übermittelt werden. Bei den Fehlern sind lokale und Remote Fehler zu unterscheiden. Zu den lokalen Fehlern gehören die Low Light-Funktion (Unterschreiten des Lichtpegels unter den maximalen Eingangspegel von -32,5 dB über mehr als 30 Bit-Zeiten hinweg), Receive Jabber und der Empfang von ungültigen Daten. Remote Statussignale sind: korrektes Empfangen von SIDL-Signalen und Remote Fehler. Die Tabelle zeigt die Fehler und die zugehörigen Signale im Detail.

Fehlertyp	Gesendetes Signal
Low Light	RF
Receive Jabber	RF
Ungültige Daten	RF
Empfang des RF	SIDL

Tabelle 4.10: Fehler und zugehörige Signale

Eckpunkte des 10BroadFB-Standards:

▸ Glasfaserkabel
▸ Signalisierungstechnik: Basisband
▸ maximale Übertragungsrate: 10 MBit/s

- ▸ Kodierung: Manchester-Kodierung
- ▸ Topologie: Stern
- ▸ maximale Segmentlänge: 2000 m
- ▸ Übertragungsart: synchron
- ▸ Überwachung der Linkstrecken durch Idle-Signal
- ▸ Verbindung zum Medium: direkt über Lichtwellenleiterstecker oder über AUI Interface

Fast Ethernet

Der Fast Ethernet-Standard (100BaseX) wurde von der IEEE 802.3u-Gruppe spezifiziert. Der 100BaseX-Standard besteht, vereinfacht gesprochen, aus einer Kombination der bekannten CSMA/CD-Mechanismen und einigen Teilen der FDDI-Technologie. Auf der physikalische Ebene wird sowohl die Glasfaser- (100BaseFx) als auch Twisted-Pair-Kabel (100BaseTx und 100BaseT4) unterstützt. Die 100BaseTx- und 100BaseT4-Spezifikationen garantieren die Unterstützung von Shielded Twisted Pair Kabel (STP) und Unshielded Twisted Pair Kabel (UTP) der Kategorie 5- bzw. Kategorie 3. Oberhalb der physikalischen Schicht werden die altbekannten CSMA/CD Mechanismen benutzt. Dies garantiert auch eine Rückwärtskompatibilität. Der Fast Ethernet-Standard unterstützt erstmals in der Ethernet-Geschichte den Full Duplex Übertragungsmodus. Dies ermöglicht eine Anbindung der Endgeräte mit einer Gesamtgeschwindigkeit von 200 MBit/s. Der Standard sorgt auch dafür, dass auf der Interface-Seite eine Reihe unterschiedlicher Medien unterstützt werden. So wurde zwischen dem MAC-Layer und dem eigentlichen Physical Layer eine weitere Subschicht, der sogenannte Reconcilation Sublayer integriert. Die Aufgabe dieser Subschicht besteht in der medienunabhängigen Definition der höheren Schichten und der Anpassung an das darunter liegende physikalische Medium.

Die Erweiterung des Ethernet-Standards auf 100 MBit/s definiert einige Neuerungen in der Struktur der untersten zwei Schichten. Neben der MAC-Protokoll und der Physical Medium Attachment (PMA)-Subschicht wurden das Physical Signalling (PLS), das Attachment Unit Interface (AUI) und das Medium Dependent Interface (MDI) durch folgende Subschichten ersetzt:

‣ Reconciliation Layer
‣ Media Independent Interface (MII)
‣ Physical Coding Sublayer (PCS)
‣ Physical Media Dependent (PMD)

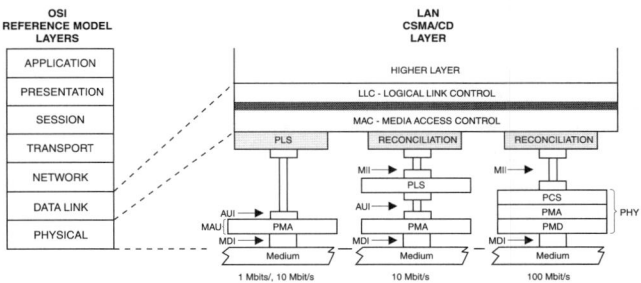

Abbildung 4.11: Fast Ethernet-Architektur

Reconciliation Layer

Der Reconciliation Layer und das Media Independent Interface (MII) stellen beim Fast Ethernet-Standard gemeinsam den Zugang zur physikalischen Schicht (PHY) dar. Der Reconciliation Layer übernimmt die logische Schnittstelle zwischen der MAC-Schicht und dem MII. Der Reconciliation Layer hat die Aufgabe, die MAC/Physical Line Signalling-Primitive in die MII-Signale umzuwandeln.

Media Independent Interface (MII)

Das Media Independent Interface (MII) übernimmt beim Fast Ethernet-Standard die Schnittstelle zum physikalischen Medium. Im Gegensatz zum Medium Dependent Interface (MDI), das beim Ethernet verwendet wird, ist diese Schnittstelle für die unterschiedlichen physikalischen Medien einheitlich ausgeprägt. MII erbringt folgende Funktionen:

- Unterstützung unterschiedlicher Datenraten (10 MBit/s und 100 MBit/s).
- Management Interface zur Überwachung/Kontrolle und zur Konfiguration der unteren Schichten.

Elektrische und physikalische Spezifikationen des MII Interfaces

Das MII ist auf den handelsüblichen TTL-Signalpegeln aufgebaut. Dadurch kann das Interface kostengünstig durch Standard-CMOS-Logikbausteine aufgebaut werden. Die PHY-Schicht wird mit einer Spannung vom Endgerät von +5 Volt 5 % (750 mA) versorgt. Die Spannungsversorgung ist gegen eine Überlast und gegen Kurzschluss abzusichern.

Das MII-Kabel setzt sich aus zwanzig einzeln abgeschirmten, symmetrisch verdrillten Leitungspaaren zusammen. Zusätzlich bietet ein allgemeiner Kabelschirm (S = shield) Schutz gegen Einstrahlungen von Außen, bzw. er schützt die Umwelt vor den hochfrequenten Strahlen, die aufgrund der Datenströme emittiert werden. Die Impedanz des Kabels beträgt 68 Ohm 10 %. Beim Fast Ethernet-Standard kommen generell nur Drahtquerschnitte von AWG #28 zum Einsatz. Die maximale Verzögerung des MII-Kabels beträgt 2,5 ns.

Als Stecker wurde eine 40-poliger Subminiatur-D-Steckverbindung mit Schraubverriegelung festgeschrieben. Dieser Schraubverbinder der MII-Schnittstelle ist durch den Standard IEC/SC 48B 276 festgeschrieben. Die einzelnen Pins des Steckers haben die in der Tabelle dargestellte Bedeutung.

Pin-Nummer	Bezeichnung	Pin-Nummer	Bezeichnung
1	+ 5V	21	Masse
2	MDIO	22	Masse
3	MDC	23	Masse
4	RXD<3>	24	Masse
5	RXD<2>	25	Masse
6	RXD<1>	26	Masse
7	RXD<0>	27	Masse
8	RX_DV	28	Masse
9	RX_CLK	29	Masse
10	RX_ER	30	Masse
11	TX_ER	31	Masse
12	TX_CLK	32	Masse
13	TX_EN	33	Masse
14	TXD<0>	34	Masse
15	TXD<1>	35	Masse
16	TXD<2>	36	Masse
17	TXD<3>	37	Masse
18	COL	38	Masse
19	CRS	39	Masse
20	+ 5V	40	+ 5V

Tabelle 4.11: Pin-Bezeichnung beim MII-Stecker

MII-Datenstruktur

Gegenüber dem Ethernet-Datenformat wurde beim Fast Ethernet-Standard der Header des Pakets nur minimal verändert. Anstatt des CRC-Feldes wird beim Fast Ethernet ein End-of-Frame Delimiter verwendet.

Der Aufbau des MII Frame-Formats:

<Interframe Gap> <Präambel> <Start Frame Delimiter> <Daten> < End Frame Delimiter>

Die Datenoktetts werden in Form von Nibbles übermittelt. Als Nibbles werden vier Daten-Bits bezeichnet, die zu einer Gruppe zusammengeschlossen sind. Ein Datenoktett wird immer in zwei Nibbles aufgeteilt. Bit 0 bis Bit 3 werden im ersten Nibble übermittelt. Für die Übertragung der zweiten Oktetthälfte (Bit 4 bis Bit 7) steht das zweite Nibble zur Verfügung.

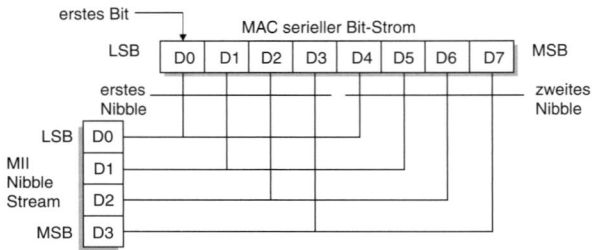

Abbildung 4.12: Aufteilung der Oktetts in Nibbles

Interframe

Als Interframe Gap wird die minimale Zeit bezeichnet, die zwischen zwei Datenpaketen abgewartet werden muss. Der minimale Abstand zwischen zwei Datenpaketen beträgt beim Fast Ethernet-Standard 0.96 s.

Präambel und Start-of-Delimiter

Nachdem die minimale Zeitspanne (Interframe Gap) zwischen dem letzten übermittelten Paket verstrichen ist, kann ein Datenpaket auf ein freies Medium übermittelt werden. Der bitserielle Datenstrom beginnt mit der Präambel:

10101010 10101010 10101010 10101010 10101010 10101010 10101010

Direkt auf die Präambel folgt der Start Frame Delimiter:

10101011

Daten

Die Daten des Datenpakets umfassen folgende Felder: 6 Byte Destination- und 6 Byte Source-Adressen, zwei Byte Längen-/Typfelder, 50 bis 1500 Byte Datenfelder und eine vier Byte langen Frame Check Sequence. Die n-Datenoktetts werden als 2n Nibbles über die Verbindung übermittelt.

End-of-Frame Delimiter (EFD)

Der End-of-Frame Delimiter (EFD) wird beim Senden durch das Rücksetzen des TX_EN-Signals angezeigt. Beim Senden wird durch das Rücksetzen des RX_DV-Signals angezeigt, dass keine Daten mehr folgen und EFD erreicht ist.

Der Auto Negotiation-Prozess

Der Full Ethernet-Standard unterstützt den Halbduplex- oder den Vollduplex-Modus. Dies ermöglicht eine Anbindung von Geräten mit Geschwindigkeiten von 10, 20, 100 und 200 MBit/s. Durch diese Rückwärtskompatibilität zum 10 MBit/s-Standard ist eine schnelle Migration der Anwender hin zur 100BaseX-Technologie gewährleistet. Der Standard sieht im Bereich der Twisted Pair-Kabel ein automatisches Konfigurieren der Link-Segmente mit Hilfe des Negotiation-Prozesses vor. Dadurch kann der Benutzer ohne große Probleme in einem Netz sämtliche Fast Ethernet- oder 10 MBit/s-Produkte installieren und muss sich nicht um die spezifischen Konfigurationen bereits installierter Komponenten kümmern. Der Auto Negotiation-Prozess ermöglicht es zwei Komponenten, die an einem Link-Segment angeschlossen sind, untereinander Parameter auszutauschen und sich mit Hilfe dieser Parameter auf die jeweils unterstützten Eckwerte der Kommunikation einzustellen. Grundlage des Auto Negotiation-Prozesses bildet eine modifizierte Form der bereits aus dem 10BaseT-Standard bekannten Link Integrity Test Puls-Sequenz. Der Auto Negotiation-Prozess steht nur für die Standards

10BaseT, 100BaseTx und 100BaseT4 zur Verfügung. Der Link Integrity Test Puls-Mechanismus wird als Fast Link Puls (FLP) Burst bezeichnet. Unterstützt ein Gerät diesen Mechanismus, so initiiert es nach dem Einschalten (Power Up) ñ über das Management oder durch einen manuellen Eingriff ñ den FLP-Prozess. Aus den Bits des FLP Bursts gewinnt jedes Gerät ein Link-Codewort. Anhand dieser Sequenz bestimmt der Empfänger die Parameter und die Funktionen des Link-Kommunikationspartners.

Das IEEE Gremium hat für die Auto Negotiation-Funktion folgende Ziele definiert:

‣ Kompatibilität mit dem bereits verfügbaren 10BaseT-Standard,
‣ 10BaseT-Geräte müssen daher diese zusätzliche Funktion nicht unterstützen,
‣ kostengünstige und einfache Implementierung,
‣ der Code muss eine Vielzahl von Funktionen unterstützen,
‣ Erweiterungen müssen jederzeit integrierbar sein,
‣ Remote Fault-Signale müssen übermittelt werden können,
‣ das Aushandeln von Parametern muss bidirektional erfolgen können,
‣ über eine manuelle Konfiguration oder einen Eingriff durch das Management müssen die dynamisch ausgehandelten Parameter überschrieben werden können.

Der Mechanismus muss sicherstellen, dass er auch bei Störungen (Noise) auf dem UTP-Kabel zu keinen Fehlfunktionen führt.

Kompatibilität mit bereits existierenden 10BaseT-Geräten

Befindet sich ein Gerät im Auto Negotiation-Prozess, so generiert es alle 16 ± 8 ms einen Fast Link Puls (FLP) Burst. Der FLP Burst enthält wiederum eine Reihe von Pulsen (zeitlicher Abstand jeweils 62,5 7 s). Die zeitlichen Bedingungen des FLP Bursts sorgen dafür, dass ein reguläres 10BaseT-Gerät die FLP-Sequenz als reine Link Integrity Test Pulse erkennt und deshalb im Link Test Pass Mode verbleibt. Anhand der von einem 10BaseT-Gerät übermittelten Normal Link Puls (NLP) erkennt ein

Gerät, das den Auto Negotiation-Prozess unterstützt, dass der Link-Partner nicht in der Lage ist, die FLP Bursts zu interpretieren. Aufgrund der empfangenen NLP-Informationen wird das Aussenden der FLP Bursts gestoppt und in den 10 MBit/s-Kommunikationsmodus übergegangen.

Auto Negotiation-Funktionen

Unterstützt ein Gerät die Auto Negotiation-Funktionen, decodiert es aus den FLP Burst-Informationen das Base Link-Codewort und ermittelt daraus die Parameter, die beide Link-Partner gemeinsam unterstützen. Anschließend bestätigen beide Link-Partner die empfangenen Parameter durch einen FLP Burst mit gesetzten Acknowledgement Bit. Zusätzlich können optionale Erweiterungen (Pages) zwischen den beiden Link-Partnern ausgehandelt werden. Nach Abschluss der gesamten Auto Negotiation-Funktion initialisieren sich die Kommunikationspartner auf die höchsten gemeinsamen Parameterwerte und können reguläre Datenpakete über die Verbindung austauschen.

Übermittlung der Link Pulse

Als Grundlage für den Austausch von Auto Negotiation-Funktionen dienen die bereits im 10BaseT-Standard festgelegten Link Integrity Test Pulse. Diese Normal Link Pulse (NLP) werden von den Link-Partnern regelmäßig alle 16 ± 8 ms ausgesendet. Unterstützt ein Gerät die Auto Negotiation-Funktion, so wird die NLP-Sequenz durch einen Fast Link Pulse (FLP) Burst ersetzt.

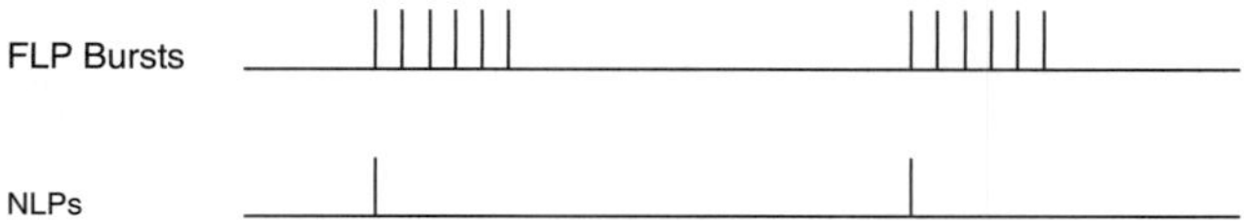

Abbildung 4.13: Zusammenhang zwischen FLP Burst-Sequenz und NLP-Sequenz

FLP Burst Kodierung

Ein FLP besteht aus 33 aufeinanderfolgenden Pulsen. Die 17 ungeraden Pulse enthalten die Link Pulse- und die Clock-Informationen. Die verbleibenden 16 geradzahligen Pulse definieren die Dateninformationen des Pulses. Die Informationen werden wie folgt codiert:

1. Wird zwischen zwei Clock-Pulsen ein geradzahliger Puls erkannt, so repräsentiert dieser Puls eine logische Eins.
2. Wird zwischen zwei Clock-Pulsen kein geradzahliger Puls erkannt, so repräsentiert dieser fehlende Puls eine logische Null.

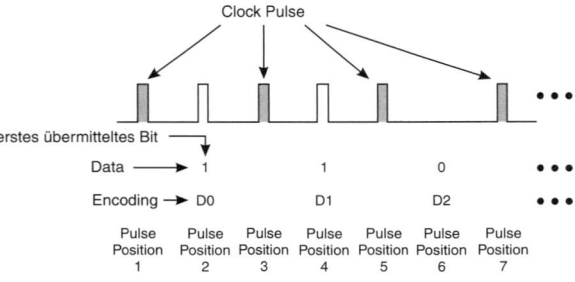

Abbildung 4.14: Kodierung der FLP Burst Daten-Bits

Der erste Puls in einem FLP Burst wird als Clock-Puls definiert. Die einzelnen Clock-Pulse sind immer 125 ± 14 s voneinander getrennt. Enthält ein Informationspuls eine logische Eins, so tritt dieser Puls 62,5 7 s nach dem Clock-Puls auf. Enthält ein Informationspuls eine logische Null, so tritt innerhalb von 111 s nach dem Clock-Puls kein Informationspuls auf.

Physical Coding Sublayer (PCS)

Der Physical Coding Sublayer (PCS) stellt die oberste Subschicht des PHY Layers und die direkte Schnittstelle zum Media Independent Interface (MII) dar. Der PCS erbringt folgende Funktionen:

‣ Kodierung/Decodierung der Daten-Nibbles in 4B/5B-Codegruppen
‣ Generieren von Carrier Sense- und Collison Detect-Signalen

Die vom MII Interface an den PCS übermittelten Daten-Nibbles werden bei der Übergabe auf das Medium ñ nach dem bereits aus der FDDI-Technik bekannten 4B/5B-Verfahren ñ codiert. Die Daten-Nibbles (4 Bit) werden in eine 4B/5B-Codegruppe umgewandelt. Jede Codegruppe besteht aus 5 Bits, also 1 Bit mehr, als für die Kodierung eines Daten-Nibbles erforderlich wäre. Damit stehen pro Codegruppe nicht 16, sondern 32 Kombinationen zur Verfügung. Bei einer effektiven Datenrate von 100 MBit/s wird also tatsächlich auf dem Medium mit einer Baudrate von 125 MBit/s übertragen. Bei dieser Kodierung handelt es sich um einen Blockcode.

Physical Medium Attachment (PMA)

Das PMA stellt die funktionale Schnittstelle zum Medium dar und erbringt folgende Funktionen: Transmit, Receive, Carrier Detect, Link Monitor und Far End Detect Fault.

Physical Media Dependent (PMD)

PMD bildet nach dem OSI-Referenzmodell die unterste Schicht der physikalischen Ebene. Aus dieser Subschicht werden die Daten in elektrische oder optische Signale umgesetzt. Beim 100BaseX-Standard ist die physikalische Schicht unterteilt in:

‣ Fast Ethernet auf Twisted Pair-Leitungen (100BaseTx)
‣ Fast Ethernet auf Glasfaser (100BaseFx)

Fast Ethernet auf Twisted Pair-Leitungen (100BaseTx)

Die 100BaseTx-Spezifikationen basieren auf den für die FDDI-Technologie definierten Standards (ANSI X3T9.5 TP PMD/312, Revision 2.1). Der 100BaseTx-Standard legt zur Übertragung die Kabel der Kategorie-5 (gemäß ISO/IEC 11801) zugrunde. Gegenüber den Kategorie-3- oder den Kategorie-4-Kabeln weisen die Kategorie-5-Kabel ein wesentlich besseres Übertragungsverhalten und Übersprechen auf. Der 100BaseTx-Standard schreibt die Nutzung von zwei Aderpaaren für die Übertragung der Daten fest. Die 100 MBit/s-Datenrate wird auf den zwei Aderpaaren durch die MLT-3-Kodierung auf 33,333 MHz reduziert. Dadurch ist gewährleistet, dass die amerikanischen FCC Class B-Regeln und die noch strengeren europäischen Vorschriften EN 55022B zur elektromagnetischen Abstrahlung bei einer Übertragungsgeschwindigkeit von 100-MBit/s eingehalten werden.

Die Länge eines Twisted Pair-Segments beträgt aufgrund der maximal zulässigen Dämpfung von 13 dB bei 12,5 MHz nur 100 m. Die Laufzeit eines solchen Linksegments beträgt maximal 570 ns. Als Standardverbinder wurde beim 100BaseTx-Standard die RJ45-Technologie festgeschrieben. Als Standard-100BaseTx Interface steht eine 8-polige RJ45-Buchse zur Verfügung.

Kennwerte des 100BaseTx-Standards:

‣ 4-adriges 100 Ohm Twisted Pair-Kabel (Kategorie 5)
‣ Signalisierungstechnik: Basisband
‣ maximale Übertragungsrate: 10 MBit/s
‣ Kodierung: 4B5B-Verfahren
‣ Topologie: Stern
‣ maximale Segmentlänge: 100 m
‣ Überwachung der Linkstrecken durch Idle-Signal
‣ Steckerbauform: 8-poliger RJ45-Stecker

Fast Ethernet auf Glasfaser (100BaseFx)

Die 100BaseFx-Spezifikationen basiert auf den für die FDDI-Technologie festgeschriebenen Standards (ISO 9324-3). Der 100BaseFx-Standard legt zur Übertragung der Daten die Glasfasertechnik zugrunde. Die Länge eines Glasfasersegments beträgt 400 m. Die Laufzeit eines solchen Linksegments beträgt maximal 570 ns. Als Standardverbinder stehen beim 100BaseFx-Standard eine Reihe unterschiedlicher Verbinder zur Verfügung:

- Duplex SC-Stecker gemäß ANSI X3T9.5 LCF-PMD Revision 1.3
- Media Interface Connector (MIC). Der MIC-Stecker muss beim 100BaseFx-Standard immer als M-Verbinder codiert werden
- ST-Stecker

Eckpunkte des 100BaseFx-Standards:

- 2-adriges Glasfaserkabel (62,5/125 m oder 50/125 m)
- Signalisierungstechnik: Basisband
- maximale Übertragungsrate: 10 MBit/s
- Kodierung: 4B/5B-Kodierungsverfahren
- Topologie: Stern
- maximale Segmentlänge: 400 m
- Überwachung der Linkstrecken durch Idle-Signal
- Steckerbauform: ST-, SC- oder MIC-Stecker

Fast Ethernet auf Kategorie-3-Kabel (100BaseT4)

Der 100BaseT4-Substandard gehört zu den neuen Ethernet-Spezifikationen, die im Zuge der Fast-Ethernet Aktivitäten festgeschrieben wurden. Einige bereits aus der 10BaseT-Spezifikation bekannten Strukturen und Definitionen (Twisted Pair-Verkabelung, RJ45-Stecker) wurden in den 100BaseT4-Standard übernommen. Die Bezeichnung T4 definiert die Anforderungen, die an das Übertragungskabel gestellt werden. Der 100BaseT4 legt zur Übertragung die Kabel der Kategorie-3 (gemäß ISO/IEC 11801) zugrunde. Gegenüber den Kategorie-5-Kabeln weisen die

Kategorie-3-Kabel ein wesentlich schlechteres Übertragungsverhalten und Übersprechen auf. Aus diesem Grund schreibt der 100BaseT4-Standard die Nutzung von vier Aderpaaren für die Kommunikation vor. Zur Übertragung der Daten wird ein 8B6T-Code verwendet. Jeweils acht Bit werden dabei in einen sechsstelligen Code umgewandelt. Jede Codegruppe wird separat auf einer der drei Datenleitungen übertragen. Die effektive Datenrate auf jeder Datenleitung beträgt somit 33,333 MBit/s. Durch den 6/8-Code wird die 100 MBit/s-Datenrate auf den drei Aderpaaren in 25 MBit/s-Kommunikationskanäle unterteilt. Durch die Verteilung der Datenübertragung auf mehrere parallele Adern ist gewährleistet, dass die amerikanischen FCC Class B-Regeln - und die noch strengeren europäischen Vorschriften EN 55022B zur elektromagnetischen Abstrahlung - bei einer Übertragungsgeschwindigkeit von 100 MBit/s eingehalten werden. Die Datenübertragung auf dem Kabel erfolgt zusätzlich unidirektional. In der Praxis kann der 100BaseT4-Standard immer nur in Punkt-zu-Punkt-Verbindungen eingesetzt werden. Eine Station kann entweder senden oder empfangen, nie beides gleichzeitig.

Kennwerte des 100BaseT4-Standards:

- 8-adriges 100 Ohm Twisted Pair-Kabel (Kategorie 3, 4 und 5)
- Signalisierungstechnik: Basisband
- maximale Übertragungsrate: 10 MBit/s
- Kodierung: 8B6T-Verfahren
- Topologie: Stern
- maximale Segmentlänge: 100 m
- Überwachung der Linkstrecken durch Idle-Signal
- Steckerbauform: 8-poliger RJ45

Gigabit Ethernet (1000BaseX)

Die Erweiterung des Ethernet Standards auf 1000 MBit/s wurde von der IEEE 802.3z-Gruppe vorgenommen und   als Standard veröffentlicht. Dieser Ethernet-Mechanismus definiert einige Neuerungen in der Struktur der untersten zwei Schichten. Neben der Veränderung des Media Access Control Protokoll (MAC)- und der Physical Medium Attachment (PMA)-Subschicht wurden das Physical Signaling (PLS), das Attachment Unit Interface (AUI) und das Medium Dependent Interface (MDI) beim Gigabit Ethernet durch folgende Subschichten ersetzt:

- Reconcilation Layer
- Gigabit Media Independent Interface (GMII)
- Physical Coding Sublayer (PCS)
- Physical Media Dependent (PMD)

Gigabit Media Access Control (MAC) Protokoll

Das MAC Protokoll erhält von der höheren Schicht seine Daten zur Übermittlung an andere am Netz angeschlossenen Komponenten. Das MAC-Protokoll regelt dabei den Zugriff auf das Übertragungsmedium. Dabei ist der Media Access Control Standard vollkommen unabhängig von den darunter liegenden physikalischen Gegebenheiten. Die Struktur des Ethernet-Pakets ist prinzipiell bei sämtlichen Ethernet-Verfahren (1 bis 1000 MBit/s) gleich. Das Ethernet-Paketformat wird auch beim 1000 MBit/s schnellen Gigabit Ethernet (1000BaseX) ohne Änderung übernommen. Bei der Übermittlung der Daten auf dem Netz erfahren jedoch die Daten durch den Reconciliation Layer eine Anpassung auf die unterschiedlichen Übertragungsraten und Kabeltypen. Das Ethernet MAC-Paket wird vom Reconciliation Layer unverändert in einen größeren Rahmen gesteckt. Dies bedeutet in der Praxis, dass vor und nach dem eigentlichen Datenrahmen zusätzliche Symbole hinzugefügt werden. Beim Gigabit Ethernet Verfahren können die Daten prinzipiell nach dem normalen CSMA/CD Verfahren im halbduplex Modus übertragen werden. Um sicherzustellen, dass bei einer solch hohen Geschwindigkeit die Kollisionen auf dem Medium von allen Komponenten erkannt werden, können folgende Strategien verwendet werden:

- Reduzierung der maximalen Segmentlänge
- Verlängerung der Paketmindestlänge

Je höher die Datenrate auf dem Medium ist, um so weniger Zeit steht dem Endgerät zur Erkennung einer Kollision zur Verfügung. Beim Gigabit Ethernet müsste die maximale Ausdehnung eines Netzsegments auf ca. 20 Meter reduziert werden. Bei einer längeren Segmentlänge hätte eine Station ein minimales Paket (64 Byte) bereits komplett auf das Kabel übertragen, bevor eine eventuelle Kollision festzustellen ist. Dies hätte zur Folge, dass das CSMA/CD Verfahren nicht mehr funktioniert und kollidierten Pakete unentdeckt im Netz verschwinden. Ein Netz mit einem Durchmesser von 20 Meter ist in der Praxis nur sehr eingeschränkt einsetzbar. Meist müssen größere Strecken zwischen den Endgeräten am Netz überbrückt werden. Aus diesem Grund hat sich das Standardisierungsgremium für eine künstliche Verlängerung der Pakete entschieden. Um nicht alle existierenden Ethernet-Implementationen ändern zu müssen, gilt die minimale Paketgröße von 64 Byte auch beim Gigabit Ethernet. Statt dessen werden die Pakete mit unverwechselbaren Extension-Symbolen (Daten ohne Informationsgehalt) verlängert. Die künstliche Verlängerung des Pakets sorgt dafür, dass eine sichere Kollisionserkennung in einem akzeptabel großen Segment gewährleistet ist.

Frame Extension

Die Bytes, die als Anhang zum normalen Ethernet-Paket verwendet werden, müssen eindeutig von reinen Daten unterscheidbar sein. Die Frame Extension wird nur im halbduplex Übertragungsmodus eingesetzt. Damit wird erreicht, dass die Pakete auf dem Netzwerk für den Kollisionserkennungsprozess länger existieren und eine sichere Erkennung einer Kollision in einem akzeptabel großen Segment gewährleistet ist, die Software von der Controllerseite aber mit genau den gleichen Framegrößen arbeiten kann wie eh und je. Die Berechnung der FCS-Prüfsumme schließt das Extension-Feld nicht ein. Die Extension Bits werden von der jeweiligen PHY-Ebene der Empfangslogik ausgefiltert.

Extension: 0 - ExtendSize Bytes Anhang zum normalen Ethernetframe. Diese Bytes sind eindeutig von Daten unterscheidbar und dienen der künstlichen Verlängerung der Frames in kollisionsbehafteten Gigabit-Ethernet Lösungen.

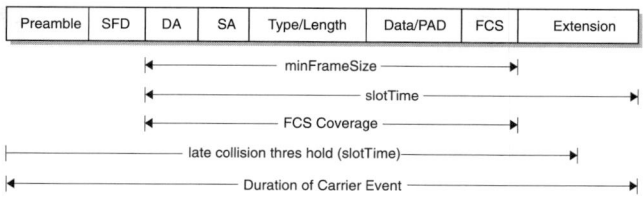

Abbildung 4.15: Paket mit Frame Extension

Frame Bursting

Natürlich bedeutet das Verlängern des Datenpakets mit Nicht-Nutzdaten eine gewisse Verschwendung kostbarer Bandbreite. Im halbduplex Übertragungsmodus ermöglicht der 1000BaseX-Standard das Generieren von Daten-Bursts. Dabei können von einer Sendestation mehrere Pakete zu einem Burst verkettet werden. Ein Datenburst ist somit das Versenden mehrerer Pakete nacheinander, ohne dass der Sender das Übertragungsmedium zur Übermittlung weiterer Pakete freigibt. Die maximale Zeit, die eine Station ihre Pakete hintereinander verschicken kann, ist durch das Burst-Limit begrenzt. Nach Ablauf dieses Zeitraums darf der Sender nur noch das gerade angefangene Datenpaket fertig senden und muss danach das Medium sofort freigeben. Der Zeitintervall eines Frame Burst wurde so bemessen, dass es etwas kleiner ist als die Zeit, die benötigt wird, um zwei maximal große Pakete über das Ethernet zu übertragen. Das erste Paket eines Frame Bursts muss immer mit Extension-Symbolen auf die geforderte Mindestlänge von 512 Bytes (= Slottime) erweitert werden. Alle weiteren Datenpakete können mit der normalen Mindestlänge von 64 Bytes angehängt werden. Um die einzelnen Pakete voneinander unterscheiden zu können, wird zwischen den im Burst verketteten Datenpaketen ein Interframe Gap von 0,096 s (=12 Bytes) gelassen werden. Diese Lücke wird beim Frame Bursting mit Extension-Symbolen gefüllt. Im halbduplex Übertragungsmodus kann somit eine Station beim 1000BaseX Standard somit maximal 9710 Bytes (inklusive Extension Bits) bzw. 6,4 Frames maximaler Länge senden, bevor es das Medium wieder freigeben muss.

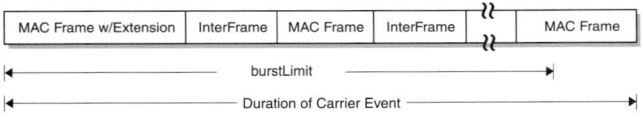

Abbildung 4.16: Übertragung eines Paket-Bursts

Voll-duplex-Übertragung

Die Kollisionshäufigkeit nimmt statistisch gesehen mit der Belastung des Netzes zu. Werden viele kleine Pakete über das Medium übermittelt, verstärkt sich dieser Effekt und führt zu einer deutlichen Reduktion der verfügbaren Bandbreite. Die Praxis hat gezeigt, dass ab einer mittleren Auslastung von 40 Prozent der physikalisch verfügbaren Bandbreite eine deutliche Einbuße im Antwortzeitverhalten zu erkennen ist. Natürlich hängt dieser Wert auch vom jeweiligen Lastprofil des Netzes ab. Werden in einem Netz nur große Dateien mit maximaler Paketgröße übertragen, so kann fast die gesamte Bandbreite des Mediums ausgenutzt werden. Die typischen Multipoint-Topologien des Koax-Ethernets (10 Base5 und 10 Base2) wurden inzwischen durch baumförmige Twisted Pair- und Glasfaser-Implementationen ersetzt. Eine Kollisionserkennung durch Spannungspegel bzw. Lichtstärken kann deshalb nicht mehr verwendet werden. Statt dessen erkennt der Repeater ein gleichzeitiges Auftreten von Übertragungen an seinen Ports und interpretiert diese Signale als Kollision. Alle angeschlossenen Stationen werden mit einem Jam-Signal benachrichtigt. Dieses Verfahren gilt für Halbduplex Ethernet von 1 bis 1000 MBit/s auf UTP-, STP- und Glasfaserkabel. Wird an einem Layer 2 Gerät (beispielsweise ein Switch) pro Port nur eine Station angeschlossen, so werden automatisch die Kollisionen auf diesem Kabelsegment ausgeschlossen. Damit kann in einer solchen Konstellation die Kollisionserkennung aufgegeben werden. Der Empfangs- und Sendekanal in diesem Segment können somit zeitgleich zur Übermittlung von Daten verwendet werden. Durch den simultanen Transfer in beide Richtungen werden beim Vollduplex-Betrieb die Wartezeiten erheblich reduziert und das Antwortzeitverhalten des Netzes erheblich verbessert. Gegenüber dem Halbduplex-Betrieb des Gigabit Ethernets entfallen beim Vollduplex-Betrieb die folgenden im CSMA/CD-Mechanismus definierten Funktionen: Carrier Sense, Multiple Access und Collision Avoidance. Eine Station sendet immer sofort alle Pakete auf das Medium und empfängt simultan auf der Empfangsleitung alle ankommenden Datenpakete. Im Vollduplex-Betrieb müssen die baumförmig aufgebauten Netze in den jeweiligen Knotenpunkten durch spezielle Komponenten entkoppelt werden. Hierfür wird in der Regel ein Switch oder ein Router verwendet. Außerdem ist ein Anschluss von mehr als zwei Netzanschlüssen pro Kabel nicht zulässig. Die in den Vollduplex-Netzen integrierten Koppelkomponenten müssen daher das Netz vor Überlasten schützen. Aus diesem Grund wurde von der IEEE 802.3x Arbeitsgruppe eine Flusskontrolle entwickelt.

Die folgenden Ethernet-Standards unterstützen den Full Duplex Modus:

- 10BaseT
- 100BaseTX
- 1000BaseT
- 10BaseFL
- 10BaseFB
- 100BaseFX
- 100BaseT2
- 1000BaseSX

- ▸ 1000BaseLX
- ▸ 1000BaseCX

Folgende Ethernet-Verfahren lassen sind grundsätzlich nur im Halb-Duplex Modus betreiben:

- ▸ 10Base2
- ▸ 10Base5
- ▸ 100BaseT4
- ▸ 100BaseVG

Flusskontrolle

Eine Flusskontrolle ist in allen Komponenten notwendig, die aufgrund hoher Lasten die anstehenden Daten nicht verarbeiten können. Hierzu gehören beispielsweise überlaufende Empfangsspeicher und langsame Systeme, die die empfangenen Daten nicht schnell genug abarbeiten können. Letztendlich werden die Empfangsdaten bei einer Überlastung früher oder später verworfen. Die Transportprotokolle auf den höheren Schichten sorgen in der Regel für eine erneute Übertragung der verloren gegangenen Daten. Dadurch wird jedoch die Performance des Netzes erheblich reduziert. Um die Probleme der überlasteten Netzressourcen in den Griff zu bekommen, wurde von der IEEE das MAC Control-Protokoll entwickelt. Bei den neuen Gigabit Ethernet-Komponenten wird die 802.3x Flow Control-Funktion bereits durchgängig in den jeweiligen Chipsets implementiert sein.

Die auf dem MAC-Layer implementierten Flusskontrollfunktionen übermitteln auf der Schicht 2 spezielle Kontrollpakete. Diese Controll-Frames werden nicht an die höheren Protokollschichten weitergereicht. Die Kennzeichnung MAC Control-Protocoll wird durch eine spezielle reservierte Typ/Length-Field-Nummer erreicht. Die MAC Control Frames haben folgendes Format:

Als Kennung der MAC Control Frame wird im 2 Byte langen Length/Type-Feld der Wert 88-08H verwendet. Anschließend folgt ein zwei Byte langes OpCode-Feld. Die OpCodes definieren die Funktion des Control

Frames. Im Moment wurde nur die Pause-Funktion definiert. Es stehen jedoch theoretisch weitere 65535 mögliche Funktionen zur zukünftigen Erweiterung zur Verfügung. Auf das OpCode-Feld folgen 0 bis 44 Byte Parameterdaten.

Reservierte OpCode-Werte:

OpCode	MAC Control Funktion	Erklärung
0x0000	Reserviert	
0x0001	Pause	Aufforderung an den Empfänger, das Senden von Non-Control-Frames für die im Parameter spezifizierte Zeit zu stoppen.
0x0002 bis 0xFFFF	Reserviert	

Pause-Kommando

Das Pause-Kommando sorgt für die Unterbrechung des Datenstroms für eine im Parameter Pause-Time definierte Zeitdauer. Nach dem Empfang eines solchen Pakets stellt der jeweilige Sender für eine bestimmte Zeit das Senden von allen MAC Paketen ein. Die Pause Control Pakete dürfen nur im Vollduplex-Betrieb übermittelt werden.

Pause_Time

Der Parameter Pause_Time definiert die Länge der Sendeunterbrechung. Die Pausenzeit wird immer in Slot-Times gerechnet. Multipliziert man diese Variable (Wert zwischen 0 bis 65535) mit der jeweiligen Slot-Time (512 Bitzeiten bei 10 MBit/s und 100 MBit/s, 4096 Bitzeiten bei 1000 MBit/s), ergibt sich die Wartezeit, innerhalb der eine MAC-Schicht keinen neuen Pakete auf das Medium aussenden darf. Wird ein MAC Control Paket mit einer Pausenzeitwert = 0 empfangen, so setzt dieser Wert die Wartezeit auf 0 zurück. Die MAC-Schicht kann sofort wieder seine Daten auf das Netz übermitteln.

Empfängt eine MAC-Schicht ein Pause-Kommando, so schließt der jeweilige Controller die Übertragung des gerade begonnen Datenpakets ab und wartet anschließend mit der Übertragung neuer Frames, bis die im Parameter Pause_time spezifizierte Zeit abgelaufen ist oder bis ein Pause-Kommando mit dem Parameterwert 0 empfangen wird. Damit sich das ganze nicht selbst blockiert, ist das Übermitteln von MAC Control Frames von dieser Regel ausgeschlossen.

Ein Problem stellt die Behandlung von MAC Control Paketen in Brücken bzw. Layer 2 Switches dar. Zur Verhinderung der Übertragung unsinniger Pause-Kommandos in andere Netzsegmente werden diese Pakete nur per Multicast-Mechanismus übermittelt. Die Pause-Kommandos werden deshalb immer mit der Destination-Adresse 01-80-C2-00-00-01 übermittelt. Entspricht ein Layer 2 Gerät (Brücke, Switch) den 802.2d Spezifikationen, so dürfen die Pause-Kommandos nicht weitergeleitet werden. Dadurch wird erreicht, dass die MAC Control-Pakete nur auf dem jeweiligen Netzsegment wirksam werden. Da das Pause-Kommando nur in Vollduplex-Netzen verwendet wird, ist immer eine eindeutige Port-Zuordnung möglich.

Reconciliation Layer

Der Reconciliation Layer und das Gigabit Media Independent Interface (GMII) bilden beim Gigabit Ethernet-Standard zusammen den Zugang zur physikalischen Schicht (PHY). Der Reconciliation Layer übernimmt die logische Schnittstelle zwischen der MAC-Schicht und dem Gigabit Media Independent Interface. Der Reconciliation Layer hat die Aufgabe, die MAC/Physical Line Signaling Primitive in die GMII-Signale umzuwandeln.

Media Independent Interface Signale

Die Schnittstelle des GMII-Interfaces setzt sich aus folgenden Signalen zusammen: Transmit Clock, Receive Clock, Transmit Enable, Transmit

Data, Transmit Coding Error, Receive Data Valid, Receive Data, Receive Error, Carrier Sense, Collision Detected, Management Data Clock und Management Data Input/Output.

GMII Datenstruktur

Gegenüber dem Ethernet-Datenformat wurden beim Gigabit Ethernet-Standard der Paket-Header nur minimal verändert. Allerdings wird hier Anfang und Ende des Frames mit dem TX_EN Signal angezeigt und damit im Umkehrschluss (TX_EN inaktiv) auch der Abstand zwischen zwei Paketen (Interpacket GAP) definiert. Während dieser Zeitspanne dürfen über das Interface keine Daten (Symbole) übermittelt werden. Alle Daten und Signale laufen synchron zur TX_CLK bzw. RX_CLK. Das gesamte GMII Paketformat hat folgenden Aufbau:

\<Interframe Gap\> \<Präambel\> \<Start Frame Delimiter\> \<Daten\>
\<End Frame Delimiter\>\<Extend\>

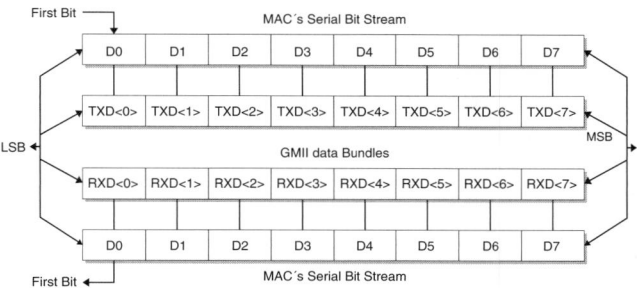

Abbildung 4.17: Aufteilung des seriellen Datenstroms vom MAC Layer in Datenbytes

Interframe

Als Interframe Gap wird die minimale Zeit definiert, die zwischen zwei Datenpaketen abgewartet werden muss. Der minimale zeitliche Abstand zwischen zwei Datenpaketen beträgt beim Gigabit Ethernet 0.096 s. Die Interframe Gap wird vom PHY-Layer bei 1000 MBit/s Ethernet mit Extension-Symbolen ausgefüllt.

Präambel und Start of Delimiter

Nachdem die minimale Zeitspanne (Interframe Gap) zwischen dem letzten übermittelten Paket verstrichen ist, kann ein Datenpaket auf ein freies Medium übermittelt werden. Der bitseriellen Datenstrom beginnt mit der Präambel:

10101010 10101010 10101010 10101010 10101010 10101010 10101010

Direkt auf die Präambel folgt der Start Frame Delimiter:

10101011

Die Daten des Datenpaketes umfassen folgende Felder: 6 Byte Destination- und 6 Byte Source-Adresse, zwei Byte Längen/Type-Feld, 50 bis 1500 Byte Datenfeld und einer vier Byte langen Frame Check Sequence. Die n-Datenoktetts werden als 2n Nibbles über die Verbindung übermittelt. Bei 1000 MBit/s entspricht jedem Datenbyte einem Oktett.

End of Frame Delimiter

Der End of Frame Delimiter (EFD) wird beim Senden durch das Rücksetzen des TX_EN Signals angezeigt. Es folgen keine Daten mehr und der End of Frame Delimiter ist erreicht.

Physical Attachment (PHY)

Der Physical Attachment (PHY) Layer setzt sich aus den Subschichten Physical Coding Sublayer (PCS), Physical Media Attachment (PMA) und Physical Media Dependent (PMD) zusammen. Diese Sublayer definieren die physikalischen und logischen Bedingungen der untersten Schicht beim Gigabit Ethernet-Standard. Die Spezifikationen des PHY-Layers hängen von dem jeweiligen verwendeten Substandard (1000BaseTX, 1000BaseFX) ab.

Physical Coding Sublayer

Die Aufgabe des Physical Coding Sublayers (PCS) besteht im Einpacken der vom MAC-Layer übernommenen Daten beziehungsweise dem Auspacken der vom Netz empfangenen Daten. Diese Vorgang wird auch als Encapsulation bezeichnet. Der Encapsulation Prozess passt somit die Datenpakete an das jeweilige Übertragungsverfahren an.

Gigabit Auto Negotiation-Prozess

Auch bei dem Gigabit Ethernet Verfahren wurde der bereits beim Fast Ethernet verwendete Auto-Negotiation Prozess integriert. Dadurch sind die 1000BaseTX Gigabit Ethernet Komponenten rückwärtskompatibel zu den älteren 100BaseT- und 10BaseT-Geräten. Damit wird die Forderung der IEEE nach einem einfachen und kostengünstigen Migrationspfad erfüllt. Die Netzkomponenten erkennen automatisch die Kommunikationseigenschaften des Verbindungspartners.

Der Standard definiert Transceiver, die auf der gleichen Verkabelung funktionieren und sich abhängig vom Verbindungspartner automatisch auf 10BaseT, 100BaseT oder 1000BaseT einstellen und somit nicht nur drei verschiedene Datenraten, sondern auch drei gänzlich unterschiedliche Kodierverfahren beherrschen. Um die Eigenschaft des Kommunikationspartners herauszufinden, wurde ein spezieller Prozess erfunden, der Autonegotiationsprozess. Hierbei ist jedoch zu beachten, dass nicht nur die Datenraten, sondern auch die Bitcodierung und das Übertragungsverfahren sich zwischen den jeweiligen Standards grundsätzlich unterscheiden. Statt dem Manchestercode des 10BaseT wird beim 100BaseT ein gescrambelter 4B5B Code verwendet. Statt NRZI (10BaseT) wird unter 100BaseT ein MLT3-Code auf die Leitung gesendet. 1000BaseT verwendet die vierdimensionale Trelliscodierung und PAM5 als Übertragungskode. Dies bedeutet, dass die Ethernet-Komponenten über drei unabhängige Transceiver (PHYs) verfügt(10BaseT, 100BaseTX und 1000BaseT-Transceiver). Das vom Netzwerkkabel kommende Signal wird über einen Multiplexer nacheinander auf die drei Transceiver verteilt.

Am Anfang des Autonegotiationprozesses befinden sich alle Transceiver im Empfangsmodus und finden heraus, welcher Modus gebraucht wird. Hat der Autonegotiationsprozess herausgefunden, welche Datenrate über die Verbindung aktiviert wurde, wird nur noch der Transceiver benutzt, der verhandelten Datenrate entspricht. Bei Glasfaseranschlüssen wurde diese Funktion nicht realisiert. Bis heute gibt keine Glasfasertransceiver, die in der Lage sind, zwischen 10Mbit/s, 100MBit/s oder 1000Mbit/s umzuschalten. Um diesem Umstand zumindest für den 1000MBit/s-Modus zu beheben, wurde eine völlig neue und zum 1000BaseT inkompatible Methode, genannt „Autonegotiation-Typ 1000BaseX", erfunden. Der Autonegotiationsprozess stellt auch diese Eigenschaft vollautomatisch ein. Dadurch kann der Benutzer ohne große Probleme in einem Netz sämtliche 1000BaseX-, 100BaseTX- oder 10BaseT -Produkte installieren und muss sich nicht um die spezifischen Konfigurationen bereits installierten Komponenten kümmern. Der Autonegotiation-Prozess ermöglicht zwei Geräten, die an einem Link Segment angeschlossen sind, untereinander über Datenrate und Duplexbetrieb hinaus viele Parameter auszutauschen und sich mit Hilfe dieser Parameter auf die jeweils unterstützten Eckwerte der Kommunikation einzustellen.

Grundlage des Autonegotiation-Prozesses bildet eine modifizierte Form der bereits aus dem 10BaseT Standard bekannten Link Integrity Test Puls Sequenz. In 10Mbit/s Ethernet LANs senden die Teilnehmer einer Verbindung in Abständen von 16,8ms ± 8 ms Millisekunden einen kurzen 100ns langen Link Integrity Puls aus, den sogenannten Normal Links Pulse (NLP). Mit ihm lässt sich überprüfen, ob zumindest eine Gegenstelle vorhanden ist und funktioniert. Kein Signal bedeutet keine Verbindung.

Statt eines Pulses alle 16,8 Millisekunden wird für das Autonegotiationsprotokoll ein Pulsgruppe (Burst) von 17 bis 33 NLPs gesendet. Aus den Bits des FLP-Bursts gewinnt jedes Gerät ein Link Code Wort. Unterstützt nur einer der beiden Teilnehmer dieses Verfahren, so wertet die „normale" Station nur den ersten Puls des FLP Bursts als das normale Link

Integrity Signal aus. Wird jedoch der Autonegotiationprozess unterstützt, unterscheidet das Geräte über die integrierte Parallel-Detect-Funktion verlässlich zwischen 10BaseT, 100BaseTX und 100BaseT4 oder 1000BaseT Verbindungen. Unterstützt ein Gerät diesen Mechanismus, so initiiert es nach dem Einschalten (Power-Up), über das Management oder durch einen manuellen Eingriff den FLP-Prozess.

Anhand der von einem 10 Base T Gerät übermittelten Normal Link Puls (NLP) erkennt ein Gerät, welches den Autonegotiation-Prozess unterstützt, dass der Link Partner nicht in der Lage ist die FLP-Bursts zu interpretieren. Auf Grund der empfangenen NLP-Informationen wird das Aussenden der FLP-Bursts gestoppt und in den 10 MBit/s Kommunikationsmodus übergegangen. Analog wird eine, allerdings nur sehr selten anzutreffenden, nicht autonegotiationsfähige 100BaseTX-Komponente am 4B5B/MLT3 Code erkannt und dann sofort in den 100Mbit/s-Betrieb übergegangen. Unterstützen dagegen beide Seiten Autonegotiation, schickt jedes Gerät mittels des FLP Bursts einen Steckbrief seiner Eigenschaften an seinen gegenüber. In der zweiten Phase stellen beide Geräte die gemeinsamen Features fest. Anschließend erfolgt der Verbindungsaufbau mit dem größten gemeinsamen Nenner der Kommunikationseigenschaften und damit dem maximalen Durchsatzrate. Damit diese Bursts die Leistungsfähigkeit des Netzes nicht beeinträchtigt, werden sie nur beim Verbindungsaufbau, also in einer Leerlaufphase des Netzes initiiert.

Der Autonegotiationsprozess ist Teil des Physical Coding Sublayers (PCS). In der Praxis ist die Autonegotiationsfunktion in den jeweiligen Transceiver-Bausteinen integriert. Dieser Prozess ist nicht über dem GMII Interface hinweg sichtbar, wird aber über das GMII Management-Interface beeinflusst und kontrolliert.

Ablauf des Autonegotiation-Prozesses

Der Autonegotiationprozess dient im erster Linie dazu, den größten gemeinsamen Nenner im Betriebsmodus zwischen zwei Stationen zu finden. Dabei gilt grundsätzlich dass Vollduplex vor Halbduplex verwendet wird. Weiterhin hat sinnvollerweise die jeweils höchste gemeinsam mögliche Leitungsgeschwindigkeit den Vorrang. Der Pause-Modus wird separat verhandelt. Daraus ergibt sich für folgende Reihenfolge:

- ▸ 1000Base-T-Vollduplex
- ▸ 1000Base-T-Halbduplex
- ▸ 100Base-T2-Vollduplex
- ▸ 100Base-TX-Vollduplex
- ▸ 100Base-T
- ▸ 100Base-T4
- ▸ 100Base-TX
- ▸ 10Base-T-Vollduplex
- ▸ 10Base-T-Halbduplex

Bei 1000BaseX wird nur über Halb-/Vollduplex und über den Pause-Modus verhandelt.

Aushandeln des Pause-Modus

Die Flusskontrolle nach 802.3x benutzt MAC-Control-Frames, die Pause-Kommandos enthalten. Eine Station kann damit ihrem Link-Partner signalisieren, dass sie temporär keine weiteren Daten akzeptieren kann. Andersherum kann ein Linkpartner der lokalen Station auch signalisieren, temporär keine weiteren Daten zu senden. Es kann aber auch sinnvoll sein, Flusskontrolle nur unidirektional auszuüben. Das wird dann mit dem ASM_DIR Bit angezeigt. Es können also drei verschiedene Pause-Modes pro Station auftreten. Die Tabelle zeigt, wie sich die Partner einer Verbindung verhalten sollen, nachdem sie sich ihre diesbezügliche Eigenschaft mit Hilfe der Autonegotiation gegenseitig mitgeteilt haben.

Spezielle Netzwerkmanagement Funktionen für 1000BaseT

Unter 1000BaseT erhalten einige der Autonegotiationsfunktionen eine besondere Bedeutung. Auf Grund der bidirektionalen Eigenschaft der Verbindungen muss die Rolle des Masters bzw. Slaves für die Versorgung mit Taktinformation einer Verbindung vor dem normalen Betrieb ermittelt werden. Die Masterstation taktet die Sendedaten über ihren internen Taktoszillator, während der Slave die Sendedaten mit Hilfe der aus dem empfangenen Datenstrom gewonnenen Empfangstakt taktet. Ohne die Definition der jeweilgen Rolle (Master oder Slave) kann kein zuverlässiger Datenaustausch zwischen zwei Stationen gewährleistet werden. Bei 1000BaseT werden Fast-Link-Pulse und das von 10/100 Ethernet bekannte Autonegotiationsprotokoll in Verbindung mit dem Next-Page-Verfahren für diesen Zweck verwendet.

Das Aushandeln der Master/Slave-Funktion erfolgt dynamisch: Während der Autonegotiationsphase werden nur zwei Leitungspaare verwendet und die nur unidirektional. Fast-Link-Pulse tragen keine Taktinformation, daher ist die Master/Slave-Beziehung der Stationen bezüglich des Taktes in dieser Phase des Informationsaustauschs irrelevant. Genau in diesem Punkt unterscheidet sich 1000BaseT vom 1000BaseX-Verfahren, weil beim letzteren statt der Fast-Link-Impulse, die nicht durch Glasfasertransceiver hindurchlaufen können, spezielle Codegruppen verwendet werden. Im Fall der Glasfaserübertragung stehen jedoch separate Fasern für jede Senderichtung zur Verfügung und darüber hinaus sind die Codes relativ kurz, so dass die Taktsynchronisation keine große Rolle für eine erfolgreiche Ausführung des Autonegotiationsprotokolls spielt. Da im Nextpage-Verfahren ein Register erst dann gültig ist, wenn die gleiche Information dreimal in Folge identisch empfangen wurde, kann damit eine Fehlübertragung von Informationen ausgeschlossen werden. Das Autonegotiationsverfahren ist asynchron und halbduplex und stellt somit die Voraussetzung für den späteren Fullduplex und synchronen Modus der Übertragung dar.

Übertragungsmedien für Gigabit Ethernet

Der 1000BaseX Standard unterstützt sowohl die Übertragung von 1000 MBit/s Daten über Glasfaserstrecken (1000Base-SX und 1000Base-LX) als auch über Twinax-Kabel (1000BaseCX) (100BaseTx). Aufgrund von technischen Schwierigkeiten und einer schnellen Verfügbarkeit des Gigabit Ethernet Standards wurde die Festschreibung des 1000BaseTX-

PMD Standards aus dem IEEE 802.3z Dokuments herausgenommen und zur weiteren Standardisierung in die IEEE 802.3ab Gruppe abgegeben.

Gigabit Ethernet über Glasfaser (1000BaseFX)

Die Übertragung von 1000 Millionen und mehr Bits pro Sekunde gehört heute zu den Standards bei der Übermittlung von Daten in Carrier-Netzen. Die dafür notwendigen Laserdioden sind relativ preisgünstig verfügbar. Der Einsatz von Glasfasern stellt heute vor allem unter dem Aspekt der Einhaltung vorgeschriebener EMV-Grenzen (Abstrahlung von hochfrequenten elektromagnetischen Wellen) das ideale Übertragungsmedium dar. Bei den Übertragungsraten von 1000 MBit/s werden jedoch bezüglich der Reichweite bereits deutliche Limits erreicht. Bei Übertragungsraten von 100 MBit/s bzw. 10 MBit/s muss nur auf die optische Dämpfung des Übertragungssystems geachtet werden. Bei einer Übertragungsrate im Gigabit-Bereich treten jedoch die Dispersionseigenschaften des Mediums in den Vordergrund. Folgende Verfahren wurden in der 802.3z PMD Spezifikation definiert :

1000Base-SX	Übertragung auf Short Wavelength Duplex Multimode-LWL
1000Base-LX	Übertragung auf Long Wavelength Duplex Multimode- oder Mono-Mode-LWL

1000Base-SX Standard

Bei der Übertragung des Gigabit Ethernets mit Hilfe der Short Wavelength Technik (850nm Wellenlänge) können die Komponenten mit relativ preiswerten Laserdioden ausgerüstet werden. Die Short Wavelength Komponenten definieren jedoch für den Betrieb nur die Multimode-Glasfaser. Der Sender und Empfänger haben beim 1000Base-SX Standard folgende Eigenschaften:

- Baudrate: 1,25Gbaud (100ppm)
- Wellenlänge des Lichts: zwischen 770 bis 860 nm

- Maximale mittlere optische Ausgangsleistung: 0dBm
- Minimum der mittleren optischen Ausgangsleistung: -10dBm
- Maximale mittlere optische Ausgangsleistung im ausgeschalteten Betrieb: -30dBm
- Maximale mittlere optische Empfangsleistung: 0 dBm
- Minimale mittlere optische Empfangsleistung: -17dBm

LWL-Kabeltypen	Wellen-länge	Min. Reichweite	Opt. Power Budget	Kabeltyp	Stecker
1000BASE-SX mit 62,5m Faser:	850 nm	2-260m	7,0 dB	Multimode	Duplex SC
1000BASE-SX mit 50 m Faser:	850 nm	2-550m	7,0 dB	Multimode	Duplex SC

Tabelle 4.12: Übersicht der Kabeltypen beim 1000Base-SX Standard

1000Base-LX Standard

Bei der Übertragung des Gigabit Ethernets mit Hilfe der Long Wavelength Technik (1300nm) werden Laserdioden eingesetzt. Dadurch ist die Übertragung sowohl über Multimode- als auch Monomode-Glasfaserkabel möglich. Mit 1300nm Laser ist die Reichweite auf der Faser erheblich besser, weil das Glasfaserkabel bei 1300nm eine geringere Dämpfung und eine geringere Dispersion (Signalverzerrung) als bei der Übertragung mit 830 nm aufweist. Der Sender und Empfänger haben beim 1000Base-LX Standard sowohl für die Übertragung über Multimode als auch über Monomode folgende Eigenschaften:

- Baudrate: 1,25 Gbaud (100ppm)
- Wellenlänge des Lichts: zwischen 1270 bis 1355 nm
- Maximale mittlere optische Ausgangsleistung: -3 dBm
- Minimale mittlere optische Ausgangsleistung: -11,5dBm

- Maximale mittlere optische Ausgangsleistung im ausgeschalteten Zustand: -30dBm
- Maximale mittlere optische Empfangsleistung: -3 dBm
- Minimale mittlere optische Empfangsleistung: -19 dBm

LWL-Kabeltypen	Wellen-länge	Min. Reichweite	Opt. Power Budget	Kabeltyp	Stecker
1000BASE-LX mit 62,5m Faser	1270 nm	2-440m	7,5 dB	Multimode	Duplex SC
1000BASE-LX mit 50 m Faser	1270 nm	2-550m	7,5 dB	Multimode	Duplex SC
1000BASE-LX mit 10 m Faser	1270 nm	2-3000m	5,5 dB	Monomode	Duplex SC

Tabelle 4.13: Übersicht der Kabeltypen beim 1000Base-LX Standard

PMD Signal Detect

Ein gültiges optisches Signal führt zu einem aktiven Signal-Detect-Status. Der Standard lässt als Kriterium für diesen Status dem Hersteller viel Spielraum. Es werden aber Mindestkriterien für Fail und Ok definiert:

Ein Fail ist immer dann gegeben, wenn die empfangene mittlere optische Leistung unter -30dBm sinkt.

Ein Ok ist immer dann gegeben, wenn die empfangene mittlere optische Leistung über -30dBm liegt und gültige 8B10B Codes empfangen werden. Unspezifiziert sind alle anderen Bedingungen, dass heißt ein optischer Empfänger kann Ok melden, wenn die entsprechende Leistung da ist, aber auf dieser Ebene noch keine detaillierte Erkennung einer korrekten Kodierung erfolgt.

Der 1000BaseFX-Stecker

Grundsätzlich wird bei den Gigabit Ethernet Glasfaserkomponenten der Duplex SC Stecker gemäß der Spezifikation IEC 61754-4 und IEC 61754-4 Part 4.2 verwendet. Der Duplex-Stecker ermöglicht die Kopplung von zwei LWL-Fasern (Receive und Transmit) in einem Gehäuse. Zwei Keys stellen sicher, dass die Verbindung verwechlungssicher angekoppelt (eingesteckt) werden kann.

Achtung: Das IEEE Komitee hat im Standard die Verwendung identischer Stecker für beide optischen Wellenlängen (850nm und 1300nm) definiert. Dies hat in der Praxis jedoch zur Folge, dass man die Unterschiede zwischen den beiden Systemen weder visuell noch an der Steckerbauform erkennen kann.

Gigabit Ethernet über Twinax-Kabel (1000BaseCX)

Neben dem Glasfaser kommt beim Gigabit Ethernet wieder das altbekannte Twinax-Kabel zu neuen Ehren. Mit Hilfe des 1000Base CX-Standards lassen sich ohne komplizierte Kodierverfahren Reichweiten von bis zu 30m über ein Kupferkabel erzielen. Das Twinax-Kabel wird beim Gigabit Ethernet beispielsweise für die Kopplung von Gigabit Switches und Hochleistungs-Servern eingesetzt. Durch die relativ kostengünstige Technik lassen sich die Portkosten erheblich unter die Preise von Glasfaserkomponeten drücken. Die Fachleute sind sich jedoch einig, dass die 1000BaseCX-Technik nur eine Übergangslösung darstellt und in Zukunft durch den 1000BaseTX-Standard (1000Mbit/s auf Kategorie 5 Twisted Pair Kabel; Reichweite 100m) abgelöst wird.

Der Sender und Empfänger beim 1000Base-CX Standard weisen folgende Eigenschaften auf:

Baudrate: 1250 MBaud (+/- 100ppm)

Kupferkabel-Verbindungstyp	Signal-Amplitude	Min. Reichweite	Impe-danz	Kabeltyp	Stecker
1000BASE-CX mit STP Stecker	1 V	25 m	150 Ohm	Twinnax	DB9 (Style 1)
1000BASE-CX mit IEC 61076-Stecker	1 V	25 m	150 Ohm	Twinnax	IEC (Style 2)

Tabelle 4.14: Übersicht der Kabeltypen beim 1000Base-CX Standard

Werte der differenziellen Ausgangsspannung:

- Maximum: 2000mV
- Minimum: 1100mV
- Maximum im ausgeschalteten Zustand (Off): 170mV

Werte der Rise/Fall-Zeit:

- maximal 327 ps,
- minimal 85 ps,

Differenzielle Eingangsempfindlichkeit:

- Minimum: 400mV
- Maximum:2000mV

Terminierung: Zwischen der RX+ und RX- Leitung wird am Empfänger eine Terminierung mit einem Wert von 150 Ohm (+/- 10 Ohm) vorgenommen.

PMD Signal Detect

Ein gültiges Signal führt zu einem aktiven Signal-Detect-Status. Der Standard definiert als Kriterium für diesen Status folgende Mindestkriterien:

- Ein Fail ist immer dann gegeben, wenn die empfangene Differenzspannung kleiner als 200mV ist (120mV NEXT + 70 mV Noise + 10mV Margin).

‣ Ein Ok ist immer dann gegeben, wenn die empfangene Differenzspannung größer als 200mV ist und gültige 8B10B Codes empfangen
  werden.

Unspezifiziert sind alle anderen Bedingungen, das heißt ein
1000BaseCX-Empfänger kann Ok melden, wenn ein entsprechender Pegel da ist, aber auf dieser Ebene noch keine detaillierte Erkennung einer
korrekten Kodierung erfolgte.

Twinax-Kabel

Beim 1000BaseCX Standard wird ein geschirmtes 150 Ohm Balanced Cable nach der Spezifikation ISO/IEC 11801:1995 verwendet. Das Kabel
muss eine Schirmwirkung gleich oder besser als IEC 61196-1 aufweisen.
Die Impedanz der Übertragungsstrecke liegt bei 150 Ohm (+/- 30 Ohm).
Dabei setzt sich die Impedanz aus dem Kabel, dem Stecker und den angeschlossenen Komponenten (Transformator, Terminierung, Sender und
Empfänger) zusammen. Auf eine Länge von 25 Metern darf die Übertra-
gungstrecke folgende Werte nicht überschreiten:

‣ maximale Dämpfung bei 625 Mhz: 8,8 dB
‣ maximale Abweichung zwischen TX+ und TX- Leitung (Differenzieller
  Skew): 150 ps
‣ maximale Laufzeit auf dem Kabel in beide Richtungen (Round Trip
  Delay): 253 Bit times = 253 ns

Die Kabel des 1000Base-CX Standards sind immer gekreuzt auszuführen.
Dies bietet den Vorteil, dass grundsätzlich alle Geräteanschlüsse die gleiche Anschlussbelegung haben. Die Gehäuse der Buchsen und Stecker
werden immer an beiden Enden mit dem Kabelschirm verbunden.

Als Stecker werden beim 1000Base-CX Standard immer 9-polige Sub-D
Stecker eingesetzt. Dieser Stecker hat folgende Pinbelegungen:

Stecker-Pin	Signal
1	Transmit+
2 optional	Stromversorgung (+5Volt)
3 optional	Modul Fault Detect
4 optional	Mechanical Key
5	Receive +
6	Transmit -
7 optional	Output Disable
8 optional	Signal Gound (Masse)
9	Receive-

Gigabit auf UTP-Kabel

Die Charakteristik und die Pin-Belegung eines 1000BaseT Transceiver ist mit dem 100BaseTX Standard kompatibel. In der Praxis können die gleichen Überträger für die 10, 100 und 1000BaseT-Interfaces verwendet werden. Beim 1000BaseT werden nur die doppelte Anzahl an Überträgern zur galvanischen Trennung des Netz-Interfaces eingesetzt. Daher entsprechen die TX- und RX-Leitungen des 100BaseTX den „A" und „B" Verbindungen des 1000BaseT Standards.

1000BaseT Stecker Anschlussbelegung:

Kontakt:	Bezeichnung
1	BI_DA+
2	BI_DA -
3	BI_DB+
4	BI_DC+
5	BI_DC -

Tabelle 4.15: 1000BaseT-Anschlussbelegung

Kontakt:	Bezeichnung
6	BI_DB –
7	BI_DD+
8	BI_DD –

Tabelle 4.15: 1000BaseT-Anschlussbelegung

Leitungsimpedanz: Die Leitungsimpedanz jedes Aderpärchens muss 100 Ohm betragen mit maximal 1% Toleranz.

Takt: Die Präzision des 125 MHz Sendetakts darf +/- 100 ppm (Teile pro Millionen) nicht überschreiten.

Signalpegel: Der maximale Signalpegel auf einer Verbindung darf nicht +/- 1 Volt überschreiten. Pro Leitungspaar wird auf der Ausgangsseite konstant ein Strom von 40 mA eingespeist. Dieser akkumulierte Wert wird durch die beiden Treiber auf den Ausgängen (+/-) erzeugt. Die unterschiedlichen Spannungspegel auf der Verbindung errechnen sich durch die Stromvariationen der Treiber. Der Wert 0 Volt auf einem Leitungspaar wird durch das Einspeisen einer Stromstärke von jeweils 20mA auf beiden Treibern erreicht. Der Wert 1 Volt ergibt sich somit aus der Einspeisung von 0 mA auf der einen Seite und 40 mA auf der anderen Seite.

Maximaler Skew auf der Leitung: Die Differenz aller Verzögerungen auf sämtlichen Leitungspaaren eines Links wird als Skew bezeichnet und sollte für alle Frequenzen (von 2 MHz bis 100 MHz) nicht höher sein als 50 ns. Darüber hinaus sollte der Skew während des Betriebs nicht mehr als 10 ns variieren. Auf einem 100 Meter langen Link darf für sämtliche Frequenzen (von 2 MHz bis 100 MHz) eine maximale Verzögerung von 570 ns nicht überschritten werden.

Automatische Crossover-Anpassung

Auch bei der Pin-Belegung wurde auf die Kompatibilität zu den älteren We 10/100 Ethernet Standards geachtet. Dadurch entsprechen sich die

Funktionen der Leitungspaare 1,2 und 3,6 bei 10/100/1000 Transceivern. Bedingt durch diese Rückwärtskompatibilität hat auch der 1000BaseT Standard die Standardsteckerbelegung übernommen.

Durch die unterschiedlichen Kabeltypen verdoppelt sich natürlich der Lageraufwand an Patch-Kabeln in den IT-Abteilungen und führt immer wieder zu Missverständnissen bei der Fehlersuche. Aus diesem Grund wurden die modernen Hubs mit einem oder mehreren Crossover-Ports ausgerüstet. Diese Ports verfügen über doppelt ausgelegte Empfangsfunktionen und den zugehörigen unterschiedlichen Pin-Belegungen oder einen manuellen Schalter, mit dessen Hilfe die jeweilige Pin-Belegung eingestellt werden kann.

Der 1000BaseT Standard unterstützt eine automatische Einstellung der Port-Belegung. Die einzelnen Leitungspaare können dadurch in einer beliebigen Ader-Kombination aufgelegt werden. Selbst eine Drehung des „+" und des „-" Signals innerhalb eines Leitungspaars führt zu keiner Fehlfunktion. Die einzige nicht zu beseitigende Fehlbelegung ergibt sich, wenn Adern unterschiedlicher Adernpaare miteinander (Beispiels: Der „+" eines Signalpaars auf den „-" eines anderen Signalpaars gelegt) vertauscht werden. Die Autonegotiation-Funktion kann jedoch nicht ein ohne eine korrekte Festlegung der Leitungspaare 1,2 und 3,6 (TX+/- und RX+/-) erfolgen. Dies hat seine Ursache in der Kompatibilität zu 100BaseTX und dem Austausch der Fast Link Pulse gemäß IEEE802.3x.

Zu diesem Zeitpunkt erfolgte auf dem 1000BaseT-Link weder eine Start-up-Prozedur noch wurde das Training des Receivers abgeschlossen. Daher kann der betreffende Port auch nicht entscheiden, ob die Empfangs- und Sende-Pins gedreht werden müssen. Somit ist der Transceiver auf eine „Versuch und Irrtum"-Prozedur angewiesen. Nach dem Zufallsprinzip werden vom Empfänger die C+/C- mit den D+/D- Eingangssignalen gewechselt. Dies geschieht so lange, bis ordnungsgemäße Link-Pulse erkannt und die Autonegotiation-Sequenz erfolgreich abgeschlossen wird. Mit Hilfe des elf Bit langen linearen Feedback Shift-Registers wird ein pseudo-zufälliger Wert erzeugt, der über die Festlegung der Signalquellen bestimmt. Dadurch steigt die Wahrscheinlichkeit, dass nach einer gewissen Zeit bzw. Versuchen beide Endpunkte der Verbindung simultan in einen Empfangsmodus kommen, der den Austausch von Link Pulsen ermöglicht. Sobald gültige Link Pulse erkannt werden, wird der jeweilige Port-Zustand festgehalten. Anschließend können die jeweiligen 10/100 oder 1000MBit/s Operationen ordnungsgemäß über den Link ausgeführt werden.

Gigabit Ethernet

Die IEEE 802.3ae-Gruppe nahm die Standardisierung des 10 GBit/s schnellen Ethernet-Verfahrens vor. Das 10 Gigabit-Ethernet wird dabei auch erstmals auf den WAN- bzw. den MAN-Bereich ausgeweitet. Auch der 10 Gigabit Ethernet-Standard umfasst nur die Schichten 1 und 2a des ISO/OSI-Referenzmodells. Die Struktur der 10000-MBit/s-Ethernet-Pakete bleibt identisch mit den klassischen Ethernet-Frames und entspricht somit den Definitionen der IEEE für die 802.3 Ethernet Media Access Control (MAC) Schicht. Auch die minimalen und maximalen Paketlängen wurden beibehalten. Das 10 Gigabit Ethernet ist somit ein weiterer Meilenstein in der Evolution des Ethernets in Sachen Übermittlungsgeschwindigkeit und Ausdehnung der Netze. Dadurch müssen weder die Betriebssysteme noch die Netzwerkprotokolle noch die Switching- oder Router-Technologien geändert werden. Das 10 Gigabit Ethernet arbeitet nur im vollduplex Modus und behält somit das alte CSMA/CD-Verfahren bei. Für 10 Gigabit Ethernet wurden nur unterschiedliche Glasfasermedien auf der Übermittlungsebene definiert. Eine Twisted Pair-Variante ist nicht vorgesehen.

Der 10 Gigabit Ethernet Standard baut unterhalb des Media Access Control Protokolls (MAC)- auf folgenden Subschichten auf:

- ‣ Reconciliation Layer
- ‣ 10 Gigabit Media Independent Interface (XGMII) bzw. XAUI
- ‣ Physical Coding Sublayer (PCS)
- ‣ Physical Media Dependent (PMD)

Reconciliation Layer

Der Reconciliation Layer und das 10 Gigabit Media Independent Interface (XGMII) bilden beim 10 Gigabit Ethernet-Standard zusammen den Zugang zur physikalischen Schicht (PHY). Der Reconciliation Layer übernimmt die logische Schnittstelle zwischen der MAC-Schicht und dem 10 Gigabit Media Independent Interface. Der Reconciliation Layer hat die Aufgabe die MAC/Physical Line Signaling Primitive in die XGMII-Signale umzuwandeln.

10 Gigabit Media Independent Interface (XGMII)

Das Media Independent Interface (XGMII) übernimmt beim Gigabit Ethernet-Standard die Schnittstelle zum physikalischen Medium. Im Gegensatz zum Medium Dependant Interface (MDI) des Ethernets, ist diese Schnittstelle für die unterschiedlichen physikalischen Medien einheitlich ausgeprägt. Das 10 Gigabit Media Independent Interface (XGMII) erbringt folgende Funktionen:

Bereitstellung der notwendigen 74 Signale über ein Interface (jeweils 32 Bit breite Sende- und Empfangskanäle)

Managementinterface zum PHY zur Überwachung/Kontrolle und zur Konfiguration der unteren Schichten

Das 10 Gigabit Media Independent Interface (XGMII) basiert auf dem XAUI Interface. Dieses Interface hat eine ähnliche Aufgabe wie das AUI-Interface beim Standard Ethernet. Das XAUI ist somit eine Interface-Verlängerung für das 10 Gigabit Media Independent Interface (XGMII). Das XAUI wird in der Praxis als serieller Bus realisiert und bietet die 2,5-fache Geschwindigkeit eines 1000BaseX GMII-Interfaces. Da die Logik des XAUI gegenüber dem GMII vervierfacht wurde, bietet das XAUI Interface den erforderlichen Gesamtdurchsatz von 10 Gigabit/s. Über das XAUI kommunizieren die Schichten auf Basis des gleichen 8B/10B Übertragungscodes wie bei 1000BaseX.

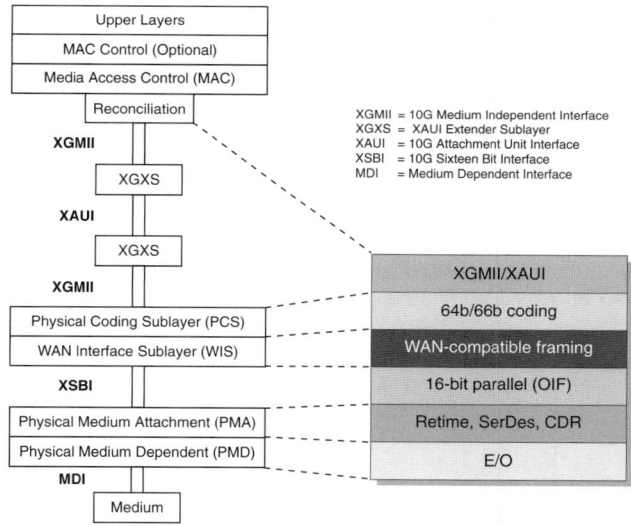

Abbildung 4.18: XAUI-Interface als Übergang zwischen der MAC- und PCS-Schicht

Physical Coding Sublayer (PCS)

Der Physical Coding Sublayer (PCS) bildet die oberste Subschicht des PHY-Layers und die direkte Schnittstelle zum Media Independent Interface (XMII) via der XAUI-Schnittstelle. Die vom XMII-Interface an den Physical Coding Sublayer (PCS) übermittelten Daten werden bei der Übergabe auf das Medium nach dem bereits bei der Gigabit-Technik eingesetzten 8B/10B Verfahren oder nach dem neuen 64B/66B-Verfahren codiert.

Physical Media Dependent (PMD)

Der Physical Media Dependent (PMD) bildet gemäß dem ISO Referenz Modell die unterste Schicht der physikalischen Ebene. Aus dieser Subschicht werden die Daten in elektrische oder optische Signale umgesetzt. Die Spezifikationen des PMD-Layers hängen von dem jeweiligen verwendeten Substandard (10GBaseSR, 10GBaseSW, 10GBaseLX4, 10GBaseLR, 10GBaseLW, 10GBaseER oder 10GBaseEW) ab.

Der 10 Gigabit Ethernet-Standard verändert den Kennschlüssel zur Zuordnung des jeweiligen physikalischen Mediums. Dieser Schlüssel setzt sich aus fünf Komponenten zusammen: der Übertragungsrate (in GBit/s), der Übertragungsart (Basisband), der Wellenlänge, der Codierung und des Wellenlängen-Multiplexes.

Beispiel

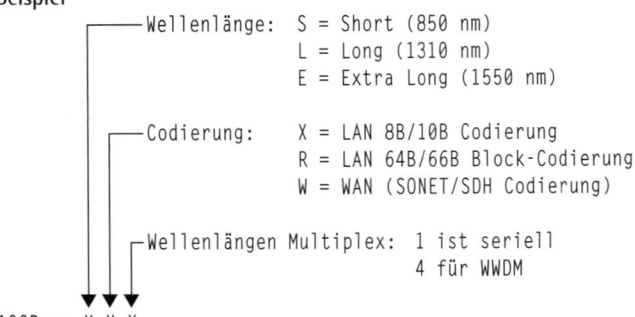

```
                ┌──Wellenlänge:  S = Short (850 nm)
                │                L = Long (1310 nm)
                │                E = Extra Long (1550 nm)
                │
                │ ┌─Codierung:   X = LAN 8B/10B Codierung
                │ │              R = LAN 64B/66B Block-Codierung
                │ │              W = WAN (SONET/SDH Codierung)
                │ │
                │ │ ┌Wellenlängen Multiplex: 1 ist seriell
                │ │ │                        4 für WWDM
                ▼ ▼ ▼
10GBase         X X X
```

Standard	Klasse Codierung	Übertragungsfenster Typ
10GBaseSR	10GBase-R 64B/66B	850 nm seriell
10GBaseSW	10GBase-W 64B/66B	850 nm SONET/SDH
10GBaseLX4	10GBase-X 8B/10B	1310 nm WWDM
10GBaseLR	10GBase-R 64B/66B	1310 nm seriell
10GBaseLW	10GBase-W 64B/66B	1310 nm SONET/SDH
10GBaseER	10GBase-R 64B/66B	1550 nm seriell
10GBaseEW	10GBase-W 64B/66B	1550 nm SONET/SDH

Tabelle 4.16: Vergleich zwischen den 10 GBit/s PMDs

Die 10 GBit/s Ethernet-Technik positioniert sich somit als reine Backbone-Technologie. Neben den klassischen lokalen Netzen (LANs) wurde erstmals die WAN-Technik in den Ethernet-Standard aufgenommen. Damit ist das Ethernet auch in den Bereich der Metropolitan Area Networks (MANs), der regionalen Netze (RANs) sowie der Weitverkehrsnetze (WANs) einsetzbar. Hierfür sieht der Standard auf der physikalischen Ebene neben dem klassischen LAN-Interface (LAN-PHY) eine mit den Spezifikationen OC 192c/SDH VC-4-64c kompatible WAN-PHY vor. Die WAN PHY ist jedoch vom Aufbau und der Funktion nur als Erweiterung der LAN PHY zu verstehen. Für beide Interfaces wurden eine Reihe von physikalischer Übertragungsschnittstellen (PMDs) definiert. Beide PHYs unterstützen daher die gleichen Längenausdehnungen. Aus den 20 PDM-Vorschlägen entschied sich die 802.3ae-Arbeitsgruppe für folgende PMDs:

PMD (optischer Transceiver)	Innenkerndurch-messer Glasfaser (in µm)	Bandbreite (MHz•km)	Minimale Ausdehnung des Netzes (in Meter)
850 nm serial Multimode	50	400	65
1310 nm WWDM Multimode	62.5	160	300
1310 nm WWDM Monomode	9.0		10000
1310 nm serial Monomode	9.0		10000
1550 nm serial Monomode	9.0		40000

Tabelle 4.17: Von der Arbeitsgruppe 802.3 anerkannte PMDs

Mit Hilfe der Glasfaser lassen sich die Signale über weite Entfernungen verstärkerfrei übermitteln. Gleichzeitig bietet die Lichtwellentechnik eine geringe Fehlerraten, eine hohe Immunität gegen elektrische Interferenzen, Übertragungssicherheit und ist gegenüber den Kupferkabeln durch ein geringes Gewicht im Vorteil. Die Grundlagen der Glasfasertechnik ist den Forschern seit Mitte der sechziger Jahre bekannt. Die damaligen Lichtwellenleiter wiesen jedoch aufgrund des verwendeten Materials eine sehr hohe Signaldämpfung auf. Erst durch neue Fertigungsprozesse ließen sich Glasfasern herstellen, die die Signale nur noch um 20 Dezibel pro Kilometer (dB/km) dämpften. Die ersten Glasfaserübertragungssysteme wurden von den internationalen Telekommunikationsgesellschaften (Geschwindigkeit 45 MBit/s) auf Basis der Multimodefasern installiert. Durch weiterer Leistungssteigerungen und die Erhöhung der Übertragungsraten entwickelten sich die Monomode-Systeme zum Standard in den Weitverkehrsnetzen. In den folgenden Jahren konzentrierte sich die Glasfaserentwicklung auf die Dämpfungsanomalien des optischen Spektrums. Diese Dämpfungsanomalien werden auch Übertragungsfenster genannt und bezeichnen die Bereiche des Glasfaserspektrum mit einem geringen Dämpfungsverhalten. Die ersten Glasfasersysteme arbeiteten mit einer Wellenlänge von 850 nm im ersten Dämpfungsfenster. Das zweite Fenster (S-Band) liegt bei 1310 nm und weist eine wesentlich geringere Signaldämpfung auf. Das dritte Fenster (C-Band) liegt bei 1550 nm und reduziert die Signaldämpfung gegenüber den anderen Übertragungsfenstern zusätzlich. Inzwischen wird mit einem vierten Fenster (L-Band) bei 1625 nm experimentiert.

Für die Übertragung von Licht werden zwei völlig unterschiedliche Lichttechniken eingesetzt: Light-Emitting Dioden (LEDs) und Laserdioden. LEDs gehören zu den relativ langsamen Komponenten und eignen sich für Datengeschwindigkeiten unter 1 GBit/s. Die LEDs geben ein relativ weites Lichtspektrum ab, lassen sich kostengünstig herstellen und werden hauptsächlich in Multimode-Systemen eingesetzt. Die Laserdioden eignen sich von ihrer Performance-Charakteristik erheblich besser für Monomode-Anwendungen. Die Laserdiode sendet ein gerichtetes Licht aus. Dieses gerichtete Licht lässt sich mit Hilfe einer Linse für die Übertragung über eine Glasfaser bündeln. Typische Anforderungen an Laser sind: exakte Wellenlängen, eng eingrenzbares Spektrum, genügend Leistung und geringe Alterung. Die handelsüblichen Laser entsprechen den ersten drei Anforderungen. Die negativen Eigenschaften der Alterung (Veränderung des Frequenzspektrums und der Leistung) reduzieren die Übertragungsraten auf Grenzen etwas oberhalb von 10 GBit/s. Momentan werden folgende zwei Lasertypen eingesetzt: monolitische Fabry-Perot Laser und Distributed Feedback (DFB) Laser. Die DFB-Laser eignen sich besonders für den Einsatz in WDM-Anwendungen, da diese ein fast monochromatisches Licht emittieren, hohe Übertragungsgeschwindigkeiten unterstützen, einen hohen Signal-Rauschabstand aufweisen und eine exzellente Linearität aufweisen. Die DFB Laser sind mit Mittenfrequenzen von 1310 nm und von 1520 bis 1565 nm erhältlich.

Im Markt sind inzwischen gekühlte DFB Laser mit einer genauen Wellenlänge verfügbar.

Beim Empfänger müssen die übermittelten Signale (Wellenlängen) von einem Empfangssystem erkannt und weitervermittelt werden. Bei WDM-Systemen wird das ankommende Signal zuerst von einem Demultiplexer in die einzelnen Signalfrequenzen zerlegt und anschließend an den jeweiligen Photodetektor übertragen. Momentan werden im Markt zwei unterschiedliche Photodetektoren eingesetzt: Positive-Intrinsic-Negative (PIN) Photodioden und die Avalanche Photodioden (APD). PIN Photodioden arbeiten nach dem umgekehrten Prinzip wie die LEDs. Das Licht wird nicht ausgestrahlt, sondern absorbiert und die Photonen werden in Elektronen umgewandelt. Die APDs arbeiten ähnlich wie die PIN Photodioden, bieten aber einen zusätzlichen Verstärkungseffekt. Ein empfangenes Photon setzt dabei mehrere Elektronen frei. PIN Photodioden sind relativ kostengünstig herzustellen und bieten eine hohe Zuverlässigkeit. Dagegen arbeiten die APDs akkurater und verfügen über eine höhere Eingangsempfindlichkeit. Nachteilig wirkt sich bei APDs der hohe Preis und die Temperaturempfindlichkeit aus.

Modulationsverfahren

Beim 10 Gigabit Ethernet wurden für die Glasfaser zwei unterschiedliche Modulationsverfahren definiert:

‣ das serielle Übertragungsverfahren
‣ das Wave Division Multiplexing

Serielle Übertragungsverfahren

Dieses Übertragungsverfahren wurde bereits bei den früheren Ethernet-Varianten verwendet. Bei den 10 Gigabit Ethernet-Varianten 10GBaseSR, 10GBaseSW, 10GBaseLR und 10GBaseER wird über das Medium (Glasfaser) eine Wellenlänge mit einer hohen Übertragunskapazität übermittelt. Somit steht der ganze Übertragungskanal exklusiv zur Datenübermittlung zur Verfügung. Durch die relativ hohe Übertragungsfrequenz verteuern sich jedoch die Übertragungskomponenten.

Wave Division Multiplexing

Beim 10 Gigabit Ethernet (10GBaseLX4) wurde erstmals das Multimode-Modulationsverfahren eingeführt. Mit Hilfe des WWDM- (Wide Wavelength Division Multiplex) Verfahrens werden in derselben Faser Lichtsignale unterschiedlicher Wellenlängen übertragen und am Ende wieder in einzelne Kanäle aufgesplittet. So lässt sich das schnelle Signal in mehrere langsamere aufteilen und parallel übertragen, wobei sich die unterschiedlichen Wellenlängen nicht beeinflussen. Nutzt man beispielsweise vier Wellenlängen, sinkt die erforderliche Bandbreite in der Glasfaser von 10 auf 2,5 GBit pro Sekunde. Wählt man den jeweiligen Wellenlängenabstand groß genug, lassen sich zudem relativ preiswerte Glasfaser-Laser einsetzen.

Physical Coding Sublayer

Die Aufgabe des Physical Coding Sublayers (PCS) besteht im Einpacken der vom MAC-Layer übernommenen Daten beziehungsweise dem Auspacken der vom Netz empfangenen Daten. Diese Vorgang wird auch als Encapsulation bezeichnet. Der Encapsulation-Prozess passt somit die Datenpakete an das jeweilige Übertragungsverfahren an.

Kodierung der Daten

Beim 10 Gigabit Ethernet Verfahren werden zwei Kodierungsverfahren verwendet:

- der 8B/10B-Code
- der 64B/66B-Code

8B/10B-Code

Beim Wave Division Multiplex-Verfahren des 10 Gigabit Ethernets (10GBaseLX4) wird der bereits aus der Gigabit-Ethernet-Variante bekannte Run-length limited-Code verwendet. Dabei werden die acht Datenbits auf 10 Übertragungsbits aufgespreizt (4 x 3,125 GBit/s). Im Standard werden die daraus resultierenden 10 Bits als eine Codegruppe bezeichnet. Dieser Code hat eine Effizienz von 80 Prozent. Der 8B10B Code weist praktisch keinen Baseline-Wander auf. In elektrische Werte umgesetzt, bedeutet dies, dass der Code keinen Gleichspannungsanteil (DC-balanced) erzeugt. Dies wird durch folgenden Trick erreicht: Für jede acht Bit Kombination wurden zwei 10 Bit-Codegruppen definiert. Die beiden Codegruppen sind so definiert, dass sie sich ergänzen. Werden zwei gleiche Codegruppen hintereinander übertragen, so enthalten die beiden Symbole immer eine genau gleiche Anzahl von Nullen und Einsen. Ein zusätzlicher Mechanismus sorgt dafür, dass die beiden einem Oktett zugeordneten Codegruppen immer abwechselnd übertragen werden. Dazu wird ein Running Disparity Flag (RD) verwendet, dass abhängig von der zuletzt gesendeten Codegruppe gesetzt oder zurückgesetzt wird. Abhängig von dem Status des RD Flags wird entweder die eine oder die andere korrespondierende Codegruppe übertragen. Der Status des RD Flags wird immer dann gewechselt, wenn eine unsymmetrische Codegruppe übertragen wird. Eine unsymmetrischen Codegruppe besteht aus einer ungleichen Anzahl von Null- und Eins-Bits.

64B/66B-Code

Alle seriellen Adaptionen des 10 Gigabit Ethernets (10GBaseSR, 10GBaseSW, 10GBaseLR und 10GBaseER) verwenden die 64B/66B- Signalcodierung. Dabei wird bei der LAN PHY die vier Output-Signale mit dem zugehörigen 8B/10B Datencode über einen 64B/66B Codec geleitet. Anschließend werden die Signale über einen Serializer/Deserializer (SerDes) mit 10.3125 GBit/s auf das Netz übertragen.

Die WAN PHY arbeit ähnlich wie die LAN PHY. Nach dem 64B/66B Codec wurde jedoch eine SONET Framing-Komponente und ein Scrambler-System eingefügt. Dadurch ergibt sich eine Datenrate von 9,95328 GBit/s.

Die 64B/66B- Signalcodierung basiert auf der besonders effizienten Block-Kodierung. Es werden nur zwei zusätzliche Bits für einen 64 Bit Datenblock benötigt. Reine Daten (D0-D7) werden in diesem Verfahren mit „01" codiert, Kontrollbytes (C0-C7, 7 Bit) und ein Gemisch aus Kontroll- und Datenbytes erhalten die Kodierung „10". Unbenutzte Bits werden als „0" übertragen.

Physical Layer

Die IEEE 802.3ae-Spezifikation definiert zwei unterschiedliche PHY-Ty-pen: die LAN PHY und die WAN PHY. Die 10 Gigabit LAN PHY unterstützt alle bisherigen Gigabit Ethernet-Applikationen. Langfristig wird erwartet, dass die LAN PHY in die neuen Wave Division Multiplexing Switches integriert wird und somit auch in die WAN-Welt hinein wächst. Zur Kompatibilität mit den existierenden WAN-Netzen wurde eine spezielle 10 Gigabit Ethernet WAN PHY entwickelt. Auf Basis dieses Standards lassen sich im WAN die vorhandenen SONET/SDH (Synchronous Optical Network/Synchronous Digital Hierarchy) Komponenten nutzen.

LAN PHY

Mit dem Gigabit Ethernet lassen sich 145 Millionen Pakete pro Sekunde über eine einzige Verbindung übertragen. Damit werden sämtliche Performance-Probleme im LAN gelöst. In diesem Bereich fokusiert sich der 10 GBit/s Standard auf den Backbone (Steigebereich) bzw. Campus-Bereich. Im Bereich der Arbeitsgruppen werden zunehmend PCs mit einer extrem hohen Prozessorleistung eingesetzt. Dem Konzept des vernetzten Computers folgend, erhöht sich folglich die Anforderungen an das Netz. Da die PCs in der Regel nur als Clients arbeiten und über das Netz direkt mit den Servern in den zentralen Serverfarmen kommunizieren, darf das Netz nicht zum Engpass werden. Dadurch wird eine Erhöhung der Bandbreite im Steige-, Backbone und Serverbereich unumgänglich. Mit 10 Gigabit-Ethernet-Switches und High Speed Routern wird die Performance mit einem Schlag um den Faktor 10 erhöht. Die zukünftige, zur Verfügung stehende Bandweite auf den Switch-zu-Switch-Verbindungen sorgt dafür, dass eine wesentlich größere Anzahl an gleichzeitig aktiven Endgeräten (Rechnern, Server) ohne Performance-Engpässe über den Backbone kommunizieren kann. Da die heute verfügbaren Server viel zu langsam für diese Technologie ist, müssen die Serververbindungen durch vorgeschaltete Proxi-Server beschleunigt werden. Diese

Geräte bilden einen Servercluster und verteilen die Netzlasten und Applikationen mit Hilfe von Multilayer-Switching-Funktionen (Schicht 4 bis 7) auf den angeschlossenen Rechnern verteilt. Damit lassen sich beispielsweise mehrere Web Server zu einer logischen HTTP-Ressource zusammenfassen. Die Clients greifen nur noch auf einen virtuellen HTTP-Service zu, und die eigentlichen physikalischen Web-Server verstecken sich dem Switch. Da die Switches als Frontend für die angeschlossenen Server arbeiten, sind Funktionen wie eine symmetrische Lastverteilung, Rechner- und Applikationsredundanz realisierbar.

WAN PHY

Mit Hilfe der WAN PHY-Funktionen kann erstmals die vorhandene SO-NET-Infrastruktur in den Weitverkehrsnetzen zur Übermittlung von Ethernet genutzt werden. Die von der 802.3ae Arbeitsgruppe definierte SONET-PHY arbeitet mit den Datenraten gemäß OC-192c/SDH VC-4-64c. Mit Hilfe dieses SONET-ähnlichen Interfaces lassen sich 10 Gigabit Ethernet Switches und Router direkt an SONET-Komponenten anschließen und die SONET-Netzinfrastruktur auf der Schicht 1 zum Transport der Daten nutzen. Sowohl die LAN- und WAN PHY müssen sämtliche von der IEEE 802.3ae definierten PMD Sublayer unterstützen. Aus diesem Grund unterscheiden sich die maximalen Reichweiten beider Technologien nicht. Die WAN PHY unterscheidet sich von der LAN PHY durch den im PCS Encoding Sublayer integrierten SONET Framer. Um eine preiswerte WAN PHY Implementationen zu gewährleisten, verzichtete die 802.3ae Arbeitsgruppe auf eine volle Konformität mit sämtlichen SO-NET-Funktionen (Jitter, Stratum Clock usw.). Nur die WAN PHY erbringt minimale SONET-Dienste (Framing) und die Unterstützung der SONET/SDH-Datenrat von 9.58 GBit/s.

Bereits sehr früh im Standardisierungsprozess wurde von der IEEE-Arbeitsgruppe eine einheitliche PHY zur Unterstützung von LAN- und WAN-Anwendungen (inklusive der SONET Framing-Funktionalität in a

WAN Interface Sublayer (WIS)) vorgeschlagen. Momentan versuchen die Chipset-Hersteller, eine solche Lösung zu realisieren. Diese einheitliche LAN/WAN PHY wird daher die Basis für die kommenden Switch- und Router-Generationen bilden.

Für den WAN-Bereich werden in der 802.3ae-Gruppe inzwischen schon Netzausdehnungen von bis zu 100 Kilometer diskutiert. Damit werden die Anbieter von Fernmeldediensten, Internet Service Provider (ISPs) und Network Service Provider (NSPs) adressiert. Dem 10 Gigabit Ethernet wird besonders im MAN-Bereich eine reelle Chance eingeräumt, sich gegen die etablierten Telekommunikationstechniken durchzusetzen. Besonders im MAN-Bereich erfordern neue Applikationen neue Dienste. Hierzu gehören beispielsweise:

‣ Die Zusammenführung verteilter LAN-Segmente zu einem integrierten Corporate Network.

‣ Die Verbindung von Backend-Servern bzw. Serverfarmen.

‣ Verbindungen innerhalb von Points of Presence (PoP) zwischen schnellen Servern bzw. schnelle Verbindungen zwischen verteilten PoPs.

‣ Übermittlung und Verteilung von Video- und Audio-Streams.

‣ die Content – und Application-Service-Provisioning- (CSP und ASP) Dienste.

Die über die WAN PHY an ein SONET/SDH- oder an anderes optische Netzwerk angeschlossenen Kommunikationskomponenten (Switches oder Router) ermöglichen die problemlose Ausdehnung des Ethernets über die bisherigen Grenzen des LANs hinweg. Im Folgenden wird die Funktion des 10 Gigabit Ethernets über ein SONET/SDH-Netz (siehe Abbildung 5) dargestellt. Die beiden Router verfügen jeweils über eine 10 Gigabit Ethernet WAN PHY, die über ähnliche Interfaces in den SONET/SDH-Komponenten (Line Termination Equipment, LTE) über das MAN/WAN kommunizieren.

Über die WAN PHY wirken die beiden Router (A und B), wie wenn diese direkt über eine Ethernet-Verbindung angeschlossen sind. Damit lassen sich zwischen den beiden Routern die jeweiligen QoS-, CoS-Definitionen und das Verkehrsmanagement direkt umsetzen. Zur Vereinfachung des gesamten Managementprozesses im LAN wie auch im WAN stellt die WAN PHY nicht nur die Link-spezifischen Managementdaten, sondern auch einige SONET/SDH Managementinformation zur Verfügung. Damit kann sowohl der MAN-Betreiber wie auch der Betreiber der Router ein Performance-Monitoring und eine qualifizierte Fehlerbehebung im gesamten Netz durchführen. Die SONET/SDH Managementinformation werden durch den zusätzlichen WAN Interface Sublayer (WIS) bereitgestellt.

Die Verarbeitung eines Datenpakets im Router A beginnt auf der IP-Ebene. Die IP-Funktionen leiten den seriellen IP-Datenstrom an die 10 Gigabit Ethernet MAC-Schicht weiter. Diese erbringt die notwendige Adressierung und verpackt die Daten in ein Ethernet-Paket. Die MAC-Schicht überträgt das Paket an den 64b/66b Encoder. Der 64b/66b Encoder generiert 66 Bitworte, welches jedes aus 64 Datenbits besteht. Diese 66 Bitworte werden als kontinuierlicher Bitstrom an den WIS weiter gereicht. Vom WIS werden die Daten als 16 Bitworte über das optischen Transceiver-Modul (der jeweilige PMD-Typ) auf das Glasfasermedium übertragen. Gegenüber dem 10 Gigabit Ethernet WAN PHY Link, zwischen Router A und dem LTE, sitzt das korrespondierende Interface in der entsprechenden SONET/SDH LTE-Komponente. Die PMD des Interfaces empfängt die optischen Signale und wandelt diese in einen elektrischen Bitstrom zurück und legt diese in einem Jitter-Puffer ab. Die LTE-Komponente ist für das Retiming der Datenbits und den Transport der Daten von der asynchronen 10 Gigabit Ethernet WAN PHY auf das synchrone SONET/SDH Netz verantwortlich. Die Zeitsynchronität zum SONET/SDH-Netz wird mit Hilfe von Pointern innerhalb der SONET/SDH- Managementinformation erreicht. Nachdem die LTE-Komponente die notwendigen Anpassungen der Managementinformation vorgenommen hat, wird der Bitstrom auf das SONET/SDH Netz übertragen.

Empfängt am anderen Ende des SONET/SDH Netzes, beginnt die LTE-Komponente mit der umgekehrten Abarbeitung der Kommunikationsprozesse. Zuerst wird die mitgelieferte Managementinformation gelesen und entsprechend den Anforderungen verändert. Da der Clock des SONET/SDH Netzes wesentlich akkurater als der asynchrone 10 Gigabit Ethernet Clock arbeitet, entfällt das Retiming durch die LTE-Komponente und der Bitstrom kann direkt über die 10 Gigabit Ethernet WAN PHY auf das angeschlossene Linksegment übertragen werden. Beim Empfang der Daten durch Router B wandelt die PMD das optische Signal in ein 16 Bit elektrisches Signal um. Anschließend wird dieses Signal vom WIS-Modul bearbeitet, der SONET/SDH Header entfernt und die spezifischen Managementinformationen abgelegt. Der aus diesem Vorgang resultierende 64b/66b PCS Bitstrom wird an den Decoder weitergeleitet und die 64 Datenbits aus dem 66 Bit Codeworte extrahiert. Diese Daten übernimmt der MAC-Layer, der anschließend die Adressen und das CRC-Feld überprüft und die Header-Informationen entfernt.

Die SONET/SDH Interfaces und die 10 Gigabit Ethernet WAN benutzen zwar gemeinsam die gleichen SONET/SDH Managementinformation, weisen jedoch keine weiteren Gemeinsamkeiten auf. SONET/SDH Systeme verwenden zur Synchronisierung der Daten hoch-akkurate Clocks und bauen damit eine synchrone Clock-Hierarchie auf. Bei der Übermittlung über mehrere SONET/SDH Segmente werden die Clock zur Steuerung der integrierten Signalregeneratoren eingesetzt. Eine 10 Gigabit Ethernet WAN PHY arbeitet dagegen wie jedes andere asynchrone Netzinterface. Jeder Link stellt hierbei eine separate Clock Domain für den angeschlossenen Link dar. Auch die über die 10 Gigabit Ethernet WAN PHY bereitgestellte SONET/SDH Managementinformation sollte nicht darüber hinweg täuschen, dass nur ein Teil der SONET/SDH-Möglichkeiten implementiert wird. Komplexe SONET/SDH Funktionen (beispielsweise Protection Switching) sind deshalb von der 10 Gigabit Ethernet WAN PHY nicht zu erwarten. Einzig die 802.3 Link Aggregation-Funktion zur Bandbreitenerweiterungen über eine zweite Verbindung wird von der 10 Gigabit Ethernet WAN PHY unterstützt.

Gigabit Ethernet im MAN über Dark Fiber und DWDM

Das 10 Gigabit Ethernet lässt sich als Backbone-Technologie in Metropolitan Area Networks (MANs) und in Citynetzen mit 70 bis 100 Kilometern Ausdehnung einsetzen. Wie bereits das Gigabit Ethernet wird auch das 10 Gigabit Ethernet als reine Backbone-Technologie eingesetzt. Hierbei kann die neue Ethernet-Variante sowohl direkt über Dark Fiber-Netze oder auch auf Basis des Dense Wave Division Multiplexings (DWDM) übermittelt werden. Dark Fiber-Netze bestehen aus reinen Glasfaserkabeln (meist von einem Fremdanbieter angemietet), an die noch keine Netzendgeräte angeschlossen sind. Für beide Varianten sind 10 Gigabit Ethernet optische Transceiver und Monomodefasern notwendig.

5 Token Ring (IEEE 802.5)

Der IEEE 802.5 Token Ring Standard basiert auf den Definitionen des Physical Layers und des MAC Sub-Layers. Dieser Standard wurde stark von der Firma IBM beeinflusst. Als eigentlicher Erfinder des Token-Verfahrens gelten die Bell-Laboratorien, die das Token-Verfahren Ende der 60er Jahre. entwickelten. Die Firma IBM erwarb die Rechte an diesem Übermittlungsverfahren und entwickelte es weiter. Seit Mitte der achtziger Jahre sorgte IBM durch ihre Marktmacht für eine massenhafte Verbreitung von Token Ring Komponenten im Rahmen des IBM-Verkabelungs-Systems (IVS).

Die ersten Generationen von Token Ring Komponenten arbeiteten ausschließlich mit einer Übertragungsrate von 4 Mbit/s. Ende der achtziger Jahre wurde durch Erweiterung des Standards eine weitere Übertragungsgeschwindigkeit von 16 Mbit/s zugelassen. Das erste standardisierte Übertragungsmedium für den Token Ring war die paarweise geschirmte, verdrillte Vierdrahtleitung (STP). Anforderungen nach höherer Übertragungsreichweite machten jedoch den Einsatz von Glasfaserumsetzern nötig. Deshalb wird im Moment versucht die unterschiedlichen Anforderungen an die Glasfaserübertragung zu vereinheitlichen. Die Standardisierung im Lobe-Bereich ist bereits im 802.5j Standard festgeschrieben. Im Trunk-Bereich (RI/RO) ist noch keine Standardisierung erfolgt und die Kompatibilität zwischen Komponenten unterschiedlicher Hersteller meist nicht gewährleistet.

Der Token Ring ist ein Zugangsverfahren, das, aufbauend auf einer sternförmigen Verkabelung, eine logische Ringstruktur realisiert. Das Zugangsprotokoll ist deterministisch und die Übertragung erfolgt unidirektional, so dass die Stationen genau einen Eingang zum Empfangen und einen Ausgang zum Senden haben. Dadurch besitzt jedes Endgerät genau einen definierten Vorgänger und Nachfolger. Alle an den Ring angeschlossenen Geräte werden gleichmäßig mit dem gesamten Verkehr belastet. Da bei den gängigen Zugriffsverfahren alle Daten durch die einzelnen Stationen hindurchgereicht werden, führt nicht nur der Ausfall des Kabels, sondern auch der Ausfall einer Station zum Zusammenbruch der gesamten Kommunikation. Um diesen gravierenden Nachteil zu verhindern, bedient man sich eines Doppelringes, so dass nicht nur Kabeldefekte, sondern auch das Ausfallen einer Station aufgefangen werden kann. Die Netzwerkverteilgeräte werden bei der Token Ring Technik als Multistation Access Unit bzw. Ringleitungsverteiler bezeichnet.

Die Ring In (RI) und Ring Out (RO) Anschlüsse eines Ringleitungsverteilers sorgen für die Verbindung zwischen den Ringleitungsverteilern innerhalb des Rings und sind immer redundant aufgebaut. Diese Geräte gewährleisten durch eine Verkettung (daisy-chaining) der Kabel den eigentlichen physikalischen Ring. Über die Ringleitungsverteiler werden mittels der Lobe-Ports die einzelnen Endgeräte in den Ring eingeschleift. Der Ringleitungsverteiler schleift ein Endgerät in den Ring nur ein, wenn:

- die Station physikalisch mit dem Ringleitungsverteiler verbunden ist,
- die Station eingeschaltet ist und den Ringleitungsverteiler mit einer Gleichspannung versorgt. Der Gleichspannungsanteil auf der Datenleitung hat keinen Einfluss auf die Datensignale. Aus diesem Grund wird der Gleichspannungsanteil auch als Phantom-Spannung, bezeichnet.
- Intelligente Ringleitungsverteiler achten auch darauf, dass die Station mit der richtigen Geschwindigkeit (4 bzw. 16 Mbps) in den Ring geht.

Die Datenübertragung auf dem Token Ring erfolgt nach dem Token Passing Verfahren. Auf dem Ring kreist ein Frei-Token, das durch eine 24 Bits (3 Byte) lange Sequenz (Startsequenz, Zugriffskontrolle und Endesequenz) realisiert wird. Wenn eine Station Daten auf dem Ring übertragen will, ändert sie das Token-Frame in ein Daten-Frame um und versieht es mit ihrer eigenen Adresse (Source Address), der Zieladresse (Destination Address), den zu übertragenden Daten sowie den restlichen Feldern, die ein Date- Frame komplettieren. Dieses Datenpaket durchläuft nun alle nachfolgenden Stationen, die es lesen und wieder auf den Ring schicken. Die Zielstation, die im Header des Frames adressiert ist, erkennt ihre Adresse, kopiert sich die Daten und indiziert im Frame, dass sie das Datenpaket empfangen und erfolgreich eingelesen hat. Ist während der Übertragung ein Fehler aufgetreten und konnte die Zielstation das Paket nicht richtig einlesen, kennzeichnet sie dies ebenfalls im Frame als empfangen aber nicht fehlerfrei kopiert.

Die sendende Station nimmt das Datenpaket wieder vom Ring, wenn es bei ihr eintrifft und sendet ein Token, wodurch die anderen Stationen wieder Zugriff auf den Ring erlangen können. Des Weiteren überprüft sie, ob die Zielstation das Paket empfangen und korrekt eingelesen hat. Bei nicht korrektem Empfang sendet sie das Paket erneut, sobald sie wieder in Besitz des Tokens gelangt.

Die Übermittlung von Daten in Token-Passing-Systemen verlangt, dass die übermittelnde Station das Token besitzt. Die Datenübermittlung kann aufrecht erhalten werden, bis die Token Holding Time (THT) abgelaufen ist. Der Wert THT definiert die Zeit, die einer Station für die Datenübermittlung zugeteilt wird, wenn sie in Besitz eines Token gelangt. Spätestens nach Ablauf dieser Zeit muss ein neuer Frei-Token erzeugt werden und auf das Netzwerk gesendet werden, so dass eine andere Station Daten übermitteln kann. Stellt die Sendestation fest, dass nach Übertragung des kompletten Datenrahmens die THT-Zeit noch nicht abgelaufen ist, so können bei Bedarf noch weitere Daten gesendet werden.

Beim 16 Mbit/s Token Ring Verfahren wird sofort nach dem Aussenden des letzten Datenrahmens ein neuer Frei-Token generiert. Dieses Verfahren wird auch als Early Token Release bezeichnet.

Eine Token Ring Station empfängt über den Ring kontinuierlich Datenpakete oder Frei-Token-Frames. Beim Empfang von Datenpaketen wird folgender Empfangs-Algorithmus verwendet:

▸ Der Empfänger untersucht jedes empfangene Paket und stellt fest, ob sich im betreffenden Paket LLC- oder MAC-Daten befinden, die verarbeitet werden müssen, oder ob es sich bei dem empfangenen Datenpaket um einen Frei-Token handelt. Dabei darf der Empfänger nur eine 1 Bit Wartezeit in die Laufzeitverzögerung „injizieren". Dies bedeutet in der Praxis, dass diese Station nur eine Bit-Zeit zur Aufzeichnung und Untersuchung des Paketinhalts benötigen darf.

▸ Handelt es sich bei dem empfangenen Paket um einen Datenrahmen, so wird die Zieladresse (Individual-, Gruppen- oder „Broadcast-" Adresse) untersucht. Dabei stellt der Empfänger fest, ob das betreffende Paket für ihn bestimmt ist.

▸ Ist dies der Fall, wird der Datenrahmen so lange kopiert, bis das Ende der Rahmenbegrenzung erkannt wird. Gleichzeitig wird das Datenpaket vom Sendeteil des Kontroller automatisch an die nächste Station weitergeleitet. Anschließend berechnet der Empfänger die Prüfsumme und vergleicht diese mit dem CRC-Eintrag des Datenpakets. Entsprechend der Prüfung wird anschließend der Fehlerstatus im Token gesetzt. Außerdem signalisiert der Empfänger durch das Signalisierungsbit im Token, dass er das Datenpaket empfangen hat.

▸ Anschließend werden die Daten aus dem Frame ausgepackt und an das nächsthöhere Protokoll weiter geleitet.

Die 802.5-MAC-Schicht kann lediglich Fehler erkennen, jedoch nicht korrigieren. Die Fehlererkennung des Token Rings erfolgt durch eine zyklische 32-Bit-Blockprüfung (CRC). Der Sender eines Datenpakets erzeugt beim Verschicken der Daten eine Frame-Prüfsumme (FCS) unter Verwendung des CRC-Algorithmus und fügt diese Sequenz dem Frame an. Beim Empfang berechnet der Empfänger der Message erneut die Prüfsumme des Datenpakets. Danach wird die lokale Frame-Prüfsumme wird mit der im Datenpaket enthaltenen Prüfsumme verglichen. Sind beide

Prüfsummen identisch, so wurden die Daten korrekt übertragen. Ansonsten wurde das Datenpaket bei der Übertragung zerstört. Folglich wird das Datenpaket vom Empfänger abgelehnt. Ein solches fehlerhaftes bzw. abgelehntes Datenpaket wird im „Ende"-Begrenzungsfeld durch das Fehlerbit gekennzeichnet. Da die sendende Station alle gesendeten Frames nach einem vollen Ringumlauf wieder erhält, ist der Absender eines Datenpakets jederzeit in der Lage, auf diese Fehlermeldungen zu reagieren.

Die MAC-Schicht

Die minimale Länge eines IEEE 802.5 Pakets beträgt 22 Bytes. Der Paketrahmen beginnt immer mit dem Start Delimiter-Feld (SD). Dies ist die Sequenz „JK0JK000". Die JK-Bits sind nach der Differential Manchester Codierung definierte Signal-Störungen, die nur von den Empfänger ausgewertet werden. Die Zugriffs-Kontrolle (AC Access Control) enthält die drei Prioritäts-Bits (P), die Reservierungs-Bits (R), das Token-Bit (T) und das Monitor-Bit (M). Durch das Token-Bit wird ein Token (0) von einem Datenrahmen (1) unterschieden. Das „M"-Bit wird vom Monitor benutzt, um kontinuierlich rotierende Datenpakete zu erkennen. Dieser Fall tritt ein, wenn ein Sender sein eigenes Datenpaket nicht vom Ring nimmt. Die „P"- und „R"-Bits werden zur Entscheidung, welche Station den Token erwerben kann und über welche Priorität der nächste generierte Token verfügt, benutzt.

SDEL 1 Byte
Access Control 1 Byte
Frame Control 1 Byte
Destination Address 6 Byte
Source Adresse 6 Byte
Route Information 0-30 Byte
LLC oder MAC Info variabel
FCS 4 Byte
EDEL 1 Byte
Frame Status 1 Byte

Abbildung 5.1: Token Ring Frame

Starting Delimiter (SDEL)

Mit dem Starting Delimiter wird dem Empfänger bekannt gegeben, wann ein Datenpaket beginnt. Das SD-Feld besteht aus der Sequenz „JKOJK000".

Access Control (AC)

Die Zugriffs-Kontrolle (AC Access Control) enthält die folgenden Prioritäts-Bits (P): die Reservierungs-Bits (R), das Token-Bit (T) und das Monitor-Bit (M). Durch das Token-Bit wird ein Token (0) von einem Datenrahmen (1) unterschieden. Das „M"-Bit wird vom Monitor benutzt, um kontinuierlich rotierende Pakete zu prüfen, d. h. wenn ein Sender seinen eigenes Datenpaket nicht vom Netz nimmt. Die „P"- und „R"-Bits können zur Prioritätssteuerung benutzt werden.

Abbildung 5.2: Access Control Bits

- ▸ PPP: Prioritätsbits
  - ▸ 000: niedrigste Priorität.
  - ▸ 111: höchste Priorität
- ▸ T: Token Bit
  - ▸ 0: Token.
  - ▸ 1: Frame.
- ▸ M: Monitor Count
  - ▸ 0: Initialwert

Modifiziert zum aktiven Monitor

- ▸ RRR: Reservierungsbits
  - ▸ 000: niedrigste Prioritätsreservierung
  - ▸ 111: höchste Prioritätsreservierung

Frame Control (FC)

Das erste Datenfeld ist die Frame Control (FC) (Rahmensteuerung). Steht
an der Stelle „FF" ein „00", bedeutet dies ein MAC-PDU, ein „01" bedeutet ein LLC-Rahmen. Das CCCCCC-Feld definiert die Control-Bits des Datenpakets.

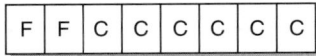

Abbildung 5.3: Frame Control Bits

Frame Type:
- ▸ 00: MAC Frame
- ▸ 01: LLC Frame
- ▸ 11 oder 10: nicht definiert

Control-Bits:
000000   Normal Bufferd
000001   Express Bufferd
000010   Beacon

000011	Claim Token
000100	Ring Purge
000101	Active Monitor Present
000110	Standby Monitor Present
000111	Duplicate Address Test
001000	Lobe Media Test
001001	Transmit Forward
001011	Remove Ring Station
001100	Change Parameters
001101	Initalize Ring Station
001110	Request Station Addresses
001111	Request Station State
010000	Request Station Attachment
100000	Request Station Initalization
100010	Report Station Addresses
100010	Report Station State
100100	Report Station Attachment
100101	Report Station New Aktiv Monitor
100110	Report SUA Change
100111	Report Neighbor Notification Incomplete
101000	Report Aktiv Monitor Error
101001	Report Error

Destination Adresse (DA)

Enthält die 48 Bit lange Zieladresse. Jede Workstation, jeder Rechner, File Server oder ein anderes Gerät an einem lokalen Netz muss nach den Spezifikationen der internationalen Standardorganisation (ISO) über eine eigene unverwechselbare Hardwareadresse verfügen. Eine solche Hardware Adresse besteht entweder aus einer 16 Bit oder 48 Bit langen hexadezimal codierten Zahl. Die 16 Bit (2 Byte) langen Adressen werden heute nicht mehr verwendet und wurden vom IEEE Gremium nur zur Rückwärtskompatibilität mit älteren LAN-Typen übernommen.

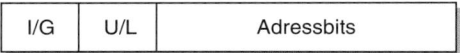

Abbildung 5.4: Destination Adresse

- I/G Individual / Group Address
  - 0 Individuelle Adresse
  - 1 Gruppenadresse
- U/L Universal /Local Address
  - 0 Universelle Adresse
  - 1 Lokal administrierte Adresse

Folgende funktionalen Adressen wurden bisher definiert:

C00000000001:	Aktiver Monitor
C00000000002:	Ring Parameter Server
C00000000080:	Ring Error Monitor
C00000000010:	Configuration Report Server
C00000000100:	Bridge
C000FFFFFFFF:	Broadcast
FFFFFFFFFFFF:	Broadcast

Source Adresse (SA)

Enthält die 48 Bit lange Absenderadresse.

RII	I/G	Adressbits

Abbildung 5.5: Source Adresse

- ▸ RII: Routing Information Indicator:
  - ▸ 0: RI nicht gesetzt
  - ▸ 1: RI aktiviert
- ▸ I/G: Individual/Group Address:
  - ▸ 0: Gruppenadresse
  - ▸ 1: Individuelle Adresse

Route Information

Das erste Bit (RII) der Quelladresse wird zur Signalisierung des Source Routing-Verfahren genutzt. Ist das RII-Bit auf den Wert 1 gesetzt, so wird angezeigt, dass zusätzliche Weginformationen (Routing Informations) im Datenpaketes enthalten sind. Diese zusätzliche Information kann bis zu 16 Byte lang sein und beschreibt den kompletten Pfad von der Quellstation zu der Zielstation, die das Datenpaket zurücklegen muss.

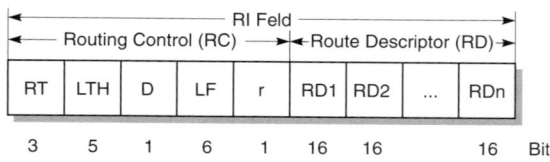

Abbildung 5.6: RI-Feld

Routing Type (RT)

0xx	Source Routing Frame
10x	All Route Explorer Frame
11x	Single Route Broadcast

Token Ring route information structure

Length (LTH)
Länge der gesamten Route-Information

Direction Bit (D)

0	Forward
1	Reverse

Largest Frame (LF)

000	516 Bytes
001	1500 Bytes
010	2052 Bytes
011	4472 Bytes
100	8144 Bytes
101	11407 Bytes
110	17800 Bytes
111	65535 initial

Reserved-Bit (r)

Route Descriptor (RD1... RDn)
Setzt sich aus der jeweiligen Ringnummer (12 Bit) und der Bridge Nummer (4 Bit) zusammen.

Information
Das Informationsfeld enthält die LLC- oder MAC-Daten.

MAC-Informationen

Die MAC-Datenstruktur hat folgendes Format:
Abbildung 5.7: Abbildung 5.9: Token Ring MAC Informationsstruktur

Major Vector Length (VL)
Spezifiziert die Länge des Vektors in Oktett.

Major Vector Identifier (VI)
Definiert den Code Point des Vektors. Der Vector Identifier hat folgendes Format:

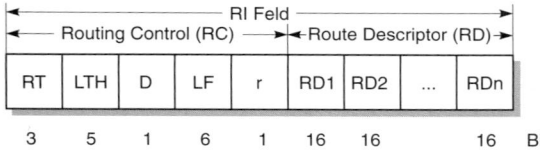

Abbildung 5.8: Token Ring Major Vector Identifier

Destination Class / Source Class

Das Class-Feld sorgt für die korrekte Verteilung des Pakets innerhalb einer Ringstation. Folgende Werte wurden definiert:

0	Ring station
4	Configuration report server
5	Ring parameter server
6	Ring error monitor

Major Vector Code

Dient der eindeutigen Identifizierung eines Vektors. Folgende Werte wurden definiert:

0x00	Response
0x02	Beacon
0x03	Claim token
0x04	Ring purge
0x05	Active monitor present
0x06	Standby monitor present
0x07	Duplicate address test
0x08	Lobe media test
0x09	Transmit forward
0x0B	Remove ring station
0x0C	Change parameters
0x0D	Initialize ring station

0x0E	Request station addresss
0x0F	Request station state
0x10	Request station attachment
0x20	Request initialization
0x22	Report station addresses
0x23	Report station state
0x24	Report station attachment
0x25	Report new active monitor
0x26	Report SUA change
0x27	Report neighbor notification incomplete
0x28	Report active monitor error
0x29	Report error

Sub-Vector Length (SVL)
Definiert die Länge des Sub-Vektors in Oktett.

Sub-Vector Identifier (SVI)
Dient der eindeutigen Identifizierung des Sub-Vektors. Folgende Werte wurden definiert:

0x01	Beacon type
0x02	Upstream neighbor addresses next
0x03	Local ring number
0x04	Assign physical drop number next
0x05	Error timer value
0x06	Authorized function classes next
0x07	Authorized access priority
0x08	Authorized environment
0x09	Correlation
0x0A	SA of last AMP or SMP
0x0B	Physical drop number
0x20	Response code

0x21	Reserved
0x22	Product instance ID
0x23	Ring station version number
0x26	Wrap data
0x27	Frame forward
0x28	Station identifier
0x29	Ring station status
0x2A	Transmit status code
0x2B	Group address(es)
0x2C	Functional address(es)
0x2D	Isolating error count
0x2E	Non-isolating error count
0x2F	Function request ID
0x30	Error code.

Sub-Vector Value (SVV)
Enthält die eigentlichen Sub-Vektor Information.

LLC-Informationen

Die LLC-Datenstruktur hat folgendes Format:

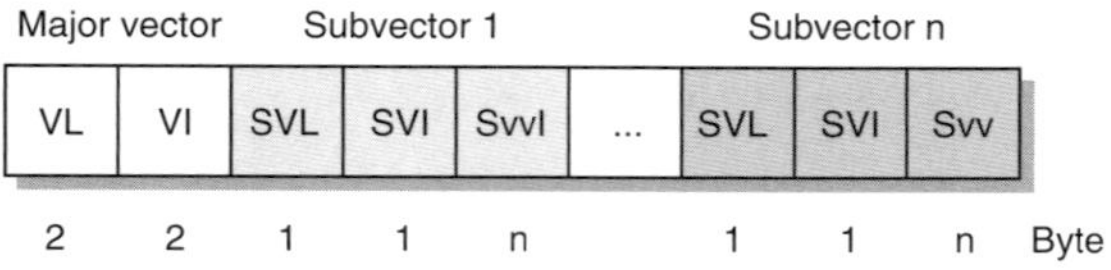

Abbildung 5.9: LLC-Datenstruktur

Destination Service Access Point (DSAP)

Die LLC Service Access Points (LSAPs) definieren den Zugang zum nächst höheren/tieferen Protokoll. Aus diesem Grund werden die 1 Byte langen Destination- und Source Adressen als Destination Service Access Point

(DSAP) bzw. Source Service Access Point (SSAP) genannt. Das IEEE Komitee hat die Link Service Access Point Adressen bisher folgende Werte festgelegt:

Link Service Access Point (IEEE) Beschreibung

binär		dezimal
00000000	Null SAP	0
01000000	Indiv LLC Sublayer Mgt	2
11000000	Group LLC Sublayer Mgt	3
00100000	SNA Path Control	4
01100000	IP	6
01110000	PROWAY-LAN	14
01110010	EIA-RS 511	78
01111010	ISI IP	94
01110001	PROWAY-LAN	142
01010101	SNAP	170
01111111	ISO DIS 8473	254
11111111	Global DSAP	255

Source Service Access Point (SSAP)

Entspricht von den Werten und der Funktion den Destination Service Access Points.

Control Field (CTL)

Das Control-Feld muss bei der Übermittlung auf folgende Werte gesetzt werden:

‣ 0x03 - SNAP Header ist vorhanden
‣ 0xxxxxxx - Information 7 Bits Transmitter Sequence Number
‣ 10000000 - Supervisory Receive Ready

- ▸ 10010000 - Supervisory Reject
- ▸ 10100000 - Supervisory Receive Not Ready

Organizationally Unique Identifier (OUI)
Das Organizationally Unique Identifier-Feld wird bei der Übermittlung von IP-Paketen nicht benutzt und muss deshalb immer auf den Wert 000000 (hex) gesetzt werden.

EtherType (ET)
Das Ethertype-Feld definiert das nachfolgende höhere Protokoll und muss bei der Übermittlung von IP-Paketen immer auf den Wert 0800 (hex) gesetzt werden.

Frame Check Sequence (FCS)
Mit der 4 Bytes langen Frame Check Sequence (FCS) wird die Gültigkeit eines Datenpakets nach der Übertragung überprüft.

Ending Delimiter (ED)
Der 1 Byte lange End-Begrenzer (ED) besteht aus JK-Bits und signalisiert dem Empfänger, dass hiermit das eigentliche Datenpaket beendet ist.

Frame Status (FS)
Das Frame Status Feld (FS) baut sich wie folgt auf: das Adress (A)-Bit drückt aus, ob die Adresse von einem Empfänger erkannt wurde oder nicht. Das (C)-Bit zeigt an, ob der Rahmen von einem Empfänger kopiert wurde. Die rr-Bits sind für spätere Funktionen reserviert. Da das Frame Status-Feld nicht durch die Token Prüfsumme abgedeckt wird, erfolgt eine Duplizierung der ersten Bytehälfte.

Darstellung der Bits/Bytes bzw. der Adressen

Bei der Übermittlung eines Datenbytes auf einen Token Ring wird immer das Bit mit der höchsten Ordnung zuerst auf das Netz übermittelt. Die Darstellung, bei denen das most significant Bit zuerst übermittelt wird, bezeichnet der Fachmann auch als Big-Endian Darstellung. Im folgenden Beispiel wird dargestellt, wie eine hexadezimale 08-00-02-00-12-11 in der Binärform aussieht und welcher binäre Datenstrom auf den Token Ring übermittelt wird:

- Adresse: 08-00-02-00-12-11
  - Binär: 0000 1000 0000 0000 0000 0010 0000 0000 0001 0010 0001 0001
  - Kabel: 0000 1000 0000 0000 0000 0010 0000 0000 0001 0010 0001 0001

Maximum Transmission Unit

Die IEEE 802.5 Netze verfügen über eine variable Paketlänge. Im Standard wurden folgende Regelungen getroffen:

4 MBit/s

Die Maximum Transmission Unit (MTU) beträgt zwischen 256 und 4472 Oktett. Als default Einstellung für die MTU wird bei 4 MBit/s Token Ringen allgemein 2002 Oktetts verwendet.

16 MBit/s

Die Maximum Transmission Unit (MTU) beträgt zwischen 255 und 17800 Oktett. Als default Einstellung für die MTU wird bei 16 MBit/s Token Ringen allgemein 8188 Oktetts verwendet.

Für das im Token Ring verwendete Source Routing Verfahren wird das Adress-Schema erweitert. Dabei wird das erste Bit der Quelladresse als Informationsindikator benutzt, ob ein Source Routing Informationsfeld folgt. Wird dieses Bit (Routing Information Indicator, RII) auf den Wert

1 gesetzt, so wird angezeigt, dass zusätzliche Weginformationen (Routing Informations) im Kopf des Datenpakets enthalten sind. Diese zusätzliche Information kann bis zu 16 Byte lang sein und beschreibt den kompletten Pfad von der Quellstation zur Zielstation, die das Datenpaket zurücklegen muss. Um diese Funktion erfüllen zu können, muss jedem LAN Subnetz eine eigene, unverwechselbare Netznummer zugeordnet werden. Zusätzlich zu der Ringnummer wird jedoch noch eine weitere Information benötigt, um die Route zwischen Quelle und Ziel vollständig zu beschreiben. In der Praxis kann es vorkommen, dass aus Gründen der Zuverlässigkeit zwischen zwei Subnetzen mehr als eine Bridge die Verbindung ermöglicht. Werden in dieser Weise parallele Bridges aufgebaut, so müssen sie mit einer unverwechselbaren Kennung (Bridge ID) versehen werden. Die Routing Information ist im Prinzip eine Liste aller Subnetze und Bridges, die das Paket durchlaufen muss.

Werden in Netzen Source Route Bridges eingesetzt sorgt der Wegfindungs-Prozess vom Sender zum Empfänger erst für die endgültige MTU für den jeweiligen Pfad. Diese Information wird in einem Subfeld des Routing Information-Feld übermittelt. In der folgenden Tabelle sind die möglichen Werte für das RIF-Subfeld und die daraus resultierenden MTU-Werte aufgelistet:

LF (binär)	MAC MTU	IP MTU
000	552	508
001	1064	1020
010	2088	2044
011	4136	4092
100	8232	8188

Einschalten einer Station in den Ring

Beim Initialisieren oder Zurücksetzen einer Station werden die folgenden Prozesse aktiviert:

1. Sämtliche Timer werden auf Null gesetzt und der Ausgleichspuffer gelöscht. Anschließend wird der Timer Standby Monitor (TSM) gestartet.

2. Die Zeitgeber werden synchronisiert und die Station versucht die Taktsynchronisation mit dem Ring-Monitor aufzunehmen. Die Station erreicht diese Synchronisation durch das Warten auf den Empfang auf eine Active Monitor Present- (AMP) - oder Purge Ring - (PRG) Frame. Die AMP- oder PRG-Frames werden von einem aktiven Monitor im Ring ausgesendet.

   ‣ Wird über den Ring kein AMP empfangen, versucht die Station die Rolle des Monitors zu beanspruchen. Dabei generiert diese Station einen Claim Token-Frame und sendet diese Sequenz auf den Ring. Erreicht dieser die Ausgangsstation ohne eine Änderung des Bit-Status, erlangt diese Station den Status eines Monitors.

   ‣ Nach dem Empfang des Signals „aktiver Monitor vorhanden" (AMP) untersucht die Station das Vorhandensein einer anderen Station mit der gleichen Adresse. Hierfür gibt es ein spezielles Frame, das Duplicate Address Test (DAT)-Frame verwendet. Ein DAT-Frame besitzt die gleiche Zieladresse wie der Absender. Verfügt eine andere Station im Ring über die gleiche Adresse wie der Absender, so wird diese Adresse erkannt und durch das Frame Copy-Bit signalisiert.

   ‣ Der eigentliche Absender empfängt nach einem vollen Ringumlauf seinen ausgesendeten Frame über den Empfangteil des Token Ring Contollers. Entspricht der Wert der AC-Bits im empfangenen

DAT-Frame dem Wert Null, wird automatisch in den Bereitschaftsstatus gewechselt, da es keine andere Station mit der gleichen Adresse im Ring gibt.

- Befindet sich bereits eine aktive Station mit dieser Adresse im Ring, geht die Station in den Überbrückungs-Modus zurück und das Phantom-Signal wird gelöscht.

- Befindet sich die Station aktiv im Ring, wird der normale Ringbetrieb aufgenommen.

Diagnose und Steuerung

Nachdem ein Netzwerk installiert und in Betrieb genommen wurde, besteht die Notwendigkeit, es kontinuierlich zu überwachen. Dadurch wird die Leistungsfähigkeit und Effektivität des Netzwerkes sichergestellt und Fehler können schnell und gezielt behoben werden. Eine kontinuierliche Diagnose und Überwachung bildet die Basis für eine erfolgreiche präventive Wartung des Netzes. Diese Anforderungen setzen jedoch voraus, dass eine kontinuierliche Aufzeichnung der Leistungsdaten erfolgt. Etwaige Anomalien des Netzwerkes können sofort mit Werten der Vergangenheit verglichen werden und weisen automatisch auf das aufgetretene Problem hin.

Aktiver Monitor

Der aktive Monitor ist für die Integrität des Tokens verantwortlich. Der aktive Monitor umfasst folgende Funktionen:

- Generierung des Tokens und die Sicherstellung, dass der Token im Ring kreist.

- Beseitigung ungültiger Frames und Sicherstellung, dass der Token nur einmal um den Ring läuft.

- Sicherstellen, dass der Ring den kompletten Token aufnehmen kann.

- Taktgeber für alle Ringstationen.

- Kompensierung der akkumulierten Ring Synchronisations-Phasenverschiebung.

Eines der wichtigen Monitormerkmale ist der Verzögerungspuffer. Es handelt sich hier um eine Art Schieberegister, das sicherstellt, dass der Ring immer ein Token enthält. Weiterhin kompensiert das Schieberegister die Ring-Phasenverschiebung. Deswegen muss der Verzögerungspuffer mindestens 24 Bits lang sein. Diese 24 Bit entsprechen der Größe eines Tokens. Ein einzelner physischer Ring ist auf 250 Stationen und/oder Geräte begrenzt. Die Datensignalrate ist innerhalb von +/- 0.01 % der 4 oder 16 MBit/s spezifiziert. Die akkumulierte Phasenverschiebung bei einem 4 MBit/s-Ring liegt deshalb bei +/- 4 Bits und bei einem 16 MBit/s-Ring bei +/- 16 Bits. Die maximale Größe des Verzögerungspuffers errechnet sich aus folgende Formel: Größe des Verzögerungspuffers = Token-Größe + 2 x Phasenverschiebungsgröße. Aus diesem Grund beträgt der Verzögerungspuffer bei 4 MBit/s 30 Bits und bei 16 MBit/s-Systemen 56 Bits.

Wahl des aktiven Monitors

Der aktive Monitor sendet regelmäßig Active Monitor Present (AMP) - Frames aus. Erkennt eine Station die AMP-Frames nicht, so reagiert diese Station mit folgenden Funktionen:

‣ Senden eines „Claim-Token"-Frame mit eigener Adresse.

‣ Alle anderen Stationen analysieren den „Claim-Token"-Frame. Die AC-Bits werden gesetzt.

‣ Hat der empfangene „Claim-Token"-Frame eine höhere Adresse als der selbst gesendete „Claim-Token"-Frame, geht die Station in den Wartestatus über. Ansonsten wird die RUA-Adresse im umlaufenden Frame geändert.

‣ Wurde der Status des „Claim-Token"-Frame während des Umlaufes nicht geändert, übernimmt die Station, die den „Claim-Token"-Frame ursprünglich gesendet hat, die Funktionen des aktiven Monitors.

‣ Wird ein „Claim-Token"-Frame mit höherer Adresse empfangen, geht die Station in den Bereitschaftsmodus über.

Der aktive Monitor sendet periodisch das Signal „aktiver Monitor vorhanden" (Acitve Monitor Present) aus. Empfängt eine Station diese Pakete über einen bestimmten Zeitraum nicht mehr, so versucht diese Station selbst zum aktiven Ring Monitor zu werden. Eine Station nimmt das Fehlen eines AMP-Frames wahr, weil entweder der Timer Standby Monitor (TSM) oder Timer No Token (TNT) abläuft. Die erste Station, die das Fehlen wahrnimmt, sendet ein „Claim Token"-Frame. Andere Stationen können den Fehler ebenfalls wahrnehmen. Falls deren Timer No Token ebenfalls abgelaufen ist, können mehrere Claim-Token-Frame um den Ring kreisen. Empfängt eine Station ihren eigenen Claim Token-Frame und entspricht die darin erhaltene Adresse der eigenen Adresse, so geht diese Station davon aus, dass sie das Recht hat, der aktive Monitor zu sein. Enthält der empfangene Token eine höhere Adresse als der Station, die den Claim Token-Frame gesendet hat, so geht diese Station den Wartestatus über.

Funktionen des aktiven Monitors

- ▸ Generieren des Ringtaktes (Master Clock)
- ▸ Bereitstellung des Ausgleichspuffer von minimal 24 Bits Länge
- ▸ Erkennung und Beseitigung mehrfach kreisende Datenrahmen oder Token
- ▸ Ausführung der Ringinitialisierung durch das Ring Purge-Protokoll
- ▸ Initiiert und Kontrolle bei der Ausführung des NAUN-Verfahrens
- ▸ Erkennung verlorengegangene Token oder Datenrahmen
- ▸ Senden der New Active Monitor MAC-Message an den Configuration Report Server.

Warnsignale

Dieser Prozess hilft, Fehler im Datenstrom bekannt zu geben, indem die hinter dem Fehler (in Ringrichtung) liegende Station folgende Maßnahmen einleitet:

- ▸ Ein AMP-Frame (aktiver Monitor vorhanden) konnte nicht oder wurde nur fehlerhaft empfangen. Dieser Fehlerzustand deutet darauf hin, dass das Netzwerk fehlerhaft (Kabelbruch, Fehler eines Ringleitungsverteilers oder ein Stationsfehler) ist.

- Station sendet einen Claim Token-Frame (Ermittlung eines aktiven Monitors). Dieser Claim Token-Frame wird nicht wieder über den Ring empfangen oder der komplette Claiming-Prozess wurde nicht erfolgreich abgeschlossen. Aus diesem Grund generiert die Station, die diesen Fehler feststellt, ihren eigenen Warn-Frame. Dieser Frame enthält die Adresse seiner Nachbarstation im Datenstrom.

- Eine Station sendet eine Warnung (Beacon-Frame) an seinen nächsten Nachbarn. Dieser enthält die Adresse der (in Ringrichtung) vorher liegenden Station, welche mit Hilfe des „Nachbar-Benachrichtigung-Verfahrens" (NAUN) laufend ermittelt worden war.

- Wurde das Problem gelöst, sendet der Monitor einen Purge-Frame (Ring-Reinitialisierung) gefolgt von dem neuen Token.

Der Standby Monitor

Die Aufgabe des Standby Monitors besteht in der Überwachung des aktiven Monitors. Der Standby Monitor synchronisiert sich immer auf die Ringtaktrate des aktiven Monitors und signalisiert eine zu hohe Abweichung der Taktrate. Außerdem sorgt der Standby Monitor dafür, dass auch im Fehlerfall ein Token innerhalb eines gewissen Zeitraums im Ring vorhanden ist.

NAUN-Verfahren

Das Next Addressable Upstream Neighbour (NAUN) Verfahren dient dazu, den Ring periodisch auf Fehlerzustände zu kontrollieren. Dies gilt besonders für Zeiten in denen keine Station aktiv Daten auf den Ring sendet. Der aktive Monitor sendet periodisch nach Ablauf des Timer Active Monitors (TAM = 3s) einen „Active Monitor Present MAC"-Rahmen mit höchster Prioritätsstufe (7) an alle Stationen im Ring aus. Die erste Station im Ring, die das Active Monitor Present Paket empfängt, kopiert diesen Frame und setzt das A-Bit und das C-Bit im Frame Status Feld auf den Wert 11. Die Quelladresse des empfangenen Pakets wird vom Empfänger als NAUN-Adresse (die Adresse des unmittelbar benachbarten

Knotens im Ring) gespeichert. Danach wird der Timer Queue PDU (10 ms) gestartet, nach dessen Ablauf ein Standby Monitor Present MAC-Paket in den Sendedatenspeicher geladen und mit dem Wert AC = 00 auf den Ring gesendet. Die nächste datenflussabwärts liegende Station beachtet das „Active Monitor Present MAC"-Paket nicht, da das AC-Feld auf den Wert 11 gesetzt ist. Wird jedoch von dieser Station ein Standby Monitor Present MAC-Paket von der ihr vorliegenden Station empfangen, wird die darin enthaltene Source-Adresse als die NAUN-Adresse gespeichert. Der Queue PDU Timer wird aktiviert und nach dessen Ablauf ebenfalls ein Standby Monitor Present Paket gesendet. Dieses Verfahren wiederholt sich entsprechend der Anzahl der im Ring befindlichen Stationen. Hat eine Station die Funktion des aktiven Monitor übernommen und empfängt diese Station ein Active Monitor Present Paket dessen AC-Feld auf den Wert 00 gesetzt ist, nimmt diese Station an, dass sie sich als einzige Station im Ring befindet.

Jitterproblematik in Token Ring-Netzen

Als Jitter wird eine Störung des idealen Tastverhältnisses (Duty Cycle Distortion) bezeichnet. Diese wird durch unterschiedliche Ausbreitungsgeschwindigkeiten für ansteigende und abfallende Signalflanken und auch Kabeleinflüsse hervorgerufen. Daneben treten datenabhängige (korrelierte) Störungen (Date Dependent or Correlated Jitter) auf. Diese Störungen sind abhängig von der gesendeten Datensequenz und werden durch die begrenzte Bandbreite der Sender/Empfänger-Komponenten hervorgerufen. Bei Token Ring Netzen generiert der aktive Monitor durch den Mastertakt. Auf diesen Takt des aktiven Monitors werden alle Stationen im Ring synchronisiert. Durch eine zu hohe Anzahl von Stationen im Ring und bei einem falschen oder fehlerhaften Netzdesign wird der Jitter akkumuliert und es treten Synchroniosationsfehler auf. Der Jitter kann jedoch durch spezielle Komponenten (Jitterbuster) erheblich reduziert werden, so dass bei dem Einsatz heutiger Komponenten kaum noch Probleme auftreten.

6 Allgemeines zu Funksystemen

Um einer Vielzahl von Nutzern den Zugriff auf ein gemeinsam zu nutzendes Medium zu ermöglichen, ist bei der Übermittlung der Informationen per Funk der Einsatz von Mehrfachzugriffsverfahren notwendig. Zu den am häufigsten eingesetzten Zugriffsverfahren gehören:

- Frequency Division Multiple Access (FDMA)
- Time Division Multiple Access (TDMA)
- Code Division Multiple Access (CDMA)

Frequency Division Multiple Access (FDMA)

Das einfachste Verfahren zum Mehrfachzugriff auf das Medium Funk ist die Aufteilung des verfügbaren Frequenzbandes in einzelne schmalbandige Kanäle. Alle analogen Systeme für zellularen Mobilfunk arbeiten mit dieser Strategie. Mit Beginn einer Kommunikation wird der Funkkanal den beiden Teilnehmern zugewiesen und steht ihnen bis zum Ende der Übertragung exklusiv zur Verfügung. Für eine Vollduplex-Kommunikation bekommt jeder Teilnehmer einen Kanal für die Sende- (Uplink) und einen für die Empfangsrichtung (Downlink) zugewiesen (Frequency Division Duplex, FDD). Im Gegensatz zu den anderen Verfahren weist FDMA einen relativ geringen Overhead für die Steuerung der Verbindung auf. Der Übergang zwischen benachbarten Zellen während einer bestehenden Verbindung, als Handover bezeichnet, ist jedoch schwierig. Zeitgleich zu den laufenden Verbindungen (Up- und Downlink) muss auf zwei neue Kanäle in der Nachbarzelle gewechselt werden. Ohne hohen technischen Aufwand gelingt dies nur durch die Steuerung von der Basisstation. Sie gibt die Anweisung zum Frequenzwechsel. Problematisch ist dabei das schnelle Umschalten auf die neuen Kanäle ohne

Aussetzer bei der Kommunikation. Der Wechsel ruft tolerierbare, kurze Unterbrechungen des Gesprächs hervor, jedoch Datenverluste bei der Datenübertragung. Allerdings ist FDMA sehr unflexibel in Bezug auf neue Anwendungen und Technologien.

Time Division Multiple Access (TDMA)

TDMA folgt einem komplexeren Konzept. Ausgehend von einem vorgegebenen Frequenzband wird eine zyklische Anzahl von Zeitabschnitten (Slots) festgelegt, in die die Nutzer ihre zu übertragenden Daten ablegen. Da keine kontinuierliche Übertragung mehr erfolgt, sind digitale Verfahren zur Datenaufbereitung und Zwischenspeicherung notwendig, analoge Verfahren wie Puls-Amplituden-Modulation (PAM) sollen hier nicht weiter betrachtet werden. Jeder aktive Teilnehmer erhält einen Zeitschlitz zugeordnet, in dem er exklusiv seine Daten übertragen kann. Pro Frequenzband werden also mehrere Teilnehmer bedient. Allerdings werden oftmals mehrere benachbarte Frequenzbänder benötigt, um in angrenzenden Zellen Bedingungen zu schaffen, die eine Überlagerung auf gleicher Frequenz ausschließen. Deshalb erfordern auch TDMA-Systeme Frequenzagilität von den Endgeräten. Meist werden auch wieder getrennte Frequenzen für Up- und Downlink verwendet.

Die Endgeräte übertragen ihre Daten in Bursts, was Auswirkungen auf die im folgenden diskutierten Systemparameter hat. Zeitlich versetzte Slots für Sende- und Empfangsrichtung können zu einer Kostenreduktion führen, da Teile der HF-Hardware sowohl von Empfangs- als auch von Sendebaugruppen benutzt werden können. Zudem wird der Handover beim Zellwechsel vereinfacht, die Teilnehmer können die Zeitschlitze und Frequenzen in den Übertragungspausen wechseln. Die Mobilgeräte können den Zellwechsel aktiv mit beeinflussen, indem sie zwischen den Übertragungen andere Frequenzen und Zeitschlitze überwachen. Werden gleichzeitig mehrere Verbindungen über eine Frequenz übertragen, ergibt sich zwangsläufig eine größere Kanalbandbreite als bei FDMA-Systemen. Diese reicht von 30 kHz (DAMPS) über

200kHz (GSM) bis zu mehreren MHz. Der Overhead sinkt durch die Frequenzzwischenräume, allerdings steigt der Aufwand für die Synchronisation. Um auch bei geringen Synchronisationsabweichungen eine ungestörte Kommunikation aufrechtzuerhalten, wird zwischen den einzelnen Zeitslots eine Schutzzeit eingeplant. Wird der Abstand zwischen Sender und Empfänger so groß, dass die gesamte Signallaufzeit die halbe Slotdauer übersteigt, dann ist eine Synchronisation kaum mehr möglich. Im GSM sind die Synchronisationspakete halb so groß wie ein Zeitslot, bei 577 µs Slotdauer entspricht der maximale Zellradius deshalb ca. 40 km.

Code Division Multiple Access (CDMA)

Spread-Spectrum-Verfahren verfolgen eine grundsätzlich andere Strategie zur Aufteilung des Frequenzspektrums in einzelne Kanäle. Grundsätzlich werden breitbandige Kanäle zur Übertragung der Nutzerdaten verwendet, allerdings werden die Daten vor dem Senden mit einer speziellen Signatur (Kodierung) versehen. Dies erfolgt auf unterschiedliche Weise, wie im Folgenden noch gezeigt wird. Verwendet man als Kodierung eine Pseudozufallsfolge (pseudo-random noise, PRN), spricht man von Spread Spectrum Multiple Access (SSMA), wird nur ein Set von einfach zu generierenden Folgen ausgewählt (Codes), so bezeichnet man das Verfahren als CDMA. Jedes zu übertragende Bit wird mit allen Bits der Pseudozufallsfolge verknüpft, die so codierten Bits werden als Chips bezeichnet. Das Datenbit wird in kleine Portionen aufgeteilt, die jeweils in redundanter Form die zu übertragende Information beinhalten. Der Gewinn durch die hinzugefügte Redundanz heißt Prozessgewinn (PG) oder Spreizfaktor N. Durch diese Kodierung wird das Signal über das gesamte Frequenzband (Direct Sequence Spread Spectrum, DSSS), nacheinander auf schmale Frequenzbereiche mit pseudozufälliger Reihenfolge (Frequency Hopping Spread Spectrum, FHSS) oder auf einzelne Zeitperioden mit pseudozufälligem Abstand und pseudozufälliger Dauer (Time Hopping Spread Spectrum, THSS) verteilt.

Frequency Hopping (FH)

Beim Frequency Hopping wird das zur Verfügung stehende Übertragungsband in eine Anzahl von Kanälen aufgeteilt. Allerdings wird das Signal mit einer pseudozufälligen Sprungfolge auf den einzelnen Kanälen verteilt. Werden ein oder mehrere Bits auf einer Frequenz übertragen, spricht man von Slow Frequency Hopping (SFH), wird jedes Chip auf einer anderen Frequenz gesendet von Fast Frequency Hopping (FFH). Bei geringer Nutzeranzahl ist das gleichzeitige Senden auf einer Frequenz (Gleichkanal-Interferenz) recht unwahrscheinlich. Insgesamt ist die Nutzeranzahl durch die Anzahl der akzeptierbaren Kollisionen begrenzt.

Time Hopping (TH)

Im Gegensatz zu FH, wird beim TH das verfügbare Übertragungsband in Zeitintervalle mit pseudozufälligem Abstand und pseudozufälliger Dauer aufgeteilt. Im Ergebnis der Modulation ergeben sich für jeden Sender pseudozufällige Zeitpunkte für das Aussenden von breitbandigen Signalen. Allerdings besteht die Gefahr der Kollision von einzelnen Übertragungen.

Direct Sequence (DS)

Das direkte Spreizen des Signals erfolgt durch die Exklusive-Oder-Verknüpfung (XOR) von jedem einzelnen Datenbit mit der gesamten pseudozufälligen Folge. Im Gegensatz zu FH und TH nutzt DSSS das gesamte verfügbare Frequenzspektrum über die gesamte Zeit zum Senden. Um das Signal zu finden, müssen die Trägerfrequenz, die Modulationsart, die pseudozufällige Codefolge und ihre Rate sowie die Phase des Codes bekannt sein. Der Empfänger muss aus dem empfangenen Signal den Startpunkt der Codefolge finden (Synchronisation), um danach alle gewünschten Signale zu entspreizen. Alle unerwünschten Signale werden durch die Verknüpfung mit der Basisfunktion (hier Codefolge) gespreizt. Durch die Bandspreizung ist DSSS sehr stabil gegen Störungen aus Mehrwegeausbreitung (multipath fading) und frequenzabhängigem Schwund (frequency selective fading).

Wireless LANs

Das wesentliche Merkmal der Datennetze ist, dass sie immer kabelgebunden (auf Koax- oder Twisted Pair Leitungen) aufgebaut wurden. Dies führte in der Regel dazu, dass der eng begrenzte Raum in den verfügbaren Kabelkanälen schnell erschöpft war und das manchmal auch kein noch so dünner Draht mehr darin verlegt werden kann. In Gebäuden mit Großraumbüro, in denen ständig Schreibtische gerückt werden und die Kollegen ständig umziehen, wird die Netzwerkplanung schnell zu einem Problem. Die Flexibilität der Anwender und die Ausbaubarkeit eines Netzes wird erheblich eingeschränkt. Außerdem muss immer mehr Arbeit in die Verwaltung der Kabelpläne investiert werden, so dass ein kaum noch kalkulierbar Zeitaufwand benötigt wird, der dem Ziel eines kostengünstigen und flexiblen Netzes vollkommen entgegenläuft.

Einen Auswege aus diesem Dilemma bieten die neuen drahtlosen LANs. Das Institute of Electrical and Electronic Engeneers (IEEE) hat im Jahr 1992 eine spezielle Arbeitsgruppe unter der Bezeichnung IEEE 802.11 Wireless LAN (WLAN) ins Leben gerufen. Aufgabe der WLAN Arbeitsgruppe ist es, einen Standard für Wireless LAN Anwendungen zu definieren. Die WLAN Gruppe konzentrierte sich auf folgende zwei Themenschwerpunkte: dem physikalischen Layer (PHY) und den MAC Layer. In der PHY Gruppe wurden die Definitionen für die physikalische Schicht (z.B. Modulationsarten) von Wireless LANs festgelegt. Die MAC Gruppe definierte den Standard für den Media Access Layer.

IEEE 802.11 Standard

Ein drahtloses LAN (Wireless LANs, WLANs) ist ein flexibles Kommunikationssystem zur Erweiterung oder zur alternativen Nutzung für drahtgebundene Netzwerke in einem Gebäude oder auf einem Firmengelände. Wie alle Standards der IEEE 802-Familie wird auch beim 802.11-Mechanismus nur die physikalische Ebene (Schicht 1) und der Data Link Layer (Schicht 2) festgelegt.

Der erste 802.11 Standard definierte Übertragungsbandbreiten von 1 und 2 MBit/s. Die Spezifikation beschreibt neben einem MAC-Protokoll auch drei alternative PHY-Technologien. Neben zwei Spread Spectrum Technologien für Funkwellen im 2,4-GHz-Band gehört auch ein Infrarot-Verfahren zum Standard. Die relativ niedrigen Übertragungsraten des ursprünglichen 802.11-Standards reichten jedoch für einen Markterfolg nicht aus. Aus diesem Grund wurde der Standard vom 802.11-Gremium kontinuierlich weiterentwickelt. Mit den Standard s 802.11a und 802.11b wurde das Ziel der höheren Bandbreiten erreicht.

Die 802.11a Spezifikation verwendet nicht mehr das ursprünglich 2,4-GHz-Band, sondern weicht auf das 5-GHz-Band aus. Dadurch lassen sich größere Bandbreiten erzielen. 802.11b dagegen stellt eine rückwärtskompatible Erweiterung zum ursprünglichen 802.11-Standards dar. In seiner momentanen Definition erreicht 802.11b eine Brutto-Datenrate von 11 MBit/s bei einem Nutzdatenanteil bis zu 7 MBit/s. Damit bietet der 802.11 b-Standard die Möglichkeit, das drahtgebundene 10 MBit/s-Ethernet (802.3) in das Gesamtsystem einzubinden. Der 802.11-Standard unterscheidet zwei grundsätzliche Betriebsarten: den Ad-hoc- und den Infrastruktur-Modus. Im Ad-hoc-Modus kommunizieren die Endgeräte in einem Peer-to-Peer-Netz direkt miteinander. Im Infrastruktur-Modus erfolgt die Kommunikation über einen Zugangspunkt (Access Point; AP), der als Relaisstation die Reichweite der Funkzelle verdoppelt. In der einfachsten Version besteht ein Infrastrukturnetz aus einem Access Point und einer Gruppe von drahtlosen Stationen. Ein solches Netzwerk wird als Basic Service Set (BSS) bezeichnet. Koppelt man mehrere BSS über ein LAN, so spricht man von einem Extended Service Set (ESS). In diesem Modus spielt die korrekte Zuordnung der Stationen zu einem BSS sowie der Wechsel zwischen den einzelnen BSS-Sets (Roaming) eine entscheidende Rolle. Daher müssen sich im Infrastruktur-Modus alle Stationen bei einem Access Point anmelden. Sie übertragen auf dem Kanal, der vom jeweiligen Access Point verwendet wird. Ein Wechsel der Zuordnung kann durch eine Veränderung der Kanaleigenschaften erfolgen oder vom Administrator vorgegeben werden.

MAC-Layer

Der Media Access Control (MAC) Layer ist auf der Schicht 2A des OSI Referenzmodells angesiedelt und legt das Zugriffsverfahren auf das Medium fest. Die 802.11 MAC-Layer weist eine enge Verwandtschaft mit der 802.3-Variante auf. Allerdings muss der drahtlose Standard auf die Besonderheiten der Übertragungsstrecke Rücksicht nehmen, denn es entfällt die Möglichkeit zur Erkennung von Kollisionen. Aus diesem Grund nutzt der 802.11-Standard den CSMA/CA-Algorithmus. Der MAC Standard gewährleistet die Gleichberechtigung (Multiple Access) aller Stationen am Netz. Alle Stationen haben jederzeit und immer den unbeschränkten Zugriff auf das Netz. Der CSMA/CA-Mechanismus legt dabei das Verfahren zur Steuerung des Mediumzugriffs fest. Vor jeder Übertragung wird überprüft, ob das Medium zum Senden von Daten frei (Carrier Sense) oder besetzt ist. Collision Avoidance beschreibt einen Mechanismus, der das Auftreten von Kollisionen zu vermeiden versucht. Eine zentrale Rolle bei diesem Zugriffsmechanismus spielt die Zeit zwischen zwei Datenpaketen (Interframe Space; IFS). Um die Belegung des Mediums zu ermitteln, hört eine sendewillige Station für die IFS-Zeit das Medium ab. Tritt während dieser Zeitspanne keine Kommunikation auf, ist das Medium mit hoher Wahrscheinlichkeit frei. Der 802.11- Standard definiert vier verschiedene IFS-Zeiten, die drei unterschiedliche Prioritätsstufen für den Zugriff widerspiegeln. Dabei gilt: Je kürzer der IFS, desto höher die Priorität. Die grundlegende IFS-Zeit ist die Distributed IFS (DIFS). Die auf ihr basierende Distributed Coordination Function (DCF) nutzt alle Stationen, um Zugang zum Übertragungsmedium zu bekommen. Der sendewillige Teilnehmer hört zunächst das Medium ab (Listen Before Talking). Bleibt das Medium mindestens für die DIFS-Zeit frei, kann die Übertragung starten. Wird das Medium dagegen als belegt erkannt, stellt die Station die Übertragung für eine bestimmte Wartezeit zurück. Die Bestimmung dieser Zeitspanne erfolgt innerhalb des Backoff-Prozesses. Das Backoff-Verfahren dient dazu, die Wahrscheinlichkeit von Kollisionen so weit wie möglich zu verringern. Die betroffene Station generiert eine Zufallszahl. Das gewählte Maximum bezeichnet man als Contention Window. Die Zufallszahl, multipliziert mit einer Zeitschlitzdauer, dient als Backoff-Counter. Solange die Station das Medium als belegt erkennt, bleibt dieser Zähler konstant. Wird das Medium frei, wartet die Station zunächst die DIFS-Zeit ab. Anschließend zählt sie den Backoff-Counter bis Null zurück. Ist nun das Medium noch immer frei, steht dem Senden nichts mehr im Weg.

Beim CSMA/CA-Mechanismus können Kollisionen auftreten. Da bei drahtlosen Systemen keine Möglichkeit besteht, Kollisionen zu erkennen, muss der Empfang eines ordnungsgemäßen Pakets vom Empfänger quittiert werden. Die Versendung der Acknowledgements (ACKs) erfolgt nach einer Wartezeit, die man als Short Interframe Space (SIFS) bezeichnet. Dieser SIFS ist kürzer als der DIFS, so dass die Bestätigung nicht die Wartezeiten der normalen Datenübermittlung einhalten muss. Durch die kürzere Wartezeit erhalten die Quittungsrahmen eine höhere Priorität als die normalen Datenpakete. Bleibt die Empfangsbestätigung aus, bereitet die sendende Station eine Sendewiederholung vor. Dazu begibt sich die betroffene Station in den Backoff-Zustand. Um die Wahrscheinlichkeit einer erneuten Kollision zu verringern, verdoppelt sie dazu nach jeder erfolglosen Übertragung den Wert des Contention Window, bis ein vorgegebenes Maximum CWmax erreicht ist. Nach einem erfolgreichen Sendevorgang setzt sie CW wieder auf den Ausgangswert CWmin zurück und hält so die Wartezeiten im System möglichst kurz.

Die beschriebenen Verfahren funktionieren nur zuverlässig, solange sämtliche Stationen miteinander in Funkkontakt stehen. Ansonsten kann eine der Stationen das Medium als frei erkennen, obwohl dies für die andere Station nicht zutrifft. Um eine solche Situation zu vermeiden, wurde im 802.11-Protokoll der RTS-CTS-Mechanismus. Ein Request-To-Send-Paket (RTS) wird von der sendewilligen Station an den Empfänger geschickt und von diesem mit einem Clear-To-Send-Paket (CTS) beantwortet. Klappt dieser Austausch problemlos, beginnt der Sender nach

Ablauf der SIFS-Zeit die Datenübertragung. Falls der CTS-Rahmen nicht innerhalb einer festgelegten Zeitdauer empfangen wird, beginnt der RTS-CTS-Austausch nach Ablauf eines normalen Backoff-Zyklus erneut. Durch die Verwendung von SIFS erhalten CTS-Antworten dabei eine höhere Priorität als der normale Datenverkehr.

Die Point Coordination Funktion (PCF) dient der Unterstützung zeit-kritischer Dienste. Sie erlaubt dem jeweiligen Point Coordinator den prio-risierten Zugriff auf das Übertragungsmedium. Die PCF steuert die Übertragung der Pakete während einer wettbewerbsfreien Zeit (Conten-tion Free Period; CFP), die sich mit der durch die DCF gesteuerten Wett-bewerbsperiode abwechselt. Die CFP wird in regelmäßigen Zeitabstän-den mit der CFP-Rate wiederholt und startet mit der Übertragung eines Beacons, der die maximale Dauer der CFP enthält. Alle Stationen im BSS außer dem Point Coordinator setzen ihren NAV auf diesen Wert. Ist das Übertragungsmedium frei, übernimmt nach Ablauf der PCF-IFS (PIFS) zu Beginn der CFP der PC die Steuerung. Die PIFS ist länger als die SIFS, aber kürzer als die DIFS. Die PCF weist also eine höhere Priorität auf als die normale Übertragung, muss jedoch Quittierungen abwarten. Während der gesamten CFP bleibt der Point Coordinator steuernd tätig. Er führt eine so genannte Polling List und fragt in der CFP alle Stationen auf dieser Liste der Reihe nach ab, ob sie eine Übertragung wünschen. Dabei identifiziert er die Stationen über einen Association Identifier (AID).

2	2	6	6	6	2	6	0 bis 23124 Byte	
Frame Control	Duration ID	Address 1	Address 2	Address 3	Sequence Control	Address 4	Data	CRC

Abbildung 6.1: 802.11 MAC Paketformat

Frame Control

Die Frame Control Sequenz besteht aus folgenden Feldern:

2	2	4	1	1	1	1	1	1	1	1
Vers	Type	Subtype	to DS	From DSM	more Flag	Retry	PWR MGT	more Data	WEP	Order

Abbildung 6.2: Frame Control Sequenz

Version
Definiert die aktuelle Version des verwendeten Protokolls

Type, Subtype
Das Typ- und das Subtyp-Feld definieren gemeinsam die Funktion des Pakets. Folgende Pakettypen wurden bisher festgelegt:

Typ	Beschreibung	Subtyp	Beschreibung
00	Management	0000	Association request
00	Management	0001	Association response
00	Management	0010	Reassociation request
00	Management	0011	Reassociation remorse
00	Management	0100	Probe Request
00	Management	0101	Probe Response
00	Management	0110 bis 0111	Reserviert
00	Management	1000	Beacon
00	Management	1001	Announcement traffic indication message (ATIM)
00	Management	1010	Disassociation
00	Management	1011	Authentication
00	Management	1100	Deauthentication
00	Management	1101 bis 1111	Reserviert
01	Control	0000 bis 1001	Reserviert

Tabelle 6.1: Pakettypen

Typ	Beschreibung	Subtyp	Beschreibung
01	Control	1010	Power Save (PS)-Poll
01	Control	toll	RequestToSentl(RTS)
01	Control	1100	Clear To Send (CTS)
01	Control	1101	Acknowledgynent (ACK)
01	Control	1110	Contention-Free (CF)-End
01	Control	1111	CF-End + CF-Ack
10	Data	0000	Data
10	Data	0001	Data + CF-Ack
10	Data	0010	Data + CF-Poll
10	Data	0011	Data + CF-Ack + CF-Poll
10	Data	0100	Null function (no data)
10	Data	0101	CF-Ack(nodata)
10	Data	0110	CF-Poll(nodata)
10	Data	0111	CF-Ack + CF-Poll (no data)
10	Data	1000 bis 1111	Reserviert
11	Reserviert	0000 bis 1111	Reserviert

Tabelle 6.1: Pakettypen

To DS

Das To DS Feld signalisiert die Übertragungsrichtung. Wird das Feld auf den Wert 1 gesetzt, so wird das Paket in Richtung des Distribution Systems (DS) übermittelt.

From DS

Das From DS Feld signalisiert die Übertragungsrichtung. Wird das Feld auf den Wert 1 gesetzt, so wird das Paket vom Distribution Systems (DS) aus übermittelt.

Gültige To/From Kombinationen:

To/From DS-Wert Bedeutung

To DS = 0 From DS = 0	Ein Datenpaket von einer Station wird zu einer andere Station übermittelt.
To DS = 1 From DS =0	Ein Datenpaket wird an das Distribution System übermittelt.
To DS = 0 From DS= 1	Ein Datenpaket wird vom Distribution System übermittelt.
To DS = 0 From DS = 1	Ein Wireless Distribution System (WDS) Paket wird von einem Acess Punkt an einen anderen Access Punkt übermittelt.

More Flag
Signalisiert, dass ein weiteres Fragment an Daten oder Managementinformation folgt.

Retry
Erfolgt eine Sendewiederholung von Daten- oder Managementpaketen, wird das Retry-Bit auf den Wert = 1 gesetzt. Dient dem Empfänger zur Erkennung von Paketduplikaten.

PWR Mgt
Das Power Management Feld beschreibt den Power Managementmodus der jeweiligen Station. Der Wert = 1 signalisiert, dass sich die betreffende Station im Stromsparmodus befindet.

More Data
Das More Data Feld signalisiert zu einer im Stromsparmodus befindlichen Station, dass mehrere Pakete für diese Station im Access Point zwischengespeichert wurden.

WEP

Das WEP Feld wird auf den Wert = 1 gesetzt, wenn im jeweiligen Paket Informationen enthalten sind, die vom WEP Algorithmus berechnet wurden.

Order

Das Order-Feld wird immer auf den Wert = 1 gesetzt, wenn im Paket Informationen enthalten sind, die einer Strictly Ordered Serviceklasse entsprechen.

Duration ID

Die Informationen des Duration ID-Feldes werden wie folgt benutzt:

- ▸ In Control Frames des Subtyps Power Save (PS)-Poll enthält das Duration ID-Feld enthält die Identität der Sendestation.
- ▸ In allen anderen Paketen enthält das Duration ID-Feld die jeweilige Zeitdauer.

Folgende Werte wurden zur Codierung des Duration ID Feldes festgelegt:

Bit15	Bit 14	Bit l3	Bedeutung
0	0 bis 32 767	0 bis 32 767	Zeitdauer
1	0	0	Fixer Wert während einer Contention freien Periode
1	0	1 bis 16383	Reserviert
1	1	0	Reserviert
1	1	1 bis 2007	AID in PS-Poll Frames
1	1	2008 bis 16383	Reserviert

Tabelle 6.2: Codierung des Duration ID-Feldes

Adressfelder

Ein 802.11 MAC-Paket enthält immer vier Adressfelder. Diese Adressfelder tragen die Bezeichnungen: Basic Service Set Identifier (BSSID), Source Adresse (SA), Destination Adresse (DA), Sendestationsadresse (RA) und Empfangsstationsadresse (TA). In Abhängigkeit der jeweiligen Funktion können sich die Positionen der Adressen im MAC-Header ändern. Die folgende Tabelle beschreibt die jeweiligen Funktionen und die Bedeutung der Adressen:

Paketart	to DS	from DS	Adresse 1	Adresse 2	Adresse 3	Adresse 4
Ad- hoc Netzwerk	0	0	DA	SA	BSSID	-
Infrastruktur Netzwerk, von Access Point (AP)	0	1	DA	BSSID	SA	-
Infrastruktur Netzwerk, zu Access Point (AP)	1	0	BSSID	SA	DA	-
Infrastruktur Netzwerk, im Distribution System (DS)	1	1	RA	TA	DA	SA

Tabelle 6.3: Adressfunktionen

Sequence Control

Das 16 Byte lange Sequece Control-Feld besteht aus den Werten Fragment Number und Sequence Number. Die Sequenznummer repräsentiert die von der jeweiligen Station vergebenen Laufnummer des Pakets. Die Sequenznummer wird zur eindeutigen Zuordnung der jeweiligen Pakete verwendet. Die Fragmentnummer definiert das betreffende Paketsegment im eigentlichen Datenstrom. Die Fragmentnummer und die Sequenznummer werden darüber hinaus beim Defragragmentierungsprozess zur eindeutigen Einordnung der Paketfragmente genutzt.

4	12
Fragment Number	Sequence Number

Abbildung 6.3: Sequenz Control

Data

Das Datenfeld enthält die eigentlichen Nutzdaten.

CRC

Der 802.11-Datenrahmen wird mit einem Cyclic Redundancy Check-(CRC) Feld abgeschlossen. Das CRC-Feld enthält eine Prüfsumme, mit der ein Empfänger überprüfen kann, ob sich bei der Übertragung ein Fehler auf der Schicht 1 ereignet hat. Jeder Sender berechnet das CRC-Feld, bevor er ein Datenpaket auf das Netz übermittelt. Zur Berechnung des CRC-Wertes wird ein Generatorpolynom verwendet:

$G(x)=x^{32}+x^{26}+x^{23}+x^{22}+x^{16}+x^{12}+x^{11}+x^{10}+x^8+x^7+x^5+x^4+x^2+x+1$

PHY-Layer

Die nach dem 802.11-Standard arbeitenden Geräte nutzen im 2,4-GHz-Band das Frequency Spread Spectrum-Verfahren. In diesem Bereich sind drei verschiedene Techniken vorgesehen:

- Frequency Hopping Spread Spectrum (FHSS)
- Direct Sequence Spread Spectrum (DSSS).
- Infrarot-Schnittstelle (Wellenlängenbereich 850 bis 950 nm).

Da die Charakteristiken der Übertragungsverfahren unterschiedlich sind, werden die Protokolle in weitere Subschichten unterteilt. Der Physical Medium Dependant Sublayer (PMD) übernimmt dabei die Modulation und Kodierung der Daten, während das Physical Layer Convergence Protocol (PLCP) unabhängig vom Medium eine übliche PHY-Schnittstelle zur Verfügung stellt.

Frequency Hopping Spread Spectrum

Das Frequency Hopping Spread Spectrum (FHSS) Verfahren erlaubt auf einer einfachen Basis den gleichzeitigen Betrieb mehrerer Systeme im selben Frequenzbereich. Dabei sorgt es für eine faire Verteilung des Übertragungsmediums. Das Prinzip des Frequency Hopping besteht darin, dass sowohl Sender als auch Empfänger die Trägerfrequenz nach einer festgelegten Abfolge wechseln. Das FHSS-Verfahren sieht bis zu 79 nicht überlappende Frequenzbereiche mit einer Bandbreite von je 1 MHz vor. Dabei fasst es drei Gruppen mit je 26 Mustern zusammen. Die Abfolge der Frequenzen wird aus einer Basisfolge berechnet, die einer Zufallskette im Intervall von 0 bis 78 entspricht. Die minimale Sprungdistanz beträgt dabei 6 Kanäle.

Region	Frequenzband (GHz	Sprungfrequenzen (GHz)	Nutzbare Sequenzen
Europa, USA	2,4000– 2,4835	2,402– 2,483	79
Japan	2,4710– 2,4970	2,473– 2,495	23
Frankreich	2,4465– 2,4835	2,447– 2,473	27
Spanien	2,4450– 2,4750	2,448– 2,482	35

Tabelle 6.4: Nutzbare FHSS-Sprungsequenzen

Das FHSS Paketformat hat folgendes Format:

Präambel (80 Bit)
Frame Delimiter (16 Bit)
Length Word (12 Bit)
Signal Field (4 Bit)
CRC (16 Bit)
Payload (variabel)

Abbildung 6.4: FHSS Paketformat

Präambel
Die Präambel dient er Signalerkennung und der Synchronisation.

Frame Delimiter
Der Frame Delimiter zur Synchronisierung wird zur eindeutigen Kennzeichnung des Pakets genutzt.

Length Word
Gibt die Länge des Datenpakets in Bytes an.

Signaling Field
Das 4 Bit lange Signaling Field definiert die Übertragungsgeschwindigkeit.

CRC
Es folgt ein 16 Bit langer, per CRC errechneter Header Error Check.

Payload
Enthält die eigentlichen Daten.

Die Präambel und der Header werden grundsätzlich mit einer Datenrate von 1 MBit/s übertragen, während sich die Datenpakete mit 1 oder 2 MBit/s senden lassen. Die Betriebsart mit 1 MBit/s ist im ursprünglichen 802.11-Standard für alle Geräte vorgeschrieben. Erst später wurde dem Standard eine optionale Übertragungsrate von 2 MBit/s hinzugefügt.

Die Erhöhung der Bandbreite resultiert dabei aus einer Multilevel-Modifikation der ursprünglichen GFSK-Modulation. Dieses Verfahren verdoppelt die Signalrate auf zwei Bits pro Symbol.

Direct Sequence Spread Spectrum

Das Direct Sequence Spread Spectrum (DSSS) Verfahren realisiert die Frequenzspreizung durch eine XOR-Verknüpfung der Daten mit einer Zufallsdatenfolge. Die verwendete Pseudo-Random Numerical Sequence (PN) weist eine höhere Bitrate auf als der Nutzdatenstrom. Dieser Datenstrom mit höherer Bitrate wird anschließend moduliert (Phase Shift Keying; PSK). Die Verknüpfung mit der PN-Folge spreizt das Leistungsspektrum des Signals über den verfügbaren Frequenzbereich, lässt die Signalleistung jedoch unverändert. Der Vorteil dieses Verfahrens besteht in der Überlappung der Frequenzbänder. Im 802.11-Standard sind dazu insgesamt 14 Sequenzfolgen festgelegt.

Region	Frequenzband (GHz)	DSSS- Nutzung (GHz)	Kanäle	Sendeleistung
USA	2,4000-2,4835	2,412 - 2,462	11	1000 mW
Europa	2,4000-2,4835	2,412 - 2,472	13	100 mW (EIRP)
Japan	2,4710-2,4970	2,484	1	10 mW/MHz
Frankreich	2,4465-2,4835	2,457 - 2,462	2	100 mW (EIRP)
Spanien	2,4450-2,4750	2,457 - 2,472	4	100 mW (EIRP)

Tabelle 6.5: Verfügbare DSSS-Kanäle

Das DSSS Paketformat hat folgende Struktur:

Präambel
Die Präambel dient er Signalerkennung und der Synchronisation.

Frame Delimiter
Der Frame Delimiter zur Synchronisierung wird zur eindeutigen Kennzeichnung des Pakets genutzt.

Präambel (128 Bit)
Frame Delimiter (16 Bit)
Signal Field (8 Bit)
Length Word (16 Bit)
CRC (16 Bit)
Payload (variabel)

Abbildung 6.5: DSSSP Paketformat

Signaling Field
Das 8 Bit lange Signaling Feld definiert die zu übermittelnden Dienste.

Length Word
Gibt die Länge des Datenpakets in Bytes an.

CRC
Es folgt ein 16 Bit langer, per CRC errechneter Header Error Check.

Payload
Enthält die eigentlichen Daten.

Die Übertragung von Präambel und Header erfolgt grundsätzlich mit einer Datenrate von 1 MBit/s, für Datenpakete lässt sich die Bandbreite wie bei FHSS optional verdoppeln.

Die 802.11 hat über den eigentlichen Standard hinaus folgende weitere Gerätemerkmale festgelegt:

▸ Synchronisation
▸ Energiesparmodus.

Die Timing Synchronisation Function (TSF) dient zum Abgleichen der Systemzeit aller Stationen. Sie wird durch regelmäßiges Versenden des TSF-Zeitgebers zu den durch Target Beacon Transmission Times (TBTT) festgelegten Zeiten in einem so genannten Beacon gewährleistet. In größeren Netzen ist der Access Point für die Aussendung dieser Signale verantwortlich, in Ad-hoc-Netzen teilen sich alle Stationen diese Aufgabe. Dazu strahlen die Stationen den Beacon mit verschiedenen, zufällig ausgewählten Verzögerungszeiten aus.

Da viele der drahtlosen Geräte mobil arbeiten, sieht der Standard auch einen Energiesparmodus vor. Dessen Einsatz muss allerdings mit den anderen Stationen im Netz ausgehandelt werden. Auch im so genannten Doze-Modus bleiben die Stationen weiter ansprechbar. Dafür sorgen spezielle Monitoring-Algorithmen, die sich im Infrastruktur- und Adhoc-Modus unterscheiden.

Sicherheit im Funknetz

Drahtlose Netzwerke stellen ein gewisses Sicherheitsrisiko dar. Aus diesem Grund sieht der IEEE802.11- Standard die Implementierung von Sicherheitsmerkmalen vor. Auf der niedrigsten Ebene erfolgt die Zulassung der Teilnehmer über einen als Electronic System ID (SSID, ESSID) bezeichneten Schlüssel. Die für alle Systeme im Netz identische SSID legt der Administrator bei der Konfiguration der Clients und Access Points fest.

Die Electronic System ID zeigt zwar das Zugangsrecht des Teilnehmers an, eine eindeutige Identifikation wird jedoch nicht vorgenommen. In Unternehmensnetzen kann der Zugang zum Netz jedoch auf zugelassene Stationen beschränkt werden. Die Identität der Endgeräte wird bei der im Rahmen des 802.11 möglichen Link Level Authentification zwischen den beteiligten Stationen ausgetauscht. Dazu muss der Administrator die MAC-Adressen der Geräte in die Zugangslisten der Access Points eintragen. Dieser für größere Netze recht aufwendige Zugangsmechanismus wird bei den meisten Herstellern durch eine personenbezogene Authentifizierung auf Basis des RADIUS-Mechanismus ergänzt.

Die Inhalte der Funknachrichten können auch durch die optionale Wired Equivalent Privacy (WEP) anhand eines 40-Bit-RC4-Algorithmus verschlüsselt werden.

802.11a

Während der 802.11-Standard im 2,4 GHz Band arbeitet, wurde bei der 802.11a Variante die Übertragung im 5-GHz-Bereich festgelegt. Von der IEEE sind Datenraten von 6 bis 54 MBit/s geplant. Die Standards für die 6, 12 und 24 MBit/s Übermittlung liegen bereits vor. Der IEEE802.11a Standard nutzt das Orthogonal Frequency Division Multiplexing (OFDM). Der 5-GHz-Bereich steht jedoch nur in den USA zur Verfügung. In Europa hat die ETSI bestimmte Teile dieses Frequenzbands bereits für konkurrierende drahtlose Übertragungssysteme wie HiperLAN und HiperLAN2 reserviert.

802.11b

Der im September 1999 ratifizierte 802.11b Standard definiert Systeme mit einer Bandbreite von 5,5 oder 11 MBit/s im 2,4-GHz-Band. Als Übertragungsverfahren kommt das Direct Sequence Spread Spectrum (DSSS) zum Einsatz. Dadurch ist eine Rückwärtskompatibilität zu den älteren 802.11-Geräten garantiert. Die Erhöhung der Datenrate basiert im Wesentlichen auf einem Modulationsverfahren mit verbesserter Nutzung des Frequenzspektrums. Das Quadrature Phase Shift Keying (QPSK) überträgt mehr Bits pro Symbol als das bei 802.11 eingesetzte Binary Phase Shift Keying (BPSK). Darüber hinaus werden andere PN-Folgen eingesetzt, die man als Complimentary Code Keying (CCK) bezeichnet.

Datenrate	Codelänge	Modulation	Symbolrate	Bits/Symbol
1 MBit/s	11 (Barker)	BPSK	1 MS/s	1
2 MBit/s	11 (Barker)	QPSK	1 MS/s	2
5,5 MBit/s	8 (CCK)	QPSK	1,375 MS/s	4
11 MBit/s	8 (CCK)	QPSK	1,375 MS/s	8

Tabelle 6.6: 802.11b Datenraten und Modulation

Bluetooth

Mittlerweile gibt es kaum noch intelligente Geräte, die nicht auf irgendeine Weise miteinander kommunizieren könnten, um ihren Besitzern das Leben zu erleichtern. Mit Bluetooth steht sogar eine einheitliche Schnittstelle für diese Datenübertragungen zur Verfügung.

Mit dem Bluetooth-Standard wird mit Hilfe des Kurzstreckenfunks zwischen Geräten aller Art der Datenaustausch möglich. Damit entfallen alle anderen Pseudolösungen. Die Probleme sind bekannt: Kein normales Handy funktioniert weltweit, und auch der Datenaustausch zwischen Notebook und Handy funktioniert nur mit proprietären Steckern und teurer Spezialsoftware der Hersteller. Dieser babylonischen Sprachverwirrung hat mit Bluetooth ein Ende. Im Mai 1998 gründeten IBM, Intel, Ericsson, Nokia und Toshiba die Bluetooth Initiative. Mittlerweile sind weitere bekannte Firmen dieser Special Interest Group (SIG) beigetreten. Vom Autohersteller über die Flugzeugindustrie, Unterhaltungselektronikanbieter bis zu Firmen aus der Computerindustrie im weitesten Sinne: Alle wollen einen weltweiten Standard zum drahtlosen Datenaustausch. Der Name Bluetooth stammt vom dänischen König Harald Bläta (910-986), genannt Blauzahn, der Teile Skandinaviens christianisierte und in seinem Königreich vereinte. Die Marketingexperten erweisen dem großen Anteil skandinavischer Firmen an der Entwicklung des Bluetooth-Standards damit die Ehre. Bei Bluetooth handelt es sich um einen Kurzstreckenfunk-Standard, der im weltweit nicht lizenzierte Industrial-, Scientific- and Medical 2,4 GHz Band (ISM-Band) die drahtlose Verbindung von elektronischen Geräten untereinander ermöglicht. Die nötige Hardware hat derzeit etwa die Größe einer 2 Euro-Münze. Die Reichweite beträgt zehn Meter, für besondere Anwendungen sind auch bis zu 100 Meter möglich. In einem Pico-Netz können bis zu acht Geräte miteinander kommunizieren. Die einzelnen Kommunikationskomponenten können außerdem Teilnehmer in mehreren Pico-Netzen sein, so dass diese wiederum zu einem Scatter-Netz verbunden sind. Um die Sicherheit zu gewährleisten, weist der Hersteller jedem Gerät eine eindeutige,

48 Bit lange Bluetooth-Adresse zu. Der Standard sorgt für über 281 Billionen verschiedene Nummern. Weiterhin sind die Authentifizierung mit einem 128-Bit-Schlüssel sowie eine Chiffrierung der Daten mit 8 bis 128 Bit möglich. Zusätzliche Sicherheit bringt die adaptive Sendeleistungsregelung, die die Reichweite auf zehn Meter begrenzt.

Sender- und Empfängereinheit

Da Bluetooth weltweit einsetzbar ist und das ISM-2,4-GHz-Band jedermann zur Verfügung steht, sind schnelle und sichere Authentifizierungs- und funktechnische Verfahren erforderlich. Nur so lässt sich eine stabile und sichere Verbindung aufbauen. Bluetooth Sende- und Empfängermodule verhindern Funkinterferenzen, indem sie bis zu 1600mal pro Sekunde nach jedem Empfangen oder Senden von Daten zufällig ihre Frequenz ändern. Für dieses Frequency Hopping sind bis zu 79 Schritte (Kanäle), jeweils um ein Megahertz getrennt, im Bereich zwischen 2,402 und 2,480 GHz vorgesehen. Da Bluetooth-Module nur sehr kurze Datenpakete verschicken, können von außen kommende Störungen die Verbindung kaum behindern. Speziell der Einfluss von Mikrowellengeräten, die auch in diesem Frequenzband arbeiten, wird minimiert. Zusätzlich wird ein Forward Error Correction (FEC) verwendet, so dass der Einfluss des Weißen Rauschens bei Entfernungen bis zu 100 Metern vernachlässigbar ist. Die Brutto-Übertragungsrate soll bis zu 1 MBit/s erreichen.

Übertragungsarten

Das Bluetooth Basisbandprotokoll arbeitet mit einer Kombination aus Leitungs- und Paketvermittlung. Bei der synchronen Übertragung sind für die Dateipakete einzelne Slots reserviert. Jedes Paket wird in einem anderen Kanal (Hop) gesendet. Normalerweise wird pro Zeiteinheit (ein Slot bei 1600 Hz ist 625 ms lang) nur ein einzelnes Datenpaket ausgetauscht, jedoch sind auch größere Pakete mit bis zu fünf Slot Länge (3,125 ms) möglich. Bluetooth unterstützt einen asynchronen und gleichzeitig bis zu drei synchrone Dateikanäle. Auch kann man über einen Kanal gleichzeitig asynchron Daten und synchron Sprache übertragen. Jeder Sprachkanal bietet mit synchronen 64 KBit/s ISDN-Qualität. Der asynchrone Datenkanal unterstützt eine Verbindung mit maximal 721 KBit/s in der einen und 57,6 KBit/s in der anderen Richtung. Bei symmetrischer Verbindung sind 432,6 KBit/s möglich.

Aufbau einer Verbindung im Pico-Netz

Bevor eine Verbindung im Pico-Netz aufgebaut wird, befinden sich Bluetooth-Geräte im Standby-Modus. Dabei suchen nicht verbundene Geräte alle 1,28 Sekunden nach eventuellen Netznachrichten. Jedes Gerät kontrolliert hierbei 32 Kanäle. Prinzipiell kann jedes Gerät in einem Pico-Netz diesen Vorgang initialisieren und wird damit automatisch auch zum Master, der die Slaves kontrolliert und die Timer synchronisiert. Der eigentliche Verbindungsaufbau erfolgt, wenn die Bluetooth-Adresse des Slaves bereits bekannt ist, durch eine Page-Nachricht. Ansonsten sendet der Master eine Inquiry Nachricht (Rundruf), gefolgt von einer Page-Anforderung zu den unbekannten Adressen der Slaves. Beim Initialisieren des Page-Status sendet der Master eine Folge von 16 gleichen Page-Nachrichten auf 16 Kanälen. Erfolgt keine Antwort, sendet der Master die Page-Abfrage auf den verbleibenden 16 Kanälen des Standby Modus. Bis der Master den Slave erreicht, vergehen maximal 2,56 Sekunden (doppelte Wakeup-Zeit), im Durchschnitt jedoch nur die halbe Wakeup-Zeit (0,64 Sekunden). Die Inquiry-Nachricht wird benutzt, um Bluetooth-fähige Geräte ohne bekannte Adresse zu finden. Sie ist dem Page-Ruf ähnlich, benutzt aber eine zusätzliche Nachrichtenfolge, um alle Antworten zu erhalten.

Die Bluetooth-Spezifikation sieht die Unterstützung von Punkt-zu-Punkt- und Punkt-zu-Multipunkt-Verbindungen vor. Bluetooth-Komponenten können durch ein Zeitmultiplexverfahren Mitglieder in mehreren Pico-Netzen sein. Dadurch entsteht ein sogenanntes Scatter-Netz. Die einzelnen Pico-Netze lassen sich durch unterschiedliche Hopping-Kanal Folgen unterscheiden. Außerdem muss sich der Slave in jedem Multiplex-Zeit-Slot neu auf den jeweils aktuellen Master synchronisieren.

Stromsparfunktionen

Neben dem Standby-Modus ohne Netzverbindung ist noch eine Reihe weiterer Stromsparfunktionen möglich. Im Hold-Modus bleibt das Gerät in das Pico-Netz integriert, es werden aber keine Daten übertragen. Lediglich ein interner Timer läuft im Slave weiter. Bei Bedarf startet die Datenübertragung verzögerungsfrei. Der Hold-Modus kann vom Master für den Slave angeordnet werden. Andererseits kann der Slave den Master auffordern, ihn in diesen Modus zu schalten. Im Sniff-Modus „lauscht" das Gerät in programmierbaren Abständen in das Netz. Auch hier läuft der Timer zur Synchronisation im Slave weiter. Weiterhin lassen sich Geräte im Netz parken. Hierbei verliert das Gerät seine MAC-Adresse (Media Access Control) im Netz, kann den Netzverkehr also nur mehr mit verfolgen und synchronisiert in größeren Abständen seinen internen Timer mit dem des Masters.

Verbindungs- und Paketarten

Das Bluetooth Basisbandprotokoll unterstützt zwei Verbindungstypen: Synchronous Connection Oriented (SCO), der bevorzugt für Sprache verwendet wird, und Asynchronous Connectionless (ACL), der zur Datenübertragung gedacht ist. Verschiedene Master/Slave Paare in einem Pico-Netz können unterschiedliche Verbindungstypen verwenden. Der Verbindungstyp lässt sich nach Bedarf auch umschalten. Die beiden Verbindungsarten unterstützen jeweils 16 Paketarten, wobei vier sowohl bei SCO als auch bei ACL zur Datenflusssteuerung verwendet werden. Zur Duplex-Datenübertragung benutzen beide Typen ein Zeitmultiplexverfahren. Die SCO-Verbindung ist symmetrisch und unterstützt zeitkritische Sprachdatenpakete. SCO-Pakete werden in reservierten Intervallen übertragen. Steht die Verbindung, so können Master und Slave die Daten ohne weitere Beschränkung austauschen. ACL-Verbindungen sind paketorientiert und unterstützen symmetrischen und asymmetrischen Datenverkehr. Der Master überwacht die Verbindung, gibt die mögliche Bandbreite im Pico-Netz frei und ändert bei Bedarf die Symmetrie der Verbindung. Die Datenübertragung der Slaves muss vom Master eigens freigegeben werden.

Fehlerkorrektur

In Bluetooth Basisbandprotokoll sind drei verschiedene Fehlerkorrektur-methoden definiert: die in zwei Stufen arbeitende Forward Error Correction (FEC) sowie die Automatic Retransmission Query (ARQ). Sinn und Zweck des FEC Verfahren ist es, Datenübertragungen auch unter schwierigen Bedingungen zu ermöglichen und die Verbindung stabil zu halten. Dies funktioniert, indem in jedem Datenpaket Korrekturinformationen enthalten sind. Haben Master und Slave eine sehr gute Verbindung und ist eine Fehlerkorrektur gar nicht oder nur selten nötig, wird FEC zugunsten der Nutzinformationen im Paket abgeschaltet und der effektive Datendurchsatz steigt. Der Paket-Header ist immer durch FEC geschützt, so dass bei Bedarf per ARQ immer noch das komplette Paket ohne Datenverlust wiederholt werden kann.

Sicherheit in Bluetooth

Bluetooth garantiert die Sicherheit auf Bitübertragungsebene. Authentifizierungs- und Verschlüsselungsmechanismen sind in jedes Bluetooth Gerät identisch implementiert. Die Authentifizierung mit einem 128-Bit Schlüssel zwischen Bluetooth Devices erfolgt vom Anwender gesteuert uni- oder bidirektional - oder auch überhaupt nicht, je nach Wunsch. Diese Informationen lassen sich speichern und automatisieren. So ist es möglich, das eigene Handy vom eigenen Notebook ohne Beschränkung nutzen zu lassen, dem Kollegen die Nutzung jedoch zu untersagen. Die Verschlüsselung erfolgt zur Sicherung des (Funk) Datenverkehrs im jeweiligen Pico-Netz. Sie erfolgt je nach Benutzereinstellung mit Schlüssellängen von 8 bis 128 Bit. Ist eine noch höhere Sicherheit nötig, können zusätzlich die bekannten Sicherheitsmechanismen der auf Bluetooth aufsetzenden Netzwerkprotokolle oder zusätzliche Verschlüsselungssoftware verwendet werden.

7 Weitere LAN-Standards

Lokale Netze sind Systeme für den Hochleistungsinformationstransfer und ermöglichen es, einer Anzahl gleichberechtigter Benutzer auf einem räumlich begrenzten Gebiet über ein schnelles Übertragungsmedium partnerschaftlich orientierten Nachrichtenaustausch hoher Güte vorzunehmen. Ein LAN hat eine Ausdehnung von üblicherweise höchstens 10 km, obwohl es auch Netze gibt, die noch deutlich größere Entfernungen überwinden können. Ein LAN ist in den meisten Fällen als Diffusionsnetz ausgeführt und erreicht Übertragungsraten bis 10 Gigabit/s. Der partnerschaftlich orientierte Nachrichtenaustausch kann als Abgrenzung zu einem hierarchisch organisierten Austausch verstanden werden und ist ein weiteres Charakteristikum, das die Flexibilität eines LAN verdeutlicht. Auf einem gleichberechtigt partnerschaftlichem Kommunikationssystem kann bei Bedarf auch eine hierarchische oder semihierarchische Struktur aufgebaut werden. Neben den bekannten Vertretern der LAN-Standards (Ethernet, Token Ring und FDDI) wurden in der Vergangenheit auch LocalTalk-Netze (Apple), Token Bus-Netze (Produktionsbereich), das Trailer Encapsulation-Verfahren, der Cell-in-Frame-Mechanismus (CIF) und die höheren Protokolle IPX und XNS genutzt.

LocalTalk

Das 230 kBit/s schnelle LocalTalk-Mechanismus bildet die Schicht 1 und 2 der Apple-Netzwerke. Dieser Mechanismus ist auch als AppleTalk bekannt. LocalTalk ist ein einfaches Netzwerk, das eine zweiadrige, symmetrische Leitung als Medium nutzt. Die einzelnen Netzteilnehmer werden über LocalTalk-Boxen (eine Art Transceiver) an das Medium angeschlossen. Die Transceiver sorgen für eine galvanische Trennung zwischen Rechner und Medium. Von der LocalTalk-Box geht es zur seriellen Schnittstelle eines klassischen Macintosh (RS-422). Ob der Drucker-Anschluss oder Modem-Anschluss benutzt wird, ist nur eine Frage der Software, welche an den jeweils benutzten Anschluss gebunden sein muss. Das Medium ist beidseitig mit je 120 Ohm abgeschlossen. LocalTalk gab es in einigen Varianten: Das Original von Apple benutzt für das Medium ein zweiadriges, geflecht- und foliengeschirmtes Kabel mit dreipoligen Mini-DIN-Steckern. Die LocalTalk-Boxen haben entsprechend jeweils zwei solche Buchsen, jede davon mit integriertem Abschlusswiderstand, der beim Einstecken einer Leitung automatisch abgeschaltet wird. Als weiteres Zubehör gibt es Kupplungsstücke, um die Kabel verlängern zu können. Spätere Ausführungen aller LocalTalk-Geräte von Apple hatten Stecker und Kupplung mit einem „Locking-Mechanismus", wohl weil der häufigste Netzwerkfehler eine versehentlich herausgezogene Steckverbindung war.

LocalTalk und EtherTalk

Viele Jahre lief das Protokoll AppleTalk nur über das Twisted Pair Medium und war unter dem Namen LocalTalk bekannt. Später wurden aber auch Implementierungen von AppleTalk auf der Basis von Token Ring (Token-Talk), Ethernet (EtherTalk) usw. entwickelt. Mit AppleTalk ist jedoch der gesamte Protokoll-Stack inklusive der verschiedenen möglichen unteren Schichten (1 und 2) des OSI-Referenzmodells gemeint. Spricht man dagegen von einer bestimmten Implementation (z. B. auf dem Ethernet), verwendet man den Begriff für die zwei unteren Schichten (in diesem Beispiel EtherTalk).

LLAP

Das LLAP-Protokoll basiert auf den Grundlagen des SDLC -Protokolls. Das LLAP-Zugriffsverfahren CSMA/CA (Carrier Sense Multiple Access with Collision Avoidance) ähnelt dem Ethernet-Zugriffsverfahren CSMA/CD.

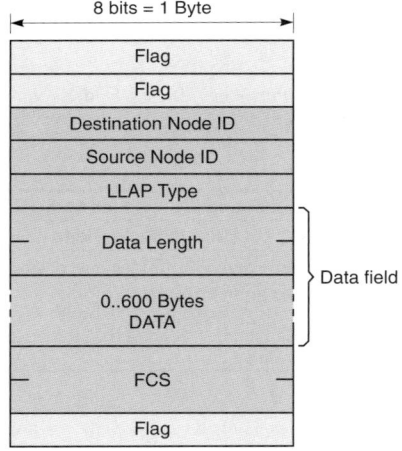

8 bits = 1 Byte

Flag
Flag
Destination Node ID
Source Node ID
LLAP Type
Data Length
0..600 Bytes
DATA
FCS
Flag

} Data field

Abbildung 7.1: LLAP-Protokollstruktur

Flag

Dient der Kennzeichnung des Paketanfangs. Ein LLAP-Paket beginnt mit zwei aufeinander folgenden Flags.

Destination Node ID

Enthält die Hardware-Adresse der Empfängerstation. Folgende IDs wurden festgelegt:

Node ID	Beschreibung
0	nicht genutzt
1-127	User Node ID
128-254	Server Node ID
255	Broadcast ID

Source Node ID
Enthält die Hardware-Adresse des Senders.

LLAP Type
Dient der Kennung des übertragenen Protokolls. Dieses Feld ist vergleichbar mit dem Type-Feld bei Ethernet.

Name	Type	Beschreibung
lapENQ	81	Erkundungs-Frame; sucht nach doppelter Node ID
lapACK	82	Antwort auf lapENQ; bestätigt doppelte Node ID
lapRTS	84 h	Request-To-Send: Teilt dem Empfänger mit, dass ein Frame zur Übertragung ansteht
lapCTS	85	Clear-To-Send: Antwort auf lapRTS
1-127	01-7F	Kennzeichnung von Datenpaketen

Data Length
Definiert die Länge des Datenfeldes (einschließlich Längenfeld). Es können 2-600 Byte im Datenfeld übertragen werden. Das Längenfeld ist bereits Bestandteil des Datenfelds.

Data
Im Datenfeld werden 2-600 Byte an Informationen übermittelt.

FCS
Das Frame Check Sequence Feld enthält die Prüfsumme, die über das gesamte Paket gebildet wird.

Flag
Dient der Kennzeichnung des Paketendes. Ein LLAP-Frame endet mit nur einem Flag. Das Ende-Flag wird gefolgt von einer 12-18 Bits langen AB-ORT-Sequenz.

Token Bus (IEEE 802.4)

Im Gegensatz zu CSMA/CD, das ein Random Access Verfahren ist, gehört der Token Bus zur Gruppe der dezentralen Auswahltechniken, wodurch Kollisionen vermieden werden. Bei diesem Verfahren wird auf einem physikalischen Bus ein logischer Ring umgesetzt. Alle angeschlossenen Stationen werden durch einen Steuermechanismus in eine logisch sequentielle Reihenfolge gebracht. Das Senderecht hat die Station, die gerade im Besitz des Tokens ist. Hat sie ihre Nachricht abgeschlossen, schickt sie ein Frei-Token an ihren logischen Nachfolger. Das Token wird somit nach vorgegebener Reihenfolge von Station zu Station weitergegeben. Nachrichten und Token werden also von der jeweils adressierten Station vom Medium genommen. Im Gegensatz zum Token Ring liegt die Verantwortung zur Aufrechterhaltung der Funktionsfähigkeit bei allen Stationen, es existiert also keine ausgezeichnete Monitorstation. In der Regel erfüllt die Station, die gerade das Senderecht hat, die Monitorfunktion. Die Übertragungen beim Token Bus Protokoll bestehen im fehlerfreien Betrieb aus dem Datentransfer und dem Tokentransfer. Fehlersituationen, wie zum Beispiel der Ausfall einer Station, erfordern eine aufwendige Protokollstruktur. Die Aufnahme neuer Stationen und das Entfernen von Stationen wird durch Senden von Kontrollrahmen und Korrektur der Vorgänger- bzw. Nachfolger-Adressen in den einzelnen Stationen realisiert. Der Token Bus ist im Vergleich zu den soeben beschriebenen Protokollen 802.3 und 802.5 aufgrund seiner physikalischen Busverkabelung nur gering verbreitet. Der IEEE 802.4 Arbeitskreis befindet sich schon seit einigen Jahren im Winterschlaf.

Die Topologie des IEEE 802.4 ist der Bus, als Medium kommt ein Koaxialkabel zum Einsatz. Codiert wird mittels Manchester oder einer typischen Variation davon: eine logische Eins wird als zwei hohe Pegel hintereinander codiert, eine logische Null als zwei tiefe Pegel hintereinander. Aufeinanderfolgende Pegelwechsel repräsentieren illegale Symbole (N = non-data). Da das Übertragen von vielen logischen Einsen hintereinander Sender und Empfänger bald außer Synchronisation bringen würde, kommt ein Scrambler zum Einsatz. Der Scrambler ersetzt nach bestimmten Regeln bestimmte Bits durch andere, so dass das Signal immer genügend Synchronisationsinformation mit sich führt. Sowohl das Basisband als auch das Breitband mit Frequenzmodulation sind im IEEE 802.4 Standard spezifiziert. Die Übertragungsgeschwindigkeiten variieren zwischen 1 MBit/s und 10 MBit/s.

Die MAC-Funktionen des Token Bus sind nur teilweise mit dem des Token Ring verwandt. Da der Token Bus keinen Ring auf der Ebene 1 darstellt, muss zusätzlicher Aufwand für das Hinzufügen bzw. Auskoppeln von Stationen betrieben werden. Während bei einer physikalischen Ringtopologie durch das Einschalten einer Station (Zustandswechsel von inaktiv auf empfangen) diese hardwaremäßig in den Ring eingefügt wird, geschieht dies beim Token Bus durch Aufnahme in den logischen Ring, den man sich als zyklische, doppelt verkettete Pointerstruktur vorstellen kann. Die letzte Station im Ring kennt die erste und die vorletzte; die erste Station kennt die letzte und die zweite usw. Jede Station kennt damit ihren Upstream Neighbor (Vorgängerstation) und ihren Downstream Neighbor (Nachfolgestation). Die Stationen sind nach ihrer Adresse absteigend sortiert. Das Management des Rings erfolgt wieder durch Austausch von MAC Frames. Der Token Bus MAC Frame hat folgendes Format:

SDEL 1 Byte
Frame Control 1 Byte
Destination Address 6 Byte
Source Adresse 6 Byte
LLC oder MAC Info variabel
FCS 4 Byte
EDEL 1 Byte

Abbildung 7.2: Token Bus MAC Frame

Starting Delimiter (SDEL)

Mit dem Starting Delimiter wird dem Empfänger bekannt gegeben, wann ein Datenpaket beginnt. Das SD-Feld besteht aus der Sequenz „NN0NN000". N repräsentiert ein illegales Symbol (N = non-data) und wird zur Kennzeichnung des Anfangs eines Pakets (PDU) verwendet.

Frame Control (FC)

Das erste Datenfeld ist die Frame Control (FC) (Rahmensteuerung). Die Frame Control kann folgende Formate einnehmen:

FF ZZZZZZ oder FF MMM PPP

FF

Nehmen die FF-Bits den Wert 00 ein, handelt es sich um einen MAC-Frame und der Wert dient der Ringkonfiguration. Wenn FF den Wert 01 einnimmt, handelt es sich um ein Datenpaket einer höheren Schicht (z.B. LLC), das Benutzerdaten enthält. Ein Frame mit einem FF Wert von 10 dient dem Ringmanagement.

ZZZZZZ

Sind die ersten beiden Bits der Frame Control auf den Wert 00 gesetzt, spezifiziert das Feld den Typ des MAC-Frames.

MMM

Definiert die jeweilige LLC-Betriebsart.

000	Frame ohne Bestätigung.
001	markiert einen Frame mit Bestätigungswunsch. Im Halbduplexbetrieb darf eine Bestätigung (ACKFrame) von der Zielstation gesendet werden, obwohl diese das Token im Moment nicht besitzt.
010	markiert ein ACK-Frame. Dieser darf nur als Antwort auf einen Frame mit Bestätigungswunsch gesendet werden.

PPP

PPP definiert die aktuelle Prioritätsstufe des LLCFrames.

Destination Adresse (DA)

Enthält die 48 Bit lange Zieladresse. Jede Workstation, jeder Rechner, File Server oder ein anderes Gerät an einem lokalen Netz muss nach den Spezifikationen der internationalen Standardorganisation (ISO) über eine eigene unverwechselbare Hardwareadresse verfügen. Eine solche Hardwareadresse besteht entweder aus einer 16 Bit oder 48 Bit langen hexadezimal codierten Zahl. Die 16 Bit (2 Byte) langen Adressen werden heute nicht mehr verwendet und wurden vom IEEE Gremium nur zur Rückwärtskompatibilität mit älteren LAN-Typen übernommen.

I/G	U/L	Adressbits

Abbildung 7.3: Destination Adresse

- ▸ I/G: Individual / Group Address
  - ▸ 0: Individuelle Adresse
  - ▸ 1: Gruppenadresse
- ▸ U/L: Universal /Local Address
  - ▸ 0: Universelle Adresse
  - ▸ 1: Lokal administrierte Adresse

Source Adresse (SA)

Enthält die 48 Bit lange Absenderadresse.

Daten

Enthält 0 bis 819 Byte Nutzdaten.

Frame Check Sequence (FCS)

Mit der 4 Bytes langen Frame Check Sequence (FCS) wird die Gültigkeit eines Datenpakets nach der Übertragung überprüft.

Ending Delimiter (ED)

Der 1 Byte lange End-Begrenzer (ED) besteht aus folgender Sequenz NN1 NN1 1E und signalisiert dem Empfänger, dass hiermit das eigentliche Datenpaket beendet ist. N repräsentiert ein illegales Symbol (N = non-data) und wird zur Kennzeichnung des Endes eines Pakets (PDU) verwendet. 1 kennzeichnet die Intermediate Frames. Folgen mehrere Frames hintereinander, ist dieses Bit in allen Frames außer dem letzten Frame gesetzt. Das Detected Bit (E) kann von jeder Station gesetzt werden, falls diese einen Fehler im Token Frame entdeckt.

Claim Token (ZZZZZZ = oooooo)

Nach einem Fehler oder beim Initialisieren des Rings werden Claim Token MAC Frames eingesetzt. Die Länge der Datenfelder dieser Frames ist 0, 2, 4 oder 6 Byte. Hierfür werden die ersten zwei höchstwertigen Bits der Stationsadresse als Zahl genommen und verdoppelt. Eine Station, die einen solchen Frame generiert hat, horcht anschließend ins Medium. Sendet eine Station, so hat dieses Gerät einen längeren Frame und daher eine höhere Adresse. Damit beendet die Station ihren Claim Token-Prozess. Sendet niemand mehr, so hat die Station den längeren Frame generiert. Sie verwendet daraufhin weitere zwei Bits ihrer Adresse und beginnt von vorne, bis alle Bits der Adresse verwendet worden sind. In Abhängigkeit von der Adresslänge werden 8 oder 24 Claim Token MAC Frames gesendet. Diejenige Station, die den letzten Frame gesendet hat, ist die Station mit der höchsten Adresse und damit verantwortlich für die Initialisierung des Rings und das Aussenden des Tokens.

Solicit Successor (ZZZZZZ = ooooo01)

Nach dem Einschalten einer Station muss die Station in den logischen Ring eingefügt werden. Dazu wird ein einfacher Mechanismus genutzt, der das Einhängen eines Elements in eine doppelt verkettete Liste ermöglicht. Dazu fragt jeder Token-Besitzer die auf das Einfügen wartende Stationen von Zeit zu Zeit ab. Der Prozess erfolgt mit Hilfe von Solicit Successor MAC Frames. Dieser Frame enthält die Adressen des Token-Inhabers und die seiner Folgestation (seines Downstream Neighbors). Jede Station, deren Adresse zwischen diesen beiden Kommunikationspartnern liegt, darf sich daraufhin im Response Window (Zeitdauer, in der keine sonstige Daten gesendet werden), mit einem Set Successor MAC Frame melden. Liegen mehrere Meldungen vor, so entsteht eine Kollision, die an einem fehlerhaften FCS erkannt wird. In diesem Fall werden Resolve Contention MAC Frames eingesetzt.

Will nur eine Station im Adressbereich in den Ring aufgenommen werden, setzt der Token-Inhaber seine Downstream Neighbor-Adresse neu und übergibt das Token an die neue Station. Diese Station ermittelt ihrerseits den jeweiligen Upstream Neighbor und Downstream Neighbor. Der ursprüngliche Downstream Neighbor des Token-Inhabers erfährt von der neuen Station, wenn ihm sein neuer Vorgänger das Token weiterreicht.

Who Follows (ZZZZZZ 000011)

Das Who Follows Frame enthält im Datenfeld die Adresse des Downstream Neighbors, der auf eine Token-Übergabe nicht mehr reagiert. Die Station, deren Upstream Neighbor-Adresse der Adresse im Who Follows Frame entspricht, antwortet mit einem Set Successor Frame. Dabei setzt diese Station ihren Upstream Neighbor auf die Source Adresse des Who Follows Frames und überbrückt somit den alten inaktiven Upstream-Nachbarn.

Set Successor (ZZZZZZ = 001100)

Der Set Successor Frame wird für verschiedene Zwecke eingesetzt:

▸ Eine Station, deren Downstream Neighbor das Token nicht mehr übernimmt, antwortet auf einen Who Follows Frame mit einem Set Successor MAC Frame, dessen Datenfeld die eigene Stationsadresse enthält. Der Upstream Neighbor derjenigen Station, die das Token nicht mehr übernimmt, setzt anschließend seinen Downstream Neighbor auf die Adresse im Datenfeld des Set Successor MAC Frames und überbrückt damit den alten inaktiven Downstream Neighbor.

- Der Set Successor Frame wird auch als Antwort auf Solicit Successor Frames verwendet, um eine Aufnahme in den Ring anzuzeigen.
- Eine Station, die aus dem Ring ausscheiden will, antwortet auf die Übergabe des Tokens nicht mehr. Sie wird anschließend mit Hilfe von Who Follows Frames überbrückt und so aus dem logischen Ring ausgeschaltet.

Resolve Contention (ZZZZZZ = 000100)

Ein Resolve Contention Paket wird von der Station, die einen Solicit Successor Frame ausgesendet und mehrere Antworten zugleich erhalten hat, verwendet. Diese Mehrfachantworten bringen Kollisionen mit sich und werden an einem falschen FCS-Wert erkannt. Auf Resolve Contention Frames horchen die neu aufzunehmenden Stationen 0, 1, 2 oder 3 Zeitspannen auf das Netz. Diejenige Station, die eine andere senden hört, scheidet aus dem Wettbewerb aus. Letztendlich antwortet nur noch eine Station auf den Resolve Contention Frame und wird in den Ring eingefügt.

Token MAC Frame (ZZZZZZ = 001000)

Dieser Frame enthält die Adresse des Downstream Neighbors als Destination Adresse und übergibt diesem das Senderecht. Hört die Station nach der Übergabe des Token MAC Frames innerhalb einer bestimmten Zeitspanne nichts vom Downstream Neighbor, so wiederholt diese den Token MAC Frame. Sendet der Downstream Neighbor wiederum nichts innerhalb einer bestimmten Zeitspanne, verwendet die Station einen Who Follows MAC Frame, da der Downstream Neighbor offensichtlich nicht betriebsbereit ist.

Trailer Encapsulation Protokoll

Die heute kaum noch eingesetzte Methode der Trailer Encapsulation basiert auf einer speziellen Form der Paketierung von TCP/IP Daten auf der Schicht 2 (Link Layer). Für Trailer Encapsulation Pakete wurden die Typfeld Nummern 1001 und 1002 reserviert. Nach dem Typfeld folgen die zu übertragenden Daten, die eigentlichen TCP-, UDP- und IP Header folgen am Ende des Datenpaketes. Die Positionierung der Daten am Anfang eines Datenpaketes ermöglicht die Speicherung dieser Daten am Anfang einer Memoryseite oder Memorysegmentgrenze. Die weitere Verarbeitung dieser Daten wird dadurch vereinfacht. Der Datenteil im Paket ist immer auf ein Vielfaches von 512 Byte beschränkt, d.h. es können maximal zwei Datensegmente pro Datenpaket übermittelt werden. Im Ethernet Typfeld wird außerdem festgelegt, ob es sich um 512 Byte Daten (Typfeld= 1001) oder um 1024 Byte (Typfeld= 1002) handelt. Auf den Datenteil folgt das eigentliche Typfeld (IP=0800) und ein 16 Bit Längenfeld, welches sich über die nachfolgenden Protokollheader erstreckt. Das Trailer Encapsulation Protokoll ist im RFC 839 beschrieben.

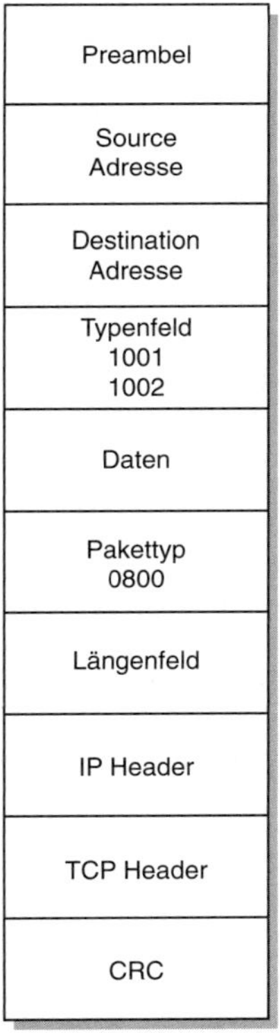

```
┌─────────────────┐
│    Preambel     │
├─────────────────┤
│     Source      │
│    Adresse      │
├─────────────────┤
│  Destination    │
│    Adresse      │
├─────────────────┤
│   Typenfeld     │
│     1001        │
│     1002        │
├─────────────────┤
│     Daten       │
├─────────────────┤
│   Pakettyp      │
│     0800        │
├─────────────────┤
│   Längenfeld    │
├─────────────────┤
│   IP Header     │
├─────────────────┤
│   TCP Header    │
├─────────────────┤
│      CRC        │
└─────────────────┘
```

Abbildung 7.4: Trailer Encapsulation

Cells In Frames (CIF)

Die Cells In Frames (CIF) Definitionen beschreiben einen Mechanismus zur Übermittlung von ATM-Verkehr über klassische Netzwerk (Ethernet, Token Ring). Abgesehen von abweichenden Grundtechniken der beiden Übermittlungsarten liegt ein Hindernis in der unterschiedlichen Verpackung der Daten. Ethernet-Frames sind minimal 72, maximal 1526 Byte groß, wobei die ersten 26 Byte die Präambel für die Synchronisation, Header und Trailer des Paketes enthalten. ATM-Zellen hingegen sind immer exakt 53 Byte lang, die ersten fünf Byte sind dabei für die Routing-Information wie Flusssteuerung, Kanal- und Pfadidentifikation, Zellverlustpriorität und Checksumme der Header-Information zuständig. Die an der Cornell Universität entwickelte Technik Cells in Frames (CIF) ermöglicht es, ATM-Zellen in Ethernet-taugliche Frames umzuwandeln. Das bringt alle Vorteile von ATM bei minimalsten Investitionen: Daten, Sprache und Video werden im schnellen ATM-Modus übermittelt, und zwar weitgehend über die bereits bestehende Ethernet-Infrastruktur. Denn CIF erfordert bloß einen Ethernet Edge Switch mit einem Ethernet-to-ATM-Konverter sowie ein CIF-Modul, das in einen ASIC-Baustein der Netzkarten integriert wird. Die Netzkarten selbst bleiben die gleichen, und die Treibersoftware wird lediglich durch eine CIF-Schicht ergänzt. Der CIF-Header hat folgendes Format:

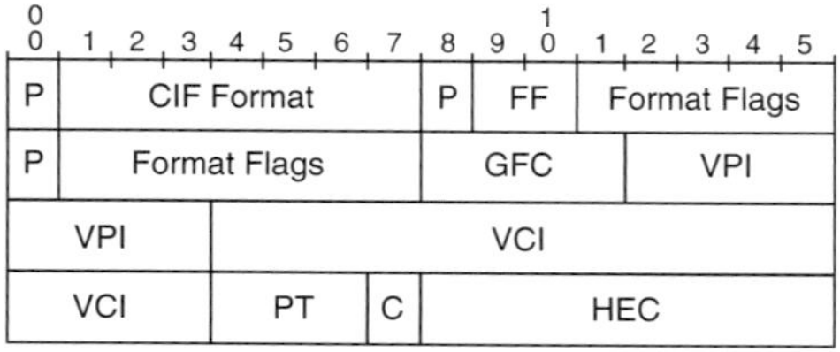

0 0	1 2 3 4 5 6 7	8	1 9 0	1 2 3 4 5
P	CIF Format	P	FF	Format Flags
P	Format Flags	GFC		VPI
VPI		VCI		
VCI	PT	C	HEC	

Abbildung 7.5: CIF Header-Struktur

P
Even Parity Bit für das betreffende Oktett.

CIF Format
Definiert den CIF Format Identifikator. Folgende Formattypen sind definiert:

Format und ihre Bedeutung:

0	Reserviert für die CIG Signalisierung
1	Reserviert für die CIG Signalisierung
2	Default Format zum Transport von Nutzdaten
112-127	Reserviert für zukünftige Anwendungen

FF
Die CIF formatunabhängigen Flags signalisieren die unabhängigen CIF Format Typ-Flags.

Format Flags
Die CIF formatabhängigen Flags signalisieren in Abhängigkeit vom jeweiligen CIF Formattyp bestimmte Steuerinformationen.

GFC
Wird zur Flusskontrolle zwischen den beiden Tunnelendpunkten genutzt.

VPI
Beschreibt den aktuellen Virtual Path Identifier.

VCI
Beschreibt den aktuellen Virtual Channel Identifier.

PT
Definiert den jeweiligen Payload Type.

C
Setzt die aktuelle Cell Loss Priority.

HEC
Der Header Error Check bildet eine Prüfsumme über das gesamte LAN-Paket.

Novell-Protokolle

Die Novell Corporation Inc., ein amerikanischer Hersteller von Hard- und Software, setzt für sein PC LAN-Betriebssystem (Novell NetWare) eine modifizierte Form der XNS-Protokolle ein. Novell NetWare unterstützt folgende Protokolle: Die Medium Access Protocols, das Internet Packet Exchange Protocol, das Routing Information Protocol, das Service Advertising Protocol und das NetWare Core Protocol. Die Medium Access Protocols sind bei Novell NetWare auf den untersten zwei Schichten des OSI-Referenzmodels angesiedelt. Diese Protokolle unterstützen eine Vielzahl von Netztopologien (Ethernet, Token Ring, FDDI und ARCnet). Das Internet Packet Exchange Protocol (IPX) wird bei Novell Netware auf der Schicht 3 eingesetzt. Bei dem IPX-Protokoll handelt es sich um eine Modifikation des von Xerox entwickelten Internetwork Datagram Protocols. Das Novell NetWare Routing Information Protocol (RIP) arbeitet auf der Schicht 4 des OSI-Referenzmodells. Das NetWare RIP-Protokoll dient der Auffindung der schnellsten und besten Verbindung zwischen NetWare Routern. Beim NetWare Routing Information Protocol handelt es sich um eine Variante des Routing Information Protocols (RIP) von Xerox. Das Service Advertising Protocol (SAP) sorgt für die periodische Bekanntmachung von NetWare Services über das Netz. Das NetWare Core Protocol kümmert sich um die Dienste zwischen Clients und Fileservern, wie zum Beispiel das Connection Control und das Service Request Encoding.

Internet Packet Exchange Protokoll (IPX)

Bei dem von Novells Netware auf der Schicht 3 verwendeten Internet Packet Exchange Protokoll handelt es sich um eine Variante des Xerox Internetwork Datagram Protokolls. Es übernimmt Adress- und Routing Funktionen und ermöglicht das Versenden von Datagrammen. Das Internet Packet Exchange Protokoll kann mit den Internet Protokoll (IP) in der TCP/IP Welt verglichen werden.

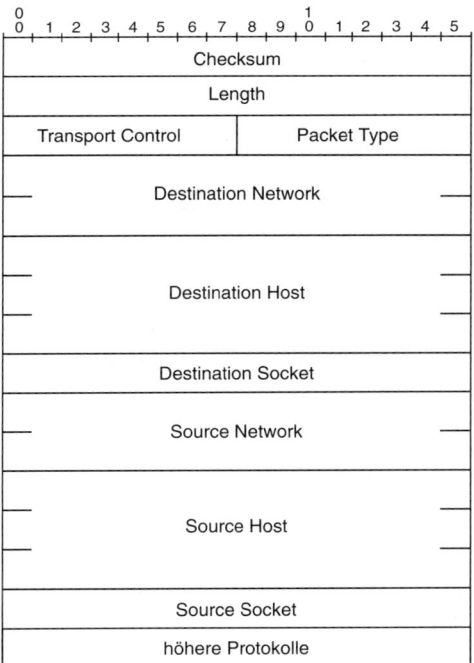

Abbildung 7.6: Novell IPX Protokoll

Checksum

Enthält eine Prüfsumme, die nur den IPX-Header auf Fehler überprüft. Durch die Checksum können mögliche Übermittlungsfehler erkannt werden.

Length
Die Länge beschreibt die gesamte Länge des IPX-Headers in Byte. Ein IPX-Paket unterliegt keiner Längenbegrenzung, solange das Paket nicht geroutet wird. Sollte das Paket geroutet werden, so ist die Paketlänge auf maximal 576 Bytes beschränkt.

Transport Control
Wird zur Kontrolle von IPX-Paketen beim Transport zwischen Routern eingesetzt. Sobald das Paket einen Router passiert, wird der Inhalt um Eins erhöht. Diese Information wird vom RIP-Protokoll benötigt, denn sobald der Zähler 16 erreicht, wird das Paket verworfen.

Packet Type
Dieses Feld definiert, welches Protokoll höherer Schichten als nächstes dem Datenteil vorangestellt ist. Das Protokoll-Feld spezifiziert das jeweilige Protokoll der vierten Schicht. Die wichtigsten Protokolltypen sind:

0	Hello oder SAP
1	Routing Information Protocol
2	Echo
3	Error
4	Netware 386 oder SAP
5	Sequenced Packet Protocol
16 – 31	Experimentelle Protokolle
17	Netware 286

Destination Network
Enthält die 32 Bit lange Netzadresse des Zielnetzes.

Destination Host
Enthält die 48 Bit lange Adresse des Netzknotens, an den das Datagram übermittelt wird.

Destination Socket
Definiert eine 16 Bit lange Prozessadresse über den im Zielrechner der betreffende Service erreichbar ist. Folgende Werte wurden definiert:

0451	NCP
0452	SAP
0453	RIP
0455	NetBIOS
0456	Diagnostics
0457	Serialization Packets
4000 – 6000	Freie Sockets

Source Network
Enthält die 32 Bit lange Netzadresse des Absendernetzes.

Source Host
Enthält die 48 Bit lange Adresse des Netzknotens, der das Datagram erzeugt hat.

Source Socket
Definiert eine 16 Bit lange Prozessadresse, über die im Senderechner der betreffende Service erreichbar ist.

Routing Information Protokoll (RIP)

Durch das RIP-Protokoll werden in einem Novell-Netzwerk alle Netz- und Router-Adressen automatisch ausgetauscht und so eine effiziente Kommunikation zwischen mehreren Netzen garantiert.

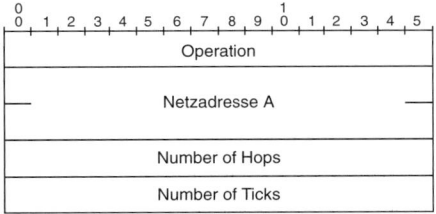

Abbildung 7.7: RIPX Header

Operation

Die ersten zwei Byte des RIP-Heades definieren den Arbeitsmodus des Pakets. Es wurden folgende Kommandos definiert:

▸ Operation - Beschreibung
  ▸ 1 - Request
  ▸ 2 - Reponse

Netzadresse

Definiert die 32 Bit lange Netzadresse des betreffenden Netzwerks.

Number of Hops

Definiert die Anzahl der Router, die sich zwischen dem Sende- und Zielnetz befinden. Maximal können bis zu 15 Hops übersprungen werden. Wird eine Verbindung zu einem Netzwerk mit 16 Hops gekennzeichnet, gilt dieses Netz als nicht mehr erreichbar (z.B. defekte Verbindung).

Number of Ticks

Dient zur Messung des Abstands zu einem Netzwerk (18,21 Ticks = 1 Sekunde).

Broadcast Protocol (BCAST)

Das Broadcast Protokolls (BCAST) informiert den Benutzer über eine für ihn bestimmt Meldung.

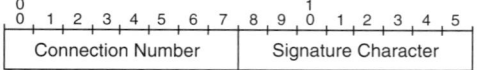

Abbildung 7.8: BCAST Header

Connection Number

Wird der Workstation während dem Login-Prozess zugeteilt.

Signature Character

Der ASCII Character „!" (21) signalisiert dem Benutzer, dass auf ihn eine Broadcast Message wartet.

Watchdog (WDOG)

Mit Hilfe des Watchdog Protokolls (WDOG) werden die aktiven Verbindungen zwischen den Novell Clients und Servern überwacht. Wird festgestellt, dass eine Verbindung über einen längeren Zeitraum nicht mehr benutzt wurde, wird das Novell Betriebssystem über diese Änderung durch WDOG Pakete informiert.

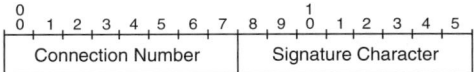

Abbildung 7.9: WDOG Message

Connection Number
Wird der Workstation während des Login-Prozesses zugeteilt.

Signatur Character
Enthält den ASCII Charakter „?" (Hex 3F) oder den ASCII Charakter „Y" (Hex 59).

Sequenced-Packet-Exchange-Protokoll (SPX)

Beim Sequenced-Packet-Exchange-Protokoll (SPX) handelt es sich im eigentlichen Sinne um ein Interface. So bezeichnet auch Novell das SPX-Protokoll als Transport-Level-Interface (TLI), das im Netzwerk die Möglichkeit zur verbindungsorientierten Paketübermittlung bietet. Im Wesentlichen handelt es sich dabei um eine Erweiterung des IPX-Protokolls. LAN-Anwendungen, die direkt das SPX nutzen, sind „RCONSOLE", „RPRINTER" und das SNA-Gateway. Der Zusammenhang zwischen IPX und SPX ist äquivalent zu dem zwischen TCP und IP, wobei SPX dem TCP und IPX dem IP entspricht. Die Zuverlässigkeit von Übertragungen, die SPX nutzen, wird dadurch erhöht, das Daten, die fehlerhaft empfangen wurden, erneut übertragen werden, bis eine positive „Rückmeldung" erfolgt ist. Im Jahr 1991 wurde von Novell eine neue Version des SPX-Protokolls veröffentlicht. Dieses Protokoll wird als SPX2 bezeichnet. Es ermöglicht die Übertragung größerer Datenpakete und unterstützt einen Window-Mechanismus.

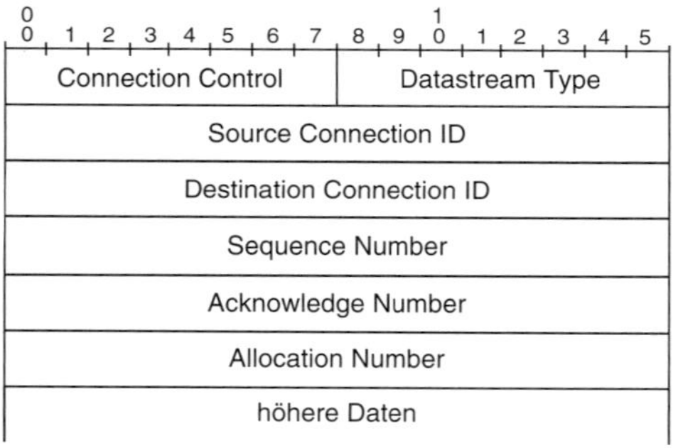

0								1					
0 1 2 3 4 5 6 7	8 9 0 1 2 3 4 5

Connection Control	Datastream Type
Source Connection ID	
Destination Connection ID	
Sequence Number	
Acknowledge Number	
Allocation Number	
höhere Daten	

Abbildung 7.10: SPP Header

Connection Control

Die Signalisierungs-Flags definieren die Art des SPX-Pakets. Folgende Werte wurden festgelegt:

- Bit 0, Bit 1: Wird im Moment nicht benutzt
- Bit 2: Size Negotiation (nur SPX2)
- Bit 3: SPX2 Type (nur SPX2)
- Bit 4: End of Message
- Bit 5: Attantion Bit
- Bits 6: Acknoledgment Required
- Bit 7: Transport Control

Datastream Type

Dient zur Übermittlung von Steuerinformationen an die unteren Schichten. Folgende Werte wurden festgelegt:

0 - 253	Wird vom SPX-Protocol ignoriert.
254	Ende der Verbindung
255	Acknowledgment: Ende der Verbindung
252	Orderly Release Request (nur SPX2)
253	Acknowledgment: Orderly Release Request (nur SPX2)

Source Connection ID
Eindeutige Bezeichnung des Dienstes oder Prozesses im Senderechner. Die Source Connection ID bleiben für die Dauer einer Verbindung gleich.

Destination Connection ID
Bezeichnung des Dienstes oder Prozesses im Rechner des Empfängers. Die Destination Connection ID bleiben für die Dauer einer Verbindung gleich.

Sequence Number
Mechanismus zur Flusskontrolle, der beim Novell-Protokoll auf der fortlaufende Nummerierung der Pakete beruht. Jedem übertragenen Paket wird vom Sender eine eindeutige Sequenznummer zugeordnet.

Acknowledge Number
Mechanismus zur Flusskontrolle, der beim Novell-Protokoll auf der fortlaufenden Nummerierung der Pakete beruht. Durch die Acknowlegement-Nummer bestätigt der Empfänger dem Sender alle empfangenen Pakete und zeigt gleichzeitig an, welche Sequenz-Nummer als nächstes erwartet wird.

Allocation Number
Definiert die noch nicht bestätigten, aber bereits übermittelten Datenpakete.

Netware Directory Services (NDS)

Die Netware Directory Services wurden als globale verteilte Directory-Datenbankapplikation für Novell Netze entwickelt und lösen die Bindary-Services früherer Versionen ab.

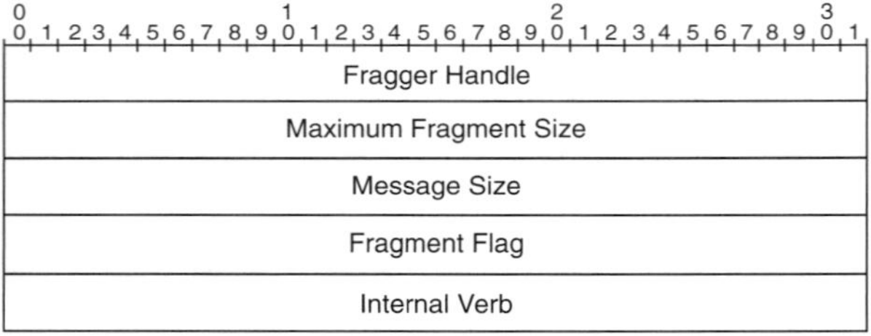

```
 0                   1                   2                   3
 0 1 2 3 4 5 6 7 8 9 0 1 2 3 4 5 6 7 8 9 0 1 2 3 4 5 6 7 8 9 0 1
```

Fragger Handle
Maximum Fragment Size
Message Size
Fragment Flag
Internal Verb

Abbildung 7.11: NDS-Header

Fragger Handle
Beschreibt das aktuelle Fragment eines Requests bzw. Replies.

Maximum Fragment Size
Definiert die maximale Größe der jeweiligen Antwort in Byte.

Message Size
Enthält die aktuelle Größe der Meldung.

Fragment Flag
Das Flag-Feld wird immer auf den Wert = 0 gesetzt.

Internal Verb
Beschreibt das auszuführende NDS-Verb.

Service Advertising Protokoll (SAP)

Das Netware-Service Advertising Protokoll ermöglicht die periodische Bekanntgabe von Services am Netz (File Server, Print Server, Gateway Server usw.), um alle Clients kontinuierlich über die Verfügbarkeit dieser Dienste zu informieren.

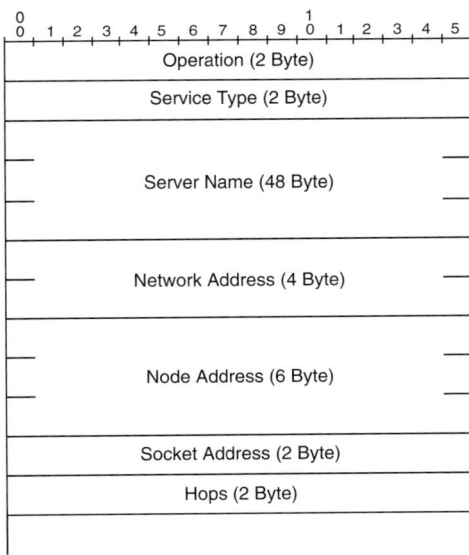

Abbildung 7.12: SAP-Header

Operation

Definiert den Arbeitsmodus des Datenpakets. Folgende Werte wurden definiert:

1   General Service Request
2   General Service Response
3   Nearest Service Request
4   Nearest Service Response

Service Type

Beschreibt die im Paket ausgeführten Dienste genauer. Folgende Werte wurden definiert:

01	User
04	File Service
07	Print Server
21	NAS SNA Gateway
23	NACS
27	TCP/IP Gateway
98	Netware Access Server
107	Netware 386 STOREXP Spe.
137	Netware 386 Printer Queue

Server Name

Enthält den bis zu 48 Byte langen Namen des Servers.

Network Address

32 Bit lange Netzadresse des Servers.

Node Address

48 Bit lange Adresse des Servers.

Socket Address

Definiert die Socket-Adresse des Servers.

Hops

Definiert die Anzahl der Router, die sich zwischen dem Sende- und Zielnetz befinden. Maximal können bis zu 15 Hops übersprungen werden. Wird eine Verbindung zu einem Netzwerk mit 16 Hops gekennzeichnet, gilt dieses Netz als nicht mehr erreichbar (z.B. defekte Verbindung).

Burst Mode Protocol (BMP)

Das Burst Mode Protocol (BMP) gehört zu den NCP-Pakettypen und wird durch den Wert = 7777 (hex) gekennzeichnet. Die BM-Funktionen erlauben anstatt der früher üblichen Request-Response Methode eine Übermittlung mehrerer Pakete auf einen einzigen Request. Durch den Burst-Modus werden die Leitungen (beispielsweise im WAN) erheblich effizienter ausgelastet und die Performance verbessert.

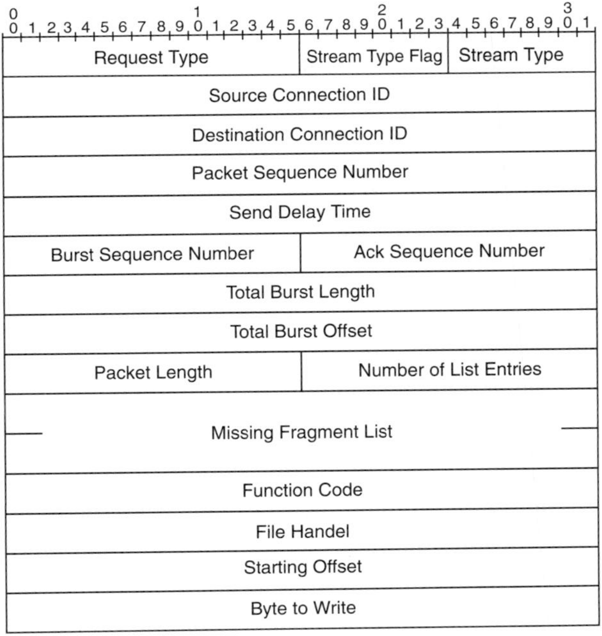

0	1	2	3
0 1 2 3 4 5 6 7 8 9 0 1 2 3 4 5 6 7 8 9 0 1 2 3 4 5 6 7 8 9 0 1			

Request Type	Stream Type Flag	Stream Type
Source Connection ID		
Destination Connection ID		
Packet Sequence Number		
Send Delay Time		
Burst Sequence Number	Ack Sequence Number	
Total Burst Length		
Total Burst Offset		
Packet Length	Number of List Entries	
Missing Fragment List		
Function Code		
File Handel		
Starting Offset		
Byte to Write		

Abbildung 7.13: Der BMP-Header

Request Type
Beschreibt den Typ der Anfrage und wird beim BM-Protokoll immer auf den Wert 7777 (hex) gesetzt.

Stream Type Flag
Definiert die Werte der Stream Type Flags.

Stream Type
Definiert die Burst Mode Control Bits.

Source Connection ID
Enthält die vom Sender vergebene Verbindungsidentifikationsnummer.

Destination Connection ID
Verbindungsidentifikationsnummer des Empfängers.

Packet Sequence Number
Mit Hilfe der Sequenznummer werden die übertragenen Datenpakete beim Empfänger zu einem kontinuierlichen Datenstrom geordnet.

Send Delay Time
Definiert die ungefähre Verzögerungszeit zwischen den Paketen.

Burst Sequence Number
Aktuelle Sequenznummer des Pakets im Burst.

Ack Sequence Number
Beschreibt die nächste vom Empfänger erwartete Burst Sequenznummer.

Total Burst Length
Beschreibt die Gesamtlänge des Datenbursts in Oktett.

Total Burst Offset
Der Burst Offset dient zur Einordnung der Burst-Daten innerhalb des Datenstroms. Bei einem Offset-Wert = 0 werden die Felder: Function Code, File Handel, Starting Offset und Bytes to Write an das Ende des Pakets automatisch angehängt.

Packet Length
Definiert die Länge der im Paket enthaltenen Daten.

Number of List Entries
Beschreibt die Anzahl der noch ausstehenden und nicht empfangenen Fragmente.

Missing Fragment List
Genauere Beschreibung der noch ausstehenden und nicht empfangenen Fragmente.

Function Code
Definiert, ob es sich um eine Write (Schreib-) oder Read (Lese-) Funktion handelt.

Starting Offset
Definiert den Startpunkt von dem aus ein File geschrieben bzw. gelesen werden soll.

Byte to Write
Beschreibt die Anzahl der noch zu lesenden bzw. zu schreibenden Bytes.

Netware-Core Protokoll (NCP)

Das Netware-Core Protokoll ermöglicht die Kommunikation zwischen Clients und File Servern, wobei es für Dienste wie Verbindungskontrolle und Service Request Encoding sorgt.

Request Type (2 Byte)
Sequence Number (1 Byte)
Connection Number Low (1 Byte)
Task Number (1 Byte)
Connection Number High (1 Byte)
Request Code (1 Byte)
Data (variabel)

Abbildung 7.14: NCP-Request-Paket

Request Type

Dient zur Identifikation des jeweiligen Pakettyps. Folgende Werte wurden festgelegt:

1111	Allocate Slot Request
2222	File Server Request
3333	File Server Reply
5555	Deallocate Slot Request
7777	Burst Mode Packet (BMP)
9999	Positive Acknowledge

Sequence Number

Dient zur eindeutigen Zuordnung der Datenpakete.

Connection Number Low

Beschreibt die von der jeweiligen Workstation vergebene Verbindungs-Identifikationsnummer.

Task Number
Definiert die vom jeweiligen Betriebssystem vergebene Prozessnummer.

Connection Number High
Beschreibt die von der jeweiligen Workstation vergebene Verbindungs-Identifikationsnummer. Wird nur von der 1000 Benutzer-Version von Novell Netware verwendet. Bei allen anderen Versionen wird dieser Parameter auf den Wert = 0 gesetzt.

Request Code
Definiert den spezifischen Funktionscode des Requests.

Request Type (2 Byte)
Sequence Number (1 Byte)
Connection Number Low (1 Byte)
Task Number (1 Byte)
Connection Number High (1 Byte)
Completion Code
Connection Status

Abbildung 7.15: NCP Reply Header

Completion Code
Gibt einen Indikator (Wert = 0) an, ob der Request des jeweiligen Clients erfolgreich ausgeführt werden konnte. Sämtliche anderen Werte signalisieren einen Fehler.

Connection Status
Das vierte Bit des Connection Statusfeld wird auf den Wert = 1 gesetzt, wenn der Parameter DOWN an der Console zum Herunterfahren des Servers eingegeben wird.

Serialization Protokoll (SER)

Bestandteil der Novell NetWare Software ist das automatische Versenden der jeweiligen Seriennummer. Dadurch überprüfen die Server an einem Netz, ob vom Benutzer eine illegale Raubkopie der Server-Software installiert wurde.

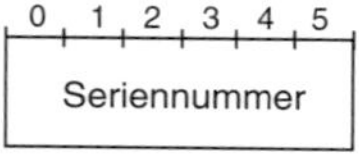

Abbildung 7.16: SER Header

Diagnostic Responder Protocol (DIAG)

Mit Hilfe des Diagnostic Responder Protokolls können NetWare LANs im Betrieb diagnostiziert (Verbindungs- und Konfigurationstests) werden.

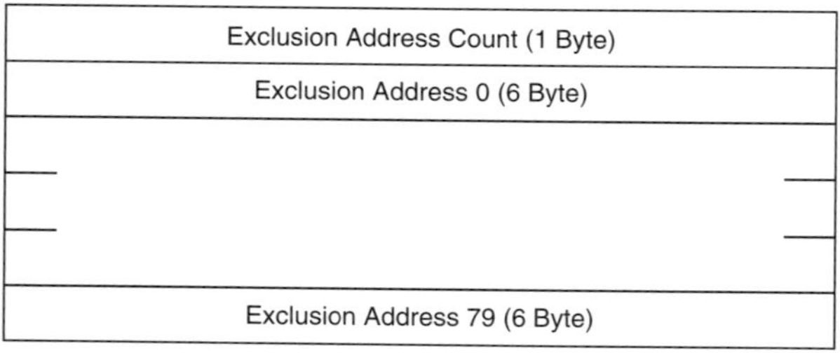

Exclusion Address Count (1 Byte)
Exclusion Address 0 (6 Byte)
Exclusion Address 79 (6 Byte)

Abbildung 7.17: DIAG-Request-Paket

Exclusion Address Count

Definiert die Anzahl der Stationen, die nicht auf das DIAG-Paket reagieren sollen. Der Wert 0 bedeutet, dass sämtliche am Netz aktiven Net-Ware-Stationen auf das DIAG-Paket reagieren müssen.

Exclusion Address
Definiert die Adresse der Stationen, die nicht auf das DIAG-Paket reagieren muss.

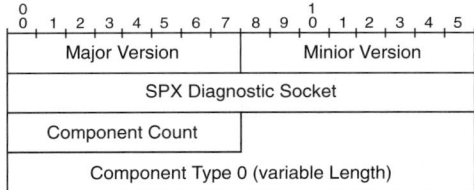

Abbildung 7.18: DIAG-Response-Paket

Major/ Minor Version
Definiert die aktuelle Version des DIAG-Protokolls auf der antwortenden Station.

SPX Diagnostic Socket
Beschreibt die Socket-Adresse an die alle SPX-Diagnose-Anfragen gesendet werden sollen.

Component Count
Definiert die im Response-Paket enthaltene Anzahl von Komponenten.

Component Type
Genauere Beschreibung der übermittelten Komponente bzw. der auf dem Sender aktiven Prozesse. Folgende Festlegungen wurden getroffen:

Simple:
0	IPX/SPX
1	Router-Treiber
2	LAN Treiber
3	Shells
4	VAPs

Extended

5	Router
6	File Server/Router
7	Nonededicated IPX/SPX

Werden Extended Typen übertragen, so wird automatisch folgendes Feld angehängt:

```
Number of Local Network (1 Byte)
```

Abbildung 7.19: DIAG Zusatzfeld

Number of local Networks
Anzahl der lokalen Netzen mit der diese Komponente kommuniziert. Dabei wird jedes Netzwerk durch folgendes Format dargestellt:

```
Lokal Network Type (1 Byte)

Network Address (4 Byte)

Node Address (6 Byte)
```

Abbildung 7.20: Format der lokalen Netze

Local Network Type
Beschreibt den Typ des lokalen Netzes, mit der diese Komponente kommuniziert.

Network Address
4 Byte langes Netzwerk-Adressfeld des Netzes.

Node Address
6 Byte langes Rechneradresse des Absenders.

XNS-Protokolle

Die Xerox Network Standard Protocols, bekannter unter der geläufigen Bezeichnung XNS-Protokolle, wurden Ende der siebziger, Anfang der achtziger Jahre von dem amerikanischen Hersteller Xerox Corporation entwickelt. Da ihre Entwicklung im Xerox Labor des Palo Alto Research Center ausgeführt wurde, ist auch heute noch häufig die Rede von PARC-Protokollen. 1980 wurden die XNS-Protokolle als Xerox System Integration-Standard (bis zur Schicht 4 des ISO/OSI Referenzmodells) veröffentlicht. Fast alle Hersteller verwendeten sie bei der Entwicklung der ersten Generation ihrer LAN-Komponenten als Basis.

Level 0-Protokolle

Die Level 0-Protokolle des XNS-Protokolls definieren Schicht 1 und Schicht 2 (die Übertragungsmechanismen und das Media Access Control/ MAC) des OSI-Referenzmodells. Diese Protokolle werden in der XNS-Terminologie als Transmission Media Protocols bezeichnet. Zu den bekanntesten Level 0-Protokollen zählen das X.25 Network, die IEEE 802.x Networks (IEEE 802.3, CSMA/CD; IEEE 802.5 Token Ring), das Ethernet, die NetBIOS Networks, die Serial Lines, die ARCnet Networks, die Hyperchannel Networks und die FDDI Networks.

Level 1-Protokolle

Die Level 1-Protokolle entsprechen den Funktionen der Schicht 3 des OSI-Referenzmodells. Die Level 1-Protokolle werden auch als Transport-Protokolle der ersten XNS-Schicht bezeichnet. Auf dieser Schicht ist beim XNS-Protokoll das Internet Protocol (IP) angesiedelt. Es setzt auf den Diensten der Schicht 2 auf und ist unabhängig von den darunter liegenden Schichten. Das XNS IP-Protokoll übernimmt Adress- und Routing-Funktionen und ermöglicht den Versand von Datagrammen.

Level 2-Protokolle

Die XNS-Protokolle, die auf dem Transport Layer (Schicht 4) angesiedelt sind, werden als Level 2-Protokolle oder „Transport Protokolle der zweiten XNS-Schicht" bezeichnet. Auf dem XNS Level 2 sind fünf Protokolle angesiedelt: Das Echo Protocol, das Error Protocol, das Packet Exchange Protocol, das Sequenced Packet Protocol und das Routing Information Protocol. Das Echo Protocol dient zum Test einer Verbindung zwischen Kommunikationspartnern. Das Error Protocol wird zum Versenden von Fehler- und Statusmeldungen zwischen Kommunikationspartnern eingesetzt. Das Packet Exchange Protocol bietet einen ungesicherten Transportmechanismus. Das Sequenced Packet Protocol unterstützt einen kompletten, gesicherten und fehlerfreien Transport-Service mit voller Ende-zu-Ende-Kontrolle. Das Routing Information Protocol unterstützt die automatische Wegewahl (Routing) in LANs und WANs.

Level 3-Protokolle

Die XNS-Protokolle der Schicht 5 und 6 werden als Level 3-Protokolle bezeichnet. Die Level 3-Protokolle werden in der XNS-Terminologie als Control Protocols bezeichnet. Die XNS-Protokolle oberhalb der Transportschicht wurden von Xerox nie veröffentlicht. So mussten die Hersteller von Komponenten, die auf den XNS-Protokollen basierten, ihre eigenen herstellerspezifischen Level 3-Protokolle implementieren.

Level 4-Protokolle

Die auf der Schichte 7 realisierten XNS-Protokolle werden als Level 4-Protokolle oder als Application Protocols bezeichnet. Xerox veröffentlichte die Level 4- Protokolle nicht, daher existieren zahlreiche Implementationen von XNS-Anwendungsprogrammen.

Internetwork Datagram Protocol (IDP)

Das Xerox Internetwork Datagram Protokoll ist auf der Schicht 3 angesiedelt. Es übernimmt Adress- und Routing Funktionen und ermöglicht das Versenden von Datagrammen. Das Internetwork Datagram Protocol (IDP) kann mit den Internet Protokoll (IP) in der TCP/IP Welt verglichen werden.

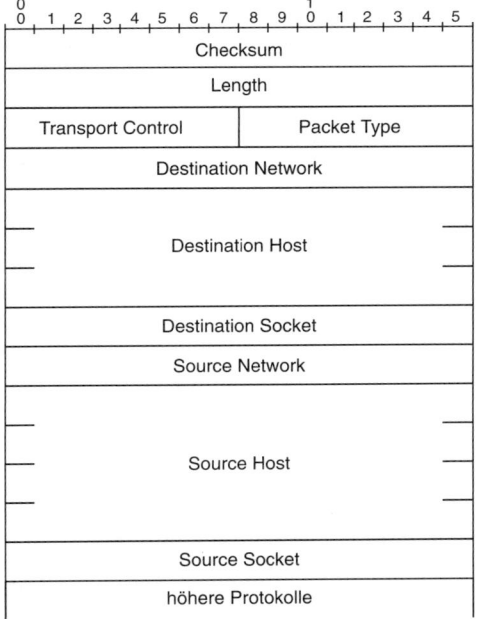

Abbildung 7.21: IDP-Protokoll

Checksum
Enthält eine Prüfsumme, die nur den IDP-Header auf Fehler überprüft. Durch die Checksum können mögliche Übermittlungsfehler erkannt werden.

Length
Die Länge beschreibt die gesamte Länge des IDP-Headers in Byte. Als größtes IDP Paket wurde eine Länge von 576 Byte festgeschrieben.

Transport Control
Wird zur Kontrolle von IDP-Paketen beim Transport zwischen Routern eingesetzt.

Packet Type
Dieses Feld definiert, welches Protokoll höherer Schichten als nächstes dem Datenteil vorangestellt ist. Das Protokoll-Feld spezifiziert das jeweilige Protokoll der vierten Schicht. Die wichtigsten Protokolltypen sind:

01	Routing Information
02	Echo
03	Error
04	Packet Exchange
05	Sequenced Packet

Destination Network
Enthält die 16 Bit lange Netzadresse des Zielnetzes.

Destination Host
Enthält die 48 Bit lange Adresse des Netzknotens, an den das Datagram übermittelt wird.

Destination Socket
Definiert eine 16 Bit lange Prozessadresse, über den im Zielrechner der betreffende Service erreichbar ist.

Source Network
Enthält die 16 Bit lange Netzadresse des Absendernetzes.

Source Host
Enthält die 48 Bit lange Adresse des Netzknotens, der das Datagram erzeugt hat.

Source Socket
Definiert eine 16 Bit lange Prozessadresse, über den im Senderechner der betreffende Service erreichbar ist.

Echo Protokoll

Das Echo-Protokoll wird zur Überprüfung des Datenübertragungsweges zu den am Netzwerk angeschlossenen Systemen benutzt. Die mit Hilfe des Echo-Protokolls übertragenen Daten werden an den ursprünglichen Sender wieder zurück geschickt.

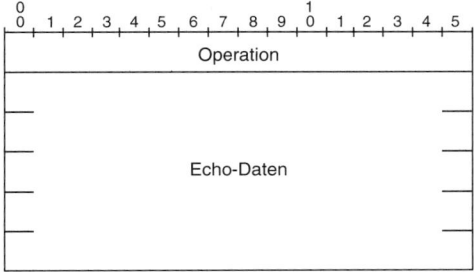

Abbildung 7.22: Echo-Header

Operation
Mit Hilfe des Operation-Mode wird die Senderichtung festgelegt. Das Operations-Feld ist wie folgt definiert:

‣ Operation - Beschreibung
   ‣ 1 - Echo Request
   ‣ 2 - Echo Replay

Echo-Daten
Enthält die Daten die mit Hilfe des Echo-Protokolls zwischen Sender und Empänger verschickt werden.

Error Protokoll

Treten bei der Datenübertragung zwischen Kommunikationspartnern Fehler auf, so werden diese mit Hilfe des Error-Protokolls angezeigt. Das Error-Protokoll Datenpaket wird immer von dem Destination-Socket des Systems aktiviert, welches den Fehler feststellt. Wird ein Error-Protokoll-Paket aufgrund eines IDP-Paketes erzeugt, so ist der Source-Socket des Senders immer der „Well-known-Router-Error-Socket". Das Error-Datenpaket wird immer zu der Source-Adresse des empfangenen Datenpaketes zurückgeschickt. Error-Pakete können nie auf fehlerhaften Empfang von Error-Datenpaketen erzeugt werden. Außerdem werden Error-Pakete nie auf Broadcast- oder Mulitcast-Datenpakete erzeugt.

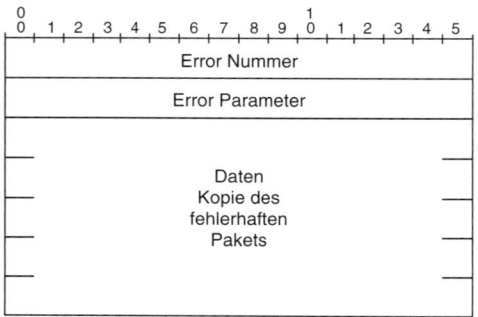

Abbildung 7.23: Error Paket-Header

Error Nummer
Definiert den aufgetretenen Fehler. Folgende Festlegungen wurden getroffen:

Fehlernummer Fehlerbeschreibung

Fehlernummer	Fehlerbeschreibung
0	Undefinierter Fehler wurde vom Empfänger festgestellt.
1	Fehler in der Software-Prüfsumme.
2	Der im Datenpaket angegebene Socket existiert nicht im Zielrechner.
3	Datenpaket wurde vom Zielrechner abgewiesen, da keine Resourcen zur weiteren Verarbeitung vorhanden sind.
1000	Beim Empfang des Datenpakets wurde ein undefinierter Fehler festgestellt.
1001	Falsche Software-Prüfsumme oder zerstörtes Datenpaket.
1002	Zielrechner ist nicht erreichbar.
1003	Das Datenpaket wurde über 15 Router (Hops) geroutet, ohne den Zierechner erreicht zu haben.
1004	Das Datenpaket ist zu lang, um über ein Netzwerk auf der Strecke übertragen zu werden. Das Error-Parameter-Feld beinhaltet die maximale Paketlänge, die über dieses Netzwerk übertragen werden kann.

Error Parameter

Wird in der Regel auf den Wert = 0 gesetzt. Die Ausnahme bildet die Fehlernummer 1004. Diese Fehlernummer signalisiert, dass das Datenpaket zu lang ist, um über ein Netzwerk auf der Strecke übertragen zu werden. Das Parameter-Feld enthält in diesem Fall die maximale Paketlänge, die über dieses Netzwerk übertragen werden kann.

Daten

Im Datenfeld müssen mindestens 42 Bytes des verursachenden Original-Datenpakets enthalten sein.

Routing Information Protokoll (RIP)

Durch das RIP-Protokoll werden in einem XNS-Netzwerk alle Netz- und Router-Adressen automatisch ausgetauscht und so eine effiziente Kommunikation zwischen mehreren Netzen garantiert.

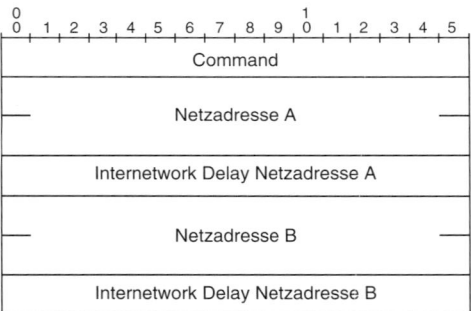

Abbildung 7.24: RIP Header

Command

Die ersten zwei Byte des RIP-Heades definieren den Arbeitsmodus des Pakets. Es wurden folgende Kommandos definiert:

Operation	Beschreibung
1	Request
2	Reponse

Netzadresse

Definiert die XNS-Netzadresse des betreffenden Netzwerks.

Internetwork Delay

Definiert die Anzahl der Router, die sich zwischen dem Sende- und Zielnetz befinden. Maximal können bis zu 15 Hops übersprungen werden.

Wird eine Verbindung zu einem Netzwerk mit 16 Hops gekennzeichnet, gilt dieses Netz als nicht mehr erreichbar (z.B. defekte Verbindung).

Packet Exchange Protokoll (PEP)

Das Packet Exchange Protokoll wurde als Übertragungsprotokoll der Schicht 4 von Xerox entwickelt. Das Packet Exchange Protokoll (PEP) kann mit dem User Datagram Protokoll (UDP) der TCP/IP Protokolle verglichen werden.

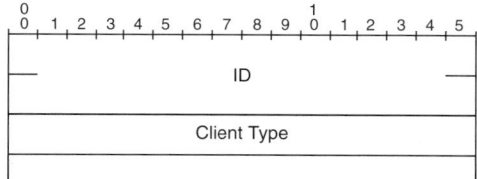

Abbildung 7.25: PEP Header

ID

Das 32 Bit lange ID Feld dient zur eindeutigen Identifikation eines Paket s in einer Dialogstruktur. Die ID wird vom Initiator (Client) festgelegt und bei der Antwort vom Server in das Antwortpaket kopiert.

Client Type

Eindeutiger Wert zur Identifikation der Protokolle höherer Schichten.

Sequenced Packet Protokoll (SPP)

Das Sequenced Packet Protokoll wurde als Protokoll der Schicht 4 von Xerox entwickelt. Das SPP kann mit dem Transmission Control Protokoll (TCP) der TCP/IP Protokolle verglichen werden.

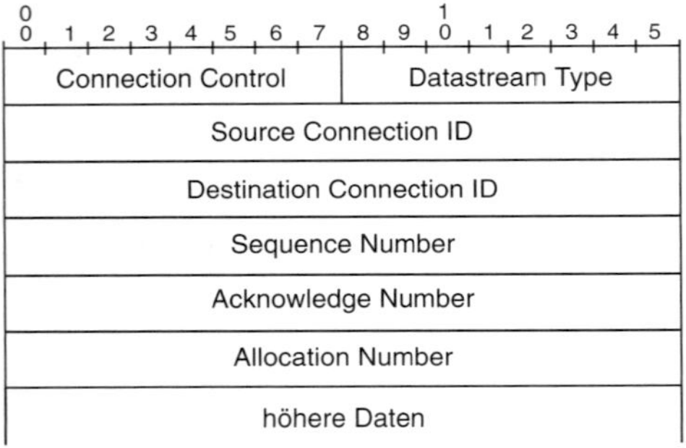

```
 0                       1
 0  1  2  3  4  5  6  7  8  9  0  1  2  3  4  5
```

Connection Control	Datastream Type
Source Connection ID	
Destination Connection ID	
Sequence Number	
Acknowledge Number	
Allocation Number	
höhere Daten	

Abbildung 7.26: SPP Header

Connection Control

Die Signalisierungs-Flags definieren die Art des SPP-Pakets. Folgende Werte wurden festgelegt:

- Bit 0: System Packet
  - Dient zur Unterscheidung zwischen Paketen, die an einen bestimmten Prozess übermittelt werden, und solchen Paketen, die nur als Antwortpaket (Acknowledgement) an den ursprünglichen Sender ohne Angabe eines Prozessports übertragen werden.
- Bit 1: Send Acknowlegement
  - Signalisiert dem Empfänger, dass auf das Paket eine Bestätigung (Acknowledgement) erwartet wird.
- Bit 2: Attention
  - Teilt dem Empfänger mit, dass die Daten sofort an das höhere Protokoll weitergegeben werden müssen.
- Bit 3: End-of-Message
  - Legt das Ende einer Message fest.
- Bits 4-7: Reserviert

Datastream Type
Dient zur Übermittlung von Steuerinformationen an die unteren Schichten. Dieses Feld wird vom SPP-Protokoll ignoriert.

Source Connection ID
Eindeutige Bezeichnung des Dienstes oder Prozesses im Senderechner. Die Source Connection ID bleiben für die Dauer einer Verbindung gleich.

Destination Connection ID
Bezeichnung des Dienstes oder Prozesses im Rechner des Empfängers. Die Destination Connection ID bleiben für die Dauer einer Verbindung gleich.

Sequence Number
Mechanismus zur Flusskontrolle, der beim XNS-Protokoll auf der fortlaufende Nummerierung der Pakete beruht. Jedem übertragenen Paket wird vom Sender eine eindeutige Sequenznummer zugeordnet.

Acknowledge Number
Mechanismus zur Flusskontrolle der beim XNS-Protokoll auf der fortlaufenden Nummerierung der Pakete beruht. Durch die Acknowlegement-Nummer bestätigt der Empfänger dem Sender alle empfangenen Pakete und zeigt gleichzeitig an, welche Sequenz-Nummer als nächstes erwartet wird.

Allocation Number
Definiert die noch nicht bestätigten, aber bereits übermittelten Datenpakete.

Point-to-Point Protokoll

Die Anwendungen und Protokolle müssen heute auf LANs flexibel einsetzbar sein. Aus diesem Grund müssen in einer modernen Kommunikations-Architektur eine Vielzahl von unterschiedlichsten Medien und Zugriffsmechanismen unterstützt werden. Das Point to Point Protokoll

(PPP) wird in modernen Netzen als Übertragungsmechanismus über serielle Verbindungen verwendet. Die Point to Point Protokoll-Spezifikationen wurden von der Internet Engineering Task Force (IETF) in den Requests for Comments (RFC) 1331 (Titel: The Point-to-Point Protocol (PPP) for the Transmission of Multi-protocol Datagrams over Point-to-Point Links), RFC 1332 (Titel: The PPP Internet Protocol Control Protocol und RFC 1333 (Titel: PPP Link Quality Monitoring) festgelegt. Da das PPP Protokoll nicht nur für die IP Welt geschrieben wurde, sondern den besonderen Multiprotokoll Charakter der Internet Community unterstreicht, wurden darüber hinaus die Integration weiterer Protokolle definiert. Für den Endanwender steht das PPP Protokoll in Form von Public Domain Software für SUN Workstations oder als herstellerspezifische Implementation für bestimmte LAN Geräte (Routern, Hubs, Bridges, Terminal Servern usw) zur Verfügung.

Flag	Address	Protocol	Data	FCS	Flag	Interframe Fill oder nächste Adresse

Abbildung 7.27: PPP Datenformat

Flag Sequence
Jedes PPP Datenpaket wird durch einen acht Bit Wert, der Flagsequenz eröffnet und beendet. Diese Flagsequenz hat immer den binären Wert 01111110 (hexadezimal 0x7e).

Address Feld
Das Address Feld definiert immer die sogenannte All-Station Adresse und ist auf den binären Wert 11111111 (hexadezimal 0xff) gesetzt. Das PPP Protokoll unterstützt in der momentanen Version noch keinen Adressmechanismus, der das Adressieren von individuellen Stationen ermöglicht.

Control Feld

Das Control Feld definiert immer das Unnumbered Information.

(UI) Kommando bei dem das P/F Bit auf den Wert 0 gesetzt ist. Die binäre Sequenz für das Control Feld ist 00000011 (hexadezimal 0x03). Datenpakete mit anderen Werten sind ungültig und werden verworfen.

Protocol Feld

Das zwei Oktett lange Protokoll-Feld definiert, wie die Daten des nachfolgenden Informations-Feldes zu behandeln sind. Die Werte des Protokoll Felds werden in den Assigned Numbers in den jeweiligen RFC publiziert. Folgende Gruppen wurden bisher festgelegt:

0--- bis 3---	festgelegte Network Layer Protokolle
8--- bis b---	Network Control Protocols (NCPs)
4--- bis 7---	frei vergebbar für Datenverkehr mit niedrigen Übertragungsmengen
c--- bis f---	Link Layer Protocols (LCPs)

Im Moment sind für dieses Feld folgende Werte festgeschrieben:

Wert (in hex)	Protokoll
0001 bis 001f	Reserviert
0021	Internet Protocol
0023	OSI Network Layer
0025	Xerox NS IDP
0027	DECnet Phase IV
0029	Appletalk
002b	Novell IPX
002d	Van Jacobson Compressed TCP/IP
002f	Van Jacobson Uncompressed TCP/IP
0031	Bridging PDU
0033	Stream Protocol (ST-II)

0035	Banyan Vines
0037	Reserviert
00ff	Reserviert
0201	802.1d Hello Packets
0231	Luxcom
0233	Sigma Network Systems
8021	Internet Protocol Control Protocol
8023	OSI Network Layer Control Protocol
8025	Xerox NS IDP Control Protocol
8027	DECnet Phase IV Control Protocol
8029	Appletalk Control Protocol
802b	Novell IPX Control Protocol
802d	Reserviert
802f	Reserviert
8031	Bridging NCP
8033	Stream Protocol Control Protocol
8035	Banyan Vines Control Protocol
c021	Link Control Protocol
c023	Password Authentication Protocol
c025	Link Quality Report
c223	Challenge Handshake Authentication Protocol

Information Feld

Das Information Feld enthält die protokollspezifischen Informationen (Header und Daten) des im Protokoll Feld definierten Network Layer Protokoll. Die Default-Länge des Information Felds kann zwischen 0 und maximal 1500 Byte (Default Wert) betragen. Zwischen den Kommunikationspartnern besteht jedoch die Möglichkeit jederzeit einen größeren Wert als Maximal Frame Size auszuhandeln.

Frame Check Sequence Field

Das 16 Bit lange Frame Check Sequence Feld (FCS) ermöglicht eine Fehlerkontrolle des übermittelten Datenrahmens.

XNS IDP Control Protocol (XNSCP)

Werden mit Hilfe des XNS-Protokolls IDP-Informationen über PPP-Verbindungen übermittelt, signalisiert das Protokollfeld mit dem Wert 8025 hex, dass es sich im Datenteil um IDP Protokollinformationen handelt. Pro Datagramm kann nur eine XNSCP Information verschickt werden. Der XNSCP Protokoll Header baut sich wie folgt auf:

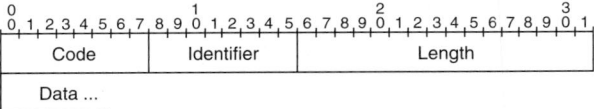

Abbildung 7.28: XNSXP Header

Code

Das ein Byte lange Code-Feld definiert die Art der XNSCP Information. Folgende Werte wurden bisher festgelegt:

1 Configure-Request

2 Configure-Ack

3 Configure-Nak

4 Configure-Reject

5 Terminate-Request

6 Terminate-Ack

7 Code-Reject

Identifier

Das ein Byte lange Identifier-Feld ermöglicht die Zuordnung von Requests zu Replies.

Data

Das Data-Feld enthält die eigentlichen XNSCP Informationen und wird immer durch ein Code-Feld abgeschlossen.

Banyan Vines Control Protocol (BVCP)

Werden mit Hilfe des Banyan Vines-Protokolls Informationen über PPP-Verbindungen übermittelt, signalisiert das Protokollfeld mit dem Wert 8035 hex, dass es sich im Datenteil um BVCP-Protokollinformationen handelt. Pro Datagramm kann nur eine BVCP-Information verschickt werden. Der BVCP-Protokoll Header baut sich wie folgt auf:

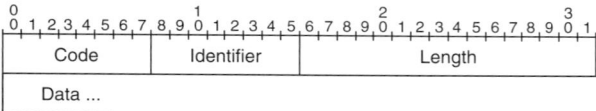

Abbildung 7.29: BVCP Header

Code

Das ein Byte lange Code-Feld definiert die Art der BVCP-Information. Folgende Werte wurden bisher festgelegt:

1   Configure-Request

2   Configure-Ack

3   Configure-Nak

4   Configure-Reject

5   Terminate-Request

6   Terminate-Ack

7   Code-Reject

Identifier

Das ein Byte lange Identifier-Feld ermöglicht die Zuordnung von Requests zu Replies.

Data

Das Data-Feld enthält die eigentlichen BVCP-Informationen und wird immer durch ein Code-Feld abgeschlossen.

BVCP Konfigurationsoptionen

Die BVCP Konfigurationsoptionen ermöglichen die individuelle Anpassung an die Charakteristiken des Network-Layer Protokolls. Folgende Konfigurationsoptionen wurden bisher definiert:

Wert	Option
1	BV-NS-RTP-Link-Type
2	BV-FRP
3	BV-RTP
4	BV-Suppress-Broadcast

DECnet Phase IV Control Protocol (DNCP)

Werden mit Hilfe des DECnet Protokolls Version 4 Informationen über PPP-Verbindungen übermittelt, signalisiert das Protokollfeld mit dem Wert 8027 hex, dass es sich im Datenteil um DECnet- Protokollinformationen handelt. Pro Datagramm kann nur eine DNCP Information verschickt werden. Der DNCP Protokoll Header baut sich wie folgt auf:

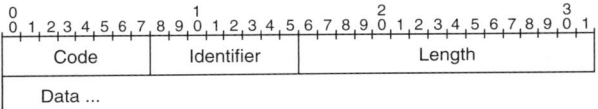

Abbildung 7.30: DNCP Header

Code

Das ein Byte lange Code-Feld definiert die Art der DNCP Information. Folgende Werte wurden bisher festgelegt:

1   Configure-Request

2   Configure-Ack

3   Configure-Nak

4   Configure-Reject

5   Terminate-Request

6   Terminate-Ack

7   Code-Reject

Identifier

Das ein Byte lange Identifier-Feld ermöglicht die Zuordnung von Requests zu Replies.

Data

Das Data-Feld enthält die eigentlichen DNCP Informationen und wird immer durch ein Code-Feld abgeschlossen.

Internetwork Packet Exchange Control Protocol (IPXCP)

Werden mit Hilfe des Novell Netware-Protokolls IPX-Informationen über PPP-Verbindungen übermittelt, signalisiert das Protokollfeld mit dem Wert 802B hex, dass es sich im Datenteil um IPX- Protokollinformationen handelt. Pro Datagramm kann nur eine IPXCP Information verschickt werden. Der IPXCP Protokoll Header baut sich wie folgt auf:

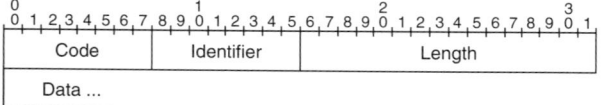

Abbildung 7.31: IPXCP Header

Code

Das ein Byte lange Code-Feld definiert die Art der IPXCP Information.
Folgende Werte wurden bisher festgelegt:

1 Configure-Request

2 Configure-Ack

3 Configure-Nak

4 Configure-Reject

5 Terminate-Request

6 Terminate-Ack

7 Code-Reject

Identifier

Das ein Byte lange Identifier-Feld ermöglicht die Zuordnung von Requests zu Replies.

Data

Das Data-Feld enthält die eigentlichen IPXCP Informationen und wird immer durch ein Code-Feld abgeschlossen.

IPXCP Konfigurationsoptionen

Die IPXCP Konfigurationsoptionen ermöglichen die individuelle Anpassung an die Charakteristiken des Network-Layer Protokolls. Folgende Konfigurationsoptionen wurden bisher definiert:

Wert	Option
1	IPX-Network-Number
2	IPX-Node-Number
3	IPX-Compression-Protocol
4	IPX-Routing-Protocol
5	IPX-Router-Name
6	IPX-Configuration-Complete

AppleTalk Control Protocol (ATCP)

Werden Informationen mit Hilfe des AppleTalk-Protokolls über PPP-Verbindungen übermittelt, signalisiert das Protokollfeld mit dem Wert 8029 hex, dass es sich im Datenteil um ATCP-Protokollinformationen handelt. Pro Datagramm kann nur eine ATCP Information verschickt werden. Der ATCP Protokoll-Header baut sich wie folgt auf:

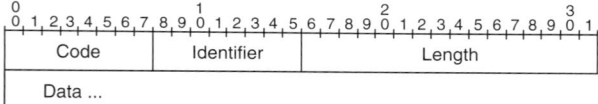

Abbildung 7.32: ATCP Header

Code

Das ein Byte lange Code-Feld definiert die Art der ATCP-Information. Folgende Werte wurden bisher festgelegt:

1   Configure-Request
2   Configure-Ack
3   Configure-Nak
4   Configure-Reject
5   Terminate-Request
6   Terminate-Ack
7   Code-Reject

Identifier

Das ein Byte lange Identifier-Feld ermöglicht die Zuordnung von Requests zu Replies.

Data

Das Data-Feld enthält die eigentlichen ATCP-Informationen und wird immer durch ein Code-Feld abgeschlossen.

ATCP Konfigurationsoptionen

Die ATCP Konfigurationsoptionen ermöglichen die individuelle Anpassung an die Charakteristiken des Network-Layer Protokolls. Folgende Konfigurationsoptionen wurden bisher definiert:

Wert	Option
1	AppleTalk-Address
2	Routing-Protocol
3	Suppress-Broadcasts
4	AT-Compression-Protocol
5	RESERVED
6	Server-information
7	Zone-information
8	Default-Router-Address

NetBIOS Frames Control Protocol (NBFCP)

Werden Informationen mit Hilfe des NetBIOS-Protokolls über PPP-Verbindungen übermittelt, signalisiert das Protokollfeld mit dem Wert 803f hex, dass es sich im Datenteil um NBFCP-Protokollinformationen handelt. Pro Datagramm kann nur eine NBFCP Information verschickt werden. Der NBFCP Protokoll-Header baut sich wie folgt auf:

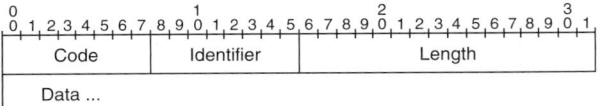

Abbildung 7.33: NBFCP Header

Code

Das ein Byte lange Code-Feld definiert die Art der NBFCP-Information. Folgende Werte wurden bisher festgelegt:

1   Configure-Request
2   Configure-Ack
3   Configure-Nak
4   Configure-Reject
5   Terminate-Request
6   Terminate-Ack
7   Code-Reject

Identifier

Das ein Byte lange Identifier-Feld ermöglicht die Zuordnung von Requests zu Replies.

Data

Das Data-Feld enthält die eigentlichen NBFCP-Informationen und wird immer durch ein Code-Feld abgeschlossen.

NBFCP Konfigurationsoptionen

Die NBFCP Konfigurationsoptionen ermöglichen die individuelle Anpassung an die Charakteristiken des Network-Layer Protokolls. Folgende Konfigurationsoptionen wurden bisher definiert:

Wert	Option
1	Name-Projection
2	Peer-Information
3	Multicast-Filtering
4	IEEE-MAC-Address-Required

OSI Network Layer Control Protocol (OSINLCP)

Das OSI Network Layer Control Protocol (OSINLCP) hat die Aufgabe die beiden Endpunkte einer Punkt-zu-Punkt-Verbindung für den Transport von OSI-Protokollen zu konfigurieren. Werden OSI-Protokolls über PPP-Verbindungen übermittelt, signalisiert das Protokollfeld mit dem Wert 8023 hex, dass es sich im Datenteil um OSINLCP-Protokollinformationen handelt. Der OSINLCP-Protokoll Header baut sich wie folgt auf:

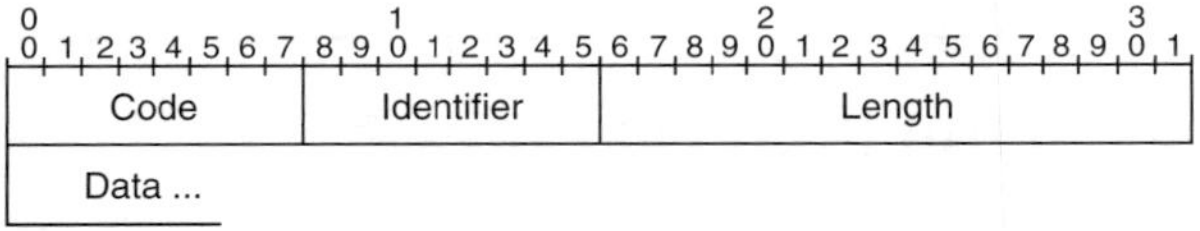

Abbildung 7.34: OSINLCP Header

Code
Das ein Byte lange Code-Feld definiert die Art der OSINLCP-Information. Folgende Werte wurden bisher festgelegt:

1   Configure-Request

2   Configure-Ack

3   Configure-Nak

4   Configure-Reject

5   Terminate-Request

6   Terminate-Ack

7   Code-Reject

Identifier
Das ein Byte lange Identifier-Feld ermöglicht die Zuordnung von Requests zu Replies.

Data

Das Data-Feld enthält die eigentlichen OSINLCP-Informationen und wird immer durch ein Code-Feld abgeschlossen.

OSINLCP Konfigurationsoptionen

Die OSINLCP Konfigurationsoptionen ermöglichen die individuelle Anpassung an die Charakteristiken des Network-Layer Protokolls. Folgende Konfigurationsoptionen wurden bisher definiert:

Wert	Option
1	Align-NPDU

SNA Control Protocol (SNACP)

Das SNA Control Protocol (SNACP) hat die Aufgabe die beiden Endpunkte einer Punkt-zu-Punkt-Verbindung für den Transport von SNA-Protokollen zu konfiguieren. Es ist zu beachten, dass momentan zwei unterschiedliche Netzwerkprotokolle im SNA-Umfeld verwendet werden. Werden SNA-Daten auf Basis eines LLC-Protkolls über eine PPP-Verbindungen übermittelt, signalisiert das Protokollfeld mit dem Wert 804B hex, dass es sich im Datenteil um SNA-Protokollinformationen handelt. Werden SNA-Daten ohne ein LLC-Protokoll über die PPP-Verbindung übertragen, wird dies durch das Protokollfeld mit dem Wert 804D hex signalisiert. Der SNACP-Protokoll Header baut sich wie folgt auf:

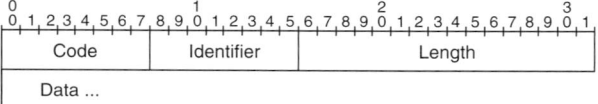

Abbildung 7.35: Abbildung 7.38: SNACP Header

Code

Das ein Byte lange Code-Feld definiert die Art der SNACP-Information. Folgende Werte wurden bisher festgelegt:

1   Configure-Request
2   Configure-Ack
3   Configure-Nak
4   Configure-Reject
5   Terminate-Request
6   Terminate-Ack
7   Code-Reject

Identifier

Das ein Byte lange Identifier-Feld ermöglicht die Zuordnung von Requests zu Replies.

Data

Das Data-Feld enthält die eigentlichen SNACP-Informationen und wird immer durch ein Code-Feld abgeschlossen.

8 Fibre Distributed Data Interface (FDDI)

Der Fibre Distributed Data Interface (FDDI) Standard definiert nur die zwei untersten Schichten (Physical Layer, Data Link Layer) des 7 Schichten ISO-Referenz Modells. Die Grundlagen für den Fibre Distributed Data Interface Standard wurden vom amerikanische Normungsgremium American National Standards Institute (ANSI) erarbeitet. Das Fibre Distributed Data Interface (FDDI) Netzwerksystem basiert auf einem dualen Glasfaser-Ring mit einer Datenübertagungsrate von 100 MBit pro Sekunde. An einem FDDI-Ring können Rechner (Endgeräte) oder über Bridges und Router auch andere Netze, wie z.B. Token Ringe oder Ethernets angeschlossen werden. Ein FDDI Netzwerk wird quasi immer als schneller Backbone (Datenhighway) eingesetzt und ist aus einem dualen geschlossenen Glasfaserring aufgebaut. An diesen Backbone können bis zu 500 Endgeräte (Bridges, Router, Gateways oder Hosts) angeschlossen werden. Maximal können zwei FDDI Stationen bis zu zwei Kilometer voneinander entfernt sein. Manchmal wird das FDDI auch als Metropolitan Aera Network (MAN) oder City-Net eingesetzt, das dazu dient den Kommunikationsbedarf in Städten, Ballungsgebieten und größeren Industriekomplexen abzudecken. Der Ringumfang eines Fibre Distributed Data Interface (FDDI) Netzwerks kann bis zu 100 km betragen. Die kleinste FDDI-Konfiguration besteht aus zwei FDDI-Stationen, die jeweils über die physikalische Schicht (PHY) miteinander verbunden sind. Die Verbindung zum physikalischen Medium wird durch den Zugangs- bzw. Removal Algoritmus der Station Management (SMT) Software gesteuert. Der FDDI Standard ist in vier Substandards aufgeteilt: dem Physical Media Dependent (PMD), dem Physical Layer (PHY), dem Media Access Control (MAC) und dem Station Management (SMT).

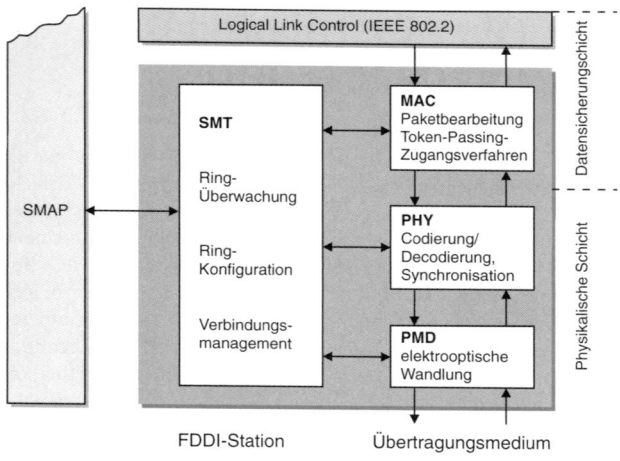

Abbildung 8.1: Die FDDI Standards

Physical Media Dependent (CPMD)

Der Substandard ISO 9314-3 beschreibt die unterste Schicht (1a) eines FDDI Datennetzes. Diese Schicht wird als Physical Media Dependent (PMD) bezeichnet. Der PMD-Standard bezieht sich somit auf Definitionen bezüglich des Mediums, auf dem die Daten übertragen werden. Dazu gehören Ausgangsleistungen, Eingangsempfindlichkeiten und sonstige Eigenschaften der für die Übertragung verwendeten Sender und Empfänger, wie zum Beispiel Jitter, optische Wellenlänge, Spannungspegel und auch Vorschriften über die verwendeten Kabel, z.B. Dämpfungs- und Übersprecheigenschaften und die aus der gesamten Übertragungsstrecke resultierende maximale Fehlerrate. Weiterhin werden im PMD-Standard alle mechanischen Eigenschaften der Stecker und

Buchsen exakt vorgeschrieben, damit Kompatibilität zwischen Herstellern auch auf Steckerebene gewährleistet ist. Ursprünglich war FDDI nur für die Übertragung auf Multimode-Glasfaser definiert. Diese Spezifikation (X3.166) wurde 1989 als PMD-Dokument abgeschlossen. Zu dieser Zeit wurde FDDI vornehmlich als ein Backbone-Netzwerk gesehen, in dem die Kosten für eine Glasfaserverkabelung leicht zu rechtfertigen sind. Deshalb kam zunächst 1990 eine Variante des PMD-Standards für die Übertragung auf Monomode-Glasfaser mit dem Namen Single Mode Fiber (SMF) PMD hinzu, wodurch für FDDI auch Übertragung auf den im öffentlichen Kommunikationsbereich üblichen Monomode-Glasfasern möglich wurde. Damit lassen sich statt der über Multimode-Fasern möglichen 2 km bis zu 70 km zwischen zwei FDDI-Stationen überwinden. Seit 1993 gibt es eine weitere sinnvolle Variante für den Glasfaseranschluss, nämlich die Low Cost Fiber (LCF) PMD-Spezifikation (ANSI X3.237). Mit der zunehmenden Verbreitung von FDDI wurde schnell deutlich, dass die Installation eines FDDI-Netzes immer mit einer Neuverkabelung des Gebäudes durch Glasfaser zu verbinden ist. Natürlich ist die Glasfaser wegen ihrer sehr hohen Übertragungsbandweite ein gute Zukunftsinvestition und weist gegenüber Kupferkabel auch eine Reihe von signifikanten technischen Vorteilen auf. Der Kostenfaktor einer Glasfaserinfrastruktur ist bis heute immer ein problematischer Diskussionspunkt, der für Backbone-Netzwerke relativ einfach zu entscheiden ist, aber im Frontend-Bereich häufig nicht zu vertreten ist. Hinzu kommt, dass im Frontend-Bereich, das heißt im Bereich einer Etagenverkabelung, nach Studien der Industrie über 95 % der Kabel kürzer als 100 m sind. Damit kann der Vorteil der großen Reichweite einer optischen Verbindung überhaupt nicht genutzt werden. Um FDDI auch im Frontend-Bereich kostengünstig einsetzen und um vorhandene Kupferkabelinstallationen nutzen zu können, arbeitet ANSI seit 1990 an einer Spezifikation für die Übertragung auf Kupferkabel. Diese Twisted Pair PMD-(TP PMD) Spezifikation ist seit Ende 1993 abgeschlossen. Seit Anfang 1994 werden FDDI-Komponenten gemäß der TP PMD-Spezifikation von der Industrie angeboten und erfolgreich betrieben.

FDDI-Verkabelungsregeln

Beim FDDI können 50, 62.5 und 100 μm Multimode-Fasern verwendet werden. Nach der FDDI-Spezifikation weist eine FDDI-Verbindung für die 62.5 μm Faser ein optisches Leistungsbudget von 11 dB auf. Bei einer 2 km-Verbindung werden davon dann 2 mal 2 dB/km für die Leitung und maximal 2 mal 1 dB für die Stecker verbraucht. Es bleiben also 11 - 6 = 5 dB für Spleiße, Verunreinigungen, Reflexionen durch Biegung, optische Bypass-Relais etc. Daraus sieht man, dass das optische Budget relativ knapp bemessen ist. Bei großen Installationen sollte man darum eine sorgfältige Planung von Spezialisten vornehmen lassen. In jedem Fall ist es ratsam, sich für qualitativ hochwertige Kabel und Verbindungen zu entscheiden – die Unterschiede zwischen Herstellern sind sehr groß. Muss man größere Distanzen als 2 km überbrücken, kann die Multimode-Faser nicht mehr verwendet werden. Für die Überbrückung größerer Distanzen muss daher für FDDI Monomode-Fasern verwendet werden. Diese müssen aber mit erheblich teureren Laserdioden betrieben werden, weil die normalen Leuchtdioden nicht in der Lage sind, genug Licht in die dünne Faser einzuspeisen.

Der FDDI-Standard (PMD SMF) sieht hierfür zwei Leistungsklassen vor:

- ▸ Kategorie I   11 dB Leistungsbudget, Reichweite bis ca. 20 km
- ▸ Kategorie II   33 dB Leitungsbudget, Reichweite bis ca. 60 km

Der FDDI-Stecker

Die Wahl des Steckers war ein Grund für große Kontroversen im ANSI FDDI-Gremium. Die Wahl fiel schließlich auf den relativ großen Duplexstecker mit Codierung (Keying). Mit Kunstoffeinsätzen im Stecker und entsprechenden Nuten in der geräteseitigen Buchse können die Stecker entsprechend dem Port-Typ (M, S, A oder B) codiert werden. Fehlsteckungen können damit fast ausgeschlossen werden. Die Vereinigung von Sende- und Transmit-Leitung in einem verpolungssicheren Stecker ist ein großer Vorteil, weil man bei einer Wellenlänge von 1300 nm im Gegensatz zu 850 nm Komponenten mit dem Auge nicht erkennen kann, aus welcher Seite das Licht austritt. Allerdings ist dieser Media Attachment Connector, kurz MIC-Stecker genannt, durch den sehr langen Körper, der wohl primär der präzisen Führung der Ferrule dient, sehr groß und nimmt dadurch in den Geräten sehr viel Platz weg, was vor allem bei Adapterkarten hinderlich ist. Deshalb wurde in der neueren Low Cost Fiber-Spezifikation (LCF) ein sehr viel kleinerer Duplexstecker gewählt, der auf einen in Japan sehr gebräuchlichen SC-Stecker (Subscriber Connector) basiert. Dieser Push Pull-Stecker ist ebenfalls verpolungssicher, auf die Kodierung wurde allerdings verzichtet. Es müssen statt dessen Etiketten angebracht werden. Übrigens wird mit dem PCM-Protokoll auch auf elektrischem Wege sichergestellt, dass nur erlaubte Verbindungen aktiv werden. Somit ist der Wegfall des Keyings beim LCF-Stecker kein sehr großer Verlust. Verbindungen zwischen LCF- und MIC-Anschlüssen lassen sich problemlos mit Adapterkabeln herstellen.

Der optische Bypass Switch

Der Bypass Switch ist eine optomechanische Komponente. Mit Hilfe von zwei optischen Relais wird mit dem Bypass Switch eine FDDI-Station mit Doppelringanschluss (Class A) in den optischen FDDI-Doppelring eingefügt (Through) oder aber umgangen (Bypass). Beim ausgeschalteten Bypass Switch wird das optische Signal von der Nachbarstation direkt an die nächste Station weitergeleitet. Ein abgeschalteter FDDI Bypass Switch leitet auch alles von der Station kommende Licht auf deren Eingang zurück. Ein Bypass Switch wird nur bei Dual Attached- (DAS) Stationen verwendet. Der Einsatz des Bypass Switches ist nicht vorgeschrieben.

Eine FDDI-Station sollte umgangen werden, wenn sie z.B. nicht eingeschaltet ist, wenn ein technischer Defekt vorliegt oder eine Station ausgetauscht werden soll. Der FDDI-Doppelring ist zwar fehlertolerant ausgelegt, bei einem doppelten Fehler im Netzwerk zerfällt der Ring allerdings in unabhängige Segmente. Um das zu vermeiden, kann man einen optischen Bypass Switch benutzen. Auf diese Weise kann die Verfügbarkeit eines FDDI Backbones noch einmal erhöht werden. Vor allem bei Backbone-Komponenten, die längere Zeit ausgeschaltet bleiben, z.B. Server, die längeren Maintainierungsperioden unterliegen, oder bei DAS Workstation am Doppelring, die regelmäßig abgeschaltet werden, kann ein Bypass Switch sinnvoll sein, weil während längerer Down-Zeiten einer Backbone-Komponente die Wahrscheinlichkeit gegeben ist, dass gleichzeitig eine weitere Komponente ausfällt. Workstations schließt man allerdings nur in Ausnahmefällen direkt an den Doppelring an. Normalerweise sind Workstations über Konzentratoren angeschlossen, womit die Notwendigkeit eines Bypass Switches entfällt. Der Einsatz des Bypass Switches ist allerdings problematisch wegen seiner relativ hohen optischen Dämpfung. Sind mehrere hintereinanderliegende Bypass Switches im Through, überschreitet die Gesamtdämpfung der Übertragungsstrecke zwischen den aktiven Stationen schnell die zulässigen 11 dB. Außerdem erzeugen die Bypass Switches beim Umschalten Unterbrechungen, die oft erheblich länger dauern als die Zeit für eine Ringinitialisierung.

FDDI auf Kupferkabel

Für FDDI kommt gemäß dem Standard nur UTP- und STP-Kabel in Frage. Es wird die Verwendung von UTP-Kabel der Kategorie 5 gemäß dem EIA/TIA-Standard 568 TSB-36 beziehungsweise STP-Kabel vom IBM Typ 1 empfohlen. Das UTP-Kabel hat eine charakteristische Impedanz von 100 Ohm. Es handelt sich dabei um ein vierpaariges Kabel, das sehr häufig in modernen strukturierten Verkabelungssystemen eingesetzt wird. Das STP-Kabel hat eine charakteristische Impedanz von 150 Ohm. Vorwiegend wird dieses zweipaarige doppelt geschirmte Kabel für 802.5 Token Ring-Verkabelungen verwendet. Es weist erheblich bessere Übertragungseigenschaften gegenüber dem UTP-Kabel auf, ist aber auch um einiges teurer und vor allem sehr viel unhandlicher.

Während die Übertragung von 100 MBit/s mit der FDDI-spezifischen 4B5B/NRZI-Kodierung auf dem oben beschriebenen STP-Kabel wenig Probleme bereitet, stellt die Verwendung von UTP-Kabel eine echte Herausforderung dar. Es müssen folgende Kriterien erfüllt werden:

▸ Das Signal/Rausch-Verhältnis (SNR) muss am Empfänger noch groß genug sein, um eine weitgehend störungsfreie Erkennung des Signals zu ermöglichen.

▸ Dazu muss SNR bei ca. 10 bis 12 dB liegen, um die für FDDI geforderte maximale Bitfehlerrate zu erfüllen.

SNR hängt von der Dämpfung und dem Übersprechen des Signals im Kabel ab. Natürlich wird durch Einstrahlung von externen Signalquellen der Rauschanteil zusätzlich erhöht. Weil Dämpfung und Übersprechen stark von der Frequenz des Signals abhängig sind, nimmt somit auch SNR und damit die Qualität einer Übertragungsstrecke mit steigender Frequenz ab. Daraus ergibt sich, dass 150 Ohm STP-Kabel die für FDDI notwendigen Datenraten problemlos auch über 100 Meter tragen kann, während das gleiche für das häufig verwendete Kategorie 3 UTP-Kabel nicht gilt. Damit wären nur ca. 50 Meter erreichbar. Dagegen kann das Kategorie 5 UTP-Kabel bis 100 Meter gut verwendet werden. Eine Übertragungsleitung arbeitet wegen der Frequenzabhängigkeit ihrer Dämpfung wie ein Tiefpass, das heißt die tiefen Frequenzen werden weniger gedämpft als die hohen.

Die elektromagnetische Abstrahlung (EMI) muss unter den gesetzlich vorschrieben Limits bleiben. Diese Forderung ist auf UTP-Kabel mit der ursprünglich nur für die optische Übertragung vorgesehenen NRZI-Codierung nicht einzuhalten, weil dabei das Energiemaximum der auftretenden Frequenzen bei 62,5 MHz liegt. Nach langen Versuchen wurde deshalb beschlossen, für die Übertragung auf Kupferkabel die Codierung zu ändern. Statt der NRZI-Codierung wird die MLT3-Codierung, die im Kapitel PHY bereits eingehender diskutiert wurde, verwendet. Die MLT3-Codierung wirkt wie ein Frequenzteiler, damit liegt das Energiemaxi-

mum der gesendeten Frequenzen bei 31,2 MHz, dadurch wird nicht nur
die Abstrahlung reduziert, sondern auch die Dämpfungswerte werden
deutlich verbessert.

Physical Layer

Der Substandard ISO 9314-1 beschreibt die oberste Schicht des Pysikal
Layers (Schicht 1b) eines FDDI Datennetzes. Diese Schicht wird als Phy-
sical Layer (PHY) bezeichnet. Die physikalische Schicht definiert das gesamte Übertragungsverfahren des FDDI. Das PHY legt auch die Codierung der Daten fest. Beim FDDI wird der sogenannte 4B/5B Code verwendet, dabei werden vier Datenbits in einen 5-Bit-Wert umgewandelt.
Gegenüber dem Ethernet Manchaster-Code zeichnet sich der 4B/5B-
Code durch eine wesentlich höhere Effizienz aus und ermöglicht die
Übertragung von 100 MBit/s bei einer Gesamtbandbreite von 125
MBaud. Neben den Funktionen des Codierens und des FDDI Timings
überprüft die PHY-Schicht kontinuierlich den Leitungszustand zwischen
benachbarten FDDI Stationen. Die von der Schicht 2 (MAC) angebotenen
Daten werden zu Symbolen zusammengefasst. Prinzipiell werden immer
4 Bits zu einem Symbol zusammengefasst, das heißt ein Digit wäre die
kleinste Einheit. Allerdings arbeiten alle bekannten FDDI Controller auf
Byte-Basis. Das bedeutet, dass immer nur Symbolpaare übertragen werden. FDDI Frames sind daher grundsätzlich das Vielfache eines Bytes
lang. Das gilt übrigens auch für die zusätzlichen Symbole, die als Frame
Delimiter verwendet werden. Bei der Serialisierung wird das höchst-
wertige Bit eines Bytes zuerst gesendet, und dementsprechend wird das
höherwertige Symbol eines Bytes ebenfalls zuerst gesendet.

Jedes Symbol besteht aus 5 Bits, also 1 Bit mehr als für die Kodierung
eines Daten-Nibbles (0h-Fh) notwendig wäre. Damit stehen pro Symbol
nicht 16 sondern 25 = 32 Kombinationen zur Verfügung. Damit entstehen aus den 8 Bit eines Bytes 2x5=10 Bits, die tatsächlich übertragen
werden. Bei einer Datenrate von 100 MBit/s wird also auf dem Medium

tatsächlich mit einer Baudrate von 125 MBit/s übertragen. Diese Kodierung wird als 4B5B-Kodierung bezeichnet. Es handelt sich um einen sogenannten Block-Code. Die Aufspreizung eines Datenbytes auf 10 Bit verfolgt mehrere Zwecke:

Man gewinnt dadurch weitere Symbole, die neben den für die Nutzdatenübertragung verwendeten Symbolen für Spezialzwecke wie Frame Delimiter, Synchronisierung und dem PCM- und RMT-Protokoll verwendet werden. Eine Verwechslung mit Datensymbolen ist ausgeschlossen. Nicht alle zusätzlichen Codes werden dafür gebraucht.

Fehlererkennung

Die verbleibenden Codes sind als »verboten« definiert (Violation-Symbole). Das Auftreten solcher Symbole ist ein untrügliches Zeichen für Übertragungsfehler. Damit wird eine Redundanz bei der Kodierung erreicht, die dazu dient, die Qualität einer Übertragungsstrecke zu überwachen. Die Kodierung der FDDI-Symbole ist so gewählt, dass die Lauflängen von Bitmustern limitiert ist. Es handelt sich um einen lauflängenlimitierten (Run Length Limited) Code, bei dem sichergestellt wird, dass bei einer beliebigen Symbolkombination nie mehr als eine maximale Zahl an Nullen oder Einsen hintereinander gesendet wird. Mit diesem Verfahren stellt man sicher, dass genug Taktinformation im Datenstrom erhalten bleibt, dass der Empfänger die 100 MBit/s-Datenrate daraus wieder rekonstruieren und damit Frames einer maximalen Länge von 9000 Symbolen korrekt empfangen kann. Damit hat das bei FDDI verwendete Kodierverfahren eine Effizienz von $100/125 = 80 \%$.

Eine Ausnahme vom Gesetz der Lauflängenlimitierung stellen die Quiet-Symbole dar. Diese bestehen nur aus Nullen. Werden Quiet-Symbole kontinuierlich gesendet, ist die Frequenz auf der Leitung Null. Dieser Zustand wird für den Abbruch einer Verbindung benutzt. Jede Station - sendet Daten mit ihrem lokalen 125 MHz-Takt, der in engen Toleranzen liegen muss. Im Gegensatz zum Ethernet-Verfahren gibt es bei einem initialisierten FDDI-Ring keine Leerphasen. Es werden immer Symbole gesendet. Wenn gerade keine Nutzdaten übertragen werden müssen, werden Leersymbole (Idle) gesendet. Damit ist das gesamte Netzwerk ununterbrochen synchronisiert, und der Empfänger jeder Station läuft damit nach der Initialisierung des Rings immer synchron zum Sendetakt der Nachbarstation. Nur auf diese Weise lässt sich der sehr große Umfang eines FDDI-Rings erreichen. Würde das Verfahren mit einem zentralen Takt arbeiten, so würden bei einem Ringdurchmesser von 100 km die Toleranzanforderungen an den Takt-Jitter, der das Vor- und Nachlaufen der Taktflanken um den idealen Zeitpunkt herum bedeutet, praktisch nicht mehr durchführbar. Bei einer Übertragungsrate von 125 Mbaud ist die Dauer einer Bitzelle 8 ns. Damit alle Empfänger korrekt arbeiten, dürfte der Takt an jeder Stelle des Netzes nur um 4 ns, also um maximal einer halben Bitzelle, vor- oder nachlaufen. Diese Bedingung ist physikalisch kaum zu realisieren. Deshalb wurde für FDDI ein anderes Verfahren gewählt. Jede Verbindung innerhalb des Rings wird separat synchronisiert, so dass die oben genannten Jitter-Bedingungen nur für eine relativ kleine Strecke, nämlich die maximal erlaubten 2 km, eingehalten werden müssen. Dafür erhält jede Station ihren eigenen unabhängigen Sendetakt.

Media Access Control (MAC)

Der Substandard ISO 9314-2 beschreibt die unterste Schicht (Schicht 2a) des Data Link Layers eines FDDI Datennetzes. Diese Schicht wird als Media Access Control Layer (MAC) bezeichnet. Das Media Access Control Protokoll definiert das FDDI-Paketformat, den Netzzugriff, die FDDI-Adresserkennunung, die Tokenverwaltung und das Tokentiming. Die Funktionen des hier beschriebenen Teils des OSI-Referenzmodells sind meist zum Teil oder vollständig in der Hardware entsprechender FDDI Controller implementiert. In den marktüblichen Halbleitern für FDDI Controller läuft das MAC-Protokoll fast automatisch ab. Die Schnittstelle zwischen dem Logical Link Layer (LLC) auf Schicht 2b und der

MAC-Schicht entspricht unter den gängigen Betriebssystemen normalerweise dem Treiber-Interface für die Netzwerkkarten. Der FDDI MAC übernimmt im wesentlichen die folgenden Aufgaben:

1. Die Bildung eines übertragungsfähigen Datenpakets (Framing).
2. Die Generierung einer Zieladresse (Destination MAC-Adresse).
3. Die Erlangung der Zugriffsberechtigung auf das Medium nach einem sinnvollen und fairen Verfahren (Token Ring).
4. Das Übertragen eines Pakets auf das Medium.
5. Überprüfung der Konsistenz eines empfangenen Pakets.
6. Das Entfernen von Paketen aus dem Netzwerk.
7. Paketwiederholung.
8. Der Empfang von Paketen, die an diese Station gerichtet sind.
9. Checksummengenerierung.
10. Generierung von AEC-Bits.
11. Überwachung der Umlaufzeiten des Token.
12. Ringinitialisierung (Claim/Beacon-Prozess).
13. Erkennung und Signalisierung von Ringkonfigurationsfehlern.
14. Beheben von Ringkonfigurationsfehlern.

Funktionsweise des MAC-Protokolls

Das MAC-Protokoll erhält vom LLC Layer Daten zur Übertragung zur Verfügung gestellt. Es wird aus diesen Daten ein Frame gebildet, indem eine Präambel, ein Startsymbol, die Ziel- und die Quelladresse vor das Datenfeld gesetzt werden. Aus dieser Information wird eine Quersumme gebildet und angefügt. Dahinter werden ein bzw. mehrere Endsymbole gesetzt. Das Token ist ein speziell markiertes Paket ohne Daten. Beim FDDI Token Ring-Verfahren existiert immer nur ein Token im Netzwerk, das von Station zu Station im Uhrzeigersinn weitergereicht wird. Der MAC Layer wartet, bis es dieses Token empfängt. Ist der MAC Layer sendebereit, wird das Token nicht weitergereicht, sondern vernichtet; sonst wird das Token an den Nachbarn weitergereicht.

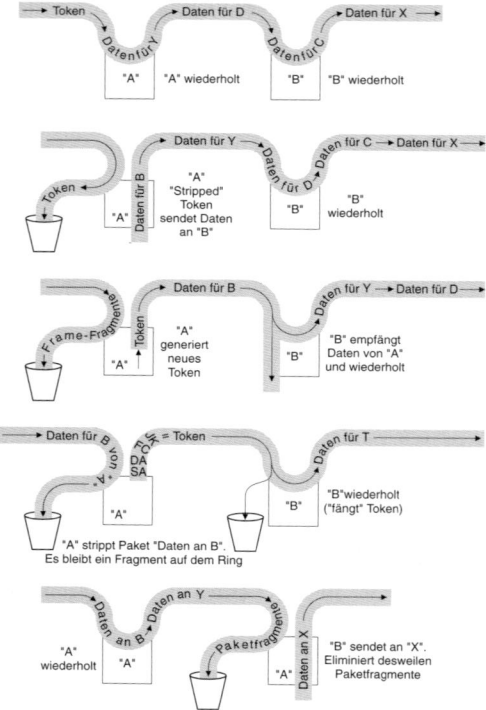

Abbildung 8.2: MAC-Funktionen

Wurde das Token gestrippt, werden ein oder mehrere Pakete gesendet. Danach wird sofort ein neues Token generiert und an die Nachbarstation gesendet. Jede Station, die Pakete absetzen will, fügt weitere Pakete am

Ende des Paketzuges vor das Token ein. Man nennt dieses Verfahren Early Token Release, weil jede Station sofort nach der Übertragung wieder ein Token generiert (freigibt). Man erreicht dadurch eine sehr gute Ausnutzung der verfügbaren Übertragungskapazität. Jede Station hat die Aufgabe, ihre eigenen Pakete vom Netz zu nehmen (zu strippen), wenn sie einmal komplett umgelaufen sind. Damit ist dafür gesorgt, dass der Ring immer wieder gereinigt wird. Da die Stationen aber erst nach Empfang der Quelladresse entscheiden können, ob das Paket gestrippt werden muss, entstehen laufend nutzlose, verstümmelte Paketstücke im Ring. Würden die Stationen mit dem Weiterreichen der Pakete warten, bis eindeutig entschieden werden kann, ob es gestrippt oder weitergereicht wird, wäre die Verzögerungszeit (Latenzzeit) einer FDDI-Station und damit die Umlaufzeit eines Paketes im Ring zu groß. Im Prinzip würden diese nutzlosen Frames oder Frame-Fragmente ewig auf dem Ring rotieren und damit das Netzwerk blockieren. Glücklicherweise kann es dazu nicht kommen, weil eine sendende Station keine Empfangsdaten wiederholt, während sie sendet. Es werden also alle Empfangsdaten im Sendestatus gestrippt. Das stellt wiederum kein Problem dar, weil auf Grund der Ringstruktur diese Daten alle schon vorher von der jeweiligen Zielstation hätten empfangen und von einer Quellstation gestrippt werden müssen. Das Token kann natürlich auch durch Übertragungsfehler zerstört werden, oder eine Station »vergisst« wegen einer Funktionsstörung nach dem Senden ein neues Token zu generieren. Wichtig ist auch, dass eine einzelne Station das Token nicht zu lange festhält und beliebig lange sendet. In einem solchen Fall müssten die anderen Stationen zu lange auf die Sendeberechtigung warten, was sich in den Response-Zeiten der Stationen bemerkbar machen würde. Daher wird das Token von jeder Station sehr sorgfältig überwacht. In jeder Station befinden sich Timer, die die Zeit nach dem letzten Erscheinen eines Token und die Zeit, die ein Token maximal festgehalten werden darf, messen. Man spricht deshalb auch von einem Timed Token-Mechanismus. Jede Station darf nach dem Empfang eines Token nur für eine definierte maximale Zeit senden. Diese Zeit wird durch den Token Rotation Timer (TRT) bestimmt, der in jeder Station die Zeit seit dem Empfang des letzten Token erfasst und eine bei der Ringinitialisierung vereinbarte Soll-Token-Umlaufzeit festgelegt. Bleibt die Ankunft eines Token für eine zu lange Zeitspanne (länger als die zweimalige Maximal-Token-Umlaufzeit) aus, nimmt die Station an, dass das Token verlorengegangen ist bzw. eine schwerwiegende Störung im Netzwerk vorliegt. Die Station versucht dann, eine Ringinitialisierung durchzuführen, was die Generierung eines neuen Token zur Folge hat. Die Zeiten hängen vom Umfang des Rings (maximale Token-Umlaufzeit) und von den geforderten Response-Zeiten der eingesetzten Applikationen ab. Diese Zeitwerte sind daher in der Regel einstellbar.

Die Ringinitialisierung entspricht dem Prozess beim ersten Hochfahren des Netzwerks. Eine Ringinitialisierung findet auch dann statt, wenn weitere Stationen in das Netzwerk eingefügt oder Stationen vom Netzwerk getrennt werden. Bei der Ringinitialisierung sendet die Station zunächst kontinuierlich Claim-Pakete (Claim-Prozess). Bei diesen Claim-Paketen handelt es sich um einen spezielle Pakettyp, bei dem das Datenfeld nur aus einer Zahl (TReq) besteht und als Zieladresse Broadcast eingesetzt wird. Die Station beobachtet während dessen ihren Eingang. Erscheint dort das eigene Claim, ist für diese Station der Claim-Prozess abgeschlossen. Empfängt die Station ein fremdes Claim, so merkt sie sich den darin befindlichen TReq-Wert. Ist dieser höher als der eigene, so wird das Claim gestrippt und der eigene Claim weitergesendet. Ist der Wert kleiner, wird dieses Claim weitergereicht und es werden keine eigenen Claims mehr gesendet. Es gewinnt schließlich diejenige Station, die als erste ihr eigenes Claim empfängt. Sie generiert dann das neue Token.

FDDI FrameFormat

Das MAC Frame besteht aus Symbolen. Dabei wird der Kopf des Frames durch die Symbole gekennzeichnet, die als erste von einer Station auf das Netzwerk gesendet werden. Ein FDDI MAC Frame darf maximal aus

9000 Symbolen bestehen, d.h. 4500 Byte lang sein. Diese Länge schließt
4 Symbole (2 Byte) für die Präambel mit ein. Die Mindestlänge eines
FDDI Frames muss 9 Bytes betragen.

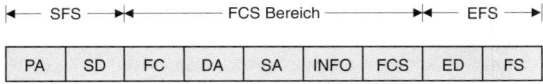

PA	SD	FC	DA	SA	INFO	FCS	ED	FS

PA   Idle Symbol (16 oder mehr Symbole) (Präambel)
SD   Start Delimiter (JK Symbolpaar) (Anfangsindikator)
FC   Frame control field (2 Symbole) (Frame Control Feld)
DA   Destination address (4 oder 12 Symbole) (Zieladresse)
SA   Source address (4 oder 12 Symbole) (Quelladdresse)
INFO   Frame information (LLC oder Daten höherer Protokollschichten)
FCS   Frame check sequence (8 Symbole) (Checksumme)
ED   End Delimiter: T (Optional gefolgt von T, 1 oder 2 Symbole) (Ende Indikator)
FS   Frame status (ein R oder S Symbol, ≥ 3 Symbole) (Paketstatus)
       E   Frame error indicator   (Paket enthält Fehler)
       A   Address recognized indicator   (Adresse wurde bereits erkannt)
       C   Frame copied indicator   (Paket wurde bereits kopiert)

Abbildung 8.3: FDDI Frame Format

Präambel (PA)
Um den Empfänger auf der Gegenseite ausreichend zu synchronisieren,
werden zunächst mindestens 16 Idle-Symbole gesendet. Mit dieser Präambel kann sich der Empfänger auf die Frequenz der sendenden Station
einstellen. Normalerweise ist diese Präambel Teil der Interframe Gap,
also der Lücke zwischen Paketen, die immer mit Idle-Symbolen aufgefüllt wird. Pakete dürfen nur empfangen werden, wenn sie mindestens 2
Idle-Symbole Präambel besitzen. Nur bei einem Token darf die Präambel
auch wegfallen.

Start Delimiter (SD)
J   K

J = J-Symbol
K = K-Symbol

Der Anfang des Frames wird durch eine Symbolkombination gekennzeichnet, die sonst nicht vorkommen kann. Es handelt sich um das Symbolpärchen JK. Jedes Frame oder Token muss mit diesem Delimiter beginnen.

Frame Control-Feld (FC)

Mit diesem 8 Bit großen Feld wird der Typ des Frames bestimmt. Damit werden die Frame-Klasse, der Adresstyp, das Frame-Format und der Frame-Typ festgelegt. Definition der verschiedenen Frame Control Bits:

C L F F Z Z Z Z

C	=	Class Bit
L	=	Address Length Bit
FF	=	Format Bits
ZZZZ	=	Control Bits

Frame Class Bit

C = 0

Es handelt sich um Frames, die im asynchronen Modus gesendet werden.

C = 1

Es handelt sich um Frames, die im synchronen Modus gesendet werden. Asynchrone und synchrone Frames unterscheiden sich in der Priorität, mit der sie gesendet werden dürfen. Synchrone Frames dürfen immer dann gesendet werden, wenn ein Token empfangen wird. Asynchrone Frames dürfen nur dann gesendet werden, wenn noch Sendezeit verbleibt, ohne dass eine maximale Token-Umlaufzeit dabei überschritten wird. Frame-Übertragung im synchronen Modus bedarf einer speziellen Verwaltung und Steuerung (synchrone Bandweitenallokation).

Frame Address Length Bit

L = 0

Es werden 16 Bit lange DA- und SA-Felder verwendet.

L = 1

Es werden 48 Bit lange DA- und SA-Felder verwendet (IEEE-Format).

Der FDDI MAC Layer hat immer eine volle 48 Bit lange Adresse und muss immer in der Lage sein, sowohl Frames mit 16 Bit als auch 48 Bit lange Adressen zu verarbeiten. Es können also theoretisch gemischte Frames mit 16 oder 48 Bit langen Adressen auf einem Ring existieren. Normalerweise werden allerdings nur Frames mit 48 Bit langen Adressen verwendet.

Frame-Format

CLFF ZZZZ bis ZZZZ

0X00 0000	Void Frame	
1000 0000	Nonrestricted Token	
1100 0000	Restricted Token	
0L00 0001 bis 1111	Station Management (SMT)-Frame	
1L00 0001 bis 1111	MAC Frame	
CL01 r000 bis r111	LLC Frame	
CL10 r000 bis r111	Reserviert für firmenspezifische Anwendungen	
CL11 rrrr	Reserviert für zukünftige Erweiterungen des Standards	
		C = Class Bit
		L = Length Bit
		r = Reserviert für zukünftige Erweiterungen
		X = Entweder 0 oder 1 (don't care)

Destination Address und Source Address (DA, SA)

Jedes Frame – ausgenommen das Token – verfügt über eine Zieladresse (Destination Address), der eine Quelladresse (Source Address) folgt, die entweder 16 oder 48 Bit lang sein kann.

Information Field

Im Information Field werden die eigentlichen Nutzdaten übertragen. Es können hier nur Datensymbole 0-F auftreten, wobei das Feld immer auf einem vollen Byte endet. Das Information Field kann maximal 4478 Bytes lang sein. Alle FDDI Frames besitzen ein Datenfeld, das mindestens 4 Bytes lang ist. Eine Ausnahme stellt das Token dar.

Frame Check Sequence (FCS)

Die Checksumme für das Frame wird über die FC, DA, SA und Informationsfelder gebildet und schließt sich selbst ein. Es handelt sich dabei um einen 32 Bit langen Cyclic Redundancy Check, also um eine Prüfsumme, mit der sichergestellt werden kann, dass jeder Fehler im Frame erkannt wird. Frames, bei denen die Checksumme nicht korrekt ist, werden auf keinen Fall an das System weitergereicht. Unterscheidet sich das Checksummen-Ergebnis des Empfängers von der empfangenen Checksumme, dann liegt ein Übertragungsfehler vor.

End Delimiter (ED)

Zur Markierung des Frame-Endes wird das Symbol T verwendet.

- Ein Token wird mit zwei T-Symbolen abgeschlossen.
- Ein Frame wird mit einem T-Symbol abgeschlossen. Dabei muss dieses Symbol immer das erste eines Symbolpärchens sein.

Frame Status Field (FS)

An das Ende eines Frames kann eine beliebige Menge von R-, oder S-Symbolen angehängt werden. Das Ende des Frames wird angenommen, wenn entweder ein weiteres T-Symbol oder ein anderes Symbol, das nicht S oder R ist, empfangen wird. Mit diesen Symbolen kann weitere

Information über den Status des Frames übertragen werden. Das S-Symbol steht für Set und entspricht einer logischen 1. Das R-Symbol steht für Reset bzw. einer logischen 0. Die Bedeutungen der ersten drei Symbole sind vom Standard vorgegeben, weitere können benutzerabhängig definiert werden.

Bei den ersten drei Symbolen handelt es sich um die E-, A- und C-Bits. Ihre decodierte Bedeutung lautet:

E = Error Detect Indicator

A = Address Recognized Indicator

C = Frame Copied Indicator

Format eines Token

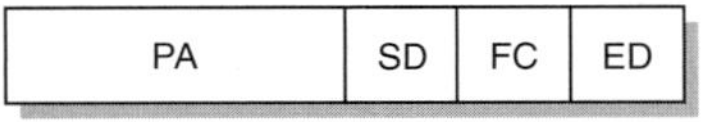

PA	SD	FC	ED

Abbildung 8.4: FDDI-Token-Format

Das Token wird mit einer Präambel von mindestens 16 Idle-Symbolen gesendet. Es muss vom Empfänger allerdings auch ohne eine Präambel akzeptiert und weitergereicht werden. Idle-Symbole können im Ring auf Grund von Synchronisationsmaßnahmen im PHY-Layer verloren gehen, z.B. durch Ungleichheiten der Sende-Taktraten verschiedener Stationen. Es folgt ein Start Delimiter, der aus den beiden Symbolen JK gebildet wird. Es folgt ein 8 Bit langes Frame Control Field. Dieses enthält entweder eine 80H (bei Nonrestricted Token) oder eine C0h (bei Restricted Token). Abgeschlossen wird das Token durch einen Ending Delimiter, der aus zwei T-Symbolen besteht.

Die verschiedenen Frame-Typen

Mit Hilfe dies Frame Control Feldes kann schon auf der MAC-Schicht eine Filterung der Frames erfolgen, bzw. können die empfangenen Frames an unterschiedliche Instanzen (LLC, SMT etc.) weitergereicht werden. Die Frames werden dabei normalerweise vom verwendeten FDDI Controller gleich in unterschiedlichen Queues abgelegt. Alle Frames, bei denen die Bits FF = 0 sind, d.h. Token, SMT und MAC Frames, beziehen sich nur auf den lokalen Ring und dienen ausschließlich der Verwaltung und Steuerung dieses Rings. Sie werden niemals durch Brücken oder Router hindurch auf andere Netze übertragen. Folgende Pakettypen sind definiert:

Void Frame

Der Inhalt eines Void Frames wird ignoriert. Wird ein Void Frame mit einer passenden Source Address empfangen, so wird es von der Station gestrippt. Diese Station setzt dann auch ihren TVX Timer zurück. Ein Void Frame kann zum Beispiel als Alive-Indikator verwendet werden, indem eine Station Void Frames an sich selbst schickt.

Token

Token dienen der Verwaltung der Zugriffsberechtigung auf das Medium. Es gibt zwei Typen, den restricted und den non restricted Token-Typ. Normalerweise wird der non restricted Token-Typ verwendet. Der restricted Token-Typ wird nur in Sonderfällen verwendet, auf die später eingegangen wird. Es existiert immer nur ein Token zu einer Zeit auf dem Ring.

SMT Frame

Die SMT Frames enthalten Station Management-Informationen und werden nur für das SMT-Protokoll, das direkt auf den MAC Layer aufsetzt, verwendet. Durch die vier Z-Bits (ungleich 0) können 15 verschiedene Untertypen decodiert werden. Diese unterschiedlichen SMT Frames werden im Kapitel SMT eingehender diskutiert.

MAC Frame

MAC Frames dienen ausschließlich der Kommunikation der MAC-Instanzen des Netzwerks untereinander. Von den 15 verschiedenen möglichen MAC Frame-Typen, die durch die vier Z -Bits (ungleich 0) definiert werden, sind nur zwei fest definiert. Dabei handelt es sich um den Claim mit dem FC = 1L00 0011 und dem Beacon mit FC = 1L00 0010. Diese beiden Frames werden für die Initialisierung des Netzwerks und der Signalisierung von Ringfehlern benötigt. Andere MAC Frames treten normalerweise nicht auf.

LLC Frame

Das LLC Frame enthält Informationen für den Link Layer, der die eigentliche Nutzinformation überträgt. Ist das erste Bit 0 (FC = 0L01rPPP), dann handelt es sich um ein Frame, das im asynchronen Modus übertragen wird. Mit Hilfe der drei letzten (P -) Bits können weitere acht Prioritätsstufen aufgebaut werden, bei denen PPP=000 die kleinste und PPP=111 die höchste Priorität bedeutet. Diese Prioritätsstufen werden vom MAC beim Senden der Frames benutzt. Das Bit r ist immer 0. Ist das erste Bit 1 (FC = 1L01rrrr), handelt es sich um ein Frame, das im synchronen Modus übertragen wird. Die letzten vier Bits sind immer 0. Im Abschnitt 3.1.8 wird die Übertragung im synchronen Modus detaillierter vorgestellt.

Implementor Frame

Dieser Frame-Typ kann für firmenspezifische Anwendungen frei verwendet werden.

Der Claim-Prozess (Ringinitialisierung)

Der Ring wird mit Hilfe des Claim-Prozesses initialisiert. Ein Ring ist initialisiert, wenn ein gültiges Token umläuft. Sobald eine Station die Notwendigkeit einer erneuten Initialisierung des Rings erkennt, fällt sie in den Claim-Modus. Es werden kontinuierlich Claim Frames gesendet, und es wird auf den Empfang von Claim Frames gewartet. In das Datenfeld des Claims legen die Stationen ihren T-Req-Wert. Dieser T-Req-Wert hat zwei Funktionen: Es wird mit ihm ausgehandelt, welche Station das Token generiert, und es wird der Wert der Target Token Rotation Time (TTRT) ausgehandelt. Der beim Claim-Prozess ausgehandelte Wert von TTRT wird von jeder Station als aktuell gültiger Wert angenommen. Er ist wichtig für die Steuerung des Zugriffs bzw. der Sendeberechtigung der Stationen und für die Überwachung des Token. Empfängt eine Station einen Claim oder Beacon Frame, wird jeder andere Datenübertragungsprozess abgebrochen.

Beacon-Prozess

Wenn eine Station auf Grund eines erfolglosen Claim-Prozesses in dem Beacon-Modus fällt, liegt entweder eine erhebliche Störung oder eine globalere Ringumkonfiguration vor. Der Beacon-Prozess dient dazu, die Fehlerquelle einzukreisen und den Ring um den Fehler herum neu zu konfigurieren. Diese Rekonfiguration wird von Teilen des SMT-Protokolls (RMT und CMT) übernommen. Eine Station, die in den Beacon-Modus fällt, sendet kontinuierlich Beacon Frames. Empfängt sie fremde Beacons, so muss Sie den Beacon-Modus verlassen und statt dessen die empfangenen Beacons weiterleiten. Konsequenterweise befinden sich nach einer Ringumlaufzeit alle Stationen im Reapeat-Modus und leiten empfangene Beacons weiter bis auf die Station weiter, die direkt hinter der Ringunterbrechung liegt. Sobald eine Station ihr eigenes Beacon Frame empfängt, muss sie davon ausgehen, dass der Ring wieder vollständig geschlossen ist. Sie wird dann sofort den Claim-Prozess starten, damit der Ring unverzüglich wieder initialisiert wird.

Station Management

Das Station Management (Draft 7) definiert die Steuerung der FDDI Protokollschichten. Das Station Management (SMT) erkennt die Fehler, wie z.B. Tokenverlust, kein oder ein zu geringes optisches Signal, CRC-Fehler, die auf einem FDDI-Netz auftreten können. Diese Informationen werden mit der Station Management Software gesammelt, ausgewertet und gegebenenfalls die notwendigen Reaktionen auf diese Fehler veranlassen. Bei Unterbrechung einer Verbindung (Hauptpfad) zwischen zwei FDDI-Rechnern leitet die Station Management Software den Datenpfad automatisch auf den Sekundär-Ring um. Bei Verlust des Tokens sorgt die Station Management Software für die Reinitialisierung des Rings und für die Generierung eines neuen Tokens. Da das Station Management in jedem FDDI-Controller implementiert sein muss, reagiert jede Station individuell auf Fehlerfälle und reagiert dynamisch auf die jeweilige Datenlast am Ring. Eine weitere Funktion des SMT besteht im kontinuierlichen Sammeln von statistischen Daten, die zur Optimierung des Datendurchsatzes oder zu Managementzwecken an höhere Protokollschichten weitergeleitet werden können. Alle Variablen, die durch das Station Management verwaltet werden, sind in einer sogenannten SMT MIB (MIB = Management Information Base) festgelegt. Durch eine Integration eines Management Agents lassen sich die vom FDDI SMT gesammelten Informationen leicht in ein SNMP (Simple Network Management Protokoll) System integrieren. Die in diesem SMT-Dokument definierten Funktionen einer FDDI-Station machen den eigentlichen Unterschied und die

Intelligenz eines FDDI-Netzwerks aus. FDDI ist nicht nur ein schnelleres Netzwerkverfahren, es steckt auch die fundierte Netzwerkerfahrung in der FDDI-Konzeption.

Das Station Management definiert nicht nur die Funktionsweise einer FDDI-Station, sondern auch die der für die Kommunikation zwischen Stationen erforderlichen intelligenten Multiport-Repeatern, die unter FDDI grundsätzlich als Konzentratoren bezeichnet werden. SMT beschreibt somit auch ein umfassenderes Node Management. Hinter dem Begriff SMT verbergen sich vielfältige Funktionen eines FDDI Nodes. Die Bandbreite reicht von der Inbetriebnahme einer Verbindung zu einer Nachbarstation auf OSI-Schicht 1 (PHY) über die automatische Initialisierung des Rings (Erzeugung eines Token) und die Selbstheilungsfähigkeit eines FDDI Backbones bis hin zu einem Netzwerkmanagementprotokoll, mit dem innerhalb eines FDDI-Netzes über das Netzwerk (Remote) jede FDDI-Station abgefragt, parametrisiert und gesteuert werden kann.

Entscheidend beim SMT ist die Tatsache, dass es vollautomatisch und auf alle Stationen verteilt ist. Man kann hier mit Recht von einer verteilten (Netzwerk-) Intelligenz sprechen. Es ist keine dedizierte Station mit spezieller Hardware für die Überwachung und die Steuerung des Netzes erforderlich, wie zum Beipiel der Active Monitor beim IBM Token Ring-Verfahren. Jede FDDI-Station verfügt über die gleichen Möglichkeiten, das Netzwerk zu steuern, zu überwachen, Fehler zu erkennen und Maßnahmen zur Isolation von Problemen zu ergreifen. Dabei sind die Fehlertoleranzfunktionen vollautomatisch und für den Benutzer völlig transparent. Das Netzwerk kann sich auch von schwerwiegenden Problemen erholen, ohne dass der Benutzer etwas davon merkt oder eingreifen muss. Man findet in der SMT-Beschreibung zwei grundverschiedene Funktionen: Zum einen das Netzwerkmanagement, das auf der MAC-Schicht aufsetzt und das als SMT-Paket auf dem Netzwerk sichtbar ist. Dazu gehört das SMT-Protokoll, das unterteilt ist in das Neighbor Information Protocol, das Status-/Operation Information Protocol, das Status Reporting Protocol und das Parameter Management Protocol.

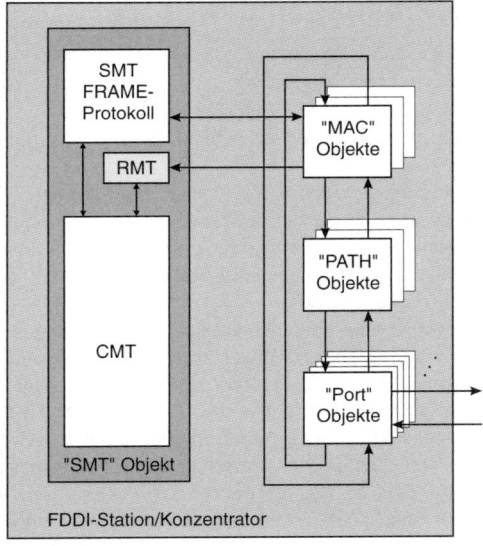

Abbildung 8.5: SMT-Funktionsblöcke

Zum anderen sind interne Steuerfunktionen zu finden, die die Inbetrieb-nahme und die Überwachung der Leitungen und des Rings betreffen. Dazu gehören die Funktionen des Physical Connection Managements (PCM), des Event Control Managements (ECM), des Configuration Control Managements (CFM) und des Ring Management Task (RMT).

SMT Netzwerkmanagement

Mit dem Frame-basierenden Managementprotokoll für FDDI-Stationen werden die folgenden Funktionen ausgeführt:

- ▸ Informationsaustausch mit dem unmittelbaren Nachbarn.
- ▸ Abfrage von Statusinformation von einer beliebigen FDDI-Station aus.
- ▸ Austausch von Echo Frames zwischen beliebigen FDDI-Stationen.
- ▸ Netzbandweitenzuweisung an synchrone Stationen.
- ▸ Statusreport von Stationen an das übrige Netzwerk.
- ▸ Parametermanagement von beliebigen FDDI-Stationen.
- ▸ Erweiterte Dienste (firmenspezifisch).

Das SMT lässt sich teilweise eine große Ähnlichkeit mit Netzwerkmanagementprotokollen wie SNMP oder CMIP erkennen. Tatsächlich kann mit dem Parameter Management Protocol unter SMT auf eine Management Information Base (MIB) zugegriffen werden, die der SNMP FDDI MIB sehr ähnlich ist. Aber wo liegt der Unterschied und warum verwendet man nicht gleich SNMP? Der größte Unterschied besteht darin, dass SMT direkt auf der MAC-Schicht, also auf der OSI-Schicht 2, aufsetzt. Andere NWM-Protokolle setzen auf der OSI-Schicht 3 auf, sie benötigen ein Transportprotokoll. SMT ist unabhängig vom verwendeten Transportprotokoll. Das ist ein großer Vorteil in Arbeitsstationen, vor allem wenn es sich um PCs handelt, weil darin wegen der Speicherplatzprobleme nicht beliebig viele Transportprotokolle geladen sein können. Das SNMP ist zum Beispiel an das IP gebunden. Für eine Arbeitsstation, die ihren Netzwerkverkehr über das IPX-Protokoll abwickelt, müsste zusätzlich das IP geladen werden, um SNMP-basierendes Netzwerkmanagement betreiben zu können. Im Gegensatz zu anderen Netzwerkprotokollen ist das SMT-Protokoll für jede FDDI-Station Pflicht. Daraus ergeben sich klare Vorteile:

- Der SMT-Netzwerk-Agent ist grundsätzlich in jeder Station per Definition enthalten. Dadurch ist ein FDDI-Netz immer vollständig managebar.
- Das SMT ist unabhängig von den gerade verwendeten Transportprotokollen. SMT verwendet spezielle MAC Frames, die an Hand ihres Frame Control-Feldes sofort von normalen Daten-Frames unterschieden werden können.
- Das SMT verbraucht vergleichsweise wenig zusätzlichen Speicherplatz.
- Das SMT hat über die reinen Informationsaustauschfunktionen hinaus auch FDDI-spezifische Aufgaben. Dazu gehört die automatische Überwachung von Nachbarstationen untereinander und die Zuordnung von Sendezeiten an Stationen, wodurch die Bandweitenverteilung im FDDI-Netz geordnet wird.

Es darf natürlich nicht verschwiegen werden, dass das SMT-Protokoll auch Nachteile hat. Der gravierendste Nachteil ist, dass die SMT Frames nicht durch Brücken oder Router hindurchwandern können. Das SMT-Protokoll bezieht sich immer nur auf einen lokalen FDDI-Ring. Es ist damit nicht möglich, auf einem Ethernet-Segment eine SMT-Managementstation für das Management eines über entsprechende Brücken angeschlossenen FDDI-Segments zu verwenden, wie es beim SNMP-Protokoll möglich ist. SMT ist kein heterogenes Netzwerkmanagementwerkzeug. Die mit Hilfe des SMT-Protokolls ausgetauschten Daten beschränken sich strikt auf FDDI-spezifische Informationen, also nur auf den PMD, den PHY und der MAC-Schicht. Weitergehende Informationen über die höheren Protokolle und Eigenschaften einer Station werden standardmäßig über SMT nicht vermittelt.

Parameter Type	Parameter Length	Parameter Index	Parameter Value	Parameter Type	Parameter Length	Parameter Index	Parameter Value
2	2	4	n1	2	2	4	n2

Größe in Bytes

Abbildung 8.6: SMT Header-Format

Bei den SMT Frames handelt es sich um MAC Frames, bei denen das Frame Control Field auf einen Hex-Wert von 40-4F gesetzt ist. Vom Standard werden derzeit nur zwei von 16 möglichen Werte verwendet. Es handelt sich dabei um die Werte Hex 41 und Hex 4F. Dies dient der unterschiedlichen Verfahrensweise beim Empfang solcher Frames. Die SMT Frames vom Typ Hex 41 werden von FDDI-Stationen entsprechend dem Destination-Adressfeld empfangen. Es kann sich dabei um eine einzelne Station oder um Gruppen handeln, wie bei den normalen FDDI-Daten-Frames (LLC Frames) auch. Bei den Frames mit dem Control-Feld Hex 4F handelt es sich um einen Next Station Addressing (NSA) Frame. Bei diesem SMT Frame-Typ funktioniert die Adressierung von Stationen anders. Es wird im Destination-Adressfeld entweder eine Broadcast- oder eine Gruppenadresse verwendet. Solche NSA Frames sollen immer nur von der ersten Station, die hinter dem Sender liegt, empfangen werden. Durch die Ringstruktur ist die Reihenfolge der Stationen in Fluss-richtung ja eindeutig vorgegeben. Bei Verwendung einer Gruppena-dresse soll nur die erste Station der adressierten Gruppe das Frame emp-fangen. Alle anderen Stationen sollen solche NSA Frames ignorieren. Man erreicht damit eine Adressierung, die von der Reihenfolge der Sta-tionen im Ring abhängt. Dieses Verfahren wird primär bei dem Protokoll für die Überwachung von Nachbarstationen (NIF-Protokoll) verwendet. Nachdem die erste Station der Zielgruppe ein solches SMT Frame emp-fangen hat, setzt es den Frame-Statusindikator Address Recognized (A) auf 1. Alle folgenden Stationen ignorieren das Frame dann auf Grund des gesetzten A-Indikators.

Das SMT-Protokoll

Mit Hilfe des SMT-Protokolls werden Informationen aus der MIB zwischen FDDI-Stationen oder FDDI-Konzentratoren ausgetauscht. Es gibt dabei drei verschiedene Formen. Der einfachste Fall ist die Abfrage von Informationen. Dabei sendet eine Station einen Request Frame und die adressierte Station antwortet mit einem Response Frame. Hierzu gehört der Austausch von Statusinformation mit SIF Frames und der Austausch von Echo Frames mit ECF Frames. Auch das Parametermanagement funktioniert auf dieser Basis, was die GET-Funktionen, also das Lesen von Informationen betrifft. Set-Operationen bestehen grundsätzlich aus einem doppelten Request/Response Frame-Paar, weil die Information zunächst gelesen und dann modifiziert zurückgeschrieben wird.

Parametermanagement GET Requests unterscheiden sich von den Status Information Requests nur in der Struktur der ausgetauschten Information. Ein Status Information Request (Configuration oder Operation) wird mit einem vordefinierten Satz von Parametern beantwortet, der umfassende Informationen über die Station bereitstellt. Dazu gehören u.a. alle wichtigen Informationen über alle Ports eines Konzentrators. Solche Responses können im Falle eines Konzentrators sehr lang werden. Mit dem Parametermanagement kann jeder Parameter einzeln oder in Gruppen abgefragt werden. Ein weitere Unterschied ist die Zielgruppe der Parameter. Mit dem Status Information-Protokoll können nur SMT-Parameter, also Informationen außerhalb der FDDI MIB (SMT-Parametertyp: Hex 00xx) abgefragt werden, während mit dem PMF-Protokoll alle existierenden Parameter einer Station zu lesen bzw. zu modifizieren sind. Es konnte bei der Standardisierung keine Einigung darüber erzielt werden, das Parametermanagement-Protokoll für jede Station zur Pflicht zu machen. Häufig wird man auf Stationen treffen, die entsprechende PMF Request Frames durch die Beantwortung mit einem Request Denied Frame ablehnen. Demgegenüber ist es Pflicht für jede Station, auf einen Status Information Request korrekt zu antworten. Damit ist zumindest für die wichtigsten Parameter einer FDDI-Station ein gemeinsamer Nenner gefunden worden, der sich mit verhältnismäßig geringem Aufwand in der Software realisieren lässt.

Analog zu den Traps beim SNMP gibt es beim SMT das Status Report-Protokoll. Mit den Status Report Frames (SRF) gibt eine Station per Multicast wichtige Informationen an alle Stationen im Netz bekannt. Dazu gehören unter anderem Probleme, Statusänderungen und Konfigurationsänderungen innerhalb einer Station. Besonders interessant ist das Neighbor Information Protocol. Unter Verwendung von NSA Frames (siehe oben) machen sich mit dem NIF-Protokoll jeweils in der Ringfolge benachbarte Stationen miteinander bekannt, das heißt, sie tauschen ihre Adressen und Eigenschaften untereinander aus und prüfen dann periodisch, ob die Nachbarstation noch existiert. Hat sich die Stationsadresse plötzlich geändert, wird dieser Umstand dem Netzwerk über das Status Reporting-Protokoll mitgeteilt.

Das vollautomatische NIF-Protokoll ist besonders praktisch, weil man mit seiner Hilfe jederzeit alle Stationen des Netzwerks lernen kann, indem man am Netz horcht und alle NIF Response Frames sammelt. Nach kurzer Zeit verfügt man dann über eine Tabelle mit allen Stationsadressen und ihrer Reihenfolge im Netzwerk. Auf Basis dieser Ring-Map kann man mit dem Status Information-Protokoll dann z.B. die wichtigsten Counter vom MAC (Error/Lost Frame Counter) und vom PHY (LER Counter) aller Stationen ermitteln. Es steht so unmittelbar ein Werkzeug zur Ermittlung der Stabilität und der eventuellen Schwachpunkte einer FDDI-Netzwerkinstallation zur Verfügung.

9 Fibre Channel

Der Fibre Channel (FC) überträgt kostengünstig die Daten zwischen Workstations, Mainframes, Supercomputern, Desktop Computern, Speicherkomponenten, Displays und anderen peripheren Komponenten. Der Fibre Channel Standard wurde unter Federführung des American National Standard Instituts (ANSI) entwickelt. Der Fibre Channel bietet eine Möglichkeit zum Aufbau einer aktiven intelligenten Interconnection-Komponente (Fabric genannt), an die die jeweiligen Geräte angeschlossen werden. Die Aufgaben eines Fibre Channel Ports besteht im Management einer einfachen Punkt-zu-Punkt Verbindung zwischen dem angeschlossenen Endgerät und der Fabric. Der Fibre Channel stellt eine serielle High Performance-Verbindung zur Verfügung, die sowohl die Fibre Channel-Protokolle als auch Protokolle höherer Schichten unterstützt. Mit Hilfe des Fibre Channel Standards können große Datenmengen sehr schnell (bis zu mehreren GBit pro Sekunde) über die jeweiligen Verbindungen übermittelt werden. Durch die Integration des Fibre Channel Standards in einen LAN-Switch kann diese Technologie kostengünstig in ein lokales Netz integriert werden.

Nach der Fibre Channel-Sprachregelung wird ein Switch, an den die jeweiligen FC-Komponenten angeschlossen werden, als Fabric bezeichnet. Zwischen den jeweiligen Komponenten werden zwei unidirektionale Glasfaserverbindungen aufgebaut. Dabei werden der Endgeräte-Port (N_Port) mit dem Port der Fabric (F_Port) verbunden. Das Fibre Channel-System beruht darauf, dass die Ports zweier FC-Komponenten untereinander eine direkte feste Verbindung aufbauen. Daher spielt die in der Fabric verwendeten Technologie eine untergeordnete Rolle. Eine Fabric kann sowohl als Circuit Switch, als aktiver Hub oder als Loop realisiert werden.

Der Fibre Channel unterstützt unterschiedliche Übertragungsgeschwindigkeiten (133 MBit/s, 266 MBit/s, 530 MBit/s, und 1 GBit/s) über die unterschiedlichen optischen und elektrischen Übertragungsmedien. Die zu überbrückenden Distanzen hängen von der Länge der FC-Verbindung und dem verwendeten Medium ab. Beispielsweise können über Monomode-Glasfasern mit langwelligen Laserdioden eine Übertragungsrate von 1 GBit/s über eine Distanz von zehn Kilometern übermittelt werden.

Fibre Channel Layer 0

Der Fibre Channel ist in hierarchische Strukturen unterteilt. Die unterste Ebene (FC-0) definiert dabei die physikalische Verbindung eines Systems. Hierzu gehören die Glasfaserverbindungen, die Anschlussstecker und die optischen und elektrischen Parameter für die jeweiligen Datenraten. Fester Bestandteil der Schicht 0 des Fibre Channels ist das Open Fibre Control System (OFC). Das OFC garantiert, dass die beim Fibre Channel verwendeten kurzwelligen Laser, mit ihrer Sendeleistung nicht die Grenzen des Sicherheitsstandards überschreiten. Wird in einem FC-System eine offene Glasfaserverbindung entdeckt, so wird automatisch für die jeweilige Strecke die Sendeleistung herunter geregelt. Nachdem der gesamte Glasfaserpfad wieder geschlossen wird, empfangen beide Ports der Verbindung die pulsierenden Signale. Damit wird eine doppelte Handshake-Prozedur initiiert und die Verbindung automatisch innerhalb weniger Sekunden wieder aktiviert.

Fibre Channel Layer 1

Die Schicht 1 des Fibre Channels legt das Übertragungsprotokoll fest. Dieser Standard definiert die Regeln zur Codierung der Signale, spezielle Signalisierungs-Character und die Mechanismen zur Fehlerkontrolle. Bei der Übertragung über ein Fibre Channel System werden 8 Bits in 10 Bit lange Übertragungscharakter umgewandelt. Dies sorgt für eine Entkopplung der bei der Übertragung verwendeten Codes von Gleichstromanteilen. Außerdem sorgen die Übertragungscharakter dafür, dass die übertragenen Informationen eine gewisse Länge aufweisen, um mit Hilfe des seriellen Bitstroms eine Clock-Synchronisation zu ermöglichen. Ein nicht codiertes Informationsbyte besteht aus den acht Informationsbits A, B, C, D, E, F, G, H und der Kontrollvariablen Z. Diese Informationen werden vom FC Layer 1 in die Bits a, b, c, d, e, i, f, g, h, j eines 10 Bit langen Übertragungscharakter umcodiert. Als Kontrollvariable wird entweder der Wert D (D-Typ) für Daten-Character oder der Wert K (K Typ) als spezielle Charakter verwendet. Jeder gültige Übertragungscharakter wird mit einer individuellen Namenskennung ausgestattet. Als Kennung wird folgende Bezeichnung verwendet: Zxx.y. Der Teil Z repräsentiert die Kontrollvariable des nicht codierten FC-1 Informationsbytes. Der xx-Teil repräsentiert den Dezimalwert der Binärzahl, die aus den Bits E, D, C, B, und A errechnet wird. Der y-Teil des Namens besteht aus dem Dezimalwert der Binärzahlen, die aus den Bits H und G eines nicht codierten FC-1 Informationsbyte berechnet wird. So wird der FC-1 Übertragungscharakter, der aus dem hexadezimalen „BC" Wert bestehenden speziellen Charaktercode (K-Typ) beispielsweise den Namen K28.5. Vom Empfänger werden aus dem seriellen Datenstrom immer gleichzeitig 10 Bits untersucht. Alle Übertragungscharakter die zur Übertragung von Daten (D-Typ) erkannt werden, werden in eine der 256 zur Verfügung stehenden 8 Bit Kombinationen decodiert. Die Übertragungscharakter (K-Typ) werden gesondert behandelt und zur Übermittlung von Protokollmanagement-Informationen verwendet. Alle Codes, die von einem Empfänger ermittelt werden, die nicht den D- oder K- Typen entsprechen, gelten als Verletzung der Codierungsregeln und werden als Codierungsfehler interpretiert. Jedes Datenbyte oder die speziellen Character können als zwei unterschiedliche Übertragungscodes dargestellt werden. Die jeweils verwendeten Codes für die Datenbytes und speziellen Character hängen vom jeweiligen Running Disparity (RD) Wert ab. Das Running Disparity repräsentiert einen binären Parameter, welcher aus der Summenbalance der Einsen und Nullen des Sub-Blocks (die ersten sechs Bits und die letzten vier Bits) eines Übertragungscharakters besteht. Auf der Überträger- und Empfängerseite wird der RD-Wert jeweils unabhängig von einander aus den Übertragungs-Charakters errechnet. Wird beim Empfang eines Characters in Abhängigkeit von dem RD-Wert des voran gegangenen Bitstroms, ein entgegengesetzter RD-Wert festgestellt, so erkennt der Empfänger einen Übertragungsfehler. Ein Übertragungswort besteht immer aus vier aufeinander folgenden Übertragungs-Charakters.

Fibre Channel Layer 2

Das Signalisierungsprotokoll der Schicht 2 des Fibre Channels (FC-2) legt die Transportmechanismen fest. Diese umfassen die Paketierungsregeln, die verschiedenen Mechanismen zur Kontrolle der drei Serviceklassen und das Management der Datenströme über die Schicht 2. Für den Transport der Daten über eine Verbindung wurden vom Standard folgende Funktionen definiert:

- Ordered Set
- Frame
- Sequence
- Exchange
- Protokoll

Ordered Set

Die Ordered Sets bestehen aus vier Byte langen Übertragungsworten und enthalten die zu übertragenden Daten und die speziellen Character. Mit Hilfe der Ordered Sets wird eine Bit- und Wort-Synchronisation erreicht. Ein Ordered Set beginnt immer mit der Übermittlung des Spezial-Characters K28.5. Im Signalisierungsprotokoll der Schicht 2 wurden eine Reihe unterschiedlicher Ordered Sets festgelegt. Die Frame Delimiter

(Start-of-Frame (SOF) und End-of-Frame (EOF)) werden zur Signalisierung des Beginns bzw. des Endes eines Pakets verwendet. Die beiden Primitive-Signale Idle und Receiver Ready (R_RDY) sind nach dem Standard als Ordered Sets mit besonderer Bedeutung zu betrachten. Mit Hilfe des Idles signalisiert ein FC-Port, dass er zum Empfang und zum Senden von Paketen über die jeweilige Verbindung bereit ist. Mit Hilfe des R_RDY-Signals wird angezeigt, dass der Interface-Puffer weitere Pakete empfangen kann. Die Sequenzen werden zur Signalisierung spezieller Verbindungszustände verwendet. Die Verbindungszustände werden von der Empfängerlogik des jeweiligen Ports festgestellt und anschließend kontinuierlich bis zu einer weiteren Änderung übermittelt. Wird von einem Port eine Sequenz empfangen, so wird diese entweder mit der korrespondierenden Sequenz oder einem Idle-Signal beantwortet. Eine Sequenz gilt vom Empfänger erst dann als erkannt, wenn mindestens drei aufeinanderfolgende Sequenzen des gleichen Ordered Sets erkannt wurden. Der Standard legt folgende Sequenzen fest:

‣ Offline (OLS)
‣ Not Operational (NOS)
‣ Link Reset (LR)
‣ Link Reset Response (LRR)

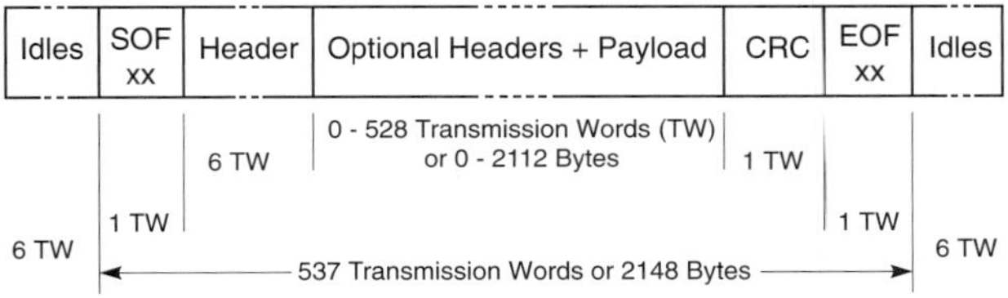

Abbildung 9.1: Paketstruktur

Frame

Über eine aktive Fibre Channel-Verbindung werden Pakete übertragen. Die Datenpakete werden beim Fibre Channel in Datenpakete und Link-Kontrollpakete unterschieden. Die Datenpakete unterscheiden sich in Link-Datenpakete und Device-Datenpakete. Die Link-Kontrollpakete unterscheiden sich in Acknowledge- (ACK) und Link Response- (Busy und Reject) Pakete. Die Fabric hat die Aufgabe, die jeweiligen vom Empfänger-Port entgegenzunehmen und sie an den Sende-Port weiterzuleiten. Die Schicht 2 des Fibre Channels hat die Aufgabe, die Daten in die jeweilige korrekte Paketgröße aufzuteilen bzw. mit Hilfe des Reassemblierungsmechanismus die kontinuierlichen Datenströme wieder herzustellen. Jedes Paket beginnt und endet mit einem Frame Delimiter. Auf den Start-of-Frame (SOF) Delimiter folgt sofort der Paket-Header. Mit Hilfe des Paket-Headers werden zusätzliche Kontrollinformationen und die jeweiligen Adressen übertragen (Abbildung 9.2). Im optionalen Parameter-Header-Feld können zwischen Sender und Empfänger weitere Link-Kontrollinformationen ausgetauscht werden. Das Payload-Feld (Maximal 2112 Byte lang) enthält die eigentlichen Informationen (Daten), die vom Sende-Port (N_Port) zum Ziel-Port (N_Port) übermittelt werden. Der vier Byte lange Cyclic Redundancy Check (CRC) folgt direkt auf das Payload-Feld. Mit Hilfe des CRC-Feldes werden möglicherweise bei der Übertragung aufgetretene Fehler ermittelt. Den Abschluss des Fibre Channel-Pakets bildet der End-of-Frame (EOF) Delimiter.

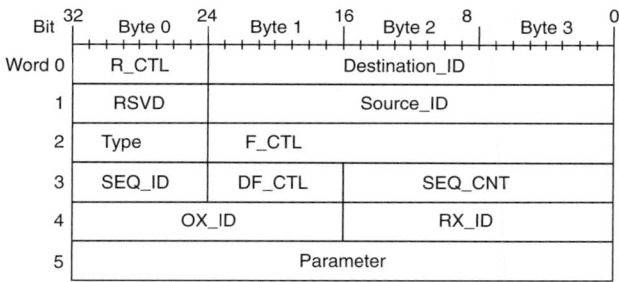

Abbildung 9.2: Fibre Channel Paket-Header

Sequence

Eine Sequenz besteht aus einem oder mehreren Paketen, die unidirektional von einem N_Port zu einem weiteren N_Port übertragen werden. Um die Zusammengehörigkeit von Sequenzen zu dokumentieren, wird für jedes Paket innerhalb einer Sequenz eine universelle Sequenznummer vergeben. Die Beseitigung von Fehlern im Netz wird in der Regel von einem höheren Protokoll mit Hilfe der Sequenzen ausgeführt.

Exchange

Ein Exchange besteht aus einem oder mehreren Paketen. Diese Sequenzen einer Operation müssen nicht zwangsläufig nacheinander übermittelt werden. Ein Exchange kann entweder unidirektional oder bidirektional zwischen zwei N_Ports ausgetauscht werden.

Protokoll

Mit Hilfe der Protokolle werden beim Fibre Channel die Informationen über das Medium übertragen. Dabei kann es sich um Informationen höherer Schichten bzw. um die Statusinformationen zum Management des Fibre Channels handeln.

Flow Control

Mit Hilfe der Flow Control-Mechanismen wird beim Fibre Channel auf der Schicht 2 der Datenfluss geregelt. Dadurch wird verhindert, dass die Pakete bei einer Überlastung eines Empfängers verloren gehen. Die jeweiligen Flow Control-Mechanismen hängen von der verwendeten Dienstklasse ab. Pakete der Klasse 1 werden für eine Ende-zu-Ende Flusskontrolle eingesetzt. Die Pakete der Klasse 2 bieten nur eine Puffer-zu-Puffer-Flusskontrolle. Die Pakete der Klasse 2 unterstützt sowohl eine Ende-zu-Ende- als auch eine Puffer-zu-Puffer-Flusskontrolle. Die Flusskontrolle wird immer zwischen einem Sequenzinitiator (Sender) und Sequenzempfänger gemanaged. Die an der Flusskontrolle beteiligten Ports verwenden dazu die Parameter Credit und Credit_CNT. Mit dem Parameter Credit wird die Anzahl der reservierten Puffer des Sende-Ports beschrieben. Der Parameter Credit_CNT beschreibt die Anzahl der Datenpakete, die vom Empfänger der Sequenz noch nicht bestätigt wurden. Mit Hilfe des Ende-zu-Ende-Flusskontrollprozesses wird der Datenfluss zwischen den N_Ports geregelt. Der Empfänger der Daten muss den Empfang von gültigen Datenpaketen mit Hilfe der Acknowledgment-Paketen (ACK) bestätigen. Verfügt der Empfänger über zu geringe Datenpuffer um weitere Pakete empfangen zu können, wird von diesem ein Busy-Signal generiert. Beim Empfang eines fehlerhaften Pakets wird ein Reject-Paket an den ursprünglichen Sender übermittelt. Der Sender ist für das Management der Übertragungskredite (EE_Credit_CNT) verantwortlich. Beim Login-Prozess von N_Ports wird der EE_Credit individuell ausgehandelt. Die Puffer-zu-Puffer-Flusskontrolle wird immer zwischen einem N_Port und einem F_Port bzw. zwischen N_Ports in Punkt-zu-Punkt-Topologien verwaltet. Jeder Port ist individuell für das Management des BB_Credit_CNT verantwortlich. Der BB_Credit wird während des Login Prozesses in der Fabric etabliert. Der Empfänger-Port der Datenpakete signalisiert durch das Aussenden von Receiver_Ready-Signalen, dass der jeweilige Port noch über freie Empfangspuffer verfügt.

Dienstklassen

Um eine effiziente Übertragung der unterschiedlichen Datentypen über eine FC-Verbindung zu garantieren, wurden vom Standard drei bzw. vier Dienstklassen definiert. Die jeweiligen Dienstklassen werden – abhängig von den verwendeten Applikationen bzw. von der Paketlänge der Übertragungsdauer - mit dem jeweiligen Fabric Login-Protokoll definiert.

Klasse 1

Als Klasse 1 wird der FC-Dienst bezeichnet, der eine dedizierte Verbindung zwischen Sender und Empfänger zur Verfügung stellt. Die Dienste der Klasse 1 garantieren ein Maximum an verfügbarer Bandweite zwischen zwei N_Ports. Die Fabric garantiert die korrekte Übertragung bzw. die Übermittlung der Pakete in der ursprünglichen Reihenfolge. Alle bei mit Dienstklasse 1 übermittelten Pakete werden vom Empfänger durch Acknowledgment-Paketen (ACK) bestätigt. Die Dienstklasse 1 garantiert, dass die Pakete in der gleichen Reihenfolge beim Empfänger abgeliefert werden, wie sie vom Sender übertragen wurden.

Klasse 2

Die FC-Dienstklasse 2 bietet nur einen verbindungslosen Datendienst. Über diese Verbindungen kann die verfügbare Bandweite zwischen mehreren Sendern mit Hilfe des Multiplexmechanismus geteilt werden. Die Fabric garantiert dabei nicht die korrekte Übertragung bzw. die Übermittlung der Pakete in der ursprünglichen Reihenfolge. Alle mit Dienstklasse 2 übermittelten Pakete werden vom Empfänger durch Acknowledgment-Paketen (ACK) bestätigt. Können die Pakete nicht empfangen bzw. vom Empfänger angenommen werden, sendet dieser ein Busy-Paket und informiert den Sender über die temporäre Überlast.

Klasse 3

Die Klasse 3 FC-Dienste entsprechen im wesentlichen den Klasse-2-Dienste. Einziger Unterschied dieser Dienste-Klasse ist die fehlende Empfangsbestätigung der Pakete. Der FC-Mechanismus wird auf Pufferebene realisiert. Diese Art des Datentransfers wird als Datagrammübertragung bezeichnet und bietet den schnellsten Datentransfer zwischen zwei FC-Komponenten. Daher wird dieser Mechanismus bei der Übertragung von zeitkritischen Daten (beispielsweise Real Time Broadcasts) verwendet.

Fibre Channel Layer 3

Mit Hilfe der Schicht 3 des Fibre Channels werden zusätzliche Dienste und Funktionen bereitgestellt:

Striping
Bezeichnet die Möglichkeit, bestimmte Informationen parallel zu mehreren N_Ports über mehrere Verbindungen gleichzeitig zu übertragen.

Hunt Groups
Beschreibt die Möglichkeit, unter einem Alias-Namen bzw. einer Alias-Adresse, mehrere physikalische Ports zusammenzufassen.

Multicast
Mit Multicast-Paketen werden einzelne Pakete an mehrere Zielports (Gruppe) gleichzeitig übertragen.

Fibre Channel Layer 4

Die Schicht 4 des Fibre Channels stellt die höchste Schicht der FC-Technologie dar. Über diese Schicht können die höheren Protokolle mit Hilfe eines standardisierten Interfaces über einen Fibre Channel übermittelt werden. Die Schicht 4 definiert die Regeln zur Anpassung der Protokolle

der höheren Schichten an die Protokolle des Fibre Channels. Die folgenden Protokolle wurden zur Übermittlung über die Fibre Channel Schicht
4 festgelegt:

- Small Computer System Interface (SCSI)
- Intelligent Peripheral Interface (IPI)
- High Performance Parallel Interface (HIPPI) Framing Protocol
- Internet Protocol (IP)
- ATM Adaptation Layer (AAL5)
- Link Encapsulation (FC-LE)
- Single Byte Command Code Set Mapping (SBCCS)
- IEEE 802.2

10 Packet Switching im WAN

Beim Packet Switching steht jedem Teilnehmer nur ein Recht auf Mitbenutzung der Ressourcen in den Vermittlungsstellen zu. Es handelt sich also um eine verbindungslose Kommunikation, bei der der Benutzer seine zu übertragende Nachricht in paketierter Form variabler Länge an das Netz abgibt, welches sie dann nach dem Store-and-Forward Prinzip zum gewünschten Endteilnehmer leitet. Hierbei findet keine Empfangsbestätigung durch die Zielstation statt. Jedes Datenpaket muss Angaben über seine Quelladresse, Zieladresse und Laufpfad enthalten, die bei der Zwischenspeicherung in den Vermittlungsknoten ausgewertet werden, um das Paket an die nächste Station weiterleiten zu können. Hierbei ist es möglich, dass die ursprüngliche Paketreihenfolge verändert wird. Durch den wesentlich geringeren Verwaltungsaufwand können erheblich höhere Durchsatzraten als bei der verbindungsorientierten Kommunikation erzielt werden. Vorteilhaft ist weiterhin das Wegfallen des Verbindungsaufbaus, mit Ausnahme der virtuellen Verbindungen im Rahmen des vereinbarten Übertragungsprotokolls, und die verbesserte Ausfallsicherheit und Lastverteilung durch die freie Wegwahl, die die Nutzung von Alternativrouten ermöglicht. Allerdings müssen in den Vermittlungsstellen die geeigneten Ressourcen zur Erbringung der Vermittlungsleistung vorhanden sein. Dazu gehören große Pufferspeicher zur Zwischenspeicherung der Pakete, sowie die nötige Verarbeitungsintelligenz, die zum Aufbau der virtuellen Verbindung notwendig ist. Aus der Verwendung unterschiedlicher Paketlängen resultiert jedoch eine unfaire Ressourcenzuteilung zugunsten längerer Pakete, so dass die Laufzeit einer losgeschickten Nachricht nur schwer kalkulierbar ist.

Es gibt zwei Alternativen für Dienstarten in einem paketvermittelnden Netzwerk:

▸ Datagrammdienste und
▸ virtuelle Verbindungen.

Beim Datagrammdienst bildet jedes Paket eine für sich geschlossene Einheit und wird allein übertragen.

Die virtuelle Verbindung (Virtual Circuit) bildet einen logischen Weg zwischen zwei Teilnehmern. Auf- und Abbau der virtuellen Verbindung, Wiederherstellung verlorengegangener Daten durch Aufforderung zur Wiederholungssendung. Eliminierung von Duplikaten, Einordnen von durcheinander gekommenen Paketen in die korrekte Reihenfolge, Datenflusssteuerung zur Vermeidung von Überlastungen von Empfängern und Überlastkontrolle zur Vermeidung einer globalen Netzüberlastung sowie Erkennung und Korrektur von Übertragungsfehlern liegen in der Verantwortung des Netzes. Auch in WAN-Netze hat sich die Paketübertragungstechnik mit den zwei alternativen Paketvermittlungstechniken durchgesetzt.

X.25

Der für die x.25-Paketvermittlungsnetze definierte Standard wurde ursprünglich von CCITT, der Vorgängerinstitution von ITU, normiert. CCITT-X.25 definiert genau genommen eine Schnittstelle zwischen einem paketvermittelnden Netz und einem Rechnersystem. Dieser X.25-Standard legt fest, nach welchen Regeln Kommunikationsbeziehungen zwischen zwei an dem Netz angeschlossenen Rechnern realisiert werden können. Der X.25-Standard legt dabei im engeren Sinne nur die Funktionen der Schicht 3 fest. Auf der Schicht 2 wird eine Variante des HDLC-Protokolls (LAPB genannt) genutzt und eine gesicherte Übertragung gewährleistet. Durch die Fehlerkontrollfunktionen des HDLC-Protokolls kommt somit eine erste Sicherungsstufe zur Wirkung. Der X.25-Packet Layer definiert einen verbindungsorientierten und einen verbindungslosen Paketvermittlungsdienst. Für den verbindungsorientierten Paketvermittlungsdienst legt der Standard fest, wie Verbindungen auf- und abgebaut wer-

den, wie diese Verbindungen gesteuert werden (Flusskontrolle, Fehlerkontrolle), welche Paketformate verwendet werden, welche
Diensteprimitive die Schicht bereitstellt usw. Durch die Fehlerkontrolle
auf dem X.25-Packet Layer erfolgt eine zweite Stufe der Ende-zu-Ende-
Fehlerkontrolle. Es werden zwei Arten von Verbindungen unterschieden:

▶ Wählverbindungen (SVC), die bei Bedarf auf- und abgebaut werden.
▶ Virtuelle Festverbindungen (PVC), die dauerhaft eingerichtet werden.

Über eine X.25-Schnittstelle können bis zu 4096 logische Verbindungen
geführt werden. Den verschiedenen Verbindungen werden logische Ver-
bindungskennzeichner zugeordnet, anhand derer die Verbindungszuge-
hörigkeit der Pakete auf einer Leitung ermittelt werden kann. Um den
Zugang zu einem X.25-Netz auch für andere Komponenten zu ermöglichen, wurde der X.25-Standard um weitere Spezifikationen ergänzt. Die
Ankopplung von zeichenorientierten Endsystemen an X.25-Netz sorgen
die CCITT-Standards X.3, X.28 und X.29. Die Kopplung zwischen einem
asynchronen Endgerät und dem X.25-Netz erfolgt mit Hilfe eines Pa-
cket-Assembler-Disassembler (PAD). Die Funktionen eines PAD werden
in X.3 festgelegt und umfassen die Umwandlung der zeichen-orientier-
ten Informationen des Endsystems in die X.25-Pakete des Netzwerks und
umgekehrt. Außerdem baut der PAD die Verbindungen zur X.25-Daten-
endeinrichtung (oder einem anderen PAD) auf und ab. Die Kommunikation zwischen asynchroner Datenendeinrichtung und PAD wird in X.28,
die Kommunikation zwischen synchroner Datenendeinrichtung und PAD
in X.29 definiert.

LAPB-Protokoll

LAPB arbeitet als Layer 2 Protokoll und dient als Grundlage zur Vermittlung der X.25-Pakete. Ein LAPB-Paket hat folgenden Aufbau:

Flag	Adressfeld	Control Feld	Information	FCS	Flag

Abbildung 10.1: LAPB Paketstruktur

Flag

Das Flag-Feld dient der Synchronisation und ist immer auf den Wert 01111110 gesetzt. Bei mehreren, aufeinander folgenden LAPB-Frames bildet das hintere Flag-Feld des vorangehenden Frames zugleich das vordere Flag-Feld des nachfolgenden Frames.

Adressfeld

Das Adressfeld ist 8 Bit lang und dient der Stationskennung für DTE und DCE. Da LAPB nur auf Punkt-zu-Punkt-Verbindungen arbeitet, gibt es lediglich zwei mögliche Adresswerte:

01   DTE zu DCE
03   DCE zu DTE

Control-Feld

Das Kontrollfeld dient zur eindeutigen Identifizierung des Pakets. Darüber hinaus werden im Kontrollfeld die Sequenznummern, Kontrollfunktionen und Fehlerprozeduren signalisiert.

Pakettypen

Die folgenden Supervisory Pakettypen werden von LAPB unterstützt:

‣ RR   Bestätigung eines Informationspaket und Aufforderung zum Senden weiterer Pakete.
‣ REJ   Anforderungen zur Übermittlung aller Pakete, die auf die betreffende Sequenznummer folgen.
‣ RNR   Signalisierung, dass die Station temporär überlastet ist (beispielsweise Window voll).

Die folgenden Unnumbered Pakettypen werden von LAPB unterstützt:

‣ DISC   Aufforderung zum Verbindungsabbau.
‣ UA   Bestätigung eines Pakets.
‣ DM   Als Reaktion auf DISC signalisiert der Empfänger den Disconnect Modus.
‣ FRMR   Abweisen eines Pakets.
‣ SABM   Initialiserng des Asynchronous Balanced Modus.
‣ SABME   SABM im erweiterten Modus.

Information

Enthält die eigentlichen Nutzdaten.

FCS

Die Frame Check Sequence (FCS) enthält eine Prüfsumme, die sich über folgende Felder erstreckt: Address, Control, Information (Data).

Flag

Das Flag-Feld dient der Synchronisation und ist immer auf den Wert 01111110 gesetzt. Bei mehreren, aufeinander folgenden LAPB-Frames bildet das hintere Flag-Feld des vorangehenden Frames zugleich das vordere Flag-Feld des nachfolgenden Frames.

X.25 Datenformat

X.25 arbeitet in verschiedenen Varianten, die zwar den selben 3-Byte-Header verwenden, aber die ersten 4 sowie die letzten 8 Bits unterschiedlich nutzen. Hier dargestellt sind der allgemeine Paket-Aufau (erstens) sowie der Aufbau des X.25-Daten-Paketes (zweitens).

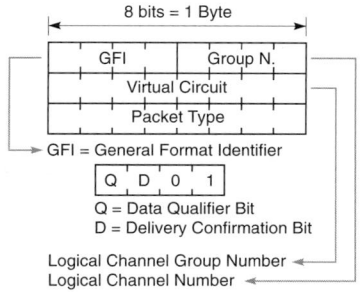

Abbildung 10.2: Allgemeiner Aufbau eines X.25 Pakets

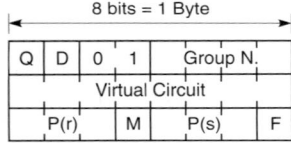

Q   = Data Qualifier Bit
D   = Delivery Confirmation Bit
P(r) = Packet Receive Sequence Number
P(s) = Packet Send Sequence Number
M   = More Data Bit
F   = Final Bit

Abbildung 10.3: X.25 Paketstruktur

General Format Identifier (GFI)

Der General Format Identifier definiert die Struktur des Paket-Headers.

Data Qualifier Bit (Q)

Das Data Qualifier Bit dient der Unterscheidung von Benutzerdaten einerseits und Steuerdaten höherer Schichten andererseits.

Delivery Confirmation Bit (D)

Das Delivery Confirmation Bit weist den Empfänger an, das Paket dem Sender gegenüber zu quittieren (Ende-zu-Ende). Ist dieses Bit auf Null gesetzt, kann die Bestätigung durch das DCE erfolgen.

Sequence Scheme (s)

Die packet send/receive sequence number von X.25 folgt dem Schema der Sequence Number von HDLC: Modulo 128 (mit 7 Bit), wenn diese beiden letzten GFI-Bits auf den Wert 10 gesetzt sind, Modulo 8 (mit 3 Bit), wenn die letzten beiden GFI-Bits auf den Wert 01 gesetzt sind.

GFI Bit 3/4 = 01	Modulo 8	3 Bit Sequenznummer
GFI Bit 3/4 = 10	Modulo 128	7 Bit Sequenznummer

Logical Channel Group Number (LGN)

Die 4 Bit lange Logical Channel Group Number definiert zusammen mit der Logical Channel Number (LCN) die aktuelle Kanalnummer. Logische X.25-Kanäle können zu Gruppen zusammengefasst werden. Bis zu 4.096 logische Kanäle können über die bis zu 16 Gruppen gesendet werden.

Logical channel number (LCN)

X.25-Verbindungen werden als Kanäle bezeichnet und erhalten jeweils eine Kanal-Kennung (virtual circuit). Bis zu 4.096 logische Kanäle können über die bis zu 16 Gruppen gesendet werden.

Packet Type

Das Pakettyp-Feld definiert die Art der Pakete. Folgende Pakettypen wurden festgelegt:

- CALL ACC   Call Accept
- CALL REQ   Call Request
- CLR CNF   Clear Confirmation
- CLR REQ   Clear Request
- DATA   Data Packet
- DIAG   Diagnostic
- INT CNF   Interrupt Confirmation
- INT REQ   Interrupt Request
- REJ   Reject
- RES CNF   Reset Confirmation
- RES REQ   Reset Request
- RNR   Receive Not Ready
- RR   Receive Ready
- RSTR CNF   Restart Confirmation
- RSTR REQ   Restart Request
- REG REQ   Registration Request
- REG CNF   Registration Confirmation

Packet Receive Sequence Number (P(R))
Die Packet Receive Sequence Number enthält den Sequenzzähler des Empfängers

Packet Send Sequence Number (P(S))
Die Packet Send Sequence Number enthält den Sequenzzähler des Senders

M
Das M-Bit wird gesetzt, wenn das aktuelle Paket nicht das letzte der laufenden Übertragung ist. Das setzt voraus, dass das Datenfeld vollständig gefüllt ist. Folgende M-Bit Werte sind festgelegt:

0	keine weiteren Daten folgen
1	weitere Daten folgen

X.75

Das X.75 Protokoll regelt als Signalisierungsmechanismus das Zusammenspiel unterschiedlicher X.25-Netze im internationalen Bereich. Auf der Schicht 2 nutzt das X.75-Protokoll die LAPB-Mechanismen. Auf der Schicht 3 entspricht X.75 bis auf eine Ausnahme dem X.25-Protokoll. X.25 stellt ein variabel langes Feld für die Facilities zur Verfügung, während X.75 ein zusätzliches Feld zur Kennzeichnung der Network Utilities gefolgt von den Facilities nutzt.

Multilink Procedure (MLP)

Die Multilink Procedure (MLP) wird als Zusatzfunktion auf dem Data Link Layer (LAPB) bereitgestellt. Diese Zusatzschicht arbeitet quasi als Multiplexer/Demultiplexer zwischen dem Paket-Layer und mehreren Data Link Protokollmechanismen. Wird die MLP-Funktion genutzt, so wird die MLP-Information in einem LAPB-Paket immer vor dem LAPB Informationsfeld eingefügt.

0	1	2	3	4	5	6	7	8	9	10	11	12	13	14	15
MNH(S)				V	S	R	C				MNL(S)				

Abbildung 10.4: MLC Paketstruktur

MNH(S)
Enthält Bit 9 bis12 der übermittelten Multilink Sequenznummer.

V
Ungültiges Sequenz-Bit.

S
Sequenz-Prüfbit.

R
MLP Reset Request Bit.

C
MLP Reset Confirmation Bit.

MNL(S)
Enthält Bit 1 bis 8 der übermittelten Multilink Sequenznummer.

Das High Level Data Link Control (HDLC) Protokoll

Das High Level Data Link Control (HDLC) Protokoll wurde von der ISO standardisiert und ähnelt im Aufbau stark dem SDLC-Protokoll von IBM. HDLC arbeitet mit dem Austausch von I-Frames, S-Frames und U-Frames zwischen zwei Stationen. Dabei wird zwischen folgenden Phasen unterschieden: Verbindungsaufbau mit Aushandeln der Verbindungsparameter, Datenaustausch inklusive Datenfluss- und Fehlerkontrolle, Verbindungsabbau.

Verbindungsaufbau

Eine HDLC-Verbindung wird durch Verwendung folgender Befehle aufgebaut:

SNRM / SNRME   (Set normal response / extended mode)

Dieser Befehl wird bei Leitungen mit Mehrfachanschlüssen (Multidrop Lines) verwendet. Eine Station wird als Primär-Station eingerichtet, Sekundär-Stationen können nur Daten übertragen, wenn sie aufgefordert bzw. abgefragt werden (Polling). Es werden Sequenz-Nummern mit 7 Bits Länge verwendet.

SARM / SARME (Set asynchronous response / extended mode).

‣ Dieser Befehl wird bei Leitungen mit Mehrfachanschlüssen (Multidrop Lines) verwendet, bei denen der Verbindungsaufbau durch die Sekundär-Stationen erfolgt.

SABM / SABME (Set asynchronous balanced / extended mode).

‣ Dieser Befehl wird bei Punt-zu-Punkt-Verbindungen verwendet. Jede Seite kann den Verbindungsaufbau einleiten.

SIM (Set initialization mode)

‣ Dieser Befehl initialisiert die Link-spezifischen Kontrollfunktionen in der adressierten Station. Während der Initialisierung wird die Verwendung von Sequenznummern von entweder 3 oder 7 Bits Länge festgelegt.

Datenübertragung

Nach der Initialisierung gilt die logische Verbindung als eingerichtet. Beide Seiten sind in der Lage, ihre Daten auf Basis der I-Frames zu übermitteln.

N(s) <> N(r)

Die Flusskontrolle und Fehlerkontrolle werden anhand der Felder Send Sequence Number: N(s) und Receive Sequence Number: N(r) vorgenommen). Jede sendende Station nummeriert ihre Frames in aufsteigender Reihenfolge in einem Zahlenbereich von 0 bis 7 (Modulo 8 : 3-Bit Sequenznummer) oder 0 bis 127 (Modulo 128: 7-Bit Sequenznummer) innerhalb des Feldes N(s). Nach dem Empfang eines gültigen I-Frame wird dessen Erhalt mit im nächsten von dieser Station übermittelten I-Frame bestätigt. Dazu wird die empfangene N(s)-Nummer um 1 erhöht und als N(r) zurück gesendet. Dieser Mechanismus wird als Piggibacked Acknowledgment bezeichnet, da die Bestätigung nicht in einem eigenen Bestätigungs-Frame, sondern in einem normalen Datenpaket gesendet wird. Die Sequenznummern ermöglicht folgende drei Funktionen:

Flusskontrolle

Stationen dürfen ohne zwischenzeitige Bestätigung nur bis zu 7 Frames (3-Bit lange Sequenznummer) oder bis zu 127 Frames (7-Bit lange Sequenznummer) senden. Danach müssen die inzwischen gesendeten Frame bestätigt werden. Dadurch wird die Sendeleistung und somit die Kommunikationsgeschwindigkeit an die Möglichkeiten des Empfängers angepasst.

Pipelining

Mehrere Pakete können gleichzeitig auf einer Verbindung unterwegs sein. Dies erlaubt eine wirtschaftliche Nutzung von Leitungen mit langer Signallaufzeit.

Fehlerkontrolle

Wurde einer der empfangenen Pakete als fehlerhaft erkannt, kann eine negative Bestätigung (negative Acknowledgment) via Supervisory Frame (S-Frame) gesendet werden. Dies geschieht wie folgt: Go-back-N(n) = Gehe zurück bis Sequenz N(n). Der Absender sendet neben dem fehlerhaften Pakete auch alle anderen Pakete, die nach dem fehlerhaften Paket übermittelt wurden. Beim Selective-Repeat-Verfahren wird nur das fehlerhafte Frame wiederholt.

Supervisory Frames

Beim HDLC-Protokoll werden bei der Datenübermittlung vier verschiedene Typen von S-Frames genutzt:

Receive-Ready (RR)

Der Receive-Ready (RR) bestätigt den Empfang eines I-Frames und bestätigt die Daten durch die Kennzeichnung des als nächstes erwarteten Pakets. RR wird genutzt, wenn keine Daten zur Übertragung in der Rückrichtung anstehen.

Receive-not-ready (RNR)

Receive-not-ready (RNR) bestätigt I-Frames. Gleichzeitig wird der Kommunikationspartner aufgefordert die Übermittlung von I-Frames temporär auszusetzen. Erst nach dem Aussenden eines RR-Pakets ist die Station für den Empfang weiterer Pakete aufnahmebereit.

Reject (REJ)

Reject (REJ) zeigt an, dass ein empfangener I-Frame verworfen wurde und dass eine Sendewiederholung aller I-Frames ab der angegebenen Nummer N(r) verlangt wird.

Selective reject (SREJ)

Der Selective Reject (SREJ) verlangt die Wiederholung eines einzigen Pakets.

Verbindungsabbau

Jedes HDLC-Modul kann den Verbindungsabbau in die Wege leiten, entweder in eigener Initiative (wenn ein Fehler vorliegt) oder auf Veranlassung des höheren Protokolls. HDLC sendet hierzu DISC (disconnect) Frames. Die Gegenstelle muss den Empfang des DISC-Frames mit einem Unnumbered Acknowledgment (UA) Frame bestätigen.

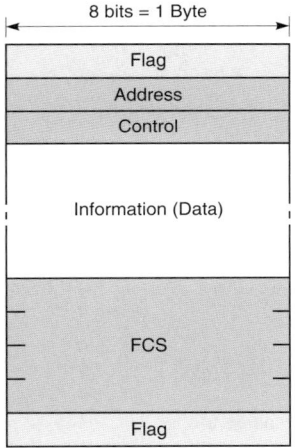

Abbildung 10.5: HDLC Paketstruktur

Flag

Das Flag-Feld dient der Synchronisation und ist immer auf den Wert 01111110 gesetzt. Bei mehreren, aufeinander folgenden HDLC-Frames bildet das hintere Flag-Feld des vorangehenden Frames zugleich das vordere Flag-Feld des nachfolgenden Frames.

Address field

Das 8 Bit lange Adressfeld kann auf einer Multipoint Line bis zu 256 Geräte unterstützen. Das Adressfeld definiert die Adresse der jeweiligen Secondary-Station.

Control field

Das Kontrollfeld dient zur eindeutigen Identifizierung des Pakets. Darüber hinaus werden im Kontrollfeld die Sequenznummern, Kontrollfunktionen und Fehlerprozeduren signalisiert.

Packet Type

Das Pakettyp-Feld definiert die Art der Pakete. Folgende Pakettypen wurden festgelegt:

Supervisory Pakettypen:

‣ RR   Receive Ready
‣ REJ   Reject
‣ RNR   Receive Not Ready
‣ SREJ   Request for Retransmission

Unnumbered Pakettypen:

‣ DISC   Request Disconnection
‣ UA   Acknowledgement
‣ DM   Response to DISC
‣ FRMR   Frame Reject
‣ SABM   Initiator for Asynchronous Balanced Mode
‣ SABME SABM in Extended Mode
‣ SARM   Initiator for Asynchronous Response Mode
‣ SARME SAMR in extended mode
‣ REST   Reset Sequence Numbers
‣ CMDR   Command Reject
‣ SNRM   Initiator for normal response mode
‣ SNRME SNRM in Extended Mode
‣ RD   Request disconnect
‣ RIM   Rrequest for initialization after DC
‣ SIM   Set Initialization Mode
‣ UP   Unnumbered Poll
‣ UI   Unnumbered information
‣ XID   Identification Exchange Command
‣ Information Pakettyp:
‣ Info   Information Frame

Information
Enthält die eigentlichen Nutzdaten.

FCS
Die Frame Check Sequence (FCS) enthält eine Prüfsumme, die sich über folgende Felder erstreckt: Address, Control, Information (Data).

Flag
Das Flag-Feld dient der Synchronisation und ist immer auf den Wert 01111110 gesetzt. Bei mehreren, aufeinander folgenden LAPB-Frames bildet das hintere Flag-Feld des vorangehenden Frames zugleich das vordere Flag-Feld des nachfolgenden Frames.

Frame Relay

Frame Relay bietet die Vorteile eines Paketvermittlungsnetzes, wie vermaschte ausfallsichere Netzstruktur und gemeinsame Nutzung der Bandbreite, und stellt gleichzeitig hohe Geschwindigkeiten bereit, ein Merkmal, das im Weitverkehrsbereich bisher nur über Festverbindungen zu erhalten war. Damit überwindet Frame Relay die Unzulänglichkeiten des traditionellen WAN-Angebots und empfiehlt sich vor allem für LAN-Anwender, die für Datenübertragungen zwischen ihren Standorten hohe Bandbreiten benötigen, diese aber nicht kontinuierlich ausnutzen.

Die Frame Relay-Technologie nutzt das Prinzip der virtueller Verbindungen (VC) auf. Diese VCs sind virtuelle Datenverbindungen zwischen zwei Ports, die als Ersatz für Standleitungen über ein Netz aufgebaut werden. Im Bereich des Frame Relays werden zwei Arten von Verbindungen eingesetzt: Wählverbindungen (SVC) und dauernd bereitgestellte Verbindungen (PVC).

Einsatzbereiche von PVC

Die Einrichtung von PVCs erfolgt durch den jeweiligen Netzbetreiber. PVCs werden dabei als Verbindung zwischen zwei Standorten oder Endpunkten definiert. Besteht Bedarf zur Anbindung neuer Standorte, zusätzlicher Bandbreite müssen weitere Verbindungen zwischen den bestehenden Ports in Form neuer PVCs aufgebaut werden. Bei PVCs handelt es sich um feste Wege, die nicht nach Bedarf bereitgestellt werden können. Obwohl der tatsächlich durch das Netz genutzte Weg zeitweise abweichen kann, wenn beispielsweise automatisches Rerouting erfolgt, bleiben Anfang und Ende der PVC-Verbindung unverändert. PVCs gelten somit als dedizierte Punkt-zu-Punkt-Verbindungen. Sie werden als kostengünstige Alternative zu Mietleitungen genutzt. Die Einrichtung von PVCs erfordert eine gründliche Planung sowie umfassende Kenntnisse über unterschiedliche Verkehrsmuster.

Einsatzbereiche von SVC

Wählverbindungen stehen dagegen auf Call-by-Call-Basis zur Verfügung. Der Aufbau einer solchen Verbindung erfolgt mit Hilfe des SVC-Signalisierungsprotokolls (Q.933). Die Implementierung von SVCs in einem Netz stellt sich im Vergleich zu den PVCs als etwas komplexer dar, ermöglicht dem Endbenutzer allerdings vollständige Transparenz. Zunächst muss das Netz basierend auf den Anfragen einer Vielzahl von Benutzern dynamisch Verbindungen aufbauen. Der Verbindungsaufbau muss schnell realisiert werden und eine Zuweisung der Bandbreite entsprechend den Anforderungen des Benutzers erfolgen. Zudem hat das Netz die Aufgabe, alle Verbindungen zu protokollieren und entsprechend den in Anspruch genommenen Diensten abzurechnen.

Bei Frame Relay wurde eine Optimierung des Paketvermittlungsprinzips auf Basis intelligenter Endgeräte und fehlerfreier Verbindungswege vorgenommen, indem Sicherungs- und Flussmechanismen abgespeckt wurden. Frame Relay unterstützt permanent virtuelle Verbindungen (PVC). Im Gegensatz zu X.25, bei dem logische Kanalgruppennummern und logische Kanalnummern Bestandteil der Schicht 3 sind, erfolgt bei Frame Relay die Kanalbildung auf der Schicht 2. Jede virtuelle Verbindung erhält am Frame Relay Interface einen Data Link Connection Identifier (DLCI). Über eine physikalische Verbindung können so mehrere virtuelle Verbindungen (logische Kanäle) realisiert werden. Bei Frame Relay unterscheidet man zwischen maximaler physikalischer Übertragungsrate (Access Rate, AR) und Committed Information Rate (CIR). Der CIR-Wert bestimmt die durch den Netzanbieter garantierte Bandbreite des Anschlusses pro PVC. Zusätzlich steht einem Frame Relay Anschluss die restliche Bandbreite (Excess Burstsize), solange die Kapazität des Frame Relay- Netzes dies zulässt, zur Verfügung. Bei Frame-Relay werden unter anderem die Mechanismen zur partiellen Fehlerkorrektur vereinfacht, da inzwischen die Leitungswege eine geringere Bitfehlerrate und höhere Verfügbarkeit besitzen. Zudem werden Fehlerschutzmaßnahmen und Sequenzkontrolle auf höheren Protokollebenen sowieso durchgeführt. Durch das einfachere Protokoll werden Hard- und Softwareaufwand in den Netzknoten reduziert. Während das X.25-Netz bis zur Schicht 3 hinauf definiert ist, umfasst der Standard von Frame-Relay nur noch die Schichten 1 und 2. Im Gegensatz zu X.25 oder auch ATM sind für die Übertragung von Frame Relay keine physikalischen Schnittstellen festgelegt. Frame Relay ist lediglich ein Softwareprotokoll; und auch viele X.25 Knoten sind in der Lage, Frame Relay zu übertragen. Neben den bekannten Interfaces X.21 und V.24 kommen auch Anschlüsse aus der PDH-Welt zum Einsatz. Für Europa sind dies E1- und E3-Anschlüsse. Das Frame Relay Forum hat im Standard FRF.1 einige Schnittstellen aufgeführt:

X.21 / X.27

V.24 / V.35

HSSI (bis 52MBit/s)

E1 (2024kBit/s)

E3 (34,368MBit/s)

DS1 (1,544 Mbit/s)

DS3 (44,736 Mbit/s)

Logische Verbindungen im Frame Relay

Bei Frame Relay erfolgt die Bildung der logischen Kanäle auf der Ebene 2. Mit den zehn Bits der DLCI (Data Link Connection Identifier) lassen sich bis zu 1024 logische Verbindungen an einem physikalischen Interface definieren, die jedoch nicht alle zur Datenübertragung genutzt werden können.

Das Lastverhalten eines Frame Relay Netzes unterteilt sich in folgende drei Phasen:

Phase1:
In dieser Phase gibt es zwischen der an das Netz abgegebenen Datenmenge und dem Durchsatz einen linearen Zusammenhang, das Netz hat keine Probleme die Daten zu übertragen.

Phase2:
Wenn die Applikationen der Endgeräte mehr Daten übertragen wollen, als die Bandbreite des Netzes zulässt, füllen sich die Pufferspeicher der Knoten. Wenn diese voll sind, müssen die weiteren Frames, die nicht gespeichert werden können verworfen werden.

Phase 3:
Bei weiter steigender Datenmenge wird ein Punkt erreicht, an dem die effektiv übertragene Datenmenge sinkt. Dieser Zustand wird dadurch verschärft, dass die Endgeräte verlorengegangene Daten nachfordern und das Netz noch stärker belasten. Das Erreichen dieser Phase muss unbedingt verhindert werden.

Die jeweiligen Lastsituationen werden durch die Bits FECN, BECN und DE im Frame Relay Header gesteuert. Wartezeiten in einem Frame Relay Knoten, die durch ein hohes Verkehrsaufkommen entstehen, werden für jede logischen Verbindung erkannt. Auf den betroffenen Verbindungen wird im Header das FECN Bit gesetzt und dem Empfänger signalisiert, dass im Netz eine bestimmte Lastsituation eingetreten ist. Gleichzeitig wird der Verursacher des Stauproblems über die Lastsituation informiert und aufgefordert, das Verkehrsaufkommen zu verringern. Hierzu wird auf allen Frames in Rückrichtung das BECN Bit gesetzt. Die beiden Indikatoren FECN und BECN sind wichtige Hilfsmittel, um den Datenverkehr im Netz zu steuern.

Commited Information Rate (CIR)

Der wohl wichtigste Vorteil von Frame Relay gegenüber den klassischen Übertragungsverfahren im Datenbereich ist die flexible Gestaltung der Bandbreite. Dem Endgerät kann auf jeder DLCI eine bestimmte Bandbreite garantiert werden. Die CIR wird in kBit/s angegeben, und spezifiziert die Übertragungsrate, die den Applikationen, die auf dieser logischen Verbindung Daten senden, zugestanden wird. Die Committed Burst Size (Bc) legt die Datenmenge in kBit fest, die während des Zeitintervalls T vom Netz garantiert übertragen wird. Das Messintervall T wird berechnet aus T = Bc / CIR. Mit der Excess Burst Size (Be) wird die maximal erlaubte Überschreitung von Bc während des Zeitintervalls T festgelegt. Das Netzwerk wird versuchen, diesen Datenüberschuss zu übertragen, wobei der Anwender darauf keine Garantie erhält. Wenn es zu Problemen kommt, werden diejenigen Frames, die in Überschreitung von Be bis zu einem Maximum von Bc + Be während des Zeitintervalls T gesendet werden, mit dem gesetzten DE-Bit markiert. Somit werden sie in Überlastsituationen als erste vom Netz verworfen. Alle Frames, die über diese Grenze (Bc + Be) hinaus während des Zeitintervalls T an das Netz übertragen werden, verwirft der Netzknoten sofort lokal.

Theoretisch dürfte die Gesamtsumme der CIR's aller DLCIs die Bandbreite der Anschlussleitungen nicht übersteigen. Typische Datenanwendungen erzeugen jedoch keinen permanent hohen Datenverkehr, so dass die nicht genutzte Bandbreite von anderen logischen Verbindungen genutzt werden kann.

Die Frame Relay Protokolle

Als HDLC ähnliches Protokoll nutzt auch Frame Relay bestimmte Bitmuster für die Abgrenzung der Pakete gegeneinander. Diese Bitmuster werden als Flags bezeichnet und werden durch den hexadezimalen Wert 7E symbolisiert. Der Frame Relay Header (Adressfeld) und das Informationsfeld werden durch die 16Bit lange Frame Check Sequence überwacht.

Das Adressfeld stellt den wichtigste Teil des Pakets dar. Der 10 Bit lange DLCI identifiziert den logischen Kanal, auf dem die Daten des Informationsfeldes übertragen werden. Das Command/Response Bit ist für die Unterscheidung zwischen Kommando und Antwort-Frames vorgesehen, wird jedoch von den FR-Knoten weder geändert noch interpretiert. Es ist ein Überbleibsel aus dem Rahmenaufbau von ISDN, an dem sich Frame Relay orientiert.

Die beiden Bits FECN und BECN werden für die explizite Überlastmitteilung sowohl in Übertragungsrichtung (Explicit Forward Congestion Notification, FECN) als auch in entgegengesetzter Richtung benutzt (Backward Explicit Congestion Notification, BECN) Indem diese Bits auf den Wert 1 gesetzt werden, kann das Netz die Endgeräte einer Duplexverbindung von der Überlastsituation informieren. Der Discard Eligibility Indicator wird von Endgeräten oder Netzwerkknoten gesetzt, um alle Netzknoten auf der Route des Frames davon zu informieren, dass dieser Frame bei Problemen vorrangig verworfen werden darf.

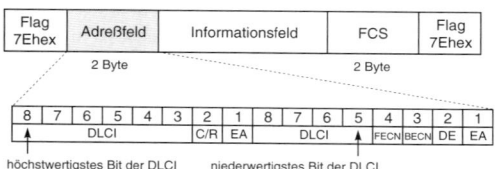

Abbildung 10.6: Frame Relay Paketstruktur

Der Frame Relay-Header beinhaltet eine 10-Bit-Nummer, den sogenannten Data Link Connection Identifier (DLCI). Bei DLCI handelt es sich
um eine virtuelle Verbindungsnummer (mit lokaler Relevanz) in Frame
Relay, die auf ein bestimmtes Ziel hinweist. (Bei LAN-WAN-Vernetzung
bezeichnet DLCI den Port, mit dem das Ziel-LAN verknüpft ist.) Wie in
Bild 5 dargestellt, werden die Frames mit Hilfe von Routingtabellen an
jedem beteiligten Frame Relay-Switch über die private oder öffentliche
Frame Relay-Strecke an das entsprechende Ziel durchgeschaltet. Anmer-
kung: In den vorliegenden Bildern, die die Frame Relay-Netze illustrieren
sollen, werden die Benutzergeräte häufig als LAN-Router dargestellt, da
es sich hierbei um eine häufige Frame Relay-Applikation handelt. Es
könnten allerdings ebenfalls LAN-Bridges, Hosts, Front-end-Prozesso-
ren, FRADs oder ein beliebiges anderes Gerät mit Frame Relay-Schnitt-
stelle verwendet werden.

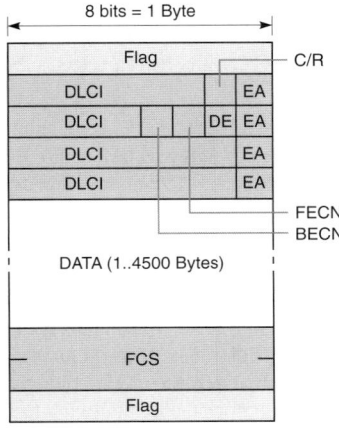

Abbildung 10.7: Frame Relay Header

Flag

Kennzeichnet den Anfang eines FrameRelay-Pakets.

DLCI

Das 10 Bit lange DLCI-Feld dient der Kennzeichnung des virtuellen Frame-Relay-Kanals. Der DLCI kennzeichnet jeweils die Teilstreckenverbindung zwischen Frame-Relay-Knoten. Die Mindestlänge des Frame-Relay-Headers beträgt 2 Bytes; daher beträgt die Mindestlänge des DLCIs 10 Bits. Da der Header um wahlweise 1 oder 2 Bytes erweitert werden kann, kann die DLCI-Länge 10, 17 oder 24 Bits betragen. Welche Header-Länge vorliegt, wird durch die EA-Bits gekennzeichnet: Ist ein EA-Bit auf den Wert 1 gesetzt, kennzeichnet es das Ende des Frame-Relay-Headers.

C/R

Dient der Kennzeichnung der Kommunikationsrichtung. Laufen Pakete vom ursprünglichen Initiator der Verbindung zum Empfänger, bedeutet C/R=0 Command; antwortet der Empfänger, bedeutet C/R=1 Response. Das C/R-Bit ist notwendig, um die BECN/FECN-Bits richtig setzen bzw. deuten zu können.

EA

Das Extended Address Feld zeigt die Länge des Adressfeldes an. EA = 0 zeigt an, dass ein weiteres Adress-Byte folgt. EA = 1 zeigt das Ende des Adressfeldes an.

BECN

Die Backward Explicit Congestion Notification dient der Warnung vor Staus in der Rückwärtsrichtung. Gerät ein Frame-Relay-Knoten in eine Überlastsituation, übergibt der jeweilige Knoten in Abhängigkeit der Kommunikationsrichtung (C/R-Bit) eine FECN oder BECN Stau-Warnung. Die Zugangsknoten werden dadurch angewiesen, keine Überlast mehr ins Netz zu lassen. Dadurch dürfen nur noch der Committed Information Rate (CIR) entsprechend Daten auf das Frame Relay-Netz übermittelt werden. Erst nach dem Ende der Stau-Warnung (FECN=0,

BECN=0) darf wieder Überlast ins Netz gesendet werden. Das Abblocken von Überlast geschieht durch einen Flowcontrol-Mechanismus zwischen Sender und Zugangsknoten. Da zwischen beiden Knoten verbindungsorientiert gearbeitet wird, hält der Zugangsknoten bei Erreichen der CIR (erlaubter Datendurchsatzrate pro Sekunde) einfach die Empfangsquittung dem Sender gegenüber so lange zurück, bis die Sekunde vorbei ist.

FECN

Die Forward Explicit Congestion Notification dient der Warnung vor Staus in der Vorwärtsrichtung. Gerät ein Frame-Relay-Knoten in eine Überlastsituation, übergibt der jeweilige Knoten in Abhängigkeit der Kommunikationsrichtung (C/R-Bit) eine FECN oder BECN Stau-Warnung. Die Zugangsknoten werden dadurch angewiesen, keine Überlast mehr ins Netz zu lassen. Gadurch dürfen nur noch der Committed Information Rate (CIR) entsprechend Daten auf das Frame Relay-Netz übermittelt werden. Erst nach dem Ende der Stau-Warnung (FECN=0, BECN=0) darf wieder Überlast ins Netz gesendet werden. Das Abblocken von Überlast geschieht durch einen Flowcontrol-Mechanismus zwischen Sender und Zugangsknoten. Da zwischen beiden Knoten verbindungsorientiert gearbeitet wird, hält der Zugangsknoten bei Erreichen der CIR (erlaubter Datendurchsatzrate pro Sekunde) einfach die Empfangsquittung dem Sender gegenüber so lange zurück, bis die Sekunde vorbei ist.

DE

Das Discard Eligibility-Bit wird von den Frame-Relay-Zugangsknoten gesetzt. Es kennzeichnet Pakete, die die erlaubte (zugesagte) Bitrate (Committed Information Rate, CIR) einer logischen Verbindung übersteigen. Gerät ein Frame-Relay-Knoten unter Überlast, wird er die Pakete verwerfen, die mit DE = 1 gekennzeichnet sind.

Information

Das Information-Feld enthält maximal 4500 Byte Nutzlast. Nur beim Verbindungsaufbau und Verbindungsabbau wird beim Frame Relay das zusätzliche Steuerungsprotokoll LMI im Informationsteil des Headers übermittelt.

Local Management Interface (LMI)

Das LMI belegt die ersten vier Bytes des Datenteils von Frame Relay. Die Bytes werden wie folgt genutzt:

Byte 1   Unnumbered Information Indicator (UII)

Byte 2   Protocol Discriminator

Byte 2   Call Reference

Byte 3   Message Type

Unnumbered Information Indicator (UII)

Dieses Feld ist wie die Unnumbered Information des LAPB-Protokolls aufgebaut. Das P/F-Bit ist dabei auf den Wert = 0 gesetzt.

Protocol Discriminator

Der Protocol Discriminator zeigt das zu übermittelnde höhere Protokoll an.

Call Reference

Das Call Reference Byte wird bei Festverbindungen (PVCs) auf den Wert = 00000000 gesetzt und nicht genutzt.

Message Type

Hier werden die verschiedenen LMI-Nachrichtentypen gekennzeichnet. LMI unterstützt folgende Nachrichten:

status enquiry message

‣ Abfrage des Status des Netzwerks bzw. der Verbindung

status message

‣ Antwort auf Status Enquiry Message

Flag

Kennzeichnet das Ende des Frame Relay-Pakets. Das Ende-Flag eines Pakets ist zugleich das Beginn-Flag des nachfolgenden Pakets.

11 Asynchronous Transfer Mode (ATM)

Lokale Datennetze ermöglichen die Integration von Großrechnern, Terminals und PCs. Durch LANs wird die vorhandene Rechnerleistung auf einfache Weise verteilt und sie kann von allen Endgeräten in Anspruch genommen werden. Als fester Bestandteil der Kommuniktionstechniken wurden in der Vergangenheit die Multiprotokoll-Backbones auf Router-gestützte Lösungen aufgebaut. Dadurch war es möglich, die verfügbaren Ressourcen optimal zu verwalten und zu managen. Durch neue Anforderungen an die Kommunikation stehen diese Netze heute aufgrund verwaltungstechnischer Anforderungen vor der Notwendigkeit, neue Applikationen (Sprach-, Daten, Video) zur Verfügung zu stellen. Der Asynchronous Transfer Mode (ATM) garantiert heute als einzige Technologie eine garantierte Bandbreite und unterschiedliche Serviceoptionen. Durch diese fundamentalen Voraussetzungen ist die ATM-Technik in der Lage, gleichzeitig Daten, Sprache und Bilder zu übertragen. ATM hat die Aufgabe, Anwendungskommunikation unterschiedlicher Art und Anforderungen auf einem Medium zu vereinen und sicherzustellen, dass sie sich nicht stärker als vereinbart beeinflussen. Diese Funktion zwischen Anwendung und Medium erfordert folgende primären Aufgabentypen:

- Anpassung der höheren Schichten an ATM
- Anpassung von ATM an physikalische Medien

Damit ein ATM-System problemlos funktioniert, wurden zwei weitere Aufgaben definiert:

- Steuerung des ATM-Systems
- Kontrolle des ATM-internen Systemverhaltens

ATM-Forum

Die treibende Kraft bei der Standardisierung des ATM ist das ATM-Forum. Dieses Forum wurde im Oktober 1991 gegründet und hat derzeit 400 Mitglieder. Die meisten der Mitglieder rekrutieren sich aus dem Kreis der Hersteller oder es sind eigenständige Organisationen aus dem Umfeld der Rechnertechnologie. Aber auch die Anwender haben in der ATM User Group ihr Forum gefunden. Die Aufgabe des ATM-Forums besteht in der Forcierung der Entwicklung und der Einführung der ATM-Technologie am Markt. Dies wird durch Entwicklung von Standardisierungsempfehlungen, Interoperabilitätstest etc. umgesetzt.

Das ATM-Referenzmodell

Der ATM-Referenzwürfel ist ein Novum in der langen Reihe von Architekturmodellen. In der Vergangenheit wurden von den jeweiligen Standardisierungsgremien reine User Planes zur Datenübertragung (z.B. Ethernet und Token Ring) definiert. Spätestens seit der Verabschiedung des FDDI Standards wurde in das Architekturmodell ein Management Interface integriert. Erst die Verabschiedung des ATM-Standards entwickelte eine dritte Dimension, die sogenannte Control Plane, und integrierte diese Funktion bereits in das Architekturmodell.

Control Plane

Die Control Plane bildet die Basis für die Signalisierung, die Funktionen des Private Network to Network Interface (PNNI) sowie für das Traffic Management. Die Control Plane übernimmt beim ATM die Outband Signalisierung.

User Plane

Die User Plane garantiert ein universelles Transportmedium auf Basis von ATM. Die verschiedenen Anpassungsschichten setzten auf der User Plane auf.

Management Plane

Die Management Plane bietet das Interface für das Netzmanagement-system. Über eine MIB (Management Information Base) können Parameterwerte via SNMP im privaten Bereich oder TMN im öffentlichen Bereich abgerufen bzw. gesetzt werden.

Transportsystem ATM

Das Transportsystem ATM schließlich bildet das für alle Säulen (Control-, User- und Management Plane) gemeinsame Transportvehikel. Das Transportsystem besteht aus den Schichten ATM Adaptation Layer (AAL), der ATM-Schicht und der Physikalischen Schicht.

Die Merkmale und die Eigenschaften des ATM-Prinzips basieren auf einer strikten funktionalen Gliederung, die im ATM-Schichtenmodell niedergelegt ist. Mit Hilfe dieser logischen Untergliederung der für die Übertragung und Vermittlung von digitalen Signalen erforderlichen Funktionen wird eine universelle Transportinfrastruktur im Netz bereitgestellt. Diese universelle Transportinfrastruktur kann vom Benutzer und vom Netzbetreiber gleichermaßen zur Abwicklung vielfältiger Arten von Nachrichtenaustausch und Telekommunikationsdiensten genutzt werden.

Physikalische Schicht

Die unterste, physikalische Schicht dieses Architekturmodells legt, ähnlich wie beim OSI-Schichtenmodell, die übertragungstechnischen Funktionen für den Transport der Bits auf einem bestimmten Medium fest wie z.B.

▸ Bitrate
▸ Bitsynchronisation
▸ Leitungscode
▸ Überwachungsfunktionen.

Der Physical Layer ist in den Physical Medium Sublayer (PM) und den Transmission Convergence Sublayer (TC) untergliedert. Die Aufgabe der

PM Sublayer besteht in der Übertragung von Bits. Aus diesem Grund ist der PM-Sublayer abhängig von dem jeweiligen verwendeten Medium. Folgende Physical Layer-Standards wurden bisher definiert:

Typ	Bandbreite
E3	34 Mb/s
DS-3	45 Mb/s
STS-1	51 Mb/s
STS-3	155 Mb/s
STS-12	622 Mb/s
STS-48	2488 MBit/s
STS-192	9953 MBit/s

Der Transmission Convergence (TC) Sublayer nutzt die Services der PM-Sublayer. Die Aufgaben des TC-Sublayers bestehen in der Übertragung der ATM-Zellen, die Synchronität zwischen den ATM-Knoten zu wahren, und bei Empfang einer Zelle diese auf ihre Korrektheit zu überprüfen. Der TC Sublayer ist unabhängig von dem jeweiligen Übertragungsmedium. Um Zellen senden zu können, müssen diese in den ATM-Datenstrom eingefügt werden. Diese Funktion leistet die Transmission Frame Adaptation. Für diese Funktion wurden die SONET- bzw. SDH-Schnittstellen definiert. Die SONET (Synchronous Opical NETwork) und Synchronous Data Hierarchy (SDH) Spezifikationen definieren die Hierarchie von Übertragungsrahmen, in die die ATM-Zellen eingefügt werden. Ein SDH Frame hat die Kapazität von 155,520 MBit/s bzw. von 622,080 MBit/s. In einem SDH Frame werden neben den Benutzerdaten auch die zur Verwaltung und Administration notwendige Information mit übertragen. Die zellenorientierte Schnittstelle verwendet hingegen keine gesonderte, übergeordnete Rahmenstruktur, um die 53 Byte langen Zellen zu kontrollieren. Folglich sind spezielle Zellen (OAM Cell) zum Transport der Verwaltungsinformation und zur Synchronisation notwendig. Das SDH-Konzept ist universell aufgebaut und kann deshalb auch außerhalb von ATM eingesetzt werden. Eine weitere Funktion der

TC Sublayer besteht im Erhalt der Synchronität zwischen den ATM-Knoten während Übertragungspausen. Dies geschieht durch Einfügen von Idle-Zellen (Cell Decoupling). Die Kontrolle der ersten vier Byte im Header der 53 Byte langen ATM-Zellen auf Korrektheit geschieht durch das Header Error Check (HEC) Byte, das fünfte Byte im Zellenkopf. Fehler, die durch Verfälschung eines Header-Bit entstehen, können korrigiert werden. Die fünfte Funktion der TC Sublayer erkennt den Beginn eines neuen Zellenzyklus, im Falle von SDH Framing des Anfangs dieses Frame. Diese Funktion wird als Cell Delineation bezeichnet.

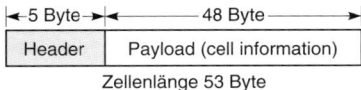

Zellenlänge 53 Byte

Abbildung 11.1: Aufbau einer ATM-Zelle

ATM-Transportschicht

Aufbauend auf der physikalischen Schicht stellt die ATM-Schicht die Funktionen bereit, die den ATM-spezifischen Zelltransport gewährleisten. In der Datenkommunikation erfolgt die Mehrfachausnutzung von Nachrichtenwegen durch Zeitmultiplexbildung, d.h. eine endliche Anzahl von digitalen Eingangssignalen wird zu einem gemeinsamen digitalen Ausgangssignal zusammengefasst, wobei Teile der Eingangssignale zeitlich nacheinander mit der höheren Bitrate des ausgangsseitigen Zeitmultiplexsignals übertragen werden. Die optimale Nutzung einer gegebenen hohen Bandbreite und die Anforderung, mehrere Dienste unterschiedlicher Bandbreite und Sendedichte gleichzeitig zu unterstützen, führt zur Technik des statistischen oder asynchronen Multiplexens. Dieses Asynchronous Time Division Multiplexing- (ATD) Verfahren wird in ATM-Netzen zum Transport verwendet. Beim Asynchronous Time Division Multiplexing wird die Folge der Signalelemente des Zeitmultiplexsignals in gleich lange Blöcke (Zellen) eingeteilt, die unmittelbar

aufeinander folgen. Jede Zelle besteht aus dem Kopf und dem Informationsfeld. Der Kopf einer Zelle, bestehend aus fünf Byte, enthält Protokollelemente der Physical und der ATM Layer, das Information Field enthält die Benutzerdaten der höheren Schichten. Da im Zeitmultiplexsig-
nal die Zellen einer Verbindung nicht immer in regelmäßiger Folge
auftreten, sorgt das Asynchronous Time Division Multiplexing- (ATD)
Verfahren dafür, dass die Zellen entsprechend den Anforderungen der
Quelle oder der Verfügbarkeit von freien Zell-Zeitlagen im Multiplex-
strom verteilt werden. Damit erklärt sich der Begriff „asynchronous"
beim ATD-Verfahren.

Die ersten vier Bit einer ATM-Zelle dienen der Generic Flow Control
(GFC). Dieser Mechanismus steuert die Zelleneingliederung in den ATM-
Datenstrom entsprechend der aktuellen Auslastung des Mediums. Die
Generic Flow Control ist somit ein Mittel zur Staukontrolle in ATM-Netzen. Die VPI- und die VCI-Kennungen dienen als Zieladressen der Zelle
und werden zum Routing der Zellen durch die Knoten des ATM-Netzes
verwendet. Der Wert des Payload Type-Feldes gibt Auskunft über die Art
der Daten, die in der ATM-Zelle transportiert werden. Das Reserved Field
ist unbenutzt und steht für mögliche Erweiterungen des Protokolls zur
Verfügung. Das Cell Loss Priority (CLP) Bit zeigt an, ob das Paket unter
ungünstigen Bedingungen (Überlastung der Switches oder der Leitungen) gelöscht werden darf. Der Wert des CLP-Feldes hängt von der beim
Verbindungsaufbau ausgehandelten Quality-of-Service (QOS) ab. Das
Header Error Control- (HEC-) Byte dient der Korrektheitskontrolle und
ist mit den CRC-Werten der LAN-Verfahren vergleichbar. Der HEC-Wert
wird vom Physical Layer berechnet und eingefügt.

Der ATM Layer erbringt folgende vier Funktionen:

- Mutiplexen von Zellen eines Virtual Pathes (VP) oder Virtual Channel
  (VC) in den Zellenstrom (Netzzugang)
- Abbilden der Kennungen von empfangenen VP- und VC-Zellen   in
  entsprechende VP- oder VC-Kennungen auf der Sendeseite (Routing)

▸ Demultiplexen der Zellen in ihre Virtual Pathes oder Channels (Empfang)
▸ Erzeugen und Entfernen der ATM-Header

Eine ATM-Ende-zu-Ende-Verbindung ist eine eindeutige Folge von Virtual Channels, die beim Verbindungsaufbau festgelegt und in den Routing-Tabellen der ATM-Switches eingetragen wird. Das Konzept des Virtual Channels (VC) beschreibt den unidirektionalen Transportweg von ATM-Zellen zwischen zwei VC Switches. Ein VC wird durch einen Virtual Channel Identifier (VCI) gekennzeichnet. Das Konzept Virtual Path (VP) beschreibt den unidirektionalen Transport von ATM-Zellen verschiedener VCs, die unter einem Virtual Path Identifier (VPI) zusammengefasst werden. VC und VP benutzen den Transmission Path. Einzelne VP oder VC Links werden im ATM-Layer zu VP oder VC Connections (VCC / VPC) zusammengefasst und bilden eine ATM-Ende-zu-Ende Verbindung.

Anpassungsschicht

Die übrigen Schichten – das sind die Anpassungs- oder Adaptionsschicht sowie die Dienste- und Kontrollschicht – werden über das Informationsfeld der zu übermittelnden Zelle sichergestellt. Aufbauend auf den Eigenschaften der ATM-Schicht dient die Adaptionsschicht zur Anpassung an die dienstespezifischen Anforderungen und stellt die dafür erforderlichen Funktionen bereit. Insbesondere sind hier Maßnahmen zur Behandlung von Signalen vorgesehen, die die nach dem Transport durch das ATM-Netz aufgetretenen Verzögerungsschwankungen oder verlorengegangenen Zellen ausgleichen. Dies ist z.B. bei qualitativ hochwertigen Verbindungen für Sprache, Musik oder Bewegtbild erforderlich. Außerdem werden durch die Adaptionsschicht Verbindungen zu anderen Übermittlungsverfahren (z.B. STM) unterstützt.

ATM Adaptation Layer

Die Adaptionsschicht dient zur Anpassung an die dienstespezifischen Anforderungen und stellt die dafür erforderlichen Funktionen bereit.

Der ATM Adaptation Layer (AAL) ist zwischen dem ATM Layer und den höheren Schichten der Anwender platziert und wurde in zwei Teilschichten untergliedert:

- Segmentation and Reassembly (SAR) Sublayer
- Concergence Sublayer (CS).

Die Aufgabe der SAR Sublayer besteht in der Aufteilung der Protocol Data Units (PDU) der höheren Anwenderschichten auf das ATM-Zellformat und entsprechend das Zusammenfügen der Information aus den ankommenden ATM-Zellen zu PDUs.

Der CS Sublayer bildet die Anpassung der unterschiedlichen Services an den SAR Sublayer und ist deshalb entsprechend servicespezifisch zu realisieren. Die Protokollinformation des jeweiligen ATM Adaptation Layers wird nicht im Header der ATM-Zelle transportiert, sondern im Informationsfeld der Zelle. Im ATM Adaptation Layer wurden außerdem noch Funktionen zur Fehlererkennung bzw. Korrektur sowie die Zeitüberwachung integriert. Diese Funktionen sind abgestimmt auf die Servicequalität des jeweiligen AAL-Typs. Die AAL-Typencharakteristika wurden anhand unterschiedlicher Ausprägungen folgender Parameter definiert:

- Zeitrelation zwischen Sender und Empfänger,
- Variabilität der Bitraten,
- verbindungslose oder verbindungsorientierte Charakteristik.

Um die Transportcharakteristik speziell auf die zu transportierenden Anwendungen anpassen zu können, gibt es vier AAL Typen:

- AAL 1 emuliert leitungsvermittelte Dienste mit konstanter Bitrate und fester Zeitrelation (zeittransparent), z.B. den Primärmultiplexanschluss in B-ISDN.
- AAL 2 unterstützt Anwendungen mit variabler Bitrate, die jedoch eine exakte Zeitsynchronität (Ton- und Bildübertragungen) benötigen.
- AAL 3/4 ist für Dienste mit ebenfalls variabler Bitrate ausgelegt, jedoch fordern die Dienste keine Isochronität (z.B. bei der Datenkommunikation). Der AAL 3/4 ermöglicht verbindungsorientierte und

verbindungslose Dienste und wurde auf Dienste wie X.25, Frame Relay, UDP oder TCP/IP abgestimmt.

▸ AAL 5 ist ein vereinfachter AAL 3/4-Dienst. Mit diesem Dienst können nur Messages ausgetauscht werden und wird daher auch als „Simple and Efficient Adaptation Layer ATM-Protokoll" bezeichnet.

Die Adaptionsschicht stellt die Anpassung zwischen den Merkmalen des ATM-Übermittlungsdienstes und den spezifischen Anforderungen der Ebene der standardisierten Dienste und der Zeichengabeprotokolle her. Die Adaptionsschicht unterstützt die Sammlung bzw. Segmentierung der Information und ihre Einordnung in ATD-Zellen auf der Sendeseite; auf der Empfangsseite müssen – in Abhängigkeit von der jeweiligen Dienstart – Maßnahmen zur Signalbehandlung getroffen werden, die z.B. die bei der Übermittlung aufgetretenen Verzögerungsschwankungen oder auch die Informationsverluste ausgleichen.

Diensteschicht

Die Diensteschicht stellt die Funktionen bereit, die den Austausch der dienstespezifischen Nutzinformation innerhalb der ATM-Verbindung gewährleisten. Sie kann vom Teilnehmer völlig freizügig und transparent genutzt werden. Die wichtigen Beurteilungsparameter der Diensteschicht schlagen sich in den folgenden Diensteparametern nieder:

▸ Laufzeit durch das Netz: Die Laufzeit wird sehr stark beeinflusst von den Zeiten bei der Bildung und Auflösung einer Zelle und ist damit abhängig von der Frame-Länge. Besonders wichtig ist es, die Schwankungen der Laufzeit um einen Mittelwert möglichst gering zu halten.

▸ Informationsverlust: Da bei Informationsverlust üblicherweise ein ganzer Frame betroffen ist, müssen hier besondere Vorkehrungen getroffen werden, um den Informationsverlust so klein wie möglich zu halten.

▸ Übermittlungsfehler: Während der Informationsteil einer Zelle durch das ATM-Übermittlungsprinzip nicht gegen Informationsverlust ge-

schützt ist, sind im Kopf der Zelle Vorkehrungen getroffen, Adress-
fehler zu erkennen, oder diese nach Möglichkeit   zu korrigieren.
Verlust oder irrtümliche Zuweisung einer ganzen Zelle aufgrund eines solchen Adressfehlers wirken sich besonders ungünstig bei der
Wiederherstellung des kontinuierlichen Bitstroms durch die Adaptionsschicht. Besonders sensibel sind Dienste mit hohen Qualitätsan-
forderungen, z.B. hochqualitative Tonübertragung.

‣ Durchsatz: Bedingt durch die unterschiedlichen Informationsbitra-
ten und die unterschiedlichen Verkehrscharakteristika (kontinuierlich oder diskontinuierlich auftretender Informationsstrom) müssen
Maßnahmen getroffen werden, den Durchsatz bei der Übermittlung
möglichst hoch zu halten.

Kontrollschicht

Die Kontrollschicht ist zuständig für die Funktionen, die den Austausch
beliebiger, verbindungssteuernder Informationen zwischen den Kommunikationspartnern einer ATM-Verbindung sicherstellen. Damit ist
eine einfache Realisierung von Ende-zu-Ende-Zeichengaben möglich.

Das ATM-Vermittlungsprinzip

In einem ATM-Netz baut die Vermittlungstechnik auf dem zur Übertragung verwendeten ATD-Multiplexprinzip auf. In den dazu verwendeten
Vermittlungseinrichtungen existiert keine Bindung an einen periodischen Zeitrahmen. In einer ATD-Vermittlung werden daher die Zellen
anhand der Information im Kopf vermittelt. Einrichtungen in der Kop-
pelanordnung werten die Information aus und steuern danach den
Transport der Zellen. Dagegen werden Verbindungen in der synchronen
Zeitvielfachtechnik vermittelt, indem Zeitschlitze verschiedener Zeit-
multiplexleitungen für die Dauer der Verbindung in periodischen Abständen miteinander verknüpft werden. Die Zellen treffen in einem
ATM-Netz in schwankenden Abständen an der Vermittlungseinrichtung

ein. Dieses wird dadurch hervorgerufen, dass die Quelle selbst diskontinuierlich Zellen generiert oder die Verkehrsintensität anderer Verbindungen, die dieselbe Anordnung (z.B. Koppelnetz, Multiplexer) benutzen, sich ändert. Durch diese Schwankungen lassen sich Kollisionen von Zellen verschiedener Verbindungen, die gleichzeitig dieselbe Einrichtung im Knoten benutzen wollen, nicht ausschließen. Um Verluste von Zellen zu vermeiden, muss man deshalb Speicher verwenden, in denen Zellen belastungsunabhängig warten. Aus dem Verlustsystem der herkömmlichen Zeitvielfachtechnik wird damit ein kombiniertes Verlust-Wartezeit-System bei der ATD-Betriebsweise. Die Verlustkomponente dieses Systems entsteht beim Verbindungsaufbau, der nahezu identisch ist mit dem Verbindungsaufbau in leitungsvermittelten Anordnungen: In den Netzknoten wird durch eine verbindungsorientiert arbeitende Steuerung eine Ausgangsleitung festgelegt, die alle nachfolgenden Zellen der betrachteten Verbindung benutzen. Die ausgewählte Leitung muss dazu noch soviel freie Kapazität haben, dass die Bitrate der gewünschten Verbindung die Kapazität der Leitung nicht übersteigt. Ist keine Leitung mit ausreichender Kapazität vorhanden, wird der Verbindungswunsch abgewiesen. Der Verbindungsaufbau wird abgeschlossen mit dem Bereitstellen von Steuerungsinformationen für die Vermittlung der Informationszellen.

Koppelnetzsteuerung

Da die Zellen einer Verbindung nicht in exakt gleichen Abständen an der Vermittlungseinrichtung eintreffen, wird sich das „Muster" der zur Übermittlung anstehenden Zellen nicht periodisch wiederholen. Das Koppelnetz kann also nicht in festen Abständen auf denselben Zustand eingestellt werden. Wegen der kurzen Zeitdauer einer Zelle kann man in größeren Koppelanordnungen auch nicht mit einem globalen Steuerungsverfahren auf der Basis von Zellen arbeiten. Deshalb wird der Transport der Zellen anhand der beim Verbindungsaufbau festgelegten Steuerinformationen dezentral in den durchlaufenen Einrichtungen des

Vermittlungsknotens kontrolliert. Dabei unterscheidet man Koppelanordnungen danach, wo diese Steuerinformationen verfügbar sind, in
selbststeuernde und nichtselbststeuernde Koppelnetze. In nichtselbst-
steuernden Koppelnetzen muss beim Verbindungsaufbau die Information, wohin die Zellen zu befördern sind, in jeder der beteiligten Koppe-
leinrichtungen festgehalten werden. Bei selbststeuernden Koppelnetzen
wird die Zielinformation A am Eingang des Koppelnetzes in Steuerbe-
fehle (m,n) für die koppelnetzinterne Lenkung umgewandelt.

ATM-Netze

Ein ATM-Netz besteht aus Knoten und Verbindungen. Die Verbindungen
können beliebig vermascht sein. An dieses Netz werden ATM-Stationen
oder konventionelle Netzwerke angeschlossen. Letztere Konfiguration
kann als ATM-Backbone interpretiert werden. Datenströme zwischen
den ATM-Stationen oder zwischen den Teilnetzen werden über das
Backbone geleitet. ATM ist ein verbindungsorientiertes Medium, also
wird zwischen den Kommunikationspartnern eine virtuelle Verbindung
aufgebaut. Dies geschieht durch das Aneinanderreihen von Virtual
Channels (VCs). Die ATM-Knoten setzen lediglich die Adressen der VCs,
die Virtual Channel Identifier (VCI) um und switchen die Zellen von einem Eingang auf den beim Verbindungsaufbau festgelegten Ausgangs-
port. Diese VC werden für eine bei Verbindungsaufbau anzugebende
Bandbreite zur Verfügung gestellt. Diese Bandbreite darf bis zu einem
definierten Grad – etwa in Burst-Situationen – überschritten werden.
Grundlegendes Prinzip dieser Technologie ist es jedoch, dass sich die
Kommunikationsströme nicht oder nur unwesentlich gegenseitig beeinflussen. Selbstverständlich begrenzt die verfügbare Gesamtbandbreite
(z.B. 155 Mb/s) die Anzahl der VC-Bandbreiten. Eine Lasttrennung findet
in einem solchen Netzwerk nicht mehr wie bisher zwischen Lastverbün-
den (Subnetzen) statt, sondern zwischen VCs. Werden jedoch Lokale

Netze über ATM verbunden und die konkurrierenden Kommunikationsströme werden nicht getrennt, dann bildet ein VC einen gemeinsamen
Lastverbund.

Anbindung von LANs an ATM-Netze

Die Hersteller von ATM- und von LAN-Komponenten haben gelernt, dass
beide Welten nicht zu trennen sind und deshalb immer weiter zusam-
menwachsen. Durch das LAN-Switching wird auf der Ebene 2 jedem angeschlossenen Endgerät die volle Bandbreite (10, 16 oder 100 Mbit/s) zur
Verfügung gestellt. Die direkte Anbindung der Endgeräte (Client und
Server) an ein ATM-Netz erfolgt mit Hilfe der unterschiedlichen ATM-
Adaption-Layers (AAL). Diese Schichten ermöglichen die Anpassung an
die dienstespezifischen Anforderungen und stellen die dafür erforderlichen Funktionen bereit. Der ATM Adaptation Layer (AAL) ist zwischen
dem ATM Layer und den höheren Schichten der Anwender platziert. Da
die ATM-Technik im Gegensatz zum Token Ring, Ethernet oder FDDI,
über dedizierte Kanäle arbeitet, musste eine Methode gefunden werden,
um Broadcast-Informationen über ein ATM-Netz übermitteln zu können. Bei einem Übergang zwischen dem LAN und einem ATM-Netz müssen die traditionellen LAN-Pakete in ATM-Zellen umgesetzt werden. Bei
diesem Übergang werden die Ethernet-, Token-Ring- oder FDDI-Pakete
in 48 Byte lange Zellen aufgeteilt und mit einem 5 Byte langen ATM-
spezifischen Header versehen. Werden zwei LANs über ein ATM-Transit-
netz verbunden, so müssen aus den ATM-Zellen wieder LAN-Pakete generiert werden.

LAN Emulation

Zur direkten Verbindung zwischen den LANs und ATM Netzen wurde
vom ATM-Forum unter dem Namen LAN-Emulation User-to-Network
Interface (LUNI) die genaue Schnittstelle und deren Funktionen festgelegt. Die LUNI-Spezifikation sorgt dafür, dass mit Hilfe einer LAN-Emulation auf einer verbindungsorientierten ATM-Verbindung die verbin-

dungslosen Services eines LANs abgebildet wird. Der LAN-zu-ATM-Umsetzer sorgt dafür, dass die LAN-Pakete empfangen, ein Identifikationsheader vorangestellt und die jeweilige Prüfsumme (Frame Check Sequence) vom Datenstrom abgetrennt wird. Die LAN-Informationen werden anschließend als AAL-Typ 5 PDU an das ATM-Netz übergeben. Die AAL-Schicht sorgt anschließend für die Zerlegung der Pakete in Zellen. Erreichen die Zellen ihr Ziel-LAN so wird der Zusammenbau der Zellen zu dem ursprünglichen Datenpaket über den ATM Adaption Layer gesteuert. Die LAN-Emulation ermöglicht die Verbindung zwischen mehreren voneinander getrennten LANs gleichen Typs. Die Umsetzung zwischen den unterschiedlichen Netzsystemen wird über eine Bridge oder einen Switch realisiert.

Beim Übergang zwischen dem LAN und dem ATM-Netz müssen folgende Dienste erbracht werden:

▸ Der Switch/Bridge muss überprüfen, ob für die jeweilige 48 Bit lange MAC-Adresse bereits ein virtueller Kanal (Virtual Channel Connection, VCC) besteht. Wird ein solcher virtueller Kanal vorgefunden, so können die Daten direkt an den Empfänger weiter geleitet werden. In einer Tabelle des Switch werden dazu den jeweiligen MAC-Adressen der betreffende Kanal zugeordnet.

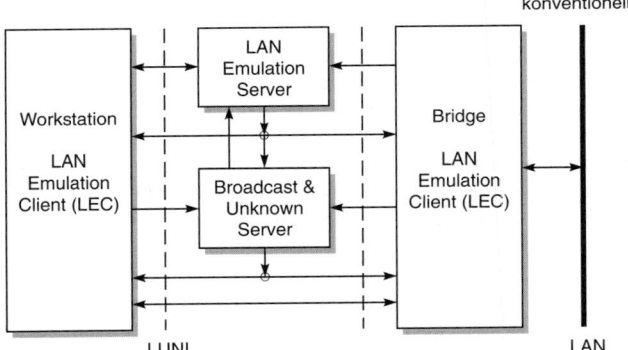

Abbildung 11.2: Umsetzung vom LAN in ein ATM-Netz

▸ Wird kein VCC-Kanal für die betreffende MAC-Adresse in der Tabelle vorgefunden, muss der ATM-Controller diesen virtuellen Kanal aufbauen. Dieser Vorgang läuft in folgenden zwei Phasen ab:
  ▸ 1. Mit Hilfe eines Address Resolution-Prozesses wird die ATM-Adresse des Zielnetzes (Switches, der den Zugang zum betreffenden LAN ermöglicht) ermittelt.
  ▸ 2. Anschließend wird mit Hilfe der ATM-Signalisierung ein virtueller Kanal zu den betreffenden Switches aufgebaut. Diese spezifischen Informationen werden in der lokalen Adresstabelle abgespeichert.
▸ Nach dem Aufbau des VCCs wird dem Datenpaket ein 2 Byte langer Emulationsheader vorangestellt und anschließend gemäß den ATM-Regeln über das Netz transportiert.
▸ Beim ATM-Empfänger werden die einzelnen ATM-Zellen zum Original-Datenpaket wieder zusammengebaut und an den eigentlichen Empfänger im LAN weiter geleitet.

Die LAN-Emulation setzt sich aus dem Konzept des LAN Emulation Clients (LECs) und dem LAN Emulation Services zusammen. Die LAN Emulation Client Software kann im ATM-LAN-Switch/Bridge oder als fester Bestandteil eines am ATM-Netz angeschlossenen Netzwerk-Servers implementiert werden. Die Hauptaufgabe dieser Software besteht in der Umsetzung von MAC-Adressen in ATM-Adressen. Diese Adress Resolution-Funktion wird als LE_ARP bezeichnet. Die Software, die den LAN-Emulations-Service erbringt ist in folgende drei logische Server unterteilt: den Konfigurationsserver (COS), den LAN-Emulations-Server (LES) und den Broadcast and Unknown-Server (BUS).

In der Praxis muss jedoch ein LAN-Emulations-Client (LEC) erst einmal die ATM-Adresse des LAN Emulations-Servers (LES) kennen. Nur durch die Zugehörigkeit zu einem emulierten LAN kann der LEC an den Diensten teilnehmen. Dieses Einklinken in ein emuliertes LAN kann auf folgende Arten erfolgen:

- Der Client benutzt zuerst das Interim Local Management Interface (ILMI) und versucht, die Adresse des COS aus einer Tabelle eines ATM-Switches auszulesen.
- Kommt diese Verbindung nicht zustande, so versucht der Client über das ILMI-Interface einen anderen COS zu ermitteln.
- Wird keine Adresse gefunden, so benutzt der Client eine für jedes Netz einheitlich definierte „Well Known ATM-Address",
- oder der Client sucht nach einem VPI/VCI-Pärchen, welches zu einer bereits fertig aufgebauten virtuellen Verbindung zum BUS eine Verbindung besitzt,
- oder der Client sucht nach einer vorkonfigurierten LES-Adresse oder einem vordefinierten PVC zwischen dem Client und Konfigurationsserver.

Nachdem der Client die Adresse des LES ermittelt hat, muss zwischen beiden Geräten die Art des emulierten LANs und die maximal zulässige Frame-Größe abgestimmt werden. Nachdem dieser Informationsaustausch abgearbeitet ist, tritt der LEC dem emulierten LAN bei.

Dazu wird vom LEC eine bidirektionale Kontrollverbindung zum LES aufgebaut. Anschließend vom LEC ein LE_JOIN_REQUEST an den LES geschickt. In diesem Request sind die ATM-Adresse, der LAN-Typ, die maximale Frame-Größe und ein Proxy-Flag enthalten. Mit Hilfe des Proxy-Flags signalisiert der LEC, dass er als Übergang für andere Endgeräte fungiert. Als Antwort auf den LE_JOIN_REQUEST wird vom LES an den LEC ein LE_JOIN_RESPONSE übermittelt. Durch diese Antwort erfolgt entweder die Registrierung des Clients im emulierten LAN oder es erfolgt eine Zurückweisung des Teilnahmewunsches.

Der Address Resolution Prozess

Soll ein LAN-Paket über ein ATM-Netz übermittelt werden, so überprüft der Switch/Bridge, ob für die jeweilige 48 Bit lange MAC-Adresse bereits ein virtueller Kanal besteht. Wird kein Eintrag in der ARP-Tabelle gefunden, wird mit Hilfe eines Address Resolution-Prozesses (LE_ARP) die ATM-Adresse des Zielnetzes ermittelt. Dieser ARP_Request wird vom LEC an den LES über den bei der Zuordnung zum emulierten LAN etablierten VCC (bekannt als Control Direct VCC) übermittelt. Ist der LES nicht in der Lage, den empfangenen ARP-Request aufzulösen, so sendet dieser den Request an alle ihm bekannten LES weiter. Dieses Weiterleiten des Requests könnte über spezielle Control Direct VCCs zwischen den LES vorgenommen werden. Da jedoch das Aufsetzen vieler paralleler VCCs eine ungeheure Verschwendung von Netzressourcen bedeutet, werden zwischen LES-Komponenten sogenannte Point-to-Multipoint-Verbindungen (Control Distribute VCCs) aufgebaut. Über diese Verbindungen werden die Adressinformationen an den anfragenden LES und später an den Requester LEC zurück übermittelt.

Danach kann die Datenverbindungen zum Zielnetz aufgebaut werden. Diese Verbindung wird als Kanal bezeichnet und besteht aus einer Punkt-zu-Punkt-Datenverbindung zwischen den Clients über die der gesamte Datenverkehr zwischen diesen Partnern ausgetauscht wird.

Wird eine Broadcast- oder Multicast-Information vom Client in das ATM-Netz übermittelt, so werden nicht eine Vielzahl unterschiedlicher Kanäle eröffnet, sondern diese speziellen Pakete werden direkt über einen separaten Kanal (unidirektionale Verbindung) an den Broadcast and Unknown Server (BUS) übermittelt. Die Broadcast- oder Multicastsendung werden vom BUS an die für den jeweiligen Pakettyp vorgesehenen Stationen verteilt.

Durch die LAN-Emulation können LAN-Switch-Systeme direkt mit den ATM-Komponenten kommunizieren. Dadurch können die Vorteile der ATM-Technik im Backbone voll genutzt werden und der Netzbetreiber muss nicht seine bestehenden LAN-Ressourcen übergangslos auf die neue Technik umstellen. Ein sanfter, wohlüberlegter Umstieg erlaubt ihm, die Bandbreite dort, wo sie nicht mehr ausreicht, sukzessiv zu erweitern.

UNI Zelle

Die Zellen dienen zum Transport der im ATM Netz vermittelten Daten. Der UNI-Cell-Haeders baut sich wie folgt auf:

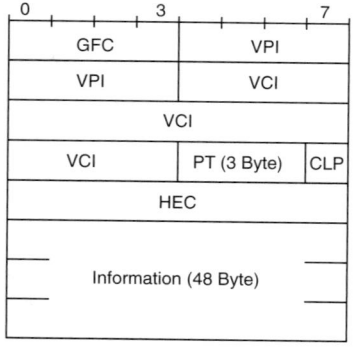

Abbildung 11.3: UNI Cell

GFC

Das Generic Flow Control-Feld (GFC) wird für die Flusskontrolle zwischen einem Endpunkt und einem ATM-Vermittlungsknoten sowie für den Netzzugriff benötigt. Es ist nur an der UNI-Schnittstelle erlaubt und beansprucht die ersten 4 Bit des Zellkopfes. Für eine ATM-Einrichtung gibt es zwei Möglichkeiten des Netzzugangs: gesteuert oder ungesteuert. Gesteuerte Endeinrichtungen oder Systeme erhalten von der steuernden Einrichtung eine Art Sendeberechtigung. Dadurch wird die Zellenaussendung aller Verbindungen an diesem Anschluss begrenzt und damit der Verkehr zu einer bestimmten Vermittlungsstelle limitiert. Ungesteuerte Endeinrichtungen setzen beim Netzzugang die 4 Bit des GFC-Feldes auf Null.

Eine Endeinrichtung, die zehn oder mehr „0000"-kodierte Zellen innerhalb 30.000 Zellzeiten (±10.000) erhält, informiert die Management-Einheit der ATM-Schicht. Zellen auf Verbindungen zwischen ATM-Vermittlungsstellen beinhalten kein GFC-Feld. Dieses wird vom ATM-Vermittlungsknoten überschrieben und als Erweiterung für den VPI benutzt.

VPI

Der Virtual Path Identier (VPI) kennzeichnet eine virtuelle Pfadverbindung in einem ATM-Netz. Das VPI-Feld ist an der UNI-Schnittstelle 8 Bit lang. Es wird an der NNI-Schnittstelle auf 12 Bit ausgedehnt, indem die ATM-Vermittlungsstelle das GFC-Feld überschreibt und den VPI auf 12 Bit erweitert. Das 8 Bit lange VPI-Feld an der UNI unterstützt max. 256 virtuelle Pfade, das 12 Bit lange VPI-Feld an der NNI max. 4096 virtuelle Pfade pro mit einem anderen Vermittlungssystem verbundenen Port. Laut Spezifikation des ATM-Forums beginnt das VPI-Feld mit Bit 5 von Oktett 2. Die VPI-Bit müssen zugewiesen sein, nicht zugeordnete VPI-Bit müssen auf „0" gesetzt werden. Der VPI-Wert 0 ist reserviert. Alle virtuellen Kanäle von Pfad 0 sind Managementfunktionen vorbehalten.

VCI

Jeder virtuelle Kanal innerhalb eines ATM-Netzes ist mit einem eigenen Virtual Channel Identifer (VCI) gekennzeichnet. Das VCI-Feld ist an der NNI- und UNI-Schnittstelle 16 Bit lang. Das 16 Bit lange VCI-Feld unterstützt pro Pfad einer ATM-Schnittstelle max. 65.536 Kanäle. Die Gesamtanzahl von Kanälen pro Pfad beträgt 65.536, die von Pfaden 256, so dass eine Teilnehmer-Netz-Schnittstelle max. 16.777.216 Verbindungen unterstützt. Laut Spezifikation des ATM-Forums beginnt das VCI-Feld mit Bit 4 von Oktett 4. Die VCI-Bit müssen zugewiesen sein, nicht zugeordnete VCI-Bit müssen auf „0" gesetzt werden. Die VCI-Werte 0-15 sind für die Management-Einheit der ATM-Schicht reserviert. Der VCI-Wert 16 ist für eine weitere Netzmanagementeinrichtung, Interim Local Management Entity genannt, reserviert, und die Werte 17-31 sind anderen Managementfunktionen vorbehalten. Diese Regelung gilt für jeden Pfad. Die reservierten VCI-Werte sind den Managementfunktionen und -steuereinheiten zugeordnet und werden von diesen benutzt. Der erste virtuelle Kanal, der für Nutzerdaten zur Verfügung steht, ist der virtuelle Kanal 32, der mit dem virtuelle Pfad-Wert 1 oder höher beginnt. Es gibt eine Anzahl von vordefinierten VPI/VCI-Werten:

VPI	VCI	Bedeutung
0000 0000	0000 0000 0000 0000	Anzeige einer nicht-zuordbaren Zelle
0000 0000	0000 0000 0000 0001	Meta-Signalisierung (Default)
yyyy yyyy	0000 0000 0000 0001	Meta-Signalisierung
0000 0000	0000 0000 0000 0010	Genereller Broadcast (Default)
yyyy yyyy	0000 0000 0000 0010	Genereller Broadcast
aaaa aaaa	0000 0000 0000 0011	Management-Zelle, Segment
aaaa aaaa	0000 0000 0000 0100	Management-Zelle, Ende-zu-Ende

VPI	VCI	Bedeutung
0000 0000	0000 0000 0000 0101	Punkt-zu-Punkt-Signalisierung (Default)
yyyy yyyy	0000 0000 0000 0101	Punkt-zu-Punkt-Signalisierung

y = entspricht jedem VPI-Wert außer „0".

a = Dieses Bit ist für die damit zusammenhängenden Funktionen der ATM-Schicht verfügbar.

PT

Das Payload Type-Feld (PT) ist 3 Bit lang und zeigt an:

▸ eine Zelle, die aus Nutzerdaten oder Managementinformationen besteht.
▸ eine Null- oder Eins-Zelle
▸ die Überlastung des Netzes.

Das PT-Feld zeigt an, ob es sich um eine Zelle mit Nutzerinformationen handelt, oder um eine Zelle, die von einer ATM-Managementeinheit im Netz generiert wurde. Zellen mit Nutzerdaten müssen an eine Nutzerapplikation überreicht werden, Zellen mit Management-Informationen nicht. Handelt es sich um eine Zelle mit Nutzerdaten, gibt die ATM-Schicht diese Zelle an die ATM-Adaptionsschicht (AAL) weiter. Man unterscheidet zwei Arten von Zellen, die Nutzerdaten enthalten: Typ-0- und Typ-1-Zellen. Die Unterscheidungen werden vom AAL der Quellstation benutzt, um dem AAL der Zielstation anzuzeigen, dass die angekommene Meldung vollständig ist. Die Quell-AAL übergibt die Nutzlast der ATM-Schicht. Außerdem gibt sie an, ob die Nutzlast eine „fortlaufende Mitteilung" enthält, oder ob es sich um das „Ende einer Mitteilung" handelt.

Die AAL schließt eine „fortlaufende Mitteilung" ab, indem sie anzeigt, dass die Nutzlast eine Service Data Unit (SDU) mit Nutzerdaten vom Typ „0" ist. Das „Ende einer Mitteilung" wird angezeigt, indem im PT-Feld eine SDU vom Typ 1 gesetzt wird. Die Anzeige des Zelltyps wird im PT-Feld des Zellkopfes platziert. Gibt die Ziel-AAL die Nutzlast an die ATM-Schicht zurück, zeigt sie an, ob die Nutzlast „fortlaufend" ist, oder ob es sich um das „Ende einer Mitteilung" handelt. Für Nutzlasten, die den „Beginn einer Mitteilung" enthalten, gibt es keinen speziellen Indikator. Eine Nutzlast, die unmittelbar auf eine Nutzlast mit einem Mitteilungsende folgt, enthält immer eine „fortlaufende Mitteilung". Der AAL-Dienst der Klasse 5 funktioniert beispielsweise ausschließlich auf Basis dieses Verfahrens.

Das PT-Feld zeigt außerdem an, wenn das Netz überlastet ist. Eine Zelle, die Überlast im Netz auslöst, wird als „congested" gekennzeichnet. Dadurch wird der Empfangsstation mitgeteilt, dass der Pfad, den diese Zelle nimmt, überlastet ist. Die Empfangsstation kann daraufhin den Netzadministrator auf die Überlast aufmerksam machen. Die Überlasterkennung erfolgt ausschließlich durch die Empfangsstation. Empfangene Zellen werden als überlastet gekennzeichnet, aber nicht als überlastet markierte Zellen weitergeleitet. Ein ATM-Vermittlungssystem, das eine Zelle erhält, die als Überlast-Zelle gekennzeichnet ist, verändert die Anzeige nicht, auch wenn die vom Vermittlungssystem abgehende Verbindung nicht überlastet ist.

Die Einrichtung im Endpunkt des ATM-Netzes, die eine oder mehrere als „congested" markierte Zellen erhält, weiß nicht, auf welcher Verbindungsstrecke die Überlast aufgetreten ist. Der Payload Indicator kann folgende Bedeutungen haben:

Wert	Bedeutung
000	Zelle mit Benutzerdaten, Überlast aufgetreten=falsch, SDU Typ=0
001	Zelle mit Benutzerdaten, Überlast aufgetreten=falsch, SDU Typ=1
010	Zelle mit Benutzerdaten, Überlast aufgetreten=wahr, SDU Typ=0

011	Zelle mit Benutzerdaten, Überlast aufgetreten=wahr, SDU Typ=1
100	Management-Zelle
101	Management-Zelle, Ende-zu-Ende
110	Für zukünftige Nutzung reserviert (Ressourcen-Management)
111	Für zukünftige Nutzung reserviert

CLP

Der Cell Loss Priority-Wert (CLP) zeigt die Priorität einer Zelle an. Das CLP-Feld ist ein Bit lang. Es gibt zwei Prioritäten: „0" für Zellen mit hoher und „1" für solche mit niederer Priorität. Generell werden alle Zellen als Zellen mit hoher Priorität übertragen. Zellen mit niederer Priorität müssen extra mit CLP=1 gekennzeichnet werden. Ein ATM-Vermittlungssystem kann die Zellpriorität ändern, wenn die Parameter für den Verbindungsaufbau nicht eingehalten worden sind. Diesen Prozess nennt man „Cell tagging". Dabei wird aus einer Zelle mit hoher Priorität eine Zelle mit niederer Priorität.

Im Falle einer Überlast wird eine Zelle mit niederer Priorität vom Vermittlungssystem vor allen anderen Zellen mit hoher Priorität weggeworfen.

HEC

Das Header Error Control-Feld (HEC) ist eine 8-Bit-Kombination und dient dazu, Bitfehler im Zellkopf zu erkennen, d.h. die Fehlerfreiheit des Zellkopfes festzustellen. Einzelne Bitfehler können behoben, mehrere erkannt werden. Ob eine Erkennung oder Behebung erfolgt, hängt von der Bitübertragungsschicht ab. Das HEC-Feld betrifft nicht die Nutzlast, sondern nur den Zellkopf, da sich der ATM-Teil des Netzes nicht für den Inhalt der Nutzlast interessiert. D.h. die Nutzlast wird nicht auf Bitfehler hin überprüft.

Der HEC-Wert wird an jedem Vermittlungsknoten neu errechnet. Dies ist notwendig, weil sich die Werte im Zellkopf ändern können. Folgende Aktionen lösen eine HEC-Neukalkulation aus:

- Das GFC-Feld wird beim Passieren der Zelle durch die NNI überschrieben.
- Die VPI- und VCI-Felder werden in neue Werte übersetzt.
- Der Indikator für den Nutzlasttyp ist so gesetzt, dass er eine Überlast im Netz anzeigt.
- Das Cell Loss Priority-Feld ist, weil die Verbindungsparameter nicht mehr stimmten, so geändert worden, dass die Zelle zu einer Zelle mit niederer Priorität geworden ist.

AAL1 PDU

Der Diensttyp 1 passt Daten mit konstanter Bitrate an das ATM-Netz an. Die Daten erreichen die AAL-Schicht als Strom einzelner Bits, die in der Reihenfolge ihrer Ankunft übertragen werden. Zusätzlich zur Anpassung und Übertragung stellt der AAL-Dienst 1 den Takt zwischen Quell- und Zielstation bereit. Die ATM-Adaptionsschicht besteht aus zwei Teilschichten: dem Convergence Sublayer und dem Segmentation and Reassembly Sublayer. Beide Teilschichten arbeiten bei der Anpassung der konstanten Datenströme an ATM-Zellen zusammen und werden von der Managementeinheit der ATM-Adaptionsschicht gesteuert. Diese stellt folgende Funktionen bereit:

- Aufbau einer AAL1-Verbindung zwischen den Peer Entities der AAL 1.
- Erneuter Verbindungsaufbau im Falle eines Fehlers, zum Beispiel Signalverlust.
- Abbau der AAL-1-Verbindung.
- Beobachtung des konstanten Bitstroms am Eingangsport.
- Beobachtung des Zugangs zur ATM-Schicht, um zu überprüfen, ob Zellen weggeworfen wurden.

Der Segmentation and Reassembly Sublayer (SAR) ist von der Bitrate unabhängig. Er nimmt die ankommenden Bit und fasst sie zur Nutzlast zusammen. Neben den Daten gehen Overhead-Informationen in die Nutz-last ein, aufgrund derer die ATM-Adaptionsschicht der Zielstation den Bitstrom exakt rekonstruieren kann.

SN

Das erste Bit der Sequenznummer ist das Convergence Sublayer Indication Bit, das den Takt an der Empfangsstation erzeugt. Die Sequenznummer (3 Bit) nummeriert die Zellen.

SNP

Das Sequenznummernfeld (SNP) dient zur Überprüfung der Reihenfolge der Zellennutzlast.

AAL-Diensttyp 2

Der AAL-Diensttyp 2 unterstützt Dienste der Klasse B, d.h. zeitkontinu-ierliche Daten mit variabler Bitrate. Er ist noch nicht vollständig defi-niert.

SN

Das erste Bit der Sequenznummer ist das Convergence Sublayer Indication Bit, das den Takt an der Empfangsstation erzeugt. Die Sequenznummer (3 Bit) numeriert die Zellen

IT

Definiert den jeweiligen Informationstyp. Folgende Werte wurden bisher definiert:

BOM	Beginn of Message
COM	Continuation of Message
EOM	End of Message

SAR PDU Payload

Enthält die eigentlichen Daten der AAL2 Zelle.

LI

Definiert die Länge der AAL2 Meldung.

CRC

Dient zur Fehlerprüfung der gesamten Zelle.

AAL 3/4

Der AAL-Diensttyp 3/4 dient der Übertragung von Datendiensten der Klasse C und D. Er passt Datenpakete bzw. Datenrahmen an ATM-Zellen an. Er arbeitet auf der Eingangsseite wie eine strukturierte Dateneinheit (zum Beispiel Datenrahmen), wobei diese sehr lang sein kann. Die Rahmen werden in 48 Byte große Nutzlasteinheiten segmentiert und dann der ATM-Schicht übergeben. Der AAL-Diensttyp 3/4 kann Datenrahmen bzw. Datenpakete variabler Länge bis 65.535 Byte transportieren. Der AAL-Diensttyp 3/4 besteht aus zwei Teilen:

- ▸ Dienstspezifischer Teil
  - ▸ Der dienstspezifische Teil des AAL-Diensttyps 3/4 besteht aus einem Service Access Point (SSP), der dem Nutzer zusätzliche Funktionen bereitstellt. Die Benutzung des SSP ist nicht zwingend. Der SSP ist inaktiv, solange er nicht per Software aktiviert wird. Die SSP-Funktionen wurden bisher nicht vom ATM-Forum spezifiziert.
- ▸ Genereller Teil
  - ▸ Der allgemeine Teil des AAL-Dienstes 3/4 hat die Aufgabe, bitorientierten Datenverkehr variabler Länge sequentiell zu übertragen. Die Funktionen des generellen Teils wurden in die beiden Unterfunktionen des Common Part Convergence Sublayer (CPCS) und des Segmentation and Reassembly Sublayer aufgeteilt. Beide arbeiten bei der Umwandlung von ankommenden Datenrahmen in Nutzlasteinheiten zusammen.

Der Common Part Convergence Sublayer überprüft die Protokolldaten-einheiten auf Fehler und falsche Zusammenstellung. D.h. der AAL-Diensttyp 3/4 registriert das Vorhandensein von Fehlern in der übertra-genen Information. Allerdings werden die Fehler nicht korrigiert, auch als fehlerhaft erkannte Rahmen und Zellen werden nicht erneut über-tragen. Die Protokollrahmen werden dem Convergence Sublayer zur Vorbereitung für die ATM-Schicht übergeben. Der sendende CS-Layer fügt dem Protokollrahmen Header und Trailer hinzu, damit die CS auf der Empfangsseite den Originalrahmen rekonstruieren und eventuelle Fehler erkennen kann. Im Falle eines Fehlers wird zwar keine Neuüber-tragung der fehlerhaften Zelle oder des fehlerhaften Rahmens veran-lasst, aber es besteht eine Corrupted Delivery Option, d.h. die Applika-tion kann fehlerhafte Daten annehmen.

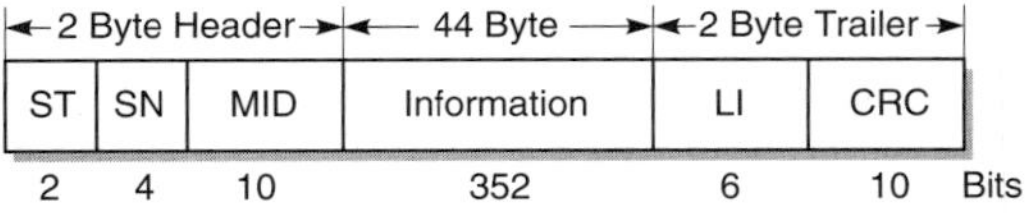

← 2 Byte Header →		← 44 Byte →	← 2 Byte Trailer →	
ST	SN	MID	Information	LI	CRC
2	4	10	352	6	10 Bits

Abbildung 11.4: AAL 3/4 SAR PDU

ST

Definiert den jeweiligen Segmenttyp. Folgende Werte wurden bisher de-finiert:

Segment Typ	Wert	Bedeutung
BOM	10	Beginn of Message
COM	00	Continuation of Message
EOM	01	End of Message
SSM	11	Single Segment Message

SN

Das erste Bit der Sequenznummer ist das Convergence Sublayer Indication Bit, das den Takt an der Empfangsstation erzeugt. Die Sequenznummer (3 Bit) numeriert die Zellen

MID

Mit Hilfe des AAL 3/4 Datenformats können mehrere Verbindungen über einen ATM-Link gemultiplext werden. Die Multiplex Identification dient zur eindeutigen Identifikation des jeweiligen Datenstroms.

Information

Enthält die eigentlichen Daten der AAL3/4 Zelle

LI

Der Length Indicator definiert die Länge der AAL3/4 Meldung.

CRC

Dient zur Fehlerprüfung der gesamten Zelle.

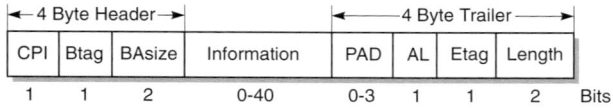

Abbildung 11.5: AAL 3/4 CS PDU

CPI

Der Common Part Indicator definiert die Einheiten der Felder Basize und Length. Der Wert 0 bedeutet immer, dass diese Felder in der Einheit Byte dargestellt werden.

Btag

Der Beginning Tag hat den gleichen Wert wie der End Tag der selben CS-PDU und dient zur eindeutigen Erkennung der Informationen.

Basize

Die Buffer Allocation Size entspricht im Message-Modus der Größe des Längenfelds. Nur im Streaming-Modus ist die Buffer Allocation Size größer als das Längenfeld.

Information

Enthält ein variables Informationsfeld mit bis zu 40 Byte Länge.

PAD

Das 3 Byte lange PAD-Feld enthält die Füllbits um das Informationsfeld auf eine Lange von 32 Bit aufzufüllen.

AL

Das Alignment Byte (Wert = 00) füllt das Paket auf.

Etag

Der Ending Tag hat den gleichen Wert wie der Beginning Tag der selben CS-PDU und dient zur eindeutigen Erkennung der Informationen.

Length

Definiert die Länge der in der Zelle transportierten Informationen.

AAL 5

Der AAL-Diensttyp 5 ist dem AAL-Diensttyp 3/4 sehr ähnlich. Wie dieser ist er in einen dienstspezifischen und in einen allgemeinen Teil gegliedert. Die Hauptunterschiede sind in der Funktionsweise der SAR-Teilschicht und in der Vermeidung von Overhead auf dieser Teilschicht zu sehen. Der AAL-Diensttyp 3/4 basiert auf einem sehr komplexen Protokoll, das signifikanten Overhead auf der SAR-Teilschicht erzeugt. Jede Nutzlast beinhaltet 4 Byte SAR Overhead. Außerdem führt der AAL-Diensttyp 3/4 für jede Zelle eine Fehlerprüfung durch. Im Gegensatz hierzu stellt der AAL-Diensttyp 5 ein weit einfacheres Adaptionsverfahren bereit. Der AAL-Diensttyp 5 fügt der CPCS PDU zum Beispiel nur am Ende eine Information bei, die sicherstellt, dass auf der gegenüberliegenden CPCS-Seite das Originalformat wiederhergestellt werden kann. Auch lässt die SAR-Schicht beim AAL-Diensttyp 5 nicht ihren eigenen Overhead mit in den Nutzlastteil einfließen. Des weiteren prüft der AAL-Diensttyp 5 nicht jede einzelne Nutzlast auf Fehler, sondern nur die gesamte CPCS PDU. Weiterhin verursacht der Diensttyp AAL 3/4 Overhead bei der Verarbeitung der Nutzlast, zum Beispiel bei der Feststellung der Nutzlastlänge bzw. der Länge der Nutzerinformation innerhalb des Nutzlastteils der Zelle. Hier entsteht zusätzliche Overhead-Information, die benötigt wird, da die AAL 3/4-SAR bestimmen muss, ob die ihr präsentierte Information den gesamten Nutzlastteil füllt oder nicht. Die AAL 5-SAR verlässt sich auf die CPCS-Schicht und darauf, dass sie ihr CPCS PDUs übergibt, die exakt durch 48 teilbar sind. In diesem Fall ist eine Segmentierung ohne signifikanten Overhead möglich, da die CPCS PDU genau 48 Byte oder ein Mehrfaches von 48 groß ist. Die SAR-Teilschicht von AAL-Diensttyp 5 nimmt die ersten 48 Byte der CPCS PDU und gibt sie zusammen mit der notwendigen Verbindungsinformation (SDU-Typ, Cell Loss Priority) an die ATM-Schicht weiter. Danach verfährt sie mit den nächsten 48 Byte in der gleichen Weise. Eine Berechnung des Nutzlastteils bzw. des Informationsanteils der Nutzlast ist nicht notwendig. Durch dieses vereinfachte Verfahren entsteht weit weniger Overhead als beim AAL-Diensttyp 3/4.

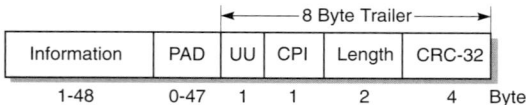

Abbildung 11.6: AAL 5 CS PDU

Information

Das bis zu 48 Bit lange Informationsfeld enthält die eigentlichen Daten der AAL5-Zelle.

PAD

Das Pad-Feld dient zum Auffüllen der Zelle auf die minimale Größe und ist abhängig von der Länge des Informationsfelds.

UU

Mit Hilfe des User-to-User Flags wird signalisiert, daas ein Byte an User-Information übermittelt wird.

CPI

Der Common Part Indicator enthält ein Füllbyte (Wert = 0) und wird in Zukunft für das Layer Management verwendet.

Length

Definiert die Länge des Informationsfelds.

CRC-32

Enthält die Prüfsumme die aus folgenden Feldern gewonnen wird: Information, PAD, UU CPI und Length.

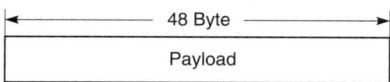

Abbildung 11.7: AAL 5 SAR PDU

User-to-User Interface (UNI)

Die Teilnehmer-Netz-Signalisierung im ATM stellt die für den Auf- und Abbau von Verbindungen notwendigen Prozeduren an der UNI-Schnittstelle zur Verfügung.

UNI 3.0

UNI 3.0 ist eine Erweiterung der UNI-Spezifikation 2.0. Die wichtigste Ergänzung war die Definition von Verkehrskontrollen bei Verkehrsspitzen und die Gewährleistung des Betriebs über bestehende Übertragungssysteme. Dem AAL CS wurde eine Verkehrssteuerinformation, das Service-specific Connection-Oriented Protocol (SSCOP), hinzugefügt, was sich im Betrieb aber als wenig hilfreich erwies. Im Jahr 1993 modifizierte die ITU-T die bestehende Version des Q.93B-Signalisierungsprotokolls, und das ATM-Forum stimmte im Gegenzug die UNI 3.0 auf diese Spezifikation ab. So entstand UNI 3.1.

UNI 3.1

In UNI 3.1 wurde die Verbindungsinitialisierung des ATM-Forums auf die ITU-T Q.93B-Empfehlung abgestimmt, so dass Kompatibilität zwischen beiden Definitionen gewährleistet ist. Da UNI 3.0 auf dem ITU-T SSCOP-Protokoll und UNI 3.1 auf der ITU-T-Q.29X0-Spezifikation basiert, ist keine Rückwärtskompatibilität zwischen den beiden UNI-Versionen möglich.

Das UNI-Protokoll hat folgende Funktion:

- Dynamische Verbindungsallokation (SVC)
- Punkt-zu-Punkt-Verbindungen
- Punkt-zu-Mehrpunkt-Verbindungen
- Client-Registrierungsprozess
- Unterstützung von ATM-Transportdiensten der Klassen X, A und C
- Einrichten von Virtual Connection Identifiers
- Öffentliche und private UNI-Adressen
- Separater Signalisierungskanal und Signalisierungsfunktionen
- Fehlererkennung

Die UNI-Signalisierung umfasst die Signalisierungsfunktionen, die für den Aufbau von dynamischen Punkt-zu-Punkt- und Punkt-zu-Mehrpunkt-Verbindungen benötigt werden. Jede Verbindung durch das ATM-Netz wird auf Basis von Verbindungsparametern aufgebaut. Die Parameter charakterisieren den vom ATM-Netz angeforderten Dienst-Level sowie den Endpunkt der Verbindung. Die Parameter werden durch den Service Requestor in Form von Steuernachrichten umgesetzt. Die sog. Congestion Control Messages dienen dazu, dem Netz und dem Endpunkt der Verbindung die Service-Parameter mitzuteilen.

Signalisierungsfunktionen

Für den Aufbau einer Punkt-zu-Punkt-Verbindung werden folgende Steuernachrichten benötigt: SETUP, Connect, Call Proceeding und Connect Acknowledgement. Die Meldungen, die zum Aufbau einer Verbindung benötigt werden, nennt man RELEASE und RELEASE COMPLETE Messages. Andere an der UNI verfügbare Meldungen sind STATUS ENQUIRY und STATUS. Die ATM-Verbindung wird anhand der VPI/VCI-Kombination überwacht. Der VPI-Wert identifiziert eine virtuelle Pfad-, der VCI-Wert eine virtuelle Kanalverbindung. Das Ziel einer Verbindung ist, bestimmte Einrichtungen der Quellstation der gegenüberliegenden Empfangsstation mitzuteilen, z.B.

- ATM-Adaptationsschicht
- ATM-Schicht
- VPI/VCI-Werte
- physikalischer Port
- angeforderter Service

Auf Basis dieser Parameter werden Beziehungen zwischen den in den Übertragungsvorgang involvierten End- und Durchgangssystemen aufgebaut mit dem Ziel, den Informationsfluss über die physikalischen Einrichtungen des ATM-Netzes sicherzustellen. Durch Benutzung von VPI/VCI-Werten kann ein Vermittlungssystem eine logische Verbindung für den Informationstransport zur Zieleinrichtung aufbauen. Das ATM-Netz benutzt diese Parameter zur Gewährleistung des angeforderten Service-Levels und der Verbindungscharakteristika.

7	6	5	4	3	2	1	0
Protocol Discriminator (9 für Q.2931 Messages)							
0	0	0	0	Length of call Ref Value			
Flag	Call Reference Value						
Call Reference Value							
Call Reference Value							
Message Type							
Message Type							
Message Length							
Message Length							
Variable Length Information							

Abbildung 11.8: ATM Signalling Message Struktur

Protocol Discriminator
Dient zur Unterscheidung zwischen User-Network-Call Messages und anderen Informationen.

Call Reference Value
Für jede ATM Verbindung wird eine eindeutige Call Referenznummer vergeben. Dieser Wert wird vom lokalen User Network Interface ausgewertet.

Message Type
Mit Hilfe des Message Typs werden die einzelnen Meldungen genauer spezifiziert. Folgende Festlegungen wurden bisher getroffen:

- ‣ Call Proceeding
- ‣ Connect
- ‣ Connect Acknowledge

- ‣ Setup
- ‣ Release
- ‣ Release Complete
- ‣ Restart
- ‣ Restart Acknowledge
- ‣ Status
- ‣ Status Enquiry
- ‣ Add Party
- ‣ Add Party Acknowledge
- ‣ Add Party Reject
- ‣ Drop Party
- ‣ Drop Party Acknowledge

Message Length
Beschreibt die Länge der gesamten Message.

Information Elements (IE)
In einer UNI-Message werden unterschiedliche Informationselemente übermittelt. Folgende Die UNI Informationselemente wurden festgelegt:

- ‣ Cause
- ‣ Call State
- ‣ Endpoint Reference
- ‣ Endpoint State
- ‣ AAL Parameter
- ‣ ATM User Cell Rate
- ‣ Connection Identifier
- ‣ Quality of Service Parameter
- ‣ Broadband High Layer Information
- ‣ Broadband Bearer Capacity
- ‣ Broadband Low Layer Information
- ‣ Broadband Locking Shift
- ‣ Broadband Sending Complete
- ‣ Broadband Repeat Indicator

▸ Calling Party Number
▸ Calling Party Subaddress
▸ Called Party Number
▸ Called Party Subaddress
▸ Transit Network Selection
▸ Restart Indicator

UNI 4.0

Die UNI-Version 4.0 bringt wesentliche Änderungen in der Signalisierung von QoS-Parametern und im Verkehrsmanagement. Dies sind:

▸ Verbindungsteilnahme einer Leave-Station

UNI 3.1 erlaubt es einem Leave-Teilnehmer nicht, an einer Punkt-zu-Mehrpunkt-Verbindung teilzunehmen. Nur der Root-Teilnehmer konnte dies durch eine ADD PARTY Message veranlassen. Mit UNI 4.0 ist es möglich, dass eine Leave-Station selbst initiiert, dass sie an einer bestehenden Punkt-zu-Mehrpunkt-Verbindung teilnehmen kann.

▸ ABR-Signalisierung

UNI 4.0 definiert die Signalisierungprozeduren, die für ABR-Services auf Punkt-zu-Punkt-Verbindungen benötigt werden.

▸ ATM Anycast

ATM Anycast erlaubt es den ATM-Teilnehmern, Punkt-zu-Punkt-Verbindungen zu einem ATM-Endsystem, das Mitglied einer ATM-Gruppe ist, aufzubauen. Der Teilnehmer, der die Verbindung aufbaut, benutzt die Gruppenadresse in seiner Setup Message.

▸ Proxy-Signalisierung

Ein Teilnehmer, Proxy Signaling Agent (PSA) genannt, kann für einen anderen Teilnehmer, der keine Signalisierungsfunktion im ATM hat, die Signalisierung vornehmen. Beispielsweise können so einem Server, der mehrere physikalische ATM-Verbindungen mit der gleichen ATM-Adresse hat, Signalisierungsfunktionen bereitgestellt werden. Der Vorteil ist, dass die Teilnehmer den Server über mehrere Verbindungen erreichen, d.h. einen Bandbreitenvorteil haben, und dabei immer die gleiche einheitliche Adresse nutzen können.

‣ ATM-Gruppenadressierung

UNI 4.0 definiert Gruppenadressen, die mehr als ein Endsystem identifizieren. Endsysteme können Mitglieder entweder keiner oder mehrerer Gruppen sein. Ein Beispiel für eine ATM-Gruppe sind mehrere Server, die den gleichen Dienst im ATM-Netz bereitstellen.

‣ Virtuelle UNIs

Über virtuelle UNIs können mehrere Nutzer über eine einzelne physikalische UNI versorgt werden. Jeder Nutzer ist einem oder mehreren VPCs zugeordnet, während ein Cross-connect VPC dazu dient, die VPCs der Nutzer vor dem Switch zusammenzufassen. Die Nutzer müssen festgelegte Signalisierungskanäle benutzen (VPI=0 und VCI=5 für UNI oder 16 für ILMI). Der Switch hat eine Übersetzungstabelle, um den Signalisierungskanal eines Nutzers dem Cross-connect VPC anzupassen.

Verkehrsmanagement für UNI 4.0

Das Traffic Management (TM) 4.0 definiert die Verkehrsmanagementanforderungen in einem ATM-Netz mit dem Ziel, Überlast zu verhindern. TM 4.0 beschreibt die ATM-Service-Architektur, die Quality of Services auf der ATM-Schicht, Verkehrsvereinbarungen sowie die Verkehrsmanagement-Funktionen und -Abläufe.

ABR in 4.0

Wird der ABR-Service benutzt, müssen die Endsysteme über Traffic Shaping Überlast verhindern. Ein Endsystem verhandelt dabei den Spitzenwert der Zellenrate (Peak Cell Rate, PCR) und optional die maximale Zellenrate (Maximum Cell Rate, MCR), d.h. die Rate, die der Sendestation erlaubt ist, zu senden. Eine Sendestation, die den ABR-Service nutzt, passt den Sendevorgang laufend über dynamisches Traffic Shaping an die ständigen Kapazitätsveränderungen der Netzressourcen an. Dynamisches Traffic Shaping basiert auf Informationen aus dem Netz, die über sog. Resource Management Cells übermittelt werden. TM 4.0 definiert die Struktur und den Inhalt der RM-Zellen. Ein sendendes Endsystem kann die Mindestzellenrate, die sog. Minimum Cell Rate (MCR), aushandeln. Ist die ausgehandelte MCR nicht gleich null, werden in dem Umfang, wie die MCR ausgehandelt wurde, Ressourcen fest garantiert. Die Sendestation schickt RM-Zellen an die Zielstation. Die Zielstation fügt den RM-Zellen die benötigten Informationen hinzu und sendet sie zurück. Auf Basis dessen wird die erlaubte Zellenrate, die sog. Allowed Cell Rate (ACR), kalkuliert. Die ACR ist die Rate, bei der die Sendestation senden darf. Eine Zielstation oder ein Switch kann zu jeder Zeit RM-Zellen aussenden, um die ACR neu auszuhandeln. Die RM-Zellen können durch den Switch, sofern notwendig, modifiziert werden. Dadurch ist es möglich, die erlaubte ACR an die zur Verfügung stehenden Ressourcen anzupassen.

Services und QoS in UNI 4.0

TM 4.0 definiert die folgenden Service-Klassen:

Constant Bit Rate (CBR)

- ‣ Der CBR-Service wird für Applikationen mit konstanter Datenrate benutzt, wie Sprachdienste.
- ‣ Real-Time Variable Bit Rate (rt-VBR)
    - ‣ rt-VBR-Services werden von Echtzeitapplikationen benutzt, die bestimmte Verzögerungsbedingungen von der Sende- zur Empfangsstation benötigen. rt-VBR-Verbindungen sind durch folgende Parameter charakterisiert: Peak Cell Rate (PCR), Sustainable Cell Rate (SCR), Maximum Burst Size (MBS) und Maximum Cell Transfer Delay (MaxCTD).
- ‣ Non Real-time VBR-Services (nrt-VBR)
    - ‣ Nrt-VBR-Services werden von Nicht-Echtzeitapplikationen benutzt, z.B. File Transfer. nrt-VBR-Verbindungen sind durch folgende Parameter charakterisiert: PCR, SCR und MBS. Applikationen, die den nrt-VBR-Service nutzen, erwarten geringe Zellenverluste; Verzögerungsbedingungen sind nicht an den nrt-VBR-Service gebunden.

- Unspecified Bit Rate (UBR)
  - UBR-Services werden von Applikationen benutzt, die keine Echt-zeitanforderungen haben und variable Bitraten aussenden. Der UBR-Service nutzt den PCR-Parameter zur Anzeige.
- Available Bit Rate (ABR)
  - ABR wird auf Verbindungen eingesetzt, auf denen die Bitrate nach dem Verbindungsaufbau dynamisch angepasst werden kann. Ein Flusssteuerungsmechanismus definiert die dynami-schen Veränderungen über RM-Zellen. Die Parameter, die den ABR-Service charakterisieren, sind PCR und MCR.

Rate Management (RM)

Wird der Available Bit Rate Service (ABR) benutzt, müssen die Endsys-teme über die Traffic Shaping-Funktionen eine Überlast verhindern. Ein Endsystem verhandelt dabei den Spitzenwert der Zellenrate (Peak Cell Rate, PCR) und optional die maximale Zellenrate (Maximum Cell Rate, MCR), d.h. die Rate, die der Sendestation erlaubt ist, zu senden. Eine Sendestation, die den ABR-Service nutzt, passt den Sendevorgang lau-fend über dynamisches Traffic Shaping an die ständigen Kapazitätsver-änderungen der Netzressourcen an. Dynamisches Traffic Shaping basiert auf Informationen aus dem Netz, die über sog. Resource Management Cells übermittelt werden. TM 4.0 definiert die Struktur und den Inhalt der RM-Zellen. Ein sendendes Endsystem kann die Mindestzellenrate, die sog. Minimum Cell Rate (MCR), aushandeln. Ist die ausgehandelte MCR nicht gleich null, werden in dem Umfang, wie die MCR ausgehandelt wurde, Ressourcen fest garantiert. Die Sendestation schickt RM-Zellen an die Zielstation. Die Zielstation fügt den RM-Zellen die benötigten In-formationen hinzu und sendet sie zurück. Auf Basis dessen wird die erlaubte Zellenrate, die sog. Allowed Cell Rate (ACR), kalkuliert. Die ACR ist die Rate, bei der die Sendestation senden darf. Eine Zielstation oder ein Switch kann zu jeder Zeit RM-Zellen aussenden, um die ACR neu auszuhandeln. Die RM-Zellen können durch den Switch, sofern notwendig, modifiziert werden. Dadurch ist es möglich, die erlaubte ACR an die zur Verfügung stehenden Ressourcen anzupassen.

ATM Header: VCI = 6 und PTI = 110 (5 Byte)
RM Protocol Identifier (1 Byte)
Message Type
ER (2 Byte)
CCR (2 Byte)
MCR (2 Byte)
QL (4 Byte)
SN (4 Byte)
Reserved (30 Byte)
Reserved (6 Byte + CRC 10 (10 Byte)

Abbildung 11.9: RM Zelle

RM Protocol Identifier
Der Protokoll-Identifikator wird bei den ABR-Services immer auf den Wert = 1 gesetzt.

Message Type
Definiert den betreffenden Typ der Meldung. Folgende Werte wurden bisher definiert:

Bit	Name	Beschreibung
8	DIR	Beschreibt die Richtung der RM-Zelle 0= Forwärts; 1 = Rückwärts.
7	BN	BECN; 0= Source wird generiert; 1 = Netzwerk wird generiert.
6	CI	Congestion Indication; 0= keine Überlast; 1= Überlast.
5	NI	No Increase; 1= Der ACR Wert darf nicht erhöht werden.
4	RA	Wird nicht genutzt.

ER
Beschreibt die explizite Datenrate.

CCR
Beschreibt die momentane Zell-Rate.

MCR
Definiert die minimale Zell-Rate.

QL
Wird nicht genutzt.

SN
Wird nicht genutzt.

ATM-Adressen

Der Aufbau der ATM-Adresse, wie sie vom ATM-Forum vorgeschlagen wurde, folgt dem Format für den OSI Network Service Access Point (ISO 8348). Drei Formate sind möglich:

‣ Data Country Code (DCC): Der Länderkode gibt an, in welchem Land der Adressteilnehmer gemeldet ist.

‣ International Code Designator (ICD): Kennung derjenigen Institution, die für die Adressregistrierung zuständig ist.

‣ E.164-Adresse: ISDN-Rufnummernplan, der international festgelegt ist.

Einrichtungen in öffentlichen Netzen unterstützen entweder eine enkapsulierte Adresse oder eines der drei oben genannten Adressformate. Eine ATM-Einrichtung muss in der Lage sein, jede andere ATM-Einrichtung, die eines der erlaubten Formate benutzt, zu erkennen.

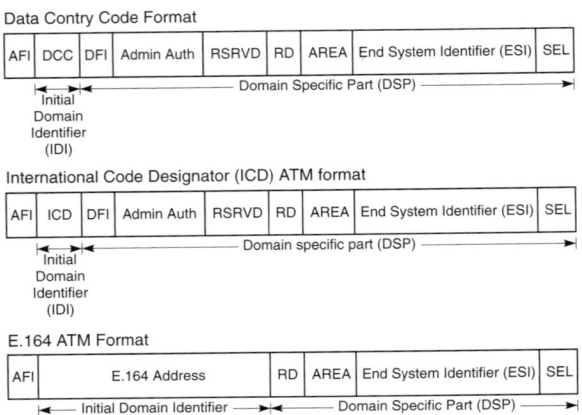

Abbildung 11.10: ATM Adressformate

Die ATM-Adresse besteht aus zwei Teilen: dem Nutzerteil und dem Netzteil. Der Nutzerteil der Adresse setzt sich aus dem End System Identifier (ESI) und dem Selector Field (SEL) zusammen. Der Netzteil besteht aus dem Authority Format Identifier (AFI), Administrative Authority, Routing Domain und den Area Fields. Der Nutzerteil einer Adresse ist grundsätzlich nur einmal im ATM-Netz vorhanden. Die Prozedur für die Adressregistrierung wird durch das Interim Local Management Interface ausgelöst, indem es über die UNI-Schnittstelle Informationen über das Netz schickt. Adressinformationen werden bei der Initialisierung und dynamisch auf Anfrage ausgesandt. Bei Unterbrechung einer UNI-Verbindung werden die Adressinformationen vom Netz genommen. Während des Austausches der Adressinformationen erstellt die ATM-Einrichtung im Endpunkt den Nutzerteil der Adresse. Das Netz bzw. das Vermittlungssystem fügt den Netzteil für diese Endeinrichtung hinzu. Das Netz kann den vom Endpunkt hinzugefügten Teil der Netzadresse akzeptieren oder ablehnen. Umgekehrt kann die Endeinrichtung das vom Netz vorangestellte Präfix akzeptieren oder ablehnen. Nach Beendigung des Adressregistrierungsprozesses stehen sowohl dem Netz als auch der Endeinrichtung die notwendigen Informationen für einen Verbindungsaufbau zur Verfügung.

Private Network-Network Interface (PNNI)

Das Private Network-Network Interface (PNNI) ist das Protokoll, mit dem ATM-Vermittlungsknoten in privaten ATM-Netzen untereinander kommunizieren. PNNI ermöglicht den Aufbau von heterogenen ATM-Netzen und ist die Voraussetzung dafür, dass ATM-Knoten unterschiedlicher Hersteller miteinander kommunizieren können. PNNI erlaubt auch, dass die Connection Management Systeme der verschiedenen Hersteller Daten miteinander austauschen und virtuelle Wählverbindungen zwischen den unterschiedlichen privaten Vermittlungssystemen aufbauen können.

- PNNI Phase 0, auch als Interim Interswitch Signalling Protocol (IISP) bekannt, wurde Mitte 1995 standardisiert. IISP beschränkt sich auf statisches Routing zwischen den ATM-Vermittlungsknoten und ist deshalb in großen Netzen nur bedingt verwendbar.
- PNNI Phase 1 ist ein Link State Protocol, das den Aufbau sehr großer ATM-Netze ermöglicht. Es wurden zwei Protokolle definiert: das Topologie-Protokoll zur Verteilung der Informationen über die Netztopologie an die einzelnen Teilnehmer und ein Signalisierungsprotokoll für den Verbindungsaufbau zwischen den Vermittlungssystemen. Das Signalisierungsprotokoll basiert auf der UNI-Definition und wurde um Routing-Funktionen erweitert.

PNNI (Private Network-Network Interface) ist ein dynamisches, hierarchisches Link State Routing-Protokoll, das zur Bildung großer ATM-Netze eingesetzt wird. Außerdem definiert es die Signalisierungsanforderungen zum Aufbau von Punkt-zu-Punkt- und Punkt-zu-Mehrpunkt-Verbindungen über das ATM-Netz. Durch die Verteilung der Topologie-Informationen, die auf der ATM-Adressstruktur aufbauen, erhält jedes private Vermittlungssystem einen Überblick über den hierarchischen Aufbau des gesamten ATM-Netzes. Auf Basis dieser Informationen können Ende-zu-Ende-Verbindungen durch das Netz berechnet werden.

PNNI ermöglicht den Aufbau von heterogenen ATM-Netzen und ist die Voraussetzung dafür, dass ATM-Knoten unterschiedlicher Hersteller miteinander kommunizieren können. Darüber hinaus erlaubt PNNI, dass die Connection Management Systeme der verschiedenen Hersteller Daten miteinander austauschen und virtuelle Wählverbindungen zwischen den unterschiedlichen privaten Vermittlungssystemen aufbauen. Ohne die hierarchische Natur des PNNI-Protokolls müsste jeder einzelne ATM-Vermittlungsknoten die gesamten Topologiedaten des Netzes kennen, speichern und pflegen. Die Aneignung dieser Topologiedaten und ihre konstante Pflege sowie die Aneignung der Information, wie jeder Knoten im Netz erreichbar ist (Erreichbarkeitsinformation), würde sehr viel unnötigen Verkehr generieren und Bandbreite ginge verloren. Die hierarchische Natur von PNNI reduziert diesen Verkehrs-Overhead wesentlich. Wie OSPF (Open Shortest Path First) ist PNNI ein hierarchisches Link-State-Routing-Protokoll, das Vermittlungssysteme in logische Gruppen, Peer Groups genannt, zusammenfasst. Eine Peer Group (PG) ist eine Ansammlung logischer Knoten (unter einem logischen Knoten versteht man die abstrakte Repräsentation eines Vermittlungssystems als ein Punkt im Netz), von denen jeder Informationen mit anderen Mitgliedern in der PG austauscht, so dass alle Mitglieder das gleiche Bild bzw. Wissen über ihre eigene und andere Peer Groups haben.

Die PNNI-Knoten tauschen Datenbankinformationen über PNNI Topology State Elements (PTSEs) untereinander aus. PTSEs beinhalten Topologie-Charakteristika (zum Beispiel ob eine bestimmte Verbindung unterstützt wird), die aus dem Status der Verbindung oder des Knotens gewonnen werden (zum Beispiel Verfügbarkeit). PNNI gehört zu der Art von Link State Routing-Protokollen, bei der die Topologie-Information für die Wegeauswahl in der Datenbank enthalten ist. In der Topologie-Datenbank jedes Knotens sind diejenigen PTSEs gesammelt, die der Knoten kennt, und zwar in der Darstellung, wie dieser Knoten zu diesem Zeitpunkt die Routing Domain sieht.

Packet Type	Packet Length	Prot Ver	Newest Ver	Oldest Ver	Reserved	
2	2	1	1	1	1	Byte

Abbildung 11.11: PNNI-Header

Packet Type
Definiert den jeweiligen Pakettyp. Folgende Definitionen wurden bisher getroffen:

- Hello
  - Werden von jedem Knoten zur Identifikation von Nachbarknoten die zur gleichen Peer-Gruppe gehören ausgesendet.

- PTSP
  - Mit Hilfe der PNNI Topology State Packets werden zwischen den einzelnen Peer-Gruppen Topologie-Informationen ausgetauscht.
- PTSE
  - Die PNNI Topology State Elements dienen zum Austausch von Topologie-Parametern (z.B. aktive Links, verfügbare Bandweite).
- Database Summary
  - Wird beim Austausch von Datenbank-Informationen zwischen zwei benachbarten PNNI-Peers verwendet

Packet Length
Beschreibt die Gesamtlänge des Pakets.

Prot ver
Beschreibt die aktuell verwendete Protokollversion.

Newest/Oldest ver
Beschreibt die neueste und älteste Protokollversion, die ein PNNI-Knoten bearbeiten kann.

Interim Local Management Interface (ILMI)

Das Interim Local Management Interface ist Teil der UNI-3.1-Spezifikation und berichtet den Status des Netzes und der Netzeinrichtungen an die Netzmanagementeinheit. ILMI nutzt eine fest definierte virtuelle Verbindung der ATM-UNI, um zwischen Switches und mit Managementapplikationen über SNMP zu kommunizieren. ILMI kann nur Schnittstellen zwischen Netzen überwachen; die Spezifikation unterstützt kein Ende-zu-Ende-Management über Netze hinweg. Die UNI-Schnittstelle hat eine Managementeinheit (UME), welche die an der UNI anfallenden Informationen über den Netzstatus und den Status der Einrichtungen weiterleitet. Das Interim Local Management Interface unterstützt den Austausch von Informationen mit anderen UNI-Managementeinheiten in Hin- und Rückrichtung. Die Informationen an den UNI-Manage-menteinheiten können Informationen mit der Bitübertragungsschicht und der ATM-Schicht austauschen. Das Interim Local Management Interface baut auf einer Management Information Base (MIB) in Minimal-form auf. Jede UNI-Schnittstelle muss mit einem entsprechenden Ma-nagementagent ausgerüstet sein. Entsprechend der Festlegung des ATM-Forums muss jede ATM-Einrichtung eine oder mehrere UNI-Schnittstellen unterstützen. Jede UNI-Schnittstelle wiederum muss das Interim Local Management Interface unterstützen. Die ILMI-Funktionen liefern Informationen über:

- Gerätestatus
- Gerätekonfiguration
- Status der Bitübertragungsschicht
- Status der ATM-Schicht
- Virtuelle Pfad-Verbindungen
- Virtuelle Kanal-Verbindungen

Jede UNI-Managementeinheit kann Informationen von der benachbar-ten UNI-Managementeinheit erhalten. Die ILMI-Spezifikation legt nicht fest, welche Informationen an die ATM-Managementeinheit weiterge-geben werden. Die ILMI benutzt das SNMP-Protokoll über AAL 5, um die gesammelten Daten an die Netzmanagementstation weiterzuleiten. Das Simple Network Management Protocol beobachtet folgende Funktionen und Aktionen:

- Die Einkapselung einer SNMP-Mitteilung in den AAL-5-Service.
- Die Reservierung eines VCC für ILMI-Mitteilungen.
- Die Benutzung von VCI 16 für ILMI-Mitteilungen.
- Cell Loss Priority „0" für Mitteilungen des Interim Local Management Interface.
- dass die max. Verbindungsauslastung nicht mehr als etwa 1 Prozent des ILMI-Verkehrs auf der Verbindung überschreitet.

Routerkommunikation über ATM Netzen

Im Reguest for Comments (RFC) 1483 werden die unterschiedlichen Funktionen und Mechanismen beschrieben, die es ermöglichen alle Standardprotokolle via Routern über ein ATM Netzwerk zu übertragen. Dazu stehen auf der unteren Ebene des ATM Protokollstacks folgende Varianten zur Verfügung:

- Multiplexen mehrerer höherer Protokolle über einen ATM Virtual Circuit.
- Übertragung jedes einzelnen Protokolls über einen separaten ATM Virtual Circuit.

Multiplexen mehrerer höherer Protokolle

Bei dieser Methode werden die höheren Protokolle über einen ATM Virtual Circuit gemultiplext. Das jeweilige Protokoll eines Datenpaketes wird durch einen voran gestellten IEEE 802.2 Logical Link Control (LLC) Header gekennzeichnet. Der Asynchronous Transfer Mode (ATM) baut auf der Vermittlung von sogenannten Cells auf und setzt voraus, dass die unterschiedlich langen Dateninformationen der höheren Protokolle in definierte Cell-Längen segmentiert bzw. reassembliert werden. Beim ATM werden die Datenpakete der höheren Protokolle im Payload-Feld der Common Part Convergence Sublayer (CPCS) Protokoll Data Unit (PDU) auf Basis des ATM Adaptation Layer Typ 5 (AAL5) transportiert.

Das AAL5 Frame Format

Unabhängig von der verwendeten Multiplexing Methode werden geroutete oder gebridgete Protokoll Data Units (PDUs) innerhalb der Payload-Feldes eines AAL5 CPCS Datenframes verpakt werden.

Das Format einer AAL5 CPCS-PDU sieht wie folgt aus:

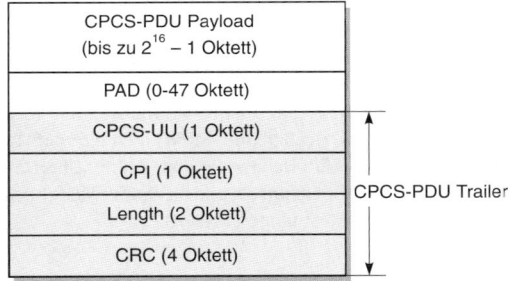

Abbildung 11.12: AAL5 CPCS-PDU Format

Das Payload Feld kann höhere Informationen mit einem maximalen Dateninhalt von bis zu 65535 Oktett enthalten. Mittels des PAD Feldes werden die CPCS-PDUs so angepasst, dass diese genau in die ATM-Cells passen, und sorgt dafür, dass die letzte 48 Oktett lange Cell des SAR Subplayers den CPCS-PDU-Trailer in dieser Cell enthält. Das CPCS-UU-Feld (User to User Information) wird zur transparenten Übertragung von CPSU Benutzerinformationen verwendet. Da dieses Feld keinerlei Funktionen beim Multiprotokoll ATM Encapsulation erfüllt kann es auf jeden beliebigen Wert gesetzt werden. Das CPI-Feld (Common Part Indicator) legt die Länge des CPCS-PDU-Trailers auf 64 Bit fest und sollte in diesem Fall als 0x00 codiert werden. Das Längenfeld definiert die Länge des Payload Feldes in Oktett. Der Maximumwert des Längenfeldes beträgt 65535 Oktett. Wird das Längenfeld mit 0x00 codiert so wird dadurch signalisiert, dass die Abort-Funktion aktiviert ist. Das CRC-Feld erstreckt sich über die gesamte CPCS-PDU, wobei das CRC-Feld ausgeschlossen ist.

LLC Encapsulation

Die LLC Encapsulation-Funktion wird immer dann eingesetzt, wenn mehrere Protokolle auf einen ATM Virtual Circuit (VC) gemultiplext werden. Um sicherzustellen, dass der Empfänger die AAL5 CPCS-PDU auch korrekt bearbeiten kann, muss das Payload-Feld alle Informationen enthalten, die eine eindeutige Identifizierung des jeweiligen Protokolls ermöglichen. Beim LLC Encapsulation wird diese Information im LLC Header codiert. Beim LLC Encapsulation wird das jeweilige geroutete Protokoll durch einen dem eigentlichen Datenpaket vorangestellten IEEE 802.2 LLC Header definiert. Der LLC Header wird durch einen IEEE 802.1a SubNetwork Attachment Point (SNAP) Header ergänzt. Bei der Übertragung im LLC Typ 1 Modus (Unacknowledged Connectionless Mode) besteht der LLC Header aus drei 1 Oktett langen Feldern:

DSAP	SSAP	Ctrl

Abbildung 11.13: LLC Encapsulation

Das Kontroll-Feld (Ctrl) hat dabei immer den Wert 0x03 (Unnumbered Information Command).

Der LLC Header Wert 0xFE-FE-03 definiert das eine geroutete ISO DPU folgt. In diesem Fall sieht das AAL5 CPSC-PDU Payload Feld wie folgt aus:

LLC 0xFE-FE-03
ISO PDU (bis zu 65532 Oktett)

Abbildung 11.14: Payload Format für geroutete ISO PDUs

Das geroutete ISO Protokoll wird durch das 1 Oktett lange NLPID Feld festgelegt. Das NLPID Feld ist Bestandteil der Protokolldaten und die jeweiligen Werte werden durch die ISO bzw. CCITT Gremien festgelegt.

0x00   Null Network Layer

0x80   SNAP

0x81   ISO CLNP

0x82   ISO ESIS

0x83   ISO ISIS

0xCC   Internet IP

Da der NLPID Wert 0x00 keinerlei Bedeutung beim LLC Encapsulation hat, wird diese Form auch nicht in einem ATM Netzwerk verwendet. Obwohl für das Internet-Protokoll (IP) ein eigener NLPID Wert (0xCC) festgelegt ist, wird das IP Protokoll wie alle anderen nicht ISO-Protokolle behandelt und mittels eines SNAP Headers übermittelt. Der SNAP Header wird im LLC Header durch folgende Wertekombination festgelegt: 0xAA-AA-00. Der SNAP Header hat folgendes Format:

Abbildung 11.15: SNAP Header

Der drei Oktett lange OUI (Organizationally Unique Identifier) Wert legt fest, welche Organisation die jeweilige Bedeutung des nachfolgenden zwei Oktett langen Protokoll Identifier (PID) Feldes festlegt. Ein OUI-Wert von 0x00-00-00 definiert, dass das PID-Feld als EtherType-Feld interpretiert wird. Das Format des AAL5 CPCS-PDU Payload-Feldes für Nicht-ISO-Protokolle ist im folgenden Bild dargestellt.

LLC 0xAA-AA-03
OUI 0x00-00-00
EtherType (2 Oktett)
Non-ISO PDU (bis zu 65527 Oktett)

Abbildung 11.16: Payload Format für Routed non-ISO PDUs

Bei der Verwendung eines SNAP Headers und eines nachfolgenden Internet-Protokolles wird das EtherType Feld entsprechend dem Request for Commands (RFC) 1042 auf den Wert 0x08-00 gesetzt.

Weitere EtherType Feld-Werte

dezimal	hexadecimal	
1536	0600	XEROX NS IDP
2048	0800	DOD IP
2052	0804	Chaosnet
2054	0806	ARP
2560	0A00	Xerox IEEE802.3 PUP
2989	0BAD	Banyan Systems
4096	1000	Berkeley Trailer nego
4097	1001-100F	Berkeley Trailer encap/IP
24577	6001	DEC MOP Dump/Load
24578	6002	DEC MOP Remote Console
24579	6003	DEC DECNET Phase IV Route
24581	6005	DEC Diagnostic Protocol
24582	6006	DEC Customer Protocol
32773	8005	HP Probe
32776	8008	AT&T
32783	8019	Apollo Computers
32821	8035	Reverse ARP
32824	8038	DEC LANBridge
32831	803F	DEC LAN Traffic Monitor
32923	809B	Appletalk
32968	80C8-80CC	Intergraph Corporation

dezimal	hexadecimal	
32981	80D5	IBM SNA Service on Ethernet
33011	80F3	AppleTalk AARP (Kinetics)
33023	80FF–8103	Wellfleet Communications
33079	8137–8138	Novell, Inc
33100	814C	SNMP
36864	9000	Loopback

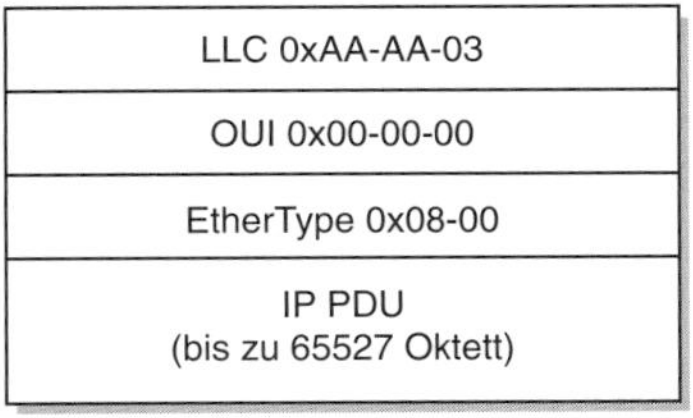

LLC 0xAA-AA-03
OUI 0x00-00-00
EtherType 0x08-00
IP PDU (bis zu 65527 Oktett)

Abbildung 11.17: Payload Format für geroutete IP PDUs

Virtual Circuit (VC) Multiplexing

Beim Virtual Circuit (VC) Multiplexing wird für jedes höhere Protokoll ein separater ATM-Kanal zur Verfügung gestellt. In privaten ATM-Netzen wird das VC Based Multiplexing in Zukunft hauptsächlich eingesetzt werden, da der dynamische Aufbau vieler paralleler ATM-Kanäle schnell vonstatten geht und außerdem sehr ökonomisch ist. Das LLC Encapsulation wird nur da eingesetzt, wo es nicht praktikabel ist, für jedes Protokoll bzw. jede Anwendung einen eigenen separaten Kanal aufzumachen. Die verwendete Multiplexmethode kann entweder manuell konfiguriert (im Falle von PVCs) oder erfolgt beim B-ISDN über eine interne Signalisierungs-Prozedur (im Falle von Switchs VC).

Beim Übertragen von Dateninformationen zwischen zwei ATM-Stationen, bei denen das Virtual Circuit Multiplexing Verfahren eingesetzt wird, werden für jedes höhere Protokoll ein separater Kanal eröffnet. Aus diesem Grund ist es nicht notwendig, die jeweilige Multiplex-Information in das Payload-Feld einer AAL5 CPCS-PDU zu integrieren. Dadurch wird natürlich die belegte Bandbreite auf dem Medium sowie der Verarbeitungsoverhead erheblich reduziert.

Alle höheren Protokolle, die nicht gebridgt werden, werden im Payload-Feld der AAL5 CPCS-PDU übertragen und haben folgendes Format:

```
Carried PDU
(bis zu 65535 Oktett)
```

Abbildung 11.18: Payload Format für geroutete PDUs

Bridging über ATM

Im Request for Comments (RFC) 1483 werden die unterschiedlichen Funktionen und Mechanismen beschrieben, die es ermöglichen Datenpakete mit Hilfe von Layer 2 Komponenten (Switches, Bridges) über ein ATM Netzwerk zu übertragen. Dazu stehen folgende Varianten zur Verfügung:

- Multiplexen mehrerer höherer Protokolle über einen ATM Virtual Circuit.
- Übertragung jedes einzelnen Protokolls über einen separaten ATM Virtual Circuit.

Das AAL5 Frame Format

Unabhängig von der verwendeten Multiplexing Methode werden geroutete oder gebridgte Protokoll Data Units (PDUs) innerhalb der Payload-Feldes eines AAL5 CPCS Datenframes verpackt werden.

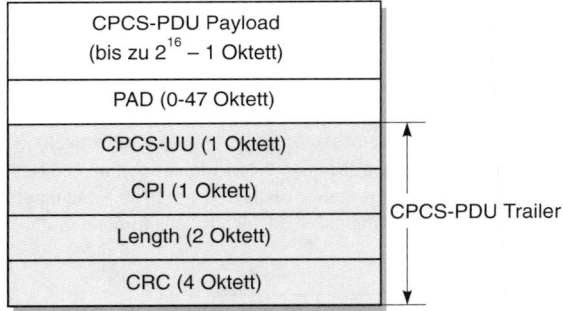

Abbildung 11.19: AAL5 CPCS-PDU Format

Das Payload Feld kann höhere Informationen mit einem maximalen Dateninhalt von bis zu 65535 Oktett enthalten. Mittels des PAD Feldes werden die CPCS-PDUs so angepasst, dass diese genau in die ATM-Cells passen und sorgt dafür, dass die letzte 48 Oktett lange Cell des SAR Subplayers den CPCS-PDU-Trailer in dieser Cell enthält. Das CPCS-UU-Feld (User to User Information) wird zur transparenten Übertragung von CPSU Benutzerinformationen verwendet. Da dieses Feld keinerlei Funktionen beim Multiprotokoll ATM Encapsulation erfüllt kann es auf jeden beliebigen Wert gesetzt werden. Das CPI-Feld (Common Part Indicator) legt die Länge des CPCS-PDU-Trailers auf 64 Bit fest und sollte in diesem Fall als 0x00 codiert werden. Das Längenfeld definiert die Länge des Payload Feldes in Oktett. Der Maximumwert des Längenfeldes beträgt 65535 Oktett. Wird das Längenfeld mit 0x00 codiert so wird dadurch signalisiert, dass die Abort-Funktion aktiviert ist. Das CRC-Feld erstreckt sich über die gesamte CPCS-PDU, wobei das CRC-Feld ausgeschlossen ist.

LLC Encapsulation für gebridgte Netze

Die LLC Encapsulation-Funktion wird immer dann eingesetzt, wenn mehrere Protokolle auf einen ATM Virtual Circuit (VC) gemultiplext werden. Um sicherzustellen, dass der Empfänger die AAL5 CPCS-PDU auch korrekt bearbeiten kann, muss das Payload-Feld alle Informationen enthalten, die eine eindeutige Identifizierung des jeweiligen Protokolls ermöglichen. Beim LLC Encapsulation wird diese Information im LLC Header codiert. Die Daten werden immer als LLC Typ 1 (Unacknowledged Connectionless Mode) übertragen. Der LLC Header aus folgenden drei 1 Oktett langen Feldern:

DSAP = AA	SSAP = AA	Control Feld
1 Byte	1 Byte	1 Byte

Abbildung 11.20: der 802.2 Header

Der LLC Header wird durch einen IEEE 802.1a SubNetwork Attachment Point (SNAP) Header ergänzt. Das jeweilige Datenformat des lokalen Netzes wird über den SNAP Header definiert.

OUI Feld	Typ Feld
3 Byte	1 Byte

Abbildung 11.21: SNAP Header

Beim Einsatz einer Bridging Funktion auf ein ATM Netz werden die folgenden LLC Header Werte verwendet: 0xAA-AA-03. Als Wert des OUI-Feldes wird dabei im SNAP Header der 802.1 Organisationscode 0x00-80-C2 verwendet. Im nachfolgenden PID-Feld wird anhand eines zwei Oktett Codes festgelegt, welche Art des gebridgten Netzes angeschlossen ist. Dazu wurden folgende Werte festgelegt:

Liste aller festgelegten Werte des OUI 00-80-C2 Feldes

mit FCS	ohne FCS	Medium
0x00-01	0x00-07	802.3/Ethernet
0x00-02	0x00-08	802.4
0x00-03	0x00-09	802.5
0x00-04	0x00-0A	FDDI
0x00-05	0x00-0B	802.6
	0x00-0D	Fragmente
	0x00-0E	BPDUs

Darüber hinaus legt das PID Feld fest, ob die Frame Check Sequenz (FCS) des zu übertragenen Originalframes in den ATM Frames mit übernommen wird oder nicht. Nach Bedarf werden nach dem PID Feld PAD (Füll) Informationen eingefügt, um das User Information Feld immer auf ein vier Oktett-Format aufzufüllen. Das AAL5 CPCS-PDU Payload-Feld mit gebridgten Dateninformationen hat folgendes Format:

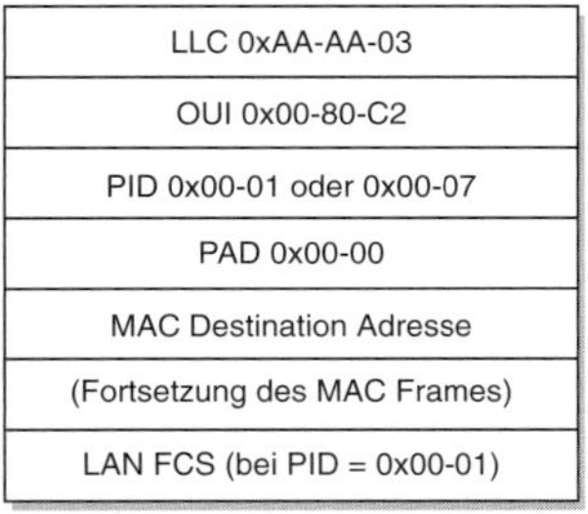

LLC 0xAA-AA-03
OUI 0x00-80-C2
PID 0x00-01 oder 0x00-07
PAD 0x00-00
MAC Destination Adresse
(Fortsetzung des MAC Frames)
LAN FCS (bei PID = 0x00-01)

Abbildung 11.22: Payload Format für gebridgte Ethernet/802.3 PDUs

LLC 0xAA-AA-03
OUI 0x00-80-C2
PID 0x00-03 oder 0x00-09
PAD 0x00-00-XX
Frame Controll (1 Oktett)
MAC Destination Adresse
(Fortsetzung des MAC Frames)
LAN FCS (bei PID = 0x00-03)

Abbildung 11.23: Payload Format für gebridgte 802.5 PDUs

Das 802.5 Access Control Feld (AC) hat keinerlei Bedeutung außerhalb eines lokalen IEEE 802.5 Netzes. Aus diesem Grund wird es behandelt, wie das letzte Oktett des drei Oktett langen PAD Feldes und kann auf jeden beliebigen Wert gesetzt werden.

LLC 0xAA-AA-03
OUI 0x00-80-C2
PID 0x00-04 oder 0x00-0A
PAD 0x00-00-00
Frame Control (1 Oktett)
MAC Destination Adresse
(Fortsetzung des MAC Frames)
LAN FCS (bei PID = 0x00-04)

Abbildung 11.24: Payload Format für gebridgte FDDI PDUs

Virtual Circuit (VC) Multiplexing

Beim Übertragen von Dateninformationen zwischen zwei ATM-Stationen, bei denen das Virtual Circuit Multiplexing Verfahren eingesetzt wird, werden für jedes höhere Protokoll ein separater Kanal eröffnet. Aus diesem Grund ist es nicht notwendig, die jeweilige Multiplex-Information in das Payload-Feld einer AAL5 CPCS-PDU zu integrieren. Dadurch wird natürlich die belegte Bandbreite auf dem Medium sowie der Verarbeitungs-Overhead erheblich reduziert. Das jeweilige Multiplex-Verfahren kann entweder manuell konfiguriert oder beim Verbindungsaufbau durch eine Signalisierungsprozedur dynamisch aktiviert werden.

VC Multiplexing für gebridgte Protokolle

Werden Daten über eine Brücke auf das ATM-Feld übermittelt, so werden diese Informationen ebenfalls in einer AAL5 CPCS-PDU übermittelt. Im Gegensatz zum LLC Encapsulation Verfahren wird nur das PID-Feld in den Header eingefügt. Das PID-Feld definiert anhand eines zwei Oktett Codes, welche Art des gebridgten Netzes angeschlossen ist. Dazu werden die gleichen PID-Feld-Codes wie beim LLC Encapsulation Verfahren verwendet. Das AAL5 CPCS-PDU Payload Feld hat in diesem Fall folgendes Format:

PAD 0x00-00
MAC Destination Adresse
(Fortsetzung des MAC Frames)
LAN FCS (VC abhängig)

Abbildung 11.25: Payload Format für gebridgte Ethernet/802.3 PDUs

PAD 0x00-00-00 oder 0x00-00-XX
Frame Control (1 Oktett)
MAC Destination Adresse
(Fortsetzung des MAC Frames)
LAN FCS (VC abhängig)

Abbildung 11.26: Payload Format für gebridgte 802.4/802.5/FDDI PDUs

BPDU wie von 802.1(d) oder 802.1(g) definiert

Abbildung 11.27: Payload Format für BPDUs

Bei der Übertragung von Dateninformationen von Ethernet, 802.3, 802.4, 802.5 und FDDI Datenpaketen muss vom jeweiligen Kanal (VC) definiert werden, ob die jeweilige LAN Frame Check Sequence (FCS) in die ATM PDU integriert wird oder nicht.

Multiprotocol over ATM (MPOA)

Multiprotocol over ATM (MPOA) ist ein Verfahren zur Übertragung von Daten zwischen Subnetzen in einer LAN-Emulationsumgebung (LANE). MPOA nutzt die Funktionsprinzipien der LANE und des Next Hop Resolution Protocol (NHRP), um Verkehr auf Schicht 3 zwischen Subnetzen über ATM-VCCs übertragen zu können, ohne einen Router für den Übertragungsvorgang zu benötigen. MPOA ermöglicht Bridging und Routing in einer Umgebung mit unterschiedlichen Protokollen, Netztechnologien und virtuellen LANs nach IEEE 802.1. MPOA stellt ein einheitliches Modell zur Verfügung, um die Schicht-3-Protokolle über ein ATM-Netz zu legen. Dabei werden Bridging- und Routing-Informationen genutzt, um den optimalen Übergang zwischen der ATM- und der LAN-Umgebung zu finden.

MPOA ermöglicht die physikalische Auftrennung der Routergesamtfunktion in die Wegeberechnung und die Paketweiterleitung. Die Separierung dieser beiden Funktionen wird auch virtual Routing genannt. Das MPOA-Modell nutzt sogenannte MPOA Clients (MPCs) und MPOA Server (MPSs) und definiert die Protokolle, die zur Kommunikation zwischen den MPOA Clients und den MPOA Servern notwendig sind. Die MPCs starten mit Hilfe dieser Protokolle Anfragen nach den ATM-Adressen und erhalten die Antwort von den MPOA-Servern. MPOA setzt folgende Dienste voraus:

- ATM-Signalisierung (UNI 3.0, UNI 3.1 oder UNI 4.0)
- LAN-Emulation 2.0 (LANE)
- Next Hop Resolution Protocol (NHRP)

MPOA nutzt im wesentlichen drei Techniken: die LAN-Emulation des ATM-Forums, das Next Hop Resolution Protocol (NHRP) des IETF und das Konzept des virtuellen Routers. Die LANE unterstützt die transparente Übertragung von Verkehr aus den traditionellen lokalen Netzen über ATM. NHRP stellt den Mechanismus zur Verfügung, um sog. Shortcuts, d.h. Direktverbindungen, über das ATM-Netz auf Basis der Schicht-3-Adresse aufzubauen. Das Konzept des virtuellen Routers macht es möglich, die Funktionen, die bisher von einem Gerät, dem Router, bereitgestellt wurden, auf mehrere Geräte zu verteilen und so die Kosten zu reduzieren und die Effizienz zu erhöhen.

MPOA-Funktionsprinzip

Im MPOA-Modell sind die Weiterleitungsfunktionen in den Edge Devices, z.B. einem ATM-Switch, und den ATM-Endgeräten mit integriertem MPOA-Client verteilt; die MPOA-Server stellen die Routingfunktion, d.h. die Wegeermittlung, bereit. Die MPCs überprüfen die Pakete, die sie aus den herkömmlichen LAN-Segmenten erhalten mit dem Ziel, die richtige Weiterleitungsentscheidung zu treffen. Muss das Paket geroutet werden, enthält es die MAC-Zieladresse der MPOA-Routerschnittstelle. Ist dies der Fall, schaut sich der MPC die Schicht-3-Zieladresse des Pakets an und löst diese in die richtige ATM-Adresse auf. Die Informationen für die Adressauflösung erhält er vom MPOA-Server oder durch Einträge in seinem Speicher. Daraufhin baut der MPC einen direkten virtuellen ATM-Kanal zur Zielstation auf. Ist das Paket an ein Endgerät im gleichen Subnetz gerichtet, kann es gebrückt werden. In diesem Fall nutzt der MPC die LANE, um die ATM-Adresse festzustellen und einen virtuellen Kanal zur Zielstation aufzubauen.

Kennt der lokale MPOA-Server die benötigte ATM-Adresse nicht, schickt er eine Anfrage an andere MPOA-Server oder Router, indem er die Funktionen, die ihm NHRP für diesen Fall bereitstellt, nutzt. Die ATM-Zieladresse, die der antwortende MPOA-Server zurückschickt, kann die Adresse des Endgeräts (falls dieses im ATM-Netz angebunden ist) oder die Adresse des entsprechenden Edge Devices sein, welches das Paket an das Endgerät weiterleitet.

MPOA arbeitet auf Schicht 3 des OSI-Modells, um den Beginn eines Datentransfers zu erkennen und dann festzulegen, ob das Paket über den gerouteten Weg oder über eine Shortcut-Verbindung geschickt werden kann. Wird eine Shortcut-Verbindung gewählt, wird eine ATM-SVC-Verbindung aufgebaut und das Paket auf Schicht 2 vermittelt. Geht das Paket den gerouteten Weg, wird es auf Schicht 3 übertragen. Hier liegt der wesentliche Vorteil von MPOA: MPOA kann Verkehr sowohl auf Schicht 2 als auch auf Schicht 3 übertragen; und MPOA kann nicht-routefähigen Verkehr auf Schicht 2 übertragen.

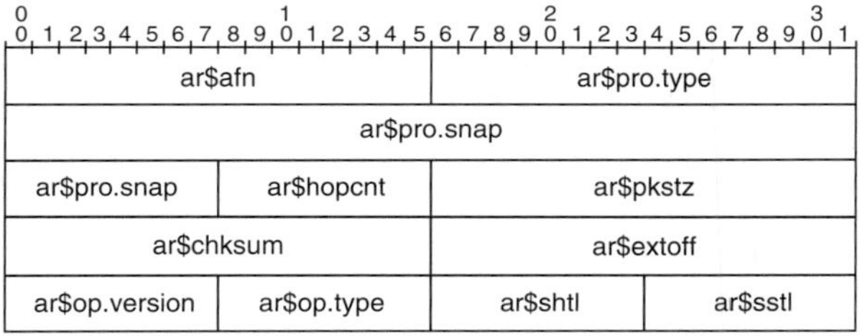

0								1								2								3	

(Bit-Positionen: 0 1 2 3 4 5 6 7 8 9 0 1 2 3 4 5 6 7 8 9 0 1 2 3 4 5 6 7 8 9 0 1)

ar$afn		ar$pro.type	
ar$pro.snap			
ar$pro.snap	ar$hopcnt	ar$pkstz	
ar$chksum		ar$extoff	
ar$op.version	ar$op.type	ar$shtl	ar$sstl

Abbildung 11.28: MPOA-Header

ar$afn
Beschreibt die Art der im Paket integrierten Link Layer Adresse.

ar$pro.type
Definiert das verwendete Protokoll.

ar$pro.snap
Wird das ar$pro.snap-Feld auf den Wert 0080 gesetzt, so wird die SNAP-Methode zur Kodierung des Protokolltyps verwendet. In allen anderen Fällen wird dieses Feld auf den Wert = 0 gesetzt.

ar$hopcnt
Der Hop Count definiert die maximale Anzahl an Routern, über die das Paket transportiert werden darf.

ar$pkstz
Beschreibt die gesamte Länge des MPOA Pakets in Oktett.

ar$chksum
Berechnet eine Prüfsumme über das gesamte Paket.

ar$extoff
Das ar$extoff-Feld verweist auf MPOA-Erweiterungen.

ar$op.version

Beschreibt die Version des im Paket verwendeten Adress Mappings und des Management Protokolls.

ar$op.type

Definiert den Typ der MPOA Message. Folgende Werte wurden bisher festgelegt:

5	MPOA Data Plane Purge
6	MPOA Purge Reply
7	MPOA Error Indication
128	MPOA Cache Imposition Request
129	MPOA Cache Imposition Reply
130	MPOA Egress Cache Purge Request
131	MPOA Egress Cache Purge Reply
132	MPOA Keep Alive
133	MPOA Trigger
134	MPOA Resolution Request
135	MPOA Resolution Reply

ar$shtl

Definiert den Typ und die Länge der Source NBMA Adresse.

ar$sstl

Definiert den Typ und die Länge der Source NBMA Subadresse.

12 Weitere WAN-Technologien

Weitverkehrsnetze dienen der Übertragung von Sprache und/oder Daten. Diese Netze sind in allen Industrieländern flächendeckend aufgebaut und können uneingeschränkt für die geschäftliche und private Kommunikation genutzt werden. Die Konzeption solcher Netze wird im Wesentlichen durch das Dienstangebot geprägt. Durch eine rasant steigende Nachfrage zur Übertragung neuer Dienste, wie Grafiken, Bilder, Audio oder Videos, wurden in jüngster Vergangenheit moderne Netzkonzepte mit dienstoptimierten Eigenschaften entwickelt. Die Grundstruktur von WANs kann auf der Leitungsvermittlung oder auf der Paketvermittlung basieren. Bei der leitungsvermittelten Struktur kommt eine hierarchische Gliederung der Vermittlungsstellen zum Ansatz. Die Vermittlungsstellen niederer Hierarchie sind linienförmig mit den Vermittlungsstellen der höheren Hierarchie verbunden. Anders ist die Netzstruktur bei den paketvermittelten WANs. Es handelt sich hierbei um vermaschte Teilstreckennetze, deren Vermittlungsrechner auch Knotenrechner genannt, mit mehreren anderen Knotenrechnern verbunden sind. Bei dieser Netzstruktur werden die Daten in Form von Datenpaket von einem Knotenrechner zum nächsten Knotenrechner durch das Netzwerk weitergereicht. Im WAN existieren neben den klassischen Vermittlungstechniken X.25, Frame Relay, ISDN und dem Asynchronous Transfer Mode (ATM) eine Reihe weiterer konkurrierender Standards. Hierzu gehören der Dynamic synchronous Transfer Mode (DTM), der Resilient Packet Ring (RPR), die Wave Division Multiplex (WDM) Technologie, die Synchrone Digitale Hierarchie (SDH), der Switched Multi Megabit Data Service (SMDS) und der Distributed Queue Dual Bus (DQDB).

Dynamic synchronous Transfer Mode (DTM)

Die Kapazität der weltweiten Kommunikationsnetze wächst kontinuierlich. In den kommenden 10 Jahren wird die verfügbare Bandbreite weiter exponentiell ansteigen. Damit ist das weitere Wachstum des Internets vorprogrammiert, und die Konvergenz der Tele- und Datenkommunikation nimmt konkrete Formen an. Mit der Entwicklung des Dynamic synchronous Transfer Mode (DTM) sollen jetzt die Vorteile der traditionellen Telekommunikation mit den Mechanismen der modernen Datenkommunikation kombiniert und somit verbesserte QoS-Dienste in Glasfasernetzen erbracht werden.

Die Breitbandservices wurden in der Vergangenheit durch die unzureichende Übertragungskapazität der Netzverkabelung ausgebremst. Zur Kompensierung der physikalischen Grenzen der Verkabelung wurden Übertragungstechnologien (Packet Switching, Cell Switching und Routing) entwickelt. Erst seit des großflächigen Einsatzes von Glasfasertechnologien wächst die verfügbare Bandbreite der Netze schneller als die verfügbaren Rechnerkapazitäten. Damit werden die Engpässe bei der Datenübermittlung vom Kabel in die Computer der Netzknoten verschoben. Die Erhöhung der Netzlasten durch immer schnellere Rechner wird daher immer teurer und die Kosten wirken wie eine Bremse bei der Realisierung von qualitativ hochwertigen Services. Bei den Datenübermittlungstechnologien im Bereich des Internet war bisher eine optimale Übertragungsqualität nicht notwendig. Auf Basis dieser Technologien ist der Nutzer selbst bei einem überlasteten Netzwerk noch in der Lage, die relativ statischen Web-Informationen abzurufen. Soll über das gleiche Netz sensitive Echtzeitinformation (Video oder Telefonie) übermittelt werden, scheitert dies an der Realität der überlasteten Netze und der fehlenden Servicegarantien. Kein Anwender wird eine Filmübertragung akzeptieren, bei der Teile des Films aufgrund der schlechten Übertragungsmechanismen verloren gehen. Stabile Telefonverbindungen mit einem Höchstmaß an Ton- und Übertragungsqualität sind über die heutigen Datennetze nur mit erheblichem technischen Aufwand zu realisieren. Die heute eingesetzten Netztechnologien (SONET, Gigabit Ethernet und ATM) bieten in ihrem Einsatzbereich ihre spezifischen Vorteile, sind jedoch nicht in der Lage, die gesamte Bandbreite der Netzapplikationen (Telefonie, IP-Verkehr und Video) bei geringen Kosten und einem durchgehenden Quality of Service zu garantieren. Diese Lücke soll jetzt durch den Dynamic synchronous Transfer Mode (DTM) geschlossen werden. Die DTM-Netztechnologie kombiniert die Vorteile der traditionellen Telekommunikation mit den Funktionen der modernen Datenkommunikation, etabliert QoS-Funktionen und beseitigt die Engpässe der optischen Übertragungsnetze.

Die DTM-Technologie kombiniert die Anforderungen der Netze nach dynamischer Bandbreite mit einer garantierten Servicequalität. Der Dynamic synchronous Transfer Mode gehört zu den Circuit Switching Netzwerktechnologien. Zwischen dem Sender und dem Empfänger wird eine direkte Verbindung als garantierter Netzwerkkanal etabliert. Diese Technik entspricht den Funktionen der traditionellen Telefontechnik. Durch die Übermittlung der Informationen in einem exklusiven Übertragungskanal ergeben sich eine Reihe von Vorteilen: Da der Datentransfer in einem exklusiven Transferkanal nicht durch andere Netzlasten beeinflusst wird, ergibt sich automatisch eine Übertragungsqualität von 100 Prozent. Damit lassen sich Telefonie- und Videoapplikationen mit einem Maximum an Ton- und Bildqualität realisieren. Die Informationen bzw. Daten werden zwischen dem Sender und dem Empfänger über einen zeitsychronen Übertragungskanal übermittelt. Die Integration zusätzlicher Adressinformationen in die Datenströme entfällt und gleichzeitig wird die Kapazität der Glasfaserkabel effizienter genutzt. Bei der DTM-Technologie werden die Adressfunktionen nur zum Aufbau des Übertragungskanals benötigt. Nach dem Aufbau des DTM-Kanals wird die gesamte Übertragungskapazität ohne jeden zusätzlichen Overhead für den

Datentransfer genutzt. Im Gegensatz zu paketvermittelnden Netzen sind bei der DTM-Technik keine Pufferung und keine zusätzliche Bearbeitung durch die Übermittlungsknoten (Routing, Switching etc.) in einem DTM-Netzwerk notwendig. Ein DTM-Kanal kann somit als exklusive Netzverbindung verstanden werden. Eine DTM-Verbindung garantiert ein Maximum an Datensicherheit und bietet somit die ideale Plattform für den sicheren Transfer von wichtigen Unternehmens- bzw. Nutzerdaten. Da im Gegensatz zu ATM- oder Gigabit Ethernet-Netzen in einem DTM-Netz keine komplizierten Übermittlungsmechanismen benötigt werden, lassen sich die DTM-Komponenten erheblich preisgünstiger herstellen. Der Kostenvorteil der DTM-Technologie steigt außerdem mit der Bandbreite des Netzwerks. Die DTM-Technik beseitigt einen wesentlichen Nachteil des traditionellen Circuit Switching: Die für einen Übertragungskanal reservierte Bandbreite kann auch bei Inaktivität der Kommunikationspartner nicht für andere Netzteilnehmer genutzt werden. Die DTM-Technologie beseitigt diesen Engpass durch eine dynamische Anpassung der Bandbreite und passt sich automatisch an die momentanen Verkehrsanforderungen und an die Netzlast an. Die Zuteilung der jeweiligen Prioritäten für die einzelnen Verbindungen und die dynamische Zuordnung der Bandbreite erfolgt automatisch durch die jeweilige Applikation, durch den Operator oder den Service Provider. Ein weiterer Nachteil der traditionellen Circuit Switching-Technologie liegt in der relativ langen Zeit zum Aufbau eines Übertragungskanals. Besonders bei der Übermittlung kurzer Informationen dauert der Verbindungsaufbau unproportional lang und reduziert die Übertragungseffizienz des Netzes. Mit Hilfe der DTM-Technik lässt sich ein Verbindungskanal in weniger als einer Millisekunde aufbauen. Die meisten der heutigen Netzwerke wurden für die Übermittlung bestimmter Verkehrsströme (Sprache/ Video oder Daten) optimiert. Die Integration unterschiedlicher Verkehrstypen in diesen Netzen scheitert in der Praxis oft an den Kosten. Will ein Service Provider sein Dienstangebot erweitern, bleibt ihm aufgrund der Spezialisierung der vorhandenen Netzdienste nichts anderes übrig, als parallel mehrere Netzwerke zu betreiben. Erst die DTM-Technologie bietet die kostengünstige Integration neuer und traditioneller Services in einen einzigen Netzwerk. Auch die ATM-Technologie kann diese Anforderungen nicht optimal erfüllen. ATM basiert auf dem Packet Switching und hat sich in der Praxis als komplexe und teure Technologie herausgestellt. DTM unterscheidet sich von ATM durch eine optimale Isolierung der Übertragungskanäle. Dadurch lassen sich unterschiedliche Verkehrstypen (IP-Daten, Telefonverbindungen und Übermittlung von Videos) parallel auf dem gleichen Netz realisieren.

DTM als Plattform zur Übermittlung von Videos

Der zunehmende Anschluss von Unternehmen an die Glasfaserinfrastruktur bietet die Voraussetzung für die Integration von Videodiensten. Die fast unbegrenzte Kapazität der Glasfaserkabel ermöglicht die Bereitstellung von neuen Diensten (TV Kanäle, Video-on-Demand (VoD), Telelearning, Videokonferenzen und interaktive Computerspiele). Über die Glasfasernetze können die Sendeanstalten und Fernsehstudios die Filme beispielsweise mit einer Transferrate von 270 MBit/s übermitteln. Damit entfallen die bisherigen teuren und relativ komplizierten Übermittlungtechnologien (Satellit und ATM). Die DTM-Technik ermöglicht eine effiziente Übertragung des gesamten Videoverkehrs und sorgt außerdem für garantierte QoS-Funktionen. Der auf den Circuit Switching basierte Übertragungskanal und dem daraus resultierenden synchronen Datentransfer sorgt unabhängig von der jeweiligen Netzlast für eine perfekte Übermittlung der einzelnen Filmsequenzen. Die DTM-Technik unterstützt außerdem das Broadcasting von einem Sender zu vielen Empfängern.

Die Betriebskosten heutiger Netzwerke belaufen sich über den Abschreibungszeitraum normalerweise auf den doppelten Investitionsbetrag. Durch immer komplexere Netzkomponenten verteuern sich nicht nur Grundinvestitionen für Hard- und Software, sondern es steigen entsprechend auch die Betriebskosten des Netzwerks und die Kosten für Personal und das Management. Da DTM-Netze keine Puffer-, Queuing- oder Routing-Mechanismen erfordern, lassen sich die Übertragungskomponenten auf einfacheren Hardware-Technologien aufbauen. Auch das Management der DTM-Netze vereinfacht sich erheblich. Soll an ein Glasfaserkabel beispielsweise ein neuer Kunde oder ein neuer Service Provider angeschlossen werden, so müssen nur die jeweiligen Parameter des Kontrollkanals und die Abrechnungsfunktionen aufgesetzt werden. Nach Abschluss der Grundkonfiguration übernimmt das DTM-Administrationssystem die gesamten Netzmanagementfunktionen. Die am DTM-Netz angeschlossenen Kunden haben die Möglichkeit, auf das Netzmanagementsystem zuzugreifen und ihre spezifischen Regeln (Policies) und Services auf Basis der SNMP-Techniken bzw. einem Web-Interface zu konfigurieren. Auch zur Kapazitätserweiterung der DTM-Netze ist kein hohes Investment notwendig. Netzressourcen (beispielsweise Switches und Access-Komponenten) lassen sich durch die integrierten Plug-and-Play-Funktionen kostengünstig installieren.

Short-Cut für IP-Verkehr

In traditionellen IP-Netzen wird der Datenverkehr in den Netzknoten (Router, Switches) zwischengepuffert und entsprechend der Verkehrsregeln (Routing) analysiert und anschließend weitergeleitet. Diese Verarbeitungsvorgänge resultieren in Verzögerungszeiten und in der Reduzierung der Übertragungsqualität in jedem im Übertragungspfad integrierten Router-Hop. Bei der Übermittlung des Datenverkehrs mit Hilfe von DTM-Kanälen entfällt das Routing. Stattdessen fließt der IP-Verkehr unverzögert über die auf einer Ende-zu-Ende-Basis aufgebauten virtuellen DTM-Kanäle. Die DTM-Technik lässt sich auf allen heutigen Netztopologien (Punkt-zu-Punkt, Ring, Doppelring oder Dual Bus) einsetzen. Die zu transportierenden Informationen (Daten und Kontrollinformationen) werden zwischen den Netzknoten auf Basis von DTM-Kanälen übermittelt. Die Kontrollinformationen (Control Slots) werden zum einen zur Steuerung der Kommunikationswege zwischen Netzknoten als auch zur

Generierung der Administrationsdaten wie beispielsweise Abrechnungsinformation genutzt. Im Vergleich mit anderen Netzwerkprotokollen benötigt der DTM-Overhead nur einen geringen Anteil an der verfügbaren Kanalkapazität. Als Faustformel gilt: Beim DTM wird etwa nur 1 Prozent der gesamten Bandbreite für Steuerinformationen benötigt. Die minimale Kanalgröße beim DTM beträgt 512 KBit/s. Die Kanalbandbreite lässt sich in 512 KBit/s Portionen bis hin zur Gesamtkapazität des Glasfaserkabels bereitstellen. Ein DTM-Kanal kann in einer Punkt-zu-Punkt Verbindung zwischen Sender und Empfänger oder in einer Punkt-zu-Multipunktkonfiguration zwischen einem Sender und vielen Empfängern aufgebaut werden. Um eine synchrone Kommunikation in den Kanälen sicherzustellen benutzt DTM einen dynamischen Zeitslot-Mechanismus.

Der gesamte Verkehrsfluss in einem Glasfaserkabel wird in 64 Bit lange Zeitslots unterteilt. Zur Kontrolle des Verkehrsflusses wird alle 125 µs ein Synchronisationssignal generiert. Soll die Gesamtkapazität einer Glasfaser von 2,5 GBit/s ausgenutzt werden, so werden zwischen jedem synchronisierten Signal 4800 Zeitslots bereitgestellt. Damit wird beim Kanalaufbau die Übertragungskapazität des betreffenden Kanals festgelegt. Hierzu einige Beispiele:

- Mit der Bereitstellung von 1900 Zeitslots für einem DTM-Kanal lassen sich die gesamte Kapazität eines Gigabit Ethernets übermitteln.
- Nur sechs Zeitslots werden für die Übermittlung eines 3 MBit/s schnellen MPEG-Video mit garantierten QoS-Merkmalen notwendig.
- Zum Aufbau eines Kanals zur Übertragung einer 1,5 MBit/s schnellen Standleitung sind vier Zeitslots erforderlich.
- Der Transfer eines Videos in Studioqualität (270 MBit/s) erfordert 530 Zeitslots.

Auf Basis der DTM-Technik lassen sich unterschiedliche Verkehrstypen simultan über das Netzwerk übermitteln. Für jeden Verkehrsstrom wird ein separater Übertragungskanal mit der entsprechenden Bandbreite aufgebaut. Die geringste Übertragungskapazität eines DTM-Netzes beträgt 512 KBit/s. Für diesen Übertragungskanal wird nur ein 64 Bit Zeitslot zwischen den Synchronisationssignalen reserviert. Da sich die Kanal-bandbreite in 0,5 MBit/s Schritten festlegen lässt, kann der Netzbetrei-ber die jeweiligen Kanäle genau auf die Bandbreitenanforderungen der zu übermittelnden Services anpassen. Im Gegensatz zur SONET-Techno-logie (ebenfalls auf Basis des Circuit Switchings und garantierten QoS-Mechanismen) lässt sich die Übermittlungskapazität in wesentlich kleineren Intervallen unterteilen und das Übertragungsmedium effizien-ter ausnutzen. Durch die Übermittlungsintervallen von 1,5, 45, 155 und 622 MBit/s werden bei SONET statische Übermittlungskanäle aufgebaut, die teilweise nur Leerinformationen übermitteln. Wird beispielsweise ein 60 MBit/s schneller Dienst auf einem 155 MBit/s SONET-Kanal aufge-baut, wird ein nicht unerheblicher Teil der teuren Netzkapazität ver-schwendet.

Mit der DTM-Technologie werden die Vorteile der traditionellen Tele-kommunikation mit den Mechanismen der modernen Datenkommuni-kation kombiniert und verbesserte QoS-Dienste auf Glasfasernetze ge-boten. Die DTM-Technik ist inzwischen ausgereift, bleibt jedoch die Frage, wieviel namhafte Hersteller aus dem Netzwerkbereich diese Tech-nik in ihre Produkte implementieren.

Resilient Packet Ring (RPR)

Die öffentlichen Netze sind durch neue Anwendungen und Techniken einem stetigen Wandel unterzogen. In diesen Netzen wächst der IP-Da-tenverkehr mit jährlichen Zuwachsraten zwischen 100 und 800 Prozent, während der Bereich der klassischen Sprachübermittlung stagniert. Da die meisten öffentlichen Netze jedoch auf der Circuit Switching Techno-logie und nicht auf der Packet Switching Technologie aufgebaut sind, steigen die Betriebskosten und eine Skalierung der IP-Dienste wird zu-nehmend schwieriger. Die von der IEEE 802.17 veröffentlichten Vor-schläge zum Resilient Packet Ring (RPR) sollen jetzt diese Engpässe für den MAN-Bereich beseitigen.

Neue Applikationen, wie beispielsweise das Audio- und Video Streaming erfordert von den Übertragungsnetzen eine minimale Verzögerung bei geringer Paketvarianz (Jitter). Auch die Integration von Applikationen in MANs und WANs, die wenig Toleranz gegenüber Verzögerungen oder Paketverlusten aufweisen, sorgt für immer neue Anforderungen an die Übertragungstechniken. Die Performance gehört zu den wichtigsten Kriterien der Access Netze. Daher müssen die den Zugangsnetzen nachgeschalteten Übertragungsnetze im MAN und WAN grundlegende Sicherheitsmechanismen aufweisen. Im MAN-Bereich hat sich die Ringstruktur auf der physikalischen Ebene (Glasfaser) etabliert, doch die auf der Schicht 2 eingesetzten Circuit Switching Technologien lassen sich nicht problemlos auf Datendienste umrüsten. In der Datenwelt wird jedoch seit Jahrzehnten die Packet Switching Technologie eingesetzt. Da diese beiden Übermittlungstechniken nicht miteinander kompatibel sind, suchen MAN-Netzbetreiber nach Technologien, die ihnen ermöglicht, die vorhandenen Glasfaserstrukturen weiterhin zu nutzen. Für diese Anwendungsfälle definiert die IEEE 802.17 Arbeitsgruppe jetzt ein einheitliches Media Access Control (MAC) Protokoll (Resilient Packet Ring; RPR), welches die Schicht 2 Protokolle (z.B. Gigabit Ethernet, 10 Gigabit Ethernet, OC-48/STM-16 und OC-192/STM-64) in einer einheitlichen Transportstruktur vereinigt.

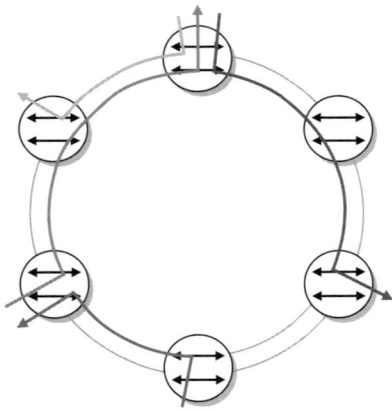

Abbildung 12.1: Konzept des Resilient Packet Rings

Die Resilient Packet Ring (RPR) Topologie basiert auf Switches, die über bidirektionale Ringe miteinander verbunden sind. Zur Verbindung zwischen benachbarten Netzknoten lassen sich die unterschiedlichsten Medien (z.B. Dark Fibre, zwei beliebige Kanäle (Wellenlängen) eine DWDM-Verbindung oder zwei Sonet-Kanäle) einsetzen. Jeder RPR-Knoten verfügt über zwei Ring Ports: eine Doppelverbindung zum Downstream- und eine Doppelverbindung zum Upstream-Knoten. Das RPR MAC Interface unterscheidet sich grundlegend vom bisherigen Ethernet MAC und enthält neben einem zusätzlichen Switching Protokoll auch Elemente zum Speichern und Forwarding der Daten. Die gesamte Entwicklung von RPR orientiert sich an den Anforderungen der paket-orientierten MAN-Netze. Hierzu gehören:

‣ **Zuverlässigkeit:** Der physikalische Layer ermittelt automatisch etwaige Fehler und signalisiert diese Information an den MAC Layer.

Handelt es sich um einen kritischen Netzzustand, aktiviert jeder betroffene RPR-Knoten seine individuellen Fehlerbehebungsmechanismen und leitet die betreffenden Verkehrsströme um. Damit wird der Datenverkehr vom fehlerhaften Pfad auf einen sicheren Datenpfad umgeleitet. Der gesamte Signalisierungs- und Fehlerbehebungsprozess erfolgt innerhalb von 50 ms.

▸ **Fairness:** RPR kombiniert die Mechanismen der Bandbreitenreservierung und des Quality of Service (QoS) zum Bandbreitenmanagement auf dem Ring. Der Datenverkehr wird am Netzeingang von den Zugangsknoten (Router, Switches) individuell klassifiziert und in QoS-Gruppen eingeteilt. Der RPR Algorithmus koordiniert dabei sämtliche Ringoperationen, sorgt für den Zugang zum Ring und bietet die Mechanismen für ein Verkehrsmanagement.

▸ **Skalierung:** RPR unterstützt unterschiedliche physikalische Medien und Übertragungsgeschwindigkeiten. Die im Netz verfügbare Bandbreite des Rings wird mit Hilfe eines Label-Mechanismus aufgeteilt.

▸ **Effizienz:** RPR Systeme arbeiten auf Basis der Packet Switching Technologie und nutzen die verfügbare Bandbreite im gegenläufigen Doppelring wesentlich effizienter als Circuit Switching-Systeme. Die Daten werden im Gegensatz zu FDDI-Netzen auf beiden Ringen übertragen. RPT-Pakete durchlaufen nicht den gesamten Ring, sondern werden vom Empfänger vom Ring genommen. Dadurch wird im Gegensatz zum FDDI und zum Token Ring ein Großteil der Bandbreite eingespart.

▸ **Performance:** Ein wichtiges Konzept von RPR-Systemen sind die Serviceflows bzw. virtuellen Medien. Bei den Serviceflows handelt es sich um einen Label-Mechanismus zur effizienten Verarbeitung der über den Ring übertragenen Pakete. Dadurch müssen die RPR-Knoten nur die Label und zwei weitere Header-Felder lesen, um ein empfangenes Datenpaket bearbeiten zu können. Datenpakete, die nicht für den lokalen Knoten bestimmt sind, werden mit minimaler Verzögerung und Jitter an die Ringnachbarn weitergereicht. Sämtliche

Pakete, die an den lokalen Knoten adressiert sind, werden sofort vom Ring genommen.

Das Resilient Packet Transport (RPT) Protokoll besteht aus folgenden Funktionseinheiten:

- ‣ dem Media Access Control (MAC)
- ‣ den Kontrollfunktionen
- ‣ der Ringsysnchronisation und
- ‣ dem Ringmanagement

Kontrollfunktionen

Im RPT-Protokoll wurde eine zusätzliche Kontrollschicht zur Erhöhung der Effizienz und der Übertragungsqualität eingefügt. Hierzu gehören:

Dual Mode Adressierung

RPT unterstützt sowohl eine 8 als auch eine 48 Bit Adressierung. Beide Adressmechanismen können gleichzeitig eingesetzt werden. Damit lassen sich die von der IEEE vergebenen 48 Bit Ethernet-Adressen problemlos auf RPR-Systemen abbilden. Mit Hilfe des 8 Bit Adressmodus wird der Adress-Overhead drastisch reduziert. In der Praxis wird der 48 Bit-Modus nur während der Autotopology Discovery-Funktion verwendet. Nachdem sich die Ringtopologie etabliert hat, schaltet das Netz auf den 8 Bit Adressmodus um. Die typischen Transitverzögerungen von RPR-Knoten betragen 11 bis 12 µs und der gesamte Switching-Prozess benötigt weniger als 16 ms.

Autotopology Discovery

Der Ring wird initialisiert, wenn in den Ring ein neuer Knoten hinzugefügt wird oder ein Knoten den Ring verlässt. In diesen Fällen geht das RPR-Netz in den Autotopology Discovery Modus über. Alle Netzknoten übermitteln per Broadcast ihre Erreichbarkeitsinformation, und jeder Ringknoten erkennt dadurch die Anzahl der Hops zu allen im Ring angeschlossenen Netzknoten und den Status jedes Links im Netz. Anhand dieser Informationen führen die RPR-Knoten im Fehlerfall die notwendigen Routing-Funktionen selbständig durch. Hierzu wird in jedem Knoten eine Art Routing-Tabelle angelegt. Die Routing-Informationen werden während des Betriebes mit Hilfe von Link State Updates immer auf dem neuesten Stand gehalten.

Ringsynchronisation

RPT ist in der Lage, zeitkritische Übertragungsverfahren (z.B. TDM Circuit Services inklusive T1/E1, DS3, OC3/STM1, OC12/STM4 und höher) abzubilden. Daher unterstützt RPR eine akkurate Synchronisation. Als zentralen Clock lassen sich eine Vielzahl von Zeitgebern (beispielsweise das Global Positioning System (GPS)) einsetzen. Beim Durchlauf eines Pakets durch den zentralen Timing-Knoten im RPR-Netz wird das Paket entsprechend der GPS-Clock-Informationen synchronisiert. In einem SONET/SDH System erfolgt die Zeitsynchronisation mit Hilfe von Clock-Paketen. Die Knoten am Netz synchronisieren damit ihre interne Zeit auf den zentralen Clock (Zeitintervall der Clocks: 125 µs). Der wesentliche Unterschied zwischen der SONET/SDH-Synchronisation und der RPR-Synchronisation besteht in der Übermittlung des zentralen Clocks über das Netz. RPR gehört aufgrund der variablen Paketlänge zu den asynchronen Übertragungsmechanismen. Im Gegensatz zu SONET/SDH-Netzen werden nur RPT-Pakete übermittelt, wenn echte Daten übertragen werden sollen. Die Verteilung der Synchronisationssignale wird durch das Einfügen eines 8 Bit Kontrollcharakter (Tick) alle 125 µs erreicht. Der Tick kann in jeden Teil des RPT-Pakets eingefügt werden. Da sich der Tick von den reinen Daten grundlegend unterscheidet, lässt sich die Zusatzinformation im Datenstrom zur Zeitsynchronisation einsetzen und eine Synchronisation zwischen RPR-Knoten bleibt auch über Hunderte von Kilometern Entfernung erhalten.

Routing

Das RPT-Protokoll verfügt auch über die Möglichkeit, bei Fehlern oder bei Überlastungen automatisch neue Übertragungswege bereitzustellen. Die integrierten Routing-Mechanismen und die bidirektionale Auslegung des RPR-Rings sorgen hier für die notwendige Flexibilität. Folgende Routing-Verfahren wurden im RPT-Protokoll integriert:

- **Bidirektionales Routing:** Durch RPT lassen sich beide Übertragungsrichtungen der gegenläufigen Ringe nutzen. Dadurch wird der Datenverkehr immer auf dem kürzesten Weg übermittelt und die verfügbare Bandbreite im Ring optimal ausgenutzt. Da die RPR-Knoten immer über die aktuelle Netztopologie informiert sind, wird der Datenverkehr auch über die Verbindung mit den geringsten Hops (bzw. Links) übermittelt.

- **Least-Cost Routing:** Im Default Routing Modus wird der Datenverkehr zwischen Sender und Empfänger immer über den Pfad mit den geringsten Kosten (least-cost path) übertragen. Der Netzbetreiber kann entsprechend seinen Anforderungen (Kosten, Geschwindigkeiten etc.) den einzelnen Links individuelle Kosten zuweisen.

- **Manuelles Routing:** Im Netzwerk lassen sich auch bestimmte Pfade mit Hilfe manueller Einträge über das zentrale Management festlegen und die Default-Einstellungen (Least cost Routing) an die individuellen Anforderungen des Netzes anpassen.

- **Policy Routing:** Auf den einzelnen RPR-Knoten lassen sich die individuellen Regeln für das Routing definieren. Die Regeln basieren auf einer Reihe unterschiedlicher Parameter (beispielsweise aktuelle Last, Überlast, Fehlerrate, QoS- und Verkehrsklasse) und definieren, wie das betreffende Paket beim Transport über das Netz behandelt wird.

Applikation	Verfügbarkeit	Durchsatz	Verzögerung	Jitter
Circuit Services	hoch	hoch	hoch	hoch
interaktives Video	hoch	hoch	hoch	hoch
Telefonie	hoch	niedrig	hoch	hoch

Applikation	Verfügbar-keit	Durch-satz	Verzöge-rung	Jitter
Video Broad-cast	hoch	hoch	niedrig	gering
SNA	hoch	mittel	mittel	niedrig
File Transfer	mittel	gering	gering	gering
eMail	gering	gering	gering	gering

Tabelle 12.1: Anforderungen an Applikationen

Verfügbarkeit

In den MANs müssen die Service Provider für bestimmte Anwendungen (z.B. Sprache, Video, SNA oder wichtige Unternehmensdaten) bestimmte Bandbreiten und Dienstgüten garantieren. Um sicherzustellen, dass diese Services immer bereitstehen und die Verbindungen niemals unterbrochen werden, müssen Umschaltzeiten im Fehlerfall von <50 ms eingehalten werden. Einige der Pre-RPR-Systeme erreichen bereits jetzt schon Umschaltzeiten von 7 bis 10 ms. Hierfür stehen folgende Servicemechanismen zur Verfügung:

▸ **Unprotected Traffic:** In SONET/SDH wird die Verfügbarkeit einer Verbindung durch eine unverhältnismäßig hohe Bereitstellung von Bandbreite garantiert. Dadurch werden diese Übertragungsressourcen auch im Leerlauf gebunden und der Netzanbieter kann diese Bandbreite nicht weiter nutzen. Viele Datendienste benötigen diesen Service nicht oder diese Dienstangebote sind den Kunden zu teuer.

▸ **„No Reservation" Protection:** RPT nutzt die komplette Bandbreite in beiden Richtungen des Rings. In diesem Modus wird die gesamte Bandbreite genutzt und es werden keine Ressourcen zur Umgehung von Fehlerzuständen bereitgehalten.

- **Per-Connection Protection:** Bietet Übertragungsgarantien für definierte Verbindungen im Netz.
- **Per-Fiber Protection:** Mit Hilfe des RPT-Protokolls lassen sich die einzelnen Glasfaserverbindungen individuell schützen.
- **Source Rerouting:** In den einzelnen RPR-Knoten wird neben den Zuständen der individuellen Links auch eine Tabelle über die individuellen Servicegarantien angelegt. Im Fehlerfall wird der gesamte Datenverkehr innerhalb von 50 ms auf andere Netzsegmente umgeleitet und die sichere Übertragung gewährleistet.
- **Mesh Protection:** Durch virtuelle Ringe lassen sich auch in vermaschten Umgebungen die gleichen Bandbreitengarantien realisieren wie in physikalischen Ringen.

RPT-Management und QoS

Die RPT-Services lassen sich weitestgehend automatisieren und können von zentraler Stelle aus konfiguriert werden. Der Netzbetreiber hat die Möglichkeit, seine Regeln (Policies) und Dienste auf globaler (netzweit) wie auf lokaler (einzelner Knoten) Ebene zu definieren. Für die einzelnen Datenströme lassen sich individuelle QoS-Parameter und Serviceklassen definieren. Jede virtuelle Verbindung des RPR-Netzes lässt sich wie folgt konfigurieren:

- Bandbreite: garantierter Durchsatz (committed rate; CIR), Spitzenwerte (Peak rate; BIR) und maximale Burst-Größe (maximum burst size; MBS)
- Behandlung bei Engpässen: entweder wird ein Teil des Datenverkehrs verworfen oder auf die BE-Verkehrsklasse zurückgestuft
- Verkehrsklassen oder Priorität: Expedited Forwarding (EF), Assured Forwarding (AF1 bis AF6) und Best Effort (BE)
- Schutzstatus: geschützt oder ungeschützt
- Routing: Least cost (default), bidirektionales und Policy Routing

Das RPT-Paketformat

Ein RPT-MAC Paket basiert auf dem klassischen Ethernet Paketformat, in das zusätzliche Signalisierungsfelder eingefügt wurden.

Adresstyp

RPT unterstützt zwei Adressierungsmechanismen: Das 4 Bit lange Adresstypfeld definiert, ob der RPT-Knoten die Standard Ethernet 48 Bit Adressierung oder eine 8 Bit RPT-Adressierung verwendet. Beide Adressierungsmechanismen lassen sich gleichzeitig in einem RTP-Netz verwenden.

Version

Legt die aktuelle Version des RPT MACs fest.

Header Checksum: Die Header-Prüfsumme dient zur Integritätsprüfung des MAC-Headers.

Destination Address

Enthält die MAC-Adresse des Ziel-Ports, an den das Paket übermittelt wird. Diese Adresse ändert sich von Link zu Link.

Source Address

Enthält die MAC-Adresse des Sende-Ports, von dem das Paket gesendet wurde. Diese Adresse ändert sich von Link zu Link.

MPLS Tag

Der MPLS Tag definiert den Label Switching Pfad durch das RPT-Netz. Durch die Unterstützung von MPLS lässt sich ein Switching zwischen den Knoten mit extrem geringer Verzögerung realisieren. Dadurch lassen sich auch verbindungsorientierte Dienste (z.B. Time Division Multiplexing; TDM), Circuit Emulatinsdienste und virtuelle Ethernet-Verbindungen auf einem asynchronen Netz abbilden. Die MPLS-Funktionen garantieren die Einhaltung der SLAs auf einer Ende-zu-Ende-Beziehung.

Class of Service

Das 3 Bit lange COS-Feld definiert 8 Serviceklassen (Expedited Forwarding (EF), Assured Forwarding (AF1 bis AF6) und Best Effort (BE)).

S Bit

Wird momentan nicht verwendet

Time To Live (TTL)

Das TTL-Feld verhindert das endlose Zirkulieren von Paketen auf RPT Ring Topologien. Die TTL-Werte werden von jedem RPT-Knoten um einen bestimmten Wert herabgesetzt. Erreicht der TTL den Wert = 0 wird das Paket vom RPT-Ring genommen.

Payload

Im RPT Payload-Feld werden die eigentlichen Daten der höheren Schichten (IP, IPX Pakete, MPEG, TDM) übermittelt. Die maximale Länge des Payload-Feld (1500 bis 9600 Byte) kann über das Netzmanagement konfiguriert werden.

Cyclical Redundancy Check (CRC)

Der CRC-Mechanismus arbeitet wie beim Ethernet. Der Sender kalkuliert anhand des zu übermittelnden Pakets den betreffenden CRC-Wert. Entspricht die CRC-Kalkulation beim Empfänger nicht dem Wert des CRC-Felds, so ist ein Bitfehler im Paket aufgetreten. Ergibt die Kalkulation der Header-Prüfsumme einen gültigen Wert, ist ein Fehler im Payload-Feld aufgetreten. Ergibt sich bei der Kalkulation eine ungültige Header-Prüfsumme, wird das empfangene Paket verworfen.

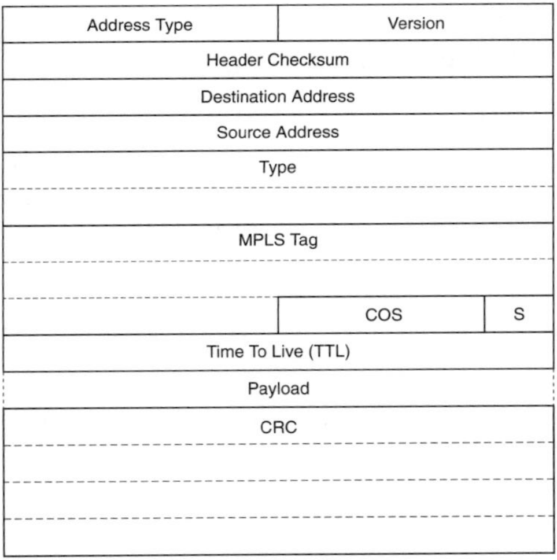

Address Type	Version
Header Checksum	
Destination Address	
Source Address	
Type	
MPLS Tag	

	COS	S
Time To Live (TTL)		
Payload		
CRC		

Abbildung 12.2: RPT-Paketformat

Die Cut-through Mechanismen von RPR in Kombination mit den Fairness-Algorithmen bieten für das MAN die notwendigen Funktionen, um ein MAN aufzubauen, das den Anforderungen der modernen Datendienste entspricht. Der IEEE 802.17 RPR Standard soll in den kommenden 18 Monaten verabschiedet werden. Bereits jetzt sind von den Herstellern Pre-RPR-Komponenten verfügbar, die viele der beschriebenen Funktionen unterstützen. Es bleibt jedoch abzuwarten, ob sich das RPR gegen die Konkurrenz des 10 Gigabit Ethernets im MAN durchsetzen kann.

Dense Wave Division Multiplex (DWDM) Technologie

Die Datenübertragung über Glasfasern ist zwar bereits seit 50 Jahren bekannt, aber erst in den letzen Jahren wird diese Technologie zur schnellen Datenübermittlung genutzt. Worauf ist bei der Installation von Glasfaser zu achten und welche Parameter müssen für den Einsatz der Dense Wave Division Multiplex-Technologie berücksichtigt werden? Mit Hilfe der Glasfaser lassen sich die Signale über weite Entfernungen verstärkerfrei übermitteln. Gleichzeitig bietet die Lichtwellentechnik eine geringe Fehlerrate, eine hohe Immunität gegen elektrische Interferenzen, Übertragungssicherheit und ist gegenüber den Kupferkabeln durch ein geringes Gewicht im Vorteil. Die Grundlagen der Glasfasertechnik ist den Forschern seit Mitte der sechziger Jahre bekannt. Die damaligen Lichtwellenleiter wiesen jedoch aufgrund des verwendeten Materials eine sehr hohe Signaldämpfung auf. Erst durch neue Fertigungsprozesse ließen sich Glasfasern herstellen, die die Signale nur noch um 20 Dezibel pro Kilometer (dB/km) dämpften. Die ersten Glasfaserübertragungssysteme wurden von den internationalen Telekommunikationsgesellschaften (Geschwindigkeit 45 MBit/s) auf Basis der Multimodefasern installiert. Durch weiterer Leistungssteigerungen und die Erhöhung der Übertragungsraten entwickelten sich die Monomode-Systeme zum Standard in den Weitverkehrsnetzen. In den folgenden Jahren konzentrierte sich die Glasfaserentwicklung auf die Dämpfungsanomalien des optischen Spektrums. Diese Dämpfungsanomalien werden auch Übertragungsfenster genannt und bezeichnen die Bereiche des Glasfaserspektrums mit einem geringen Dämpfungsverhalten. Die ersten Glasfasersysteme arbeiteten mit einer Wellenlänge von 850 nm im ersten Dämpfungsfenster. Das zweite Fenster (S-Band) liegt bei 1310 nm und weist eine wesentlich geringere Signaldämpfung auf. Das dritte Fenster (C-Band) liegt bei 1550 nm und reduziert die Signaldämpfung gegenüber den anderen Übertragungsfenstern zusätzlich. Inzwischen wird mit einem vierten Fenster (L-Band) bei 1625 nm experimentiert. Die vier Übertragungsfenster sind in Abbildung 1 dargestellt. Die Entwicklung der Dense Wave Division Multiplex (DWDM) Technologie begann Ende der achtziger Jahre. Mit Hilfe von zwei unterschiedlichen Wellenlängen (1310 nm und 1550 nm) wurden gleichzeitig parallele Informationsströme über die gleiche Glasfaser übertragen. Diese Systeme wurden auch als Wideband WDM bezeichnet.

Die Anfang 1990 entwickelte zweite DWDM-Generation wird auch als Narrowband WDM bezeichnet. Bei diesen System wurden zwischen zwei bis acht Übertragungskanäle pro Faser genutzt. Die einzelnen Kanäle waren durch einen Sicherheitsabstand von 400 GHz im 1550 nm Fenster getrennt. Mitte der neunziger Jahre entstanden die ersten Dense Wave Division Multiplex (DWDM) Systeme mit 16 bis 40 Kanälen und einem Signalabstand von 100 bis 200 GHz. Zur Jahrtausendwende wurde in den Entwicklungslabors bereits DWDM-Systemen mit 64 bis 160 parallelen Kanälen (50 bzw. 25 GHz Kanalabstand) getestet. Gleichzeitig mit der Erhöhung der Übertragungskapazität wurden die Systemkonfigurationen durch neue Add/Drop- und integrierte Managementfunktionen verbessert. Inzwischen wurde die DWDM-Technologie als Übertragungsstandard für das 10 GBit/s-Ethernet festgeschrieben. Im Kern werden von DWDM-Systemen folgende Grundfunktionen erbracht:

▸ Signalgenerierung
  ▸ Von der Signalquelle wird innerhalb einer bestimmten Bandbreite ein Lichtsignal erzeugt. Auf diesem Lichtsignal werden die digitalen Daten als analoge Signale aufmoduliert.
▸ Kombination der Signale
  ▸ In den DWDM-Systemen werden die unterschiedlichen Kanäle per Multiplexer zu einem gemeinsamen Signalstrom vereint bzw. beim Empfänger per Demultiplexer wieder getrennt. Durch das Multiplexing und Demultiplexing entstehen Verluste in der Signalstärke. Diese Verluste lassen sich jedoch durch optische Verstärker wieder ausgleichen.

- Übertragung der Signale
  - Bei der Übermittlung der Signale über das Glasfasermedium führen die Effekte des Übersprechens und die Dämpfung zu einer Verwischung der Signale. Durch geeignete Kanalabstände, Wellenlängentoleranzen und entsprechende Signalstärken lassen sich diese Effekte auf ein Minimum reduzieren.
- Trennung der empfangenen Signale
  - Beim Empfänger wird der empfangene Signalstrom mit Hilfe von Demultiplexern wieder in die einzelnen Kanäle aufgetrennt.
- Signalempfang

Abschließend werden die vom Demultiplexer separierten Signalströme vom jeweiligen Photodetektor empfangen.

In ein auf optischen Komponenten aufgebauten Netzen wird weitestgehend auf die elektrische Datenverarbeitung verzichtet. Zu Beginn der WDM-Entwicklung ließen sich nur wenige über ein weites Frequenzband getrennte Signale (Wellenlängen) über eine relativ kurze Distanz übermitteln. Die Entwicklung von optischen Filtern und schmalbandigen Lasern erhöhte die Anzahl der über das Glasfasermedium gleichzeitig zu übertragenden Signale und vergrößerte die Reichweite von DWDM-Systemen. Die Forschungs- und Entwicklungsarbeiten im Bereich der optischen Filter sind in der Tabelle dargestellt.

Der größte Unterschied bei diesen Technologien besteht in der maximalen Performance, der optischen Isolation von Signalen, den Mechanismen zur Regeneration des optischen Leistungsbudgets.

Der größte Teil des bei einem Vermittlungsknoten anfallenden Verkehrs besteht in Kommunikationsnetzen aus Transitverkehr. Dieser Verkehr ist nicht für den lokalen Knoten bestimmt, sondern muss nur durchgeleitet werden. Deshalb sind für diesen Verkehr prinzipiell auch keine aufwendigen Vermittlungsoperationen erforderlich. Hier bietet die Photonik Vorteile, da mit dieser Technik sehr große Bitströme auf einfache Weise durch einen Knoten geleitet werden können, ohne elektrische Vermitt-

Typ	Einkoppel-verlust (in dB)	Isolation zwischen Kanälen (in nm/dB)	Band-weite	Schalt-weite	Umschalt-geschwindig-keit	Schalt-Mechanismus
FEP	2	2/30	< 0,5 nm	ca. 10 nm	ms-Bereich	PZT
Flüssigkristall FP	3	2/30	< 0,5 nm	ca. 50 nm	µs-Bereich	Kristallorientierung
Micromachine FP	1	2/30	< 0,5 nm	ca. 60 nm	100 µs	Micromachine
Cascaded MZiLiNbO2	9	4/22	< 0,2 nm	ca. 4 nm	50 ns	Elektrisch-optisch
FGB	,1	1,6/22	< 0,2 nm	< 10 nm	2 ms	Termisch
AOTF	4	4/30	ca. 1,5 nm	> 60 nm	µs-Bereich	Akustisch-Optisch
EOTF	4	4/25	ca. 1,5 nm	ca. 50 nm	µs-Bereich	Elektrisch-Optisch
AWG	8	0,8/30	< 0,2 nm	ca. 40 nm	10 ms	Termisch-Optisch
Aktive Filter	variable	< 0,1/30	< 0,1 nm	< 5 nm	ns-Bereich	Elektrisch
Ring-Resonator	3	2/30	ca. 0,2 nm	25 nm	ms-Bereich	Temperatur

Tabelle 12.2: Die optischen Filtertechniken

lungsfunktionen zu benötigen. In diesem Zusammenhang wird auch oft vom elektronischen Flaschenhals gesprochen: Der Realisierungsaufwand und die Kosten für elektrische Vermittlung der Bitströme ist so hoch, dass eine neue Vermittlungstechnik erforderlich wird.

Wavelength Division Multiplexing

Das Dense Wavelengths Division Multiplexing (DWDM) gilt als Wegbereiter dieser Technologie. Die DWDM-Techniken übertragen mit Hilfe des Wellenlängenmultiplex-Verfahrens über eine Glasfaser gleichzeitig mehrere Informationsströme. Dieses Verfahren ist vom jeweiligen Übertragungsmechanismus auf der Schicht 2 unabhängig und ist somit in der Lage, gleichzeitig Circuit- und Packet Switching-Mechanismen auf einer einheitlichen physikalischen Infrastruktur zu vereinen. Damit entfällt zukünftig die Notwendigkeit, separate auf das jeweilige Übertragungsverfahren optimierte Übertragungsstrukturen aufbauen und verwalten zu müssen. Über DWDM-Netze lassen sich gleichzeitig sowohl ATM-, Sprach -, Video und IP-Verkehrsströme übertragen.

Die DWDM-Technologie nutzt das 1550 nm Übertragungsfenster auf der Glasfaser. Bei der DWDM-Technik werden auf dieser Basisfrequenz bis zu 80 unterschiedliche Wellenlängen aufmoduliert. Die somit entstehenden Übertragungskanäle werden durch einen Sicherheitsabstand von 0,4 bis 0.8 nm getrennt. Diese Trennung ist wichtig, damit sich die einzelnen Lichtfrequenzen nicht durch Streuung gegenseitig beeinflussen können. Im Gegensatz zu einkanaligen Glasfasersystemen wird bei der DWDM-Technik auch eine gegenläufige Ausbreitung des Lichtes (vollduplex Kommunikation) erreicht. Über eine Faser verläuft sowohl der Hin- als auch der Rückkanal einer Verbindung. Jede der übertragenen Wellenlängen stellt in einem DWDM-Informationsstrom ein separates Netzwerk bzw. eine separate Datenverbindung dar.

In einem Netz enden die Punkt-zu-Punkt DWDM-Strecken in Verteilern. In den Verteilpunkten werden die ankommenden Informationsströme per Demuliplexer aussortiert und auf die jeweilige abgehende Leitung per Multiplexer übertragen. Die Bündelung der unterschiedlichen Übertragungstechnologien auf eine Faser erfordert jedoch die Integration der DWDM-Technologie in die aktiven und passiven Koppelkomponenten (Router, Switches und Access-Devices). Bei diesen hohen Geschwindigkeiten und der Vielzahl gleichzeitig zu verarbeitender Signale kann die Informationsverarbeitung nicht mehr auf dem opto-elektronischen Weg erfolgen. Die Koppelkomponenten müssen die empfangenen Wellenlängen direkt und ohne Verzögerung auf die betreffende Wellenlänge auf den Output Ports übermitteln. Mit den herkömmlichen Übertragungstechnologien lassen sich zur Zeit Durchsatzrate von 40 bis 100 GBit/s erzielen. Höhere Übertragungsgeschwindigkeiten werden durch die Chip-Technik begrenzt. Das Dense Wavelength Division Multiplexing erfordert jedoch eine signifikante Steigerung der Übertragungsraten in den aktiven Übertragungs- und Koppelkomponenten. Dies kann nur dadurch erreicht werden, dass auf eine opto-elektronische Wandlung der Signale verzichtet und nur das reine Licht geschaltet wird. Der Umschaltvorgang wird mit Hilfe von optischen Filtern (frequenzabhängigen Switches) vorgenommen.

Frequenzabhängige Switches

Der größte Unterschied bei den frequenzabhängigen Switches besteht in der maximalen Performance, der optischen Isolation von Signalen, den Mechanismen zur Regeneration des optischen Leistungsbudgets. Die optische Filtertechnik bildet die Grundlage für die optischen Switch-Elemente. Die meisten der heute verfügbaren Photonic-Switches basieren auf der sogenannten Technologie der Micro Electro Mecanical Systems (MEMS). MEMS Komponenten basieren wie die bisherigen Technologien auf der IC-Technik. Unterschiedliche Filme (beispielsweise Polysilicon, Silicon-Nitrat, Silicon-Dioxide und Gold) werden im Chip zu einer dreidimensionalen Multilayer-Struktur zusammengefügt. In den MEMS werden anschließend mit Hilfe einer speziellen Technologie sogenannte Microspiegel gezielt herausgelöst. Über die Microspiegel wird der individuelle Datenpfad im Switch bereitgestellt. Obwohl diese Technologie auf den ersten Blick durch ihre Einfachheit besticht, hat das System jedoch den Nachteil, dass im Kern des Switches schwer zu kontrollierende mechanische Teile bewegt werden müssen. Die MEMS-Technik wird inzwischen in Switches, Add/Drop Switches, 1xN Switches, variablen Glasfaserverstärkern, Crossconnects und aktiven Equalizern eingesetzt.

Die Weiterentwicklung der MEMS-Technologie mündete in der Planar Waveguide Technologie und somit in reinen Photonic-Switches. Auf Basis von Kristallen, Glas oder Polymer-Substraten werden bei Planar Waveguide Systemen die Lichtpfade durch von außen an die Kristalle angelegte elektrische Signale beeinflusst bzw. gerichtet. Wie beim klassischen Switching werden dabei die Datenströme vom Eingang über den Kristallkern auf den jeweiligen Ausgang geschaltet. Dabei ist weder eine Wandlung des Lichts in elektrische Signale notwendig, noch werden mechanische Schaltkomponenten verwendet. Damit lassen sich die jeweiligen Wellenlängen individuell managen und zwischen den Ein- und Ausgängen routen. Das beim Dense Wavelength Division Multiplexing auf die jeweilige Trägerfrequenz aufmodulierte Nutzsignale lässt sich über den Kristall individuell schalten. Die ersten photonischen Switches bieten bereits die Möglichkeit zwischen 240 bis 3840 individuelle Wellenlängen über den internen Kristall zu schalten. Durch das Management der individuellen DWDM-Wellenlängen verfügt die Technik über integrierte Funktionen zum Netzwerk-Monitoring, Bandbreitenmanagement und Troubleshooting. Da die Planar Waveguide Systeme keine optisch-elektrische Wandlung der Signale vornehmen und über keine Mechanischen Teile verfügen, wird der gesamte Switching-Vorgang im Nanosekunden-Bereich ausgeführt. Auch das individuelle Lichtstärken (Power-Level) Management gehört zu den Grundfunktionen der photonischen Switches. Bei der Übermittlung unterschiedlicher Wellenlängen von unterschiedlichen Datenquellen ist es natürlich, dass die individuellen Signalstärken durch die Signaldämpfung im Glasfaserkabel variieren. DWDM-Netze reagieren sehr kritisch auf unterschiedliche Signalstärken. Photonische Switches gleichen die Signalstärken aller über eine Glasfaser übertragenen Wellenlängen automatisch an. Moderne optische Netze dürfen bei einem Fehler bzw. bei einer Unterbrechung nicht die übertragenen Daten bzw. die Informationen der jeweiligen Wellenlänge verlieren. Ein permanentes Monitoring der einzelnen Wellenlängen innerhalb des photonischen Switches sorgt für eine automatische Wiederherstellung des optischen Übertragungskanals. Wird ein Verlust der Signalstärke einer Wellenlänge (optische Kanal) festgestellt, nimmt der Switch diesen Kanal außer Betrieb und ersetzt diese im Nanosekunden-Bereich durch eine Backup Wellenlänge.

Der Durchbruch der Glasfaser erfolgte, als den Netzbetreibern klar wurde, dass die schnellen Datenhighways der Carrier und Telcos nur durch eine Verlängerung hin zum eigentlichen Nutzer ein Optimum an Geschwindigkeit und Kostenreduktion bringen. Das Dense Wavelength-Division Multiplexing (DWDM) überträgt über eine einzige Glasfaser mehrere Wellenlängen an Licht und nutzt somit die bereits installierte Kabelbasis erheblich effizienter. Die momentan im Markt verfügbaren DWDM-Komponenten liegen zwischen 40 und 80 Wellenlängen. In den kommenden Jahren sollen DWDM-Systeme auf den Markt kommen, die bis zu 1000 paralleler Wellenlängen unterstützen. Der Nachteil an diesem System: Ein DWDM-System mit 40 bis 80 Wellenlängen erfordert die Zu- und Abführung, Regenerierung und Umsetzung von 40 bis 80 paralleler Netze. Durch die Zusätzlichen Komponenten wird ein Upgrade der Glasfasernetze auf die DWDM-Technik teuer. Bis vor kurzem wurde diese Technik aus ökonomischen Gründen nur in großen Backbones der Carrier eingesetzt. Für die City- und MAN-Ringe kamen die hohen Investition nicht in Frage und die Bandbreitenengpässe blieben bestehen. Auch die bereits installierten Sonet-Komponenten sind nicht in der Lage, die virtuellen Verbindungen schnell genug auf die angeschlossenen Backbones zu übermitteln. Da die Sonet-Komponenten nur für die Übermittlung von Telefonverkehr geeignet ist, werden nur die folgenden Bandbreiten unterstützt: T1/E2 (1,5 bzw. 2 MBit/s), T3/E3 (45 MBit/s), OC3 (155 MBit/s), OC12 (622 MBit/s), und OC48 (2,5 GBit/s). Mit Sonet-Bandbreitenhierarchien lassen sich natürlich nicht die in den modernen Netzen eingesetzten Übertragungstechniken (Ethernet mit 10 MBit/s, 100 MBit/s, 1 GBit/s und 10 GBit/s) abbilden. Die Installation und Konfiguration von Sonet-Verbindungen ist außerdem sehr zeitaufwendig.

Das MAN

Einige neue MAN-Provider in den USA gehen nicht mehr über den Umweg des Sonets. Die MANs werden auf reinen Glasfaserringen aufgebaut und die IP-Services direkt auf Gigabit Ethernet realisiert. Hierzu liefern die Marktführer im Switching-Bereich (Cisco, Extreme Networks und Foundry) die notwendigen Koppelkomponenten. Die MAN-Verbindungen zwischen den Switches wird auf reinen DWDM-Komponenten realisiert. Nicht nur bei den Beschaffungskosten, sondern auch bei den Betriebskosten bieten die Ethernet-Switches gegenüber den Sonet-Komponenten erhebliche Vorteile. Zur Übermittlung von IP auf Ethernet-Netzen muss nicht mehr der kostspielige Umwege via ATM gegangen werden, um die Pakete auf das MAN übermitteln zu können. Auf der Basis der Ethernet/DWDM-Infrastruktur wird dem Kunden genau die Bandbreite zur Verfügung gestellt, die für die Übermittlung der Daten notwendig ist. Die Kosten für einen T3/E3-Anschluss übersteigen die Anforderungen eines 10 MBit/s Internet-Zugangs. Damit muss der Kunde den dreifachen Preis für die Bereitstellung der Bandbreite bezahlen. Die MAN-Provider bieten darüber hinaus ihren Firmenkunden einen Upgrade auf 1 MBit/s bzw. 1 GBit/s an. In den USA werden bereits 100 MBit/s Internet-Zugänge zum monatlichen Preis von 1000 US Dollar (30 Prozent der typischen T1/E1-Kosten) angeboten.

Die letzte Meile

Das größte Problem bei der Implementierung von Glasfaserdiensten besteht immer noch auf der letzten Meile. Die Installationskosten von Glasfasern als Verbindung zwischen POP und dem Endkunden sind immer noch extrem hoch. Dies hat seine Ursache hauptsächlich in den teuren Verlegearbeiten. Aus diesem Grund haben sich in der Vergangenheit die Telekommunikationsunternehmen nur auf die großen Unternehmen konzentriert. Kleineren Unternehmen blieb nichts anderes übrig, als die Standarddienste der Carrier zu nutzen. Mit der Installation von sogenannten City-Ringen und dem zusätzlichen Auftreten von Breitband Service Providern ändert sich die Situation mittelfristig. Auf Basis von Multiservice Provisioning Plattformen werden inzwischen in den USA und Europa (Schweden, Norwegen) die traditionellen Telecom-Dienste (Internet und Telefon) auf die optischen Backbones gebracht. In diesen Fällen teilen sich mehrere Unternehmen eines Gebäudes den Zugang und reduzieren somit die Installationskosten für den Einzelbetrieb. Die eingesetzten Plattformen unterstützen sowohl Sonet, Ethernet und die DWDM-Technologien. Damit lassen sich selbst über klassische Telefonleitungen die neuen Breitbandservices schnell und preiswert realisieren. Dieser Technik bietet in einigen Städten bereits die Funktionen, die mit den DSL-Services eines schönen Tages kommen sollen.

Neben den Telecom Services (Internet Access, Telefonie und dem Web Hosting) positionieren sich die neuen Systemintegratoren auch als Applikation Service Provider (ASPs). Gleichzeitig hoffen die bereits im Markt agierenden ASPs auf eine schnelle Entwicklung der optischen Netze, um ihre Dienste den Geschäftskunden preiswert anbieten zu können. Momentan werden die ASP-Services noch durch die zu geringe Verfügbarkeit von schnellen Verbindungen und durch die extrem hohen Übertragungspreise behindert. Für ASPs bildet die Bandbreite die Grundlage für ihr Geschäft und aus diesem Grund bieten die optischen Netze die notwendigen QoS-Funktionen, um die Geschäftsapplikationen über eine MAN/WAN betreiben zu können.

Zukunft der optischen Übertragung

Zu den fundamentalen Problemen der Carriers gehört der kontinuierlich ansteigende Internet-Verkehr. Die extrem hohen Übertragungsvolumen werden jedoch noch weiter ansteigen, wenn die Breitbandzugangstechnologien, beispielsweise DSL und Kabelmodems) im großen Stil installiert werden. Durch den verstärkten Wettbewerb der Carrier in den Ballungsgebieten sind die Carrier gezwungen verbesserte und preiswertere Services für ihre Geschäftskunden anzubieten.

Die DWDM-Entwicklungen der vergangenen Jahre führte zu einer signifikanten Steigerung der Übertragungskapazitäten der WAN-Backbones und gleichzeitig zur Senkung der Übermittlungskosten. Trotzdem bleiben noch viele Probleme ungelöst. Heute übermitteln die Carrier noch immer über separate Zugangsnetze die Telefonie und die Daten zum Point-of-Presence (PoP). Der Sprachverkehr wird dabei über ein Time Division Multiplexer (TDM) – Netz auf Basis eines Sonet-Backbones übermittelt; der IP-Verkehr wird mit Hilfe von Sonet-Kanälen über einen ATM Backbone übertragen. Die Sonet Backbones bestehen aus drei Ringhierarchien (lokale, regionale und nationale Ebene), die durch Add/Dop Multiplexer und Cross-Connect Switches miteinander verbunden sind. Eines der größten Probleme dieser Netze besteht in der Konfiguration der Sonet-Ringe, Add/Drop Multiplexer und Cross-Connects. Der ganze Konfigurationsvorgang ist kompliziert und zeitaufwendig und kann unter Umständen Wochen oder Monate dauern. Die DWDM-Technologie wird inzwischen in den regionalen und nationalen Ringen, aber noch nicht in den lokalen Ringen eingesetzt. Dadurch entsteht ein weiteres Problem: Die verfügbaren Cross-Connects sind von ihrer Leistungsfähigkeit und der Anzahl der physikalischen Ports her nicht in der Lage, die drastisch gestiegene Anzahl von Verbindungen der Backbones zu übermitteln. Die DWDM-Technologie erfordert jedoch, dass die Lichtsignale auf den langen WAN-Strecken regeneriert werden. Bei der Übermittlung von Licht über lange Glasfaserverbindungen müssen die Signale in regelmäßigen Intervallen aufgefrischt werden. Damit wird verhindert, dass die Signale durch unterschiedliche Dämpfungen auf dem Übertragungsweg unlesbar werden. Auf dem Übertragungsweg lässt sich das Signal mit Hilfe von Erbium Doped Fiber Amplifiers (EDFAs) verstärken. Aber die Verstärkung führt zwangsläufig zu einer Verzerrung der Signale. Daher müssen in heutigen Netzen die Lichtsignale alle 200 km wieder in elektrische Signale zurückgewandelt, aufgefrischt und als erneutes Lichtsignal weitervermittelt werden. Beim DWDM muss dieser komplizierte und teure Prozess für jede Wellenlänge vorgesehen werden. Werden beispielsweise 40 Wellenlängen über eine DWDM-Strecke übermittelt, dann müssen 40 Laser zur Signalregeneration bereitgestellt werden. Langstrecken-Laser sind heute immer noch relativ teuer und wartungsaufwendig. Daher macht die Signalregeneration bei einigen Carriern inzwischen die Hälfte der Gerätekosten aus. Daher müssen die DWDM-Hersteller nach Möglichkeiten suchen, um die Anzahl der Regenerationspunkte auf ein absolutes Minimum zu reduzieren und den Carriern den Zugang zur Technologie zu erleichtern. Darüber hinaus müssen die Carrier auf der lokalen ihre eingesetzten Komponenten wesentlich effizienter einsetzen. Die von den Carriern bisher auf Basis der Sonet-Infrastruktur als separate ausgelegte Telefonnetze und ATM Backbones müssen aus Kostengründen zusammengeführt werden. Die von den Carriern angebotenen Internet-Dienste werden darüber hinaus noch über Router, die über ATM Pipes zusammengeschalten sind, bereitgestellt. Dies bedeutet, dass auf die Internet-Anschlüsse in jedem POP über eine Reihe von Routern und über die entsprechenden ATM Switches die Daten auf die Sonet-Infrastruktur übermitteln. Die enormen Gerätekosten steigen zusätzlich, wenn der Datenverkehr steigt und eine höhere Router- und ATM-Kapazität benötigt wird. Darüber hinaus sind die im Markt verfügbaren Sonet- und ATM-Komponenten nicht in der Lage, die hohen Verkehrsanforderungen der Nutzer zu erfüllen. Aus diesem Grund versuchen immer mehr ISPs die DWDM-Technologie bis zu den Access Routern auszubauen.

Die offenen Fragen lassen sich am besten an der zukünftigen Netzarchitektur und den sich daraus ergebenden Anforderungen für die jeweiligen Übertragungskomponenten darstellen. Für die zukünftigen Netzarchitekturen gelten folgende Prämissen:

▸ Die Dynamik der Carrier-Netze wird drastisch zunehmen. Daher müssen die Netze in der Lage sein, entsprechend den Anforderungen der Edge-Komponenten die jeweiligen Netzressourcen (Wellenlängen) automatisch bereitzustellen.

▸ Die bisher installierten Ringe werden durch vermaschte Strukturen ersetzt. Dies hat seine Ursache in den komplizierten Mechanismen beim Aufsetzen von Verbindungen die über mehrere Ringe führen. Die zunehmende Dynamik der Netze und die bessere Ausnutzung der Übertragungsmedien durch die Wellenlängentechnologie erfordert eine einfache Konfiguration der Übertragungskomponenten.

▸ Die DWDM-Technologie wird in sämtlichen Netzbereichen (lokalen, regionalen und überregionalen Backbones) eingesetzt. Mittelfristig wird sich diese Technologie auch auf den Access Verbindungen und in den Enterprise Backbones der großen Unternehmen wiederfinden.

Der gesamte Verkehr wird auf Basis von IP-Paketen vermittelt und wird über eine einzige Access Verbindung zum PoP des Carriers übermittelt. Beim Aufbau neuer Übermittlungstechnologien werden die Carrier aus Kostengründen auf den Einsatz von ATM und Sonet verzichten und stattdessen das Gigabit Ethernet als Übertragungsmedium verwenden.

Durch die oben genannten Gründe werden die Services der Carrier auf Basis einer einzigen Zugangstechnik konsolidiert und im PoP des Carriers mit Hilfe einer Sonet Multiservice Plattform weiterverarbeitet. Mehrere PoPs bündeln ihren Datenverkehr (IP, ATM und TDM) in einem multifunktionalen Terabit Switch. Die Terabit Switches bilden den Zugang zur gesamten optischen Infrastruktur im lokalen, regionalen oder WAN-Bereich. Damit wird die DWDM-Technik im gesamten Netz, vom Zugangspunkt des Nutzers bis hin zu den WAN-Ressourcen) verwendet. Verfügt ein Netzbereichen über nicht genügend Glasfaserverbindungen lässt sich dieser Engpass mit Hilfe des Frequency Division Multiplexing (FDM) umgehen.

Synchrone Digitale Hierarchie (SDH)

Die Entwicklung der Pulscodemodulation (PCM) führte in den siebziger Jahren zu einer Vielzahl unterschiedlicher Primärmultiplexer. Weltweit etablierten sich dadurch zwei unterschiedliche Standards: Die europäische Hierarchie (CEPT Länder), die auf der Bitrate 2048 kBit/s basiert und die nordamerikanische Hierarchie (USA, Kanada und Japan), die als Basis 1544 kBit/s (24 Telefonkanäle) verwendet. Die Übertragung ist in beiden Hierarchien plesiochron. Das heißt, die Taktversorgung ist dabei nur innerhalb eines Multiplexabschnittes definiert. Internationale Verbindungen konnten deshalb nur über aufwendige Multiplexer realisiert werden. Aus diesem Grund wurde in den achtziger Jahren versucht, die unterschiedlichen plesiochronen Bitraten auf einem vernünftigen Nenner zu standardisieren. Dabei sollten die Geräte im gesamten Netz möglichst mit wenigen Taktquellen gespeist werden. Die in der jeweiligen Takt-Domäne auftretenden Datenströme wären synchron. Dadurch wären auch Teilsignale jederzeit identifizierbar. Die Lage der Teilströme im gesamten Datenstrom wären über ihre zeitliche Lage jederzeit definierbar und könnten aus dem Gesamtstrom herauslöst, verschaltet, rangiert oder wieder einkoppelt werden.

Das Konzept für die Synchrone Digitale Hierarchie basiert im wesentlichen auf dem Bellcore-Konzept für SONET (Synchronous Optical Network). Dadurch gilt SONET als der Vorläufer von SDH. Auf Basis des SONET-Standard erarbeitete die ITU einen einheitlichen internationalen Standard in der Form von SDH (Synchronous Digital Hierarchy). Im Gegensatz zu den plesiochronen Hierarchien kommt bei SDH eine byteweise Verschachtelung zum Einsatz. Die ITU-T definierte folgende Multiplexstufen:

	SONET-Signale	Bitrate	äqivalentes SDH-Signal
STS 1	OC-1	51,84 MBit/	STM-0
STS-3	OC-3	155.52 MBit/s	STM-1
STS-9	OC-9	466,56 MBit/s	
STS-12	OC-12	622.08 MBit/s	STM-4
STS-18	OC-18	933.12 MBit/s	
STS-36	OC-36	1244,16 MBit/s	
STS-48	OC-48	2488,32 MBit/s	STM-16
STS-192	OC-192	9953,28 MBit/s	STM-64

Das SDH-Konzept definiert auf allen Hierarchiestufen die gleiche Grundstrukturen und arbeitet prozentual mit gleich viel Zusatzdaten (Overhead = Dienstkanäle, Synchronisation, usw.).

Synchroner Transport Modul STM-1

Der 155,520 MBit/s Datenstrom wird in einem Rahmen mit folgenden Eigenschaften strukturiert:

▸ 8 aufeinander folgende Bits werden als ein Byte zusammen übertragen. Höhere Bitraten als STM-1 werden durch Bytemultiplex der einzelnen STM-1-Rahmen erreicht.

▸ 2430 Bytes sind in 9 Zeilen und 270 Spalten angeordnet. Die ersten 9 Spalten tragen jeweils Overhead-Informationen. Die 261 Spalten Payload können weitere, synchron unterstrukturierte Rahmen enthalten.

▸ Die Rahmendauer ist 125 µs, die Rahmenfrequenz beträgt pro Sekunde 8000.

Dieser STM-1-Rahmen ist das zentrale Element der Synchronen Digitalen Hierarchie.

Der Overhead ist in Bereiche aufgeteilt, deren Bytes am Beginn und Ende von Repeater-Abschnitten oder vom gesamten Multiplex-Abschnitt generiert und ausgewertet werden. Die einzelnen Bytes dienen zur Synchronisation, Bitfehlerüberwachung, Signalkennzeichnung, Ersatzschaltungsverständigung sowie der allgemeinen Systemsteuerung. Jedes Byte überträgt die Kapazität von 64 kbit/s. Auf den E-Bytes werden Dienst(Telefon)-kanäle dem Betreiber zur Verfügung gestellt. Die D-Bytes bilden den sogenannten „Data Communication Channel", auf dem Daten mit 192 und 576 kBit/s von und zu den einzelnen Netzknoten übertragen werden. Die X-Bytes sind nicht definiert. Das amerikanische STS-1 des SONET hat eine Bitrate von 51,84 Mbit/s. Dies entspricht einem Drittel der STM-1 Kapazität. Dadurch lassen sich SONET-Signale direkt nach SDH wandeln. Jede dritte Spalte im STM-1-Overhead entspricht genau dem STS-1-Overhead.

Container und Tributary Units

Die Zubringersignale können aus verschiedenen Ebenen der plesiochronen Hierarchie stammen. In einem 2,048-Mbit/s-Primärmultiplexrahmen werden beispielsweise 30 Telefonkanäle und 2 Synchron- und Kennzeichenkanäle zusammenfasst.

Die einzelnen Zubringersignale werden zuerst nach einem festgelegten Ordnungsprinzip in einen nominell zum STM-1-Rahmen synchronen Container verpackt. Die Taktrate vom Zubringer ist zunächst nicht mit der Taktrate des Multiplexsystems synchronisiert. Bei der plesiochronen Technik wird der einlaufende Datenstrom darum erst in einem Puffer zwischengespeichert, aus dem das System die einzelnen Bits mit einer geringfügig höheren Taktrate entnimmt. Die zusätzliche Übertragungskapazität wird mit Leerbits „gestopft", welche als solche deklariert sind, um sie ohne Informationsverlust beim Demultiplexvorgang wieder entfernen zu können. Ob Informations- oder Leerbits in diesen Stopfstellen gesendet werden, hängt vom Verhältnis der Taktfrequenz des Zubringersignals zur Taktfrequenz des Multiplexers ab. Das Senden von Informationsbits in den Stopfstellen wird vorher mehrfach in speziell dafür vorgesehen Kontrollbits angekündigt.

Asynchrones Mapping

Mapping ist das Verpacken eines Signals bestimmter Bitrate in einen Container mit etwas höherer Bitrate. Die zusätzliche Übertragungskapazität des Containers trägt Verpackungsinformationen sowie Stopfbits. Beim asynchronen Mapping passiert das gleiche wie beim plesiochronen Multiplexen. Die Überkapazität des Containers enthält Stopfkontrollstellen, die von den Füllstandszeigern der Puffer gesteuert werden. Das Ausfüllen der Stopfstellen mit Zubringerbits anstelle von festen Stopfbits wird in Stopfkontrollbits mehrfach angekündigt. Somit „schwimmt" das Tributary-Signal asynchron in dem synchronen Verpackungscontainer. Auf Teilsignale in diesem Tributary-Signal hat man demzufolge keinen Zugriff, aber der Container ist synchron und kann jetzt synchron gemultiplext werden. Alle höheren Hierarchien haben damit Zugriff auf diesen Container.

Synchrones Mapping

Beim synchronen Mapping werden die Stopfstellen mit Leerbits fest gestopft. Bitweises und byteweises synchrones Mapping unterscheiden sich nur darin, dass beim byteweisen synchronen Mapping durch vorheriges Aufsynchronisieren auf den plesiochronen Rahmen die Byte- und Rahmengrenzen bekannt sind und somit die Zubringerbytes immer mit dem gleichen Ordnungsprinzip in die synchrone Struktur übernommen werden können. Zur Taktratenanpassung der Zubringer auf die Rate des Multiplexsystems bedient man sich hierbei einer anderen Methode – Pointer.

Pointer

Während das bitweise Stopfen beim asynchronen Mapping für eine saubere Frequenzanpassung sorgt, entsteht beim synchronen Mapping ein Problem. Die Daten werden immer byteweise in die höhere Hierarchie gepackt. Daher passen kleinere Einheiten nicht in das Konzept. Mit der Übermittlung von Informationen zum ersten Kanal im Rahmen wird dieses Problem gelöst. Ein Pointer zeigt auf den Beginn eines Containers, also auf die Position, die sein erstes Byte im synchronen Rahmen einnimmt. Kommt es jetzt zu einer notwendigen Frequenzanpassung, muss zusätzlich zum Bytestopfen noch der Pointer entsprechend korrigiert werden. Durch diesen Trick sind die in synchronen Rahmen schwimmenden Teilsignale jederzeit auffindbar. Eine Pointer-Aktion hat zur Folge, dass in einem Rahmen, für den immer die gleiche Zeit von 125 µs zur Verfügung steht, plötzlich ein Byte mehr oder ein Byte weniger übertragen wird. Die dabei entstehenden Frequenzschwankungen (Jitter) werden durch PLLs geglättet.

Virtueller Container

Beim Mapping werden nicht nur Stopfstellen zugefügt, sondern auch ein Path-Overhead. Der Path-Overhead ist im wesentlichen statisch, d.h. er wiederholt sich in jedem Rahmen mit dem gleichen Inhalt. Ausnahmen bilden die Path- und Section-Traces, worauf später noch eingegangen wird, sowie die Bitfehlerzähler. Dieses Signalgemisch einschließlich Overhead bezeichnet man als virtuellen Container (VC).

Tributary Unit

Der virtuelle Container, erweitert mit dem oben beschriebenen Pointer, ist die Tributary Unit (TU). TUs werden wieder nach einem bestimmten Schema zu Gruppen (TUG) zusammengefaßt und bilden schließlich eine Administrative Unit (AU).

Higher Order, Lower Order

Im dargestellten STM-1-Rahmen zeigt der AU4-Pointer auf den Path-Overhead eines virtuellen Containers (VC4). Die Nullposition ist das unmittelbar auf den Pointerbereich folgende Byte. Der Container C4 könnte ein asynchron gemapptes 139 Mbit/s-Signal der 4. plesiochronen Hierarchiestufe (PCM1920) enthalten. Er könnte aber auch synchron weiter unterstrukturiert sein. Zum Beispiel mit 2 Mbit/s-Signalen. In einem 155 Mbit/s STM-1 können jedoch nur 63 synchron gemultiplexte Kanäle untergebracht werden. Bei plesiochronen Multiplexer passten jedoch 64 Kanäle in 139 MBit/s.

In der synchronen Hierarchie gibt es im Gegensatz zur plesiochronen nur zwei Stufen (Higher Order und Lower Order), in denen Taktanpassungen mittels Pointer vorgenommen werden. Deshalb werden höhere Hierarchien nur durch Multiplex der einzelnen STM-1-Bytes erreicht. Es ist nicht möglich, STM-4-Signale (622 Mbit/s) unterschiedlicher Herkunft zu einem STM-16 oder STM-64 direkt zu multiplexen, sondern alle darin enthaltenen STM-1 müssen einzeln gepointert werden.

Der im Nutzlastbereich mit dem J1-Byte beginnende virtuelle Container sieht folgendermaßen aus:

Ein Higher-Order-Container VC3 könnte beispielsweise als Nutzlast ein asynchron gemapptes 34 Mbit/s- oder 45 Mbit/s-Signal aus der 3. plesiochronen Hierarchiestufe tragen. Ein VC4 könnte ein asynchron gemapptes 139 Mbit/s-Signal der 4. plesiochronen Hierarchiestufe enthalten. In den Mappingvorschriften dazu sind Stopfbytes zur Bitratenanpassung vorgesehen. Diese Bytes enthalten meistens feste Stopfbits. Bestimmte genau definierte Bytes tragen aber wieder die bereits bekannten Stopfkontroll- und Stopfinformationsbits zur elastischen Bitratenanpassung an das Zubringersignal.

Die Container VC4 oder VC3 können aber auch weiter synchron unterstrukturiert sein. Ein VC4 kann wieder drei VC3 enthalten. Dabei kann jeder dieser inneren Teilsignale eine andere Phasenlage haben. Um den Anfang der inneren Teilsignale zu ermitteln, bedient man sich der gleichen Pointer-Technologie und bezeichnet diese jetzt als Lower Order.

Auch ein Lower-Order-Pointer zeigt immer auf das erste Byte eines Lower-Order-Path-Overhead. Beim VC3 ist das das J1-Byte.

Beim VC2, VC12 oder VC11, die Zubringersignale der 1. und 2. plesiochronen Hierarchiestufe enthalten, ist das Multiplex-Schema etwas komplizierter. Hier müssen immer vier aufeinander folgende STM-1

Rahmen zusammen betrachtet werden. Sie bilden damit einen 500 μs langen Multiframe. Der Multiframe-Zähler ist das H4-Byte im VC4- oder VC3-POH.

Die einzelnen Tributary Units sind spaltenweise zeitmultiplex verschachtelt. Der Lower-Order-Pointer zeigt auf den Beginn des innerhalb einer TU „schwimmenden" Containers. Der komplette Pointer ist auf drei STM-1-Rahmen verteilt. Zwei Byte (V1,V2) für die Adresse und ein Byte (V3) als Gelegenheit zum negativen Stopfen bei Änderung des Pointers. V4 ist nicht definiert.

Während die dargestellte Lower-Order-Tributary-Unit noch phasenstarr zu ihrem Higher-Order-Container ist, in dem sie transportiert wird, kann der innere Lower-Order-Container eine beliebige Zeitlage haben. Die Position des ersten Bytes, des Lower-Order-Path-Overheads, wird durch den TU-Pointer (V1,V2) adressiert.

Sollen in einer Tributary-Unit-Group definierte Container mit einer Nutzlast von 2 Mbit/s-Signalen transportiert werden, sieht der VC12 wie folgt aus:

Beim synchronen Mapping erkennt man die bekannte Struktur des Primärmultiplexrahmens wieder. Jeder 64 kbit/s-Kanal liegt immer an der gleichen Stelle im Container. Voraussetzung ist, dass im Multiplexvorgang vor dem Mapping zuerst auf den Basisrahmen aufsynchronisiert wurde. Eine Taktanpassung auf die Rate des Zubringers geschieht ausschließlich über den TU-Pointer.

Beim asynchronen Mapping betrachtet man den Datenstrom als anonyme Folge von Bits. In den im Bild mit „s" gekennzeichneten Bytes sind hierfür zur Taktratenanpassung zwei Stopfbits definiert. Die Nutzung dieser Stopfstellen als Stopf- oder Datenbit wird vorher in Stopfkontrollbits „c" dreifach angekündigt. Der Pointer ist immer Null.

Overhead

Zur internen Steuerung ist ein Steuerungs-Overhead notwendig. Dieser wird zusammen mit den zu verarbeitenden Nutzsignalen von Koppelelement zu Koppelelement übertragen. Folgende Overhead-Funktionen wurden definiert:

Section Overhead

Eine Multiplex-Section kann in mehrere Repeater-Abschnitte aufgeteilt sein.

Repeater Section Overhead

Der erste Teil des STM-1 Overheads, der sich vor dem Pointer befindet, wird als Repeater-Section-Overhead (RSOH) bezeichnet. Die Bytes der ersten Zeile des RSOH, also die ersten 9 Bytes (bzw. n mal 9 Bytes bei höheren Hierarchien) bleiben unverscrambelt. Alle nachfolgenden Bits des kompletten Rahmens werden mit einem einfachen zyklischen Code verschachtelt. Damit wird die Leistungsdichte des Ausgangssignals gleichmäßig auf das Spektrum verteilt.

A1, A2

Rahmensynchronisation: Die Bitfolge (hex) F6 F6 F6 28 28 28 kennzeichnet den Anfang jedes STM-1 Rahmens.

B1

Paritätsbyte zur Fehlererkennung: Die Parität wird über 8 Bit-Spuren bestimmt. Nach dem Verscrambeln wird die Anzahl der Einsen über einem kompletten STM-1 Rahmen geradzahlig ergänzt und im B1-Byte des Folgerahmens eingesetzt.

E1

Dienstkanal: E1 und E2 bilden die beiden Dienstkanäle zum Telefonieren für den Betreiber, wobei E1 in jedem Repeater überschrieben werden kann, während E2 ausschließlich für die Endstellen vorgesehen ist. E2 liegt deshalb auch im Bereich nach dem Pointer im MSOH. Jedes Byte liefert die Übertragungskapazität von 64 kbit/s und entspricht damit genau einem Telefonkanal.

F1

Nutzkanal: Das Byte steht den Kunden oder Herstellern zur freien Übermittlung zusätzlicher Informationen zur Verfügung.

D1 – D3

Datenkanal für die Inservice-Überwachung: Drei Bytes liefern 192 kbit/s für den DCC, den Data Communication Channel. Auf diesem seriellen Datenkanal überwacht der Betreiber alle seine Netzelemente. Je nach Managementsystem wird ein bestimmtes Protokoll gefahren, i.a. vom HDLC auf der physikalischen Bitübertragungsebene über die 7 Schichten des OSI-Referenzmodells hinauf zu den Anwenderprotokollen. Da in den einzelnen Netzknoten mehrere solche DCC-Kanäle zusammenlaufen, müssen die einzelnen Datenpakete geroutet werden.

J0

Section Trace: Definiert die Absenderkennung des physikalischen Senders. Eine solche Access Point Identification (APId) wird einheitlich in einem 16-byte-String übertragen, d.h. alle 16 Rahmen wiederholt sich der String. Der Section Trace trägt dann die Kennung der einzelnen Teilsignale. Besonders bei komplizierten Topologien und Ringstrukturen erleichtert das die Verwaltung.

Multiplex Section Overhead

Eine Multiplex-Section ist normalerweise der Abschnitt zwischen zwei Endstellen, d.h. hier wird der anhängige Nutzlastinhalt terminiert. Die Verbindung zwischen den beiden Multiplexern kann über zwei voneinander unabhängige Wege geführt sein. Der Multiplex Section Overhead (MSOH) ist der Teil des STM Overheads, der nach dem Pointer kommt.

B2

Paritätswort zur Fehlererkennung: Entsteht während der Übertragung ein Bitfehler, dann wird dieser im nächsten Repeater anhand der B1-Parität erkannt. Der Repeater berechnet aber seinerseits die Parität über den Rahmen neu, so dass für den folgenden Repeaterabschnitt wieder alles in Ordnung ist. Deshalb werden Bitfehler über den gesamten Multiplexabschnitt mit der B2-Parität überwacht. In 24 Bitspuren (beim STM-1) wird die Anzahl der Einsen im Datenstrom ausgenommen des RSOH geradzahlig ergänzt. Die so entstandenen B2-Bytes werden im nächsten Rahmen vor dem Verscrambeln eingesetzt.

K1, K2

Automatische Ersatzschaltung: Anhand eines bitorientierten Protokolls verständigen sich die beiden Endstellen zum Zwecke der automatischen Leitungsersatzschaltung. 3 Bits vom K2-Byte sind für eine andere Aufgabe reserviert. Die Belegung „110" signalisiert der Endstelle, dass das ferne Ende ein fehlerhaftes Signal empfängt. Das ist zum Beispiel der Fall, wenn der Pointer auf keine gültige Position zeigt.

D4 – D12

Datenkanal für Inservice-Überwachung: Neun Bytes liefern 576 kbit/s für den Multiplex Section DCC. Hier gilt das gleiche wie für den RS-DCC (Bytes D1 .. D3).

S1

Taktqualität: Der Inhalt des S1-Bytes sagt aus, welche Qualität das Leitungssignal hinsichtlich der synchronen Taktversorgung hat.

M1

Bitfehler am fernen Ende: Stellt das ferne Ende in seinem Empfangssignal B2-Fehler fest, so signalisiert es in Rückrichtung im M1-Byte die Anzahl der erkannten Paritätsverletzungen. Beim STM-1 können das maximal 24 B2-Fehler innerhalb der 125 µs Rahmenlänge sein. Beim STM-16 oder höher wird der Maximalwert auf 255 begrenzt.

E2

Orderwire: E2 bildet einen der beiden Dienstkanäle zum Telefonieren für den Betreiber.

Path Overhead

Man muss unterscheiden zwischen Containern der Higher Order Pathes (VC3, VC4) und denen der Lower Order Pathes (VC11, VC12, VC2).

Higher Order Path Overhead

Wie gesagt, ein Container komplettiert mit einem Overhead, wird zum „Virtuellen Container" VC.

J1

Path Trace: Mehrere aufeinander folgende J1-Bytes bilden zusammen einen String, der sich ständig wiederholt und eine signalbegleitende Beschreibung des Absenders dieses Containers trägt. Beim Higher Order Path kommt alle 125 μs ein J1-Byte vorbei. 16 Byte bilden einen Rahmen, wobei 15 mit der APId belegt sind. Ein Byte enthält den Rahmenkenner und eine CRC7-Prüfsumme. Ein beabsichtigter Empfänger, der den Pfad für diesen Container auflöst (terminiert), kennt die Absenderkennung und prüft auf deren Übereinstimmung. Erst dann wird das ausgepackte Signal zum Zubringer durchgeschaltet. Gibt es keine Übereinstimmung, dann liegt ein Fehler im empfangenen Signal vor.

B3

Paritätsbyte zur Fehlererkennung: 8bit gerade Parität über den gesamten VC, also einschließlich Overhead vor dem Verscrambeln. Hiermit wird die End-zu-End Bitfehlerperformance für den Higher-Order-Pfad ermittelt.

C2

Signal Label: Das Signal Label gibt Auskunft über die Zusammensetzung des anhängigen Container-Inhaltes. Ist das Signal Label 0, dann ist dieser Container „Unequipped", d.h. sein Inhalt ist undefiniert. Ist ein Pfad „Unequipped", so kann der Betreiber trotzdem diese Verbindung überwachen, weil der Path Trace und die Parity-Bytes korrekt übertragen werden. Ebenso die Fehlerrückmeldung (Remote Defect Indication) vom fernen Ende.

G1

Pfad Status: Das G1-Byte liefert Fehlerinformationen vom fernen Ende. Das ist zum einen die Reflektion der Anzahl der B3-Paritätsverletzungen und zum anderen eine Art Sammelfehler, genannt „Remote Defect Indication" RDI.

F2, F3

Nutzkanal: Die beiden F-Bytes sind reserviert für End-zu-End Datenbeziehungen von Pfaden.

H4

Multiframe-Zähler: Ist der Higher Order Path weiter synchron unterstrukturiert, dann sind die inneren Lower Order Pathes zu 500 µs langen Rahmen geordnet. Ein kompletter VC2 Rahmen verteilt sich demnach auf 4 STM-1 Rahmen. Das H4-Byte im Overhead des tragenden Higher Order Containers gibt somit den Takt für die 4 Teilrahmen an.

K3

Pfad-Ersatzschaltung: Über 4 Bits vom K3-Byte handeln die zwei Pfad-Endstellen die automatische Pfad-Ersatzschaltung aus.

N1

Tandem Connection Monitoring: Pfade werden oft durch verschiedene Hoheitsgebiete geführt, bevor sie terminiert werden. Zur Qualitätsüberwachung einzelner Teilstrecken, in denen Pfade im Transit übertragen werden, dient die Tandem Connection Monitoring Funktion. 4 Bit geben die Anzahl der B3-Paritätsverletzungen auf dem zu überwachenden Teilstück an. Von den anderen 4 Bit des N1-Bytes werden in 76 aufeinander folgenden Rahmen immer jeweils 2 Bit entnommen, die dann wieder einen Frame bilden, ähnlich wie beim Path Trace.

Lower Order Path Overhead

Der Virtuelle Container des Lower Order Path ist über 4 Higher Order Rahmen verteilt. Das erste Byte ist das V5-Byte. Es wird durch den Lower Order Pointer V1,V2 adressiert.

V5

BIP-2, REI, RFI, Signal Label und RDI: Im V5-Byte sind mehrere Overhead-Bereiche bitweise zusammengefasst. Die Parität wird nur über zwei Bitspuren berechnet (BIP-2) und die Rückmeldung beschränkt sich auf die Aussage: „War überhaupt ein Paritätsfehler im 500 µs langen Block oder nicht?" (REI). Das Signal Label gibt die Signalzusammensetzung an. 0 bedeutet wieder „Unequipped". RDI ist die allgemeine Fehlerrückmeldung vom fernen Ende.

J2

Path Trace: Der Lower Order Path Trace hat den gleichen Aufbau und wird genau so behandelt wie der im J1-Byte übertragene Higher Order Path Trace.

N2

Tandem Connection Monitoring: Aus 76 aufeinander folgenden Rahmen (76 x 500 µs = 38 ms) werden jeweils 2 Bit entnommen und zu einem neuen Byte-Frame zusammengefasst, der die Absenderadresse ähnlich wie beim Path Trace enthält. Da bei der Überwachung eines Teilabschnittes eines Lower Order Pathes mit TCM das N2-Byte unterwegs geändert wird, muss auch hier wieder dafür gesorgt sein, dass die BIP-2 Parität im V5-Byte entsprechend nachkorrigiert wird.

K4

Pfad-Ersatzschaltung: Über 4 bit des K4-Bytes wird die Pfad-Ersatzschaltung mit dem anderen Terminator des Lower Order Pfads ausgehandelt. Die anderen 4 bit sind optional oder reserviert.

Timing

In der synchronen Übertragungstechnik werden Taktabweichungen an den Schnittstellen im Vergleich zur Referenz mit Hilfe von Pointern ausgeglichen. Die Pointertechnik erlaubt wesentlich geringere Signalverzögerungen als die Zwischenspeicherung in Rahmenpuffern.

Nicht nur der ankommende Strom auf der Leitungsseite, auch die Zubringer können synchrone Signale führen. Alle einlaufenden synchronen Signale werden durch Anpassung ihrer Pointer auf die Systemtaktfrequenz des Netzelements synchronisiert.

Das führt zu der Situation, dass synchrone Systeme dank ihrer Pointertechnik untereinander viel asynchroner sein können als plesiochrone Systeme. Synchrone Systeme allein würde das nicht mal stören. Beim Übergang in die plesiochrone Welt jedoch führt das Pointern zu erhöhtem Jitter. Um unnötiges Pointern zu vermeiden, sollten also die Taktversorgungen der einzelnen Netzelemente untereinander synchronisiert sein. In der Praxis gibt man den Takt einer hochstabilen Quelle von Netzelement zu Netzelement mit dem übertragenen synchronen Signal selbst weiter. Eine Systemfunktion innerhalb des Netzelementes sorgt dafür, dass die jeweils beste Referenzquelle zur Synchronisierung der eigenen Taktversorgung ausgewählt wird. Taktreferenz kann sein:

1. synchrones Eingangssignal ab STM-1 an den Ports
2. 2-Mbit/s-Zubringersignal von einer digitalen Vermittlungsstelle
3. lokaler Referenztakt

Beim Ausfall aller Referenzen versucht die interne Regelung, den Systemtakt im Hold-Over-Betrieb weiter stabil zu halten. Im Section-Overhead des STM-Signals gibt das S1-Byte darüber Auskunft, welche Taktqualität das anhängige synchrone Signal hat.

Switched Multi Megabit Data Service (SMDS)

Der Switched Multi Megabit Data Service (SMDS) wurde 1990 in den USA von Bellcore als öffentlicher Dienst für die Datenkommunikation konzipiert. SMDS transportiert Nachrichten als Rahmen (Pakete) variabler Länge zwischen Sender und Empfänger. Diese Übermittlung erfolgt ohne vorherigen Verbindungsaufbau, d.h. jeder Rahmen wird unabhängig von anderen Rahmen vom Sender zum Empfänger übermittelt. SMDS arbeitet asynchron. Die Übertragungsraten von SMDS liegen gemäß CCITT G. 703, ANSI DS 3 bzw. ANSI SONET (CCITT SDH) bei 34,368 MBit/s, 44,736 MBit/s, 139,246 MBit/s oder 155,52 MBit/s.

Die SMDS-Adressierung erfolgt gemäß der CCITT-Empfehlung E.164 für die 15-stellige ISDN-Nummerierung. Ein Teilnehmer kann neben seiner individuellen Singlecast-Adresse über eine oder mehrere Multicast-Adressen verfügen. Singlecast-Adressen identifizieren einzelne SMDS-Anschlüsse. Eine Multicast-Adresse bezeichnet eine Gruppe von SMDS-Anschlüssen. Multicast-Adressen können zur Einrichtung virtueller privater Netze innerhalb von SMDS genutzt werden. Das virtuelle Netz wird dabei durch eine gemeinsame Multicast-Adresse der Teilnehmer charakterisiert. Die Verfahren Address Verification und Address Screening sorgen dafür, dass das virtuelle private Netz von der Öffentlichkeit abgeschirmt werden kann. Address Validation überprüft Quell- und Zieladressen auf formale Richtigkeit. Address Screening dient der Definition und Überwachung von zulässigen Verkehrsbeziehungen. Dazu werden für jeden Datentransfer folgende Prüfungen vorgenommen

▸ An der Quelle: Darf die Quelladresse des Transfers Daten an die angegebene Zieladresse senden?

▸ Am Ziel: Darf die Zieladresse Daten von der angegebenen Quelladresse empfangen?

Dadurch werden nur die für einen Kunden bestimmten Datenpakete auf den Anschlussleitungen dieses Kunden übertragen.

SMDS ist ein Wähldienst, d.h., dass jeder SMDS-Anschluss grundsätzlich mit jedem anderen SMDS-Anschluss kommunizieren kann. SMDS weist somit im Vergleich zu Festverbindungsnetzen eine erhebliche höhere Flexibilität auf.

Netze für SMDS haben eine mehrstufige Struktur. Auf der obersten Ebene wird das SMDS-Netz in die Teilnetze der einzelnen Netzbetreiber gegliedert. Jedes dieser Teilnetze besteht aus einzelnen MAN Switching Systems (MSS). Die MSS werden über ein spezielles Interface miteinander verbunden. An die MAN Switching Systems werden schließlich die SMDS-Teilnehmer angeschlossen. Schnittstellen und Protokolle von SMDS werden von einem Hersteller- und Netzbetreiber- Forum, der SMDS Interest Group (SIG), definiert. Im einzelnen handelt es sich dabei um die folgenden:

- Subscriber Network Interface (SNI): Die Teilnehmerschnittstelle zum SMDS wurde im Network Interface (SNI) beschrieben. Am SNI werden entweder die SMDS-fähigen Systeme der Kunden angebunden oder SMDS-fähige Digital Service Units (DSU) des Netzbetreibers. Die DSUs stellen teilnehmerseitig herkömmliche Standardschnittstellen zum Anschluss der Kundensysteme bereit.

- Inter Switching System Interface(ISSI): Die Verbindung von verschiedenen MAN Switching Systems eines Netzbetreibers wird im Inter Switching System Interface (ISSI) definiert.

- Interchange Carrier Interface (ICI): Die Kopplung der SMDS-Netze unterschiedlicher Netzbetreiber wurde im Inter Carrier Interface (ICI) standardisiert. Es dient zur Kopplung von SMDS-Vermittlungsknoten über nationale und internationale Leitungen. Das ICI unterstützt Funktionen für das Zusammenwirken verschiedenen Netzwerkbetreibern wie z.B. die Gebührenabrechnung.

- SMDS Interface Protocol(SIP): Als Zugangsprotokoll zu SMDS wurde das SMDS Interface Protocol (SIP) für das Subcriber Network Interface (SNI) festgelegt.

Zur Übermittlung von Nachrichten nimmt SMDS vom Teilnehmer Rahmen entgegen, deren Länge bis zu 9183 Byte beiträgt. Jeder dieser SMDS-Rahmen enthält die E.164-Adresse des jeweiligen Empfängers und Senders und wird individuell und ohne vorherigen Verbindungsaufbau im SMDS vermittelt.

Der SMDS-Teilnehmeranschluss kann durch eine Punkt-zu-Punkt-Verbindung zum nächsten SMDS-Knoten realisiert werden. Alternativ ist eine Realisierung mit Hilfe eines Metropolitan Area Network (MAN) gemäß dem IEEE 802.6-Standard möglich, welches mehrere SNIs an den nächsten SMDS-Knoten anbindet.

Für die SMDS-Nachrichtenübermittlung unterstützt das SIP eine Untermenge des DQDB-Protokolls.

Abbildung 12.3: SMDS-Netz

Über das dreistufige SIP-Protokoll wird der Zugang des Nutzers zum SMDS-Netzwerk geregelt. Das SIP Level 3 Protokoll empfängt und transportiert die Pakete der höheren Schichten über das Netz. Das SIP Level 2 Protokoll basiert auf dem IEEE 802.6 DQDB Standard und kontrolliert den Zugang zum physikalischen Medium. Das SIP Level 1 Protokoll beschreibt die Funktionen des eigentlichen Übermittlungssystems.

SIP Level 3

Eine SMDS SDU kann bis zu 9188 Oktett an Information enthalten. Diese Information wird von einem Protokoll der höheren Ebene an das SIP Level 3 Protokoll zum Transport über das Netz übergeben. Das SIP Level 3 Protokoll generiert die entsprechende L3 PDU (inklusive des Header und des Trailers). Die L3 PDU wird anschließend an das SIP Level 2 Protokoll weitergereicht und in diskrete L2 PDUs (a 53 Okettt) segmentiert. Diese Zellen werden schließlich vom PLCP-Layer über das physikalische Netz übermittelt.

Header	Information	PAD	X + CRC32	Trailer
36	<= 9188	0-3	0 oder 4	4 Byte

Abbildung 12.4: SIP Level 3 PDU

Der SIP Level 3 Header hat folgendes Format:

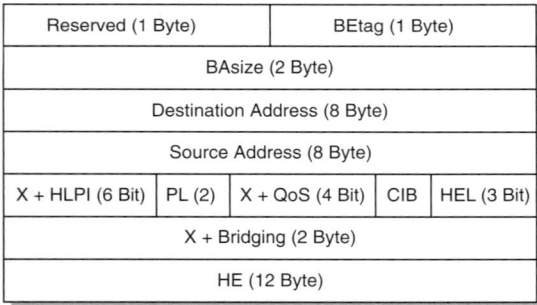

Abbildung 12.5: SIP Level 3 Header-Struktur

Der SIP Level 3 Trailer hat folgendes Format:

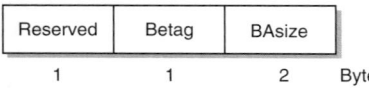

Abbildung 12.6: SIP Level 3 Trailer

Reserved
Dieses Feld wurde für eventuelle zukünftige Erweiterungen reserviert

BEtag

Der Beginning-End-Tag dient der fortlaufenden Numerierung nach Modulo 256 von SIP L3-PDUs. Diese Angaben werden bei der weiteren Aufteilung von SIP L3-PDUs in SIP2-PDUs als Message Identifier (MID) verwendet.

BAsize

Die Buffer Allocation Size beschreibt die Gesamtlänge der SIP L3-PDU. Damit wird dem Empfängersystem mitgeteilt, welche Puffergröße für den Empfang von Datenpaketen bereitzustellen ist.

Destination Address

Definiert die Empfängeradresse des PDU. Die Empfängeradresse teilt sich wie folgt auf:

- Adresstyp: die höchstwertigen vier Bits definieren, ob es sich bei der Adresse um eine individuelle Adresse (1100) oder eine Gruppenadresse (1110) handelt.
- Adresse: die verbleibenden 60 Bit enthalten die aktuelle SMDS-Adresse.

Source Address

Definiert die Senderadresse des PDU. Die Senderadresse teilt sich wie folgt auf:

- Adresstyp: die höchstwertigen vier Bits definieren, ob es sich bei der Adresse um eine individuelle Adresse (1100) oder eine Gruppenadresse (1110) handelt.
- Adresse: die verbleibenden 60 Bit enthalten die aktuelle SMDS-Adresse.

HLPI

Der Higher Layer Protocol Identifier dient der Kennzeichnung des Protokolls der höheren Schicht.

PL

Die PAD Length defieniert die aktuelle Länge des PAD-Felds.

QoS

Beschreibt die Quality of Service-Funktionen dieser PDU.

CIB

CRC32 Indication Bit. A 1-bit field that indicates the presence (1) or absence (0) of the CRC32 field.

HEL

Die Header Extension Length definiert die Länge der Header-Erweiterung (HE) in 32-Bit Worten.

Bridging

Dieses Feld wurde für zukünftige MAC-Bridge-Funktion reserviert

HE

Die Header Extension enthält Füll-Bytes, um die Anzahl von Bytes des Informationsfeldes auf ein Vielfaches von vier Bytes zu verlängern.

Information Field

Enthält bis zu 9188 Oktett an Benutzerinformationen.

PAD

Füll-Bytes, um die Anzahl von Bytes der PDU auf ein Vielfaches von 32 Bit zu verlängern.

CRC32

Der Cyclic Redundancy Check enthält eine Prüfsumme.

SIP Level 2

Eine Level 3 PDU wird zum Transport über das Netz an die Schicht 2 weitergereicht. Die L 3 PDUs werden vom SIP Level 2 Protokoll in diskrete Level 2 PDUs segmentiert und anschließend als 53 Oktett lange Zellen über das Netz übertragen. Eine SIP Level 2 PDU enthält einen 5 Byte langen Header und eine 44 Byte lange Payload, gefolgt von einen 2 Oktett langen Trailer.

Der SIP Level 2 Header hat folgendes Format:

Access Control (8 Bit)	
Network Control Info (32 Bit)	
Segment type (2 Bit)	Sequence Number (4 Bit)
Message ID (10 Bit)	
Segmentation Unit (352 Bit oder 44 Byte)	
Payload Lenght (6 Bit)	
Payload CRC	

Abbildung 12.7: SIP Level 2 PDU

Access control
Dieses Feld dient der Unterscheidung von isochronen und asynchronen Zellen und unterstützt die Realisierung des Zugriffsverfahrens. Da das SMDS-Verfahren nur die asynchrone Datenkommunikation unterstützt, dient diese Angaben nur der Unterscheidung des Zugriffsverfahrens.

Network control info
Diese Angabe dient der Netzsteuerung

Segment type
Hier wird der Segmenttyp definiert und festgelegt, wie ein Empfänger mit einer nicht leeren Level 2 PDU zu verfahren hat. Folgende Werte wurden festgelegt:

00	Continuation of Message (COM)
01	End of Message (EOM)
10	Beginning of Message (BOM)
11	Single Segment Message (SSM)

Sequence number
Folgenummer der SIP L2-PDU innerhalb einer SIP3-PDU. Diese Angabe wird am Ziel für das Zusammensetzen von fragmentierten SIP L2-PDUs zu der ursprünglichen SIP L3-PDU benötigt.

Message identifier
Identifikationsnummer der SIP L3-PDU

Segmentation unit
44-octet field that contains a portion of the Level 3 PDU.

Payload length
Länge (in Byte) des Feldes mit der Nutzlast.

Payload CRC
Die Prüfsumme deckt die Angaben von Feld Segmenttyp über die Payload Length und das Payload CRC Feld ab.

SIP Level 1

Die SIP Level 1 Mechanismen übermitteln die SIP Level 2 PDUs.

Distributed Queue Dual Bus (DQDB)

Das Distributed Queue Dual Bus (DQDB) Protokoll wurde von australischen Forschern der Universität von Western Australia entwickelt und in der IEEE Arbeitsgruppe 802.6 standardisiert. Das DQDB basiert auf dem ATM-Konzept. Zur Übertragung der Daten werden 53 Byte lange Zellen verwendet. DQDB arbeitet verbindungsorientiert, d.h. vor Beginn der Datenübertragung muss zwischen den Kommunikationspartnern eine virtuelle Verbindung bestehen.

Für DQDB wurde analog zum Architekturmodell der traditionellen lokalen Netze eine Protokollarchitektur bestehend aus zwei Schichten entwickelt. Man unterscheidet zwischen der physikalischen Schicht und der DQDB-Schicht. Die DQDB-Schicht lässt sich grob mit der aus der LAN-Architektur bekannten MAC-Schicht gleichsetzen. Im Gegensatz zur

MAC-Schicht bietet die DQDB-Schicht jedoch ein reichhaltigeres Dienstangebot an ihrer Schnittstelle. Neben einem herkömmlichen, verbindungslosen MAC-Dienst wird ein verbindungsorientierter Datendienst sowie isochrone Dienste – zur Übertragung von Sprach- und Videoinformationen – angeboten. Die Funktionalitäten der DQDB-Schicht umfassen Adressierung, Segmentierung, Reihenfolgeerhaltung und Fehlererkennung. Zusätzlich beinhaltet die DQDB-Schicht alle benötigten Routinen zur Medienzugriffskontrolle, d.h. sie stellt im wesentlichen die Basisfunktionalitäten für den Netzzugriff zur Verfügung. Sowohl die physikalische Schicht als auch die DQDB-Schicht beinhalten eine Schichtenmanagementinstanz.

Die DQDB-Schicht besteht intern aus weiteren vertikal und horizontal angeordneten Komponenten. Die sogenannten „Gemeinsamen Funktionen" bilden die direkt über der physikalischen Schicht angeordneten Komponenten. Die darüberliegende Unterschicht beinhaltet für unterschiedliche Dienste individuell angepasste Zugriffsmechanismen. Wir unterscheiden hier „Queued-Arbitrated-Funktionen" (QA-Funktionen) und „Pre-Arbitrated-Funktionen" (PA-Funktionen).

Die QA-Funktionen stellen Funktionalitäten für den herkömmlichen MAC-Dienst und für den verbindungsorientierten Datendienst zur Verfügung.

Der hier zugrunde liegende Zugriffsmechanismus sieht keinerlei Reservierung des Mediums vor. Durch den QA-Zugriff können sowohl verbindungsorientierte als auch verbindungslose Datendienste realisiert werden. Die PA-Funktionen unterstützen isochrone Dienste. Der auf den PA-Funktionen aufbauende Zugriffsmechanismus erlaubt eine Vorreservierung des Mediums. Er kann daher Anwendungen, die regelmäßigen Zugriff mit garantierter, konstanter Bandbreite benötigen, unterstützen.

Der Medienzugriff erfolgt bei DQDB grundsätzlich über DQDB-Slots, welche kontinuierlich von Rahmengeneratoren an den Busenden erzeugt werden. Dies Slots stellen Übertragungseinheiten fester Länge dar und sind mit ATM-Zellen vergleichbar.

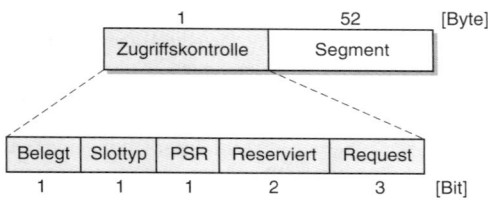

Abbildung 12.8: DQDB-Slot

Ein solcher Slot besteht aus einem 1 Byte langen Zugriffskontrollfeld und einem 52 Byte langem Segmentfeld. Das Zugriffskontrollfeld beinhaltet seinerseits fünf verschiedene Felder, die von der Zugriffseinheit einer Station geschrieben und auch ausgewertet werden. Das Belegt-Bit im Zugriffskontrollfeld zeigt an, dass der Slot bereits gültige Daten enthält und somit bereits von einer Sendestation belegt wurde. Eine Station, die einen Rahmen mit gesetztem Belegt-Bit empfängt, kann diesen also nicht zum Verschicken eigener Daten verwenden. Das Slottype-Feld gibt an, ob es sich um einen QA- oder einen PA-Slot handelt. Das PSR-Feld (Previous Segment Received) zeigt an, ob das Segment des vorangegangenen Slots für weitere Zugriffe nachfolgender Stationen auf dem Bus freigegeben werden kann. Dieses Feld wird nur von ausgezeichneten Netzknoten interpretiert. Die Request-Bits zeigen den Zugriffswunsch auf einen Slot an. Der Slotzustand ergibt sich aus dem Belegt-Bit und dem Slottype-Feld. Man unterscheidet folgende DQDB-Slot-Zustände:

Belegt-Bit	Typ des Slots	Zustand des Slots
0	0	Leerer QA-Slot
0	1	Reserviert
1	0	Benutzter QA-Slot
1	1	PA-Slot

Ein wesentlicher Unterschied zwischen QA- und PA-Slots besteht darin, dass ein QA-Slot von genau einer sendenden Station benutzt wird, während PA-Slots prinzipiell von mehreren sendenden Stationen gleichzeitig benutzt werden können. Die Vergabe von QA-Slots wird mittels einer verteilten Warteschlange geregelt. PA-Slots werden hingegen bereits in der Verbindungsaufbauphase vorbelegt, d.h. den Verbindungen werden konkrete Bytepositionen zugeordnet. Die Rahmengeneratoren sind für die Generierung der korrekten Anzahl benötigter Slots verantwortlich.

Die dritte interne Schicht der DQDB-Schicht beinhaltet Konvergenzfunktionen. Diese Konvergenzfunktionen erweitern die von den PA- und QA-Funktionen realisierten Basisdienste und stellen individuell abgestimmte Dienste z.B. für einen verbindungsorientierten Dienst oder einen isochronen Dienst zur Verfügung. Das Konzept der Konvergenzfunktionen erlaubt eine hohe Flexibilität innerhalb der DQDB-Schicht und ermöglicht die leichte Realisierung neuer Dienste der DQDB-Schicht durch einfaches Hinzufügen von neuen Konvergenzfunktionen.

Die physikalische Schicht in unserer DQDB-Protokollarchitektur passt den Dienst des Übertragungsmediums an den von der DQDB-Schicht geforderten Dienst an. Sie beinhaltet eine physikalische Konvergenzfunktion, die in Abhängigkeit des Übertragungsmediums und des Übertragungsverfahrens diese Aufgabe übernimmt.

Netztopologie

Ein DQDB-Netz basiert auf einer Bustopologie. Zwei gegenläufige, voneinander unabhängig arbeitende Busse verbinden die verschiedenen Knoten, die konkurrierend auf den Bus zugreifen. Jeder Knoten bzw. jede DQDB-Station ist mit beiden Bussen verbunden und kann auf diese sowohl lesend als auch schreibend zugreifen. Jeder Bus unterstützt die Datenübertragung in genau eine Richtung. Am Anfang jedes Busses ist ein Rahmengenerator angebracht, der kontinuierlich leere Slots erzeugt.

Eine Station, die das Request-Feld innerhalb des Zugriffkontrollfeldes eines Slots gesetzt hat, darf diesen mit Informationen füllen, sobald alle älteren Sendeanfragen anderer Stationen befriedigt sind. In welche Richtung des Doppelbusses eine Station senden muss, um eine bestimmte andere Station zu erreichen, muss der Station bekannt sein. Anfang und Ende beider Busse können in einem Knoten untergebracht werden, wodurch sich eine Ringstruktur ergibt.

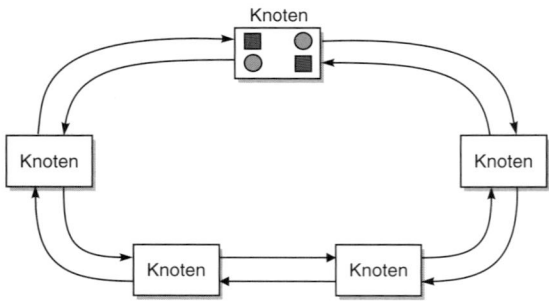

Abbildung 12.9: Konfiguration des Doppelbusses als Ring

Da die Aufgabe der Leerslotgenerierung im Prinzip von jedem beliebigen Knoten übernommen werden kann, kann beim Ausfall einer Leitung innerhalb der Ringstruktur das System so rekonfiguriert werden, dass die Knoten links und rechts neben der Bruchstelle die Leitungsstörung registrieren und die Aufgabe des Slotgenerators automatisch übernehmen. So werden Leitungsstörungen zeitlich und örtlich begrenzt. Nachdem die Störung durch das Wartungspersonal behoben wurde, lässt sich die ursprüngliche Netzarchitektur wiederherstellen.

Eine Station wird über eine Zugangseinheit (Access Unit) an den Doppelbus angeschlossen. Der Informationsfluss innerhalb des Busses verläuft immer vom Anfang des Busses bis zum Ende. Dabei wird eine konstante Übertragungsrate von 34 Mbit/s bzw. 140 Mbit/s eingesetzt. Der Nachrichtenaustausch zwischen den Stationen erfolgt immer

Downstream, d.h. in Richtung des Busendes. Die Antworten werden immer auf dem jeweils anderen Bus empfangen. Die Schicht-2-Adressen der Knoten sind entlang des Busses monoton aufsteigend. Jeder Knoten kann daher an Hand seiner eigenen Adresse und der Zieladresse ermitteln, welcher Bus für das Senden der Slots zu verwenden ist.

Der physikalische Buszugriff erfolgt über ein logisches „ODER"-Gatter. Ein spezielles Zugriffsverfahren regelt, welche Station auf den Bus zugreifen darf. Bei einem Zugriff wird auf den nächsten freien Slot gewartet, der beim Lesen des Busses erkannt und beim anschließenden Schreibzugriff als „besetzt" gekennzeichnet wird. Der Slot trägt nun die Daten des Senders und bleibt bis zum Erreichen des Busendes als besetzt gekennzeichnet, d.h. er kann von anderen Knoten nicht mehr verwendet werden. Das für einen Schreibzugriff verwendete „ODER"-Gatter stellt sicher, dass nur Null-Werte auf der Leitung in Eins-Werte umgewandelt werden können. Bereits empfangene Eins-Werte können somit nicht überschrieben werden.

DQDB-Zugriffsverfahren

Bei DQDB werden vor dem aktuellen Medienzugriff quasi Slot-Reservierungen vorgenommen. Diese können in Form einer zentralen oder einer verteilten Warteschlange realisiert sein. Vereinfacht arbeitet das Queued-Arbitrated Zugriffsverfahren wie folgt:

Will eine Station Daten auf einem der beiden Busse senden, meldet sie zunächst auf dem in der entgegengesetzten Richtung operierenden Bus einen Sendewunsch an. Der Station wird dann auf dem Datenbus ein Slot zugeordnet und logisch reserviert. Sobald der entsprechende Slot bei der Sendestation vorbeikommt, füllt sie diesen Slot mit ihren Sendedaten. Bei DQDB werden also auf dem einen Bus Nutz- und auf dem jeweils anderen Signalisierungsinformationen transportiert. Jede Station hat zwei Zähler für jede Übertragungsrichtung, je einen Request Counter und einen Count Down Counter. Mit dem Request Counter werden die auf dem Bus empfangenen Leerslots (-) und die Anzahl der von anderen Stationen empfangenen Sendeanfragen (+) gezählt. Jede Station weiß aufgrund des Request Counters über die ausstehenden Sendeanfragen der anderen Station Bescheid. Der QA-Zugriffsmechanismus verwendet also eine verteilte Warteschlange, um Fairneß beim Wettbewerb um das geteilte Medium zu garantieren. Diese Warteschlange arbeitet nach dem FIFO-Konzept (First-In-First-Out).

Will eine Station N nun auf dem Bus A senden, überträgt sie den Zählerstand des Request Counters in den Count Down Counter und sendet eine Sendeanfrage (Request) auf dem gegenläufigen Bus B. Zusätzlich setzt sie ihren Request Counter auf Null zurück. Alle auf Bus B nachfolgenden Stationen N-1 sehen diese Busanforderung. Diese Stationen liegen auf Bus A, dem für die Datenübertragung angeforderten Medium, vor der Station N, d.h. mit der Busanforderung wurde die Station N implizit in die verteilte Warteschlange für Bus A eingereiht.

Damit eine Sendestation weiß, welchen Slot sie verwenden darf, muss jede Station ihre Position innerhalb der Warteschlange kennen. Um diese Information lokal zu erhalten, werden die angesprochenen Counter verwendet.

Der Count Down Counter wird nun mit jedem mitgelesenen Leerslot um Eins erniedrigt. Ist der Zähler auf Null, so darf die Station den nächsten freien Slot für ihre eigene Übertragung verwenden.

Während der Wartezeit auf den Medienzugriff auf Bus A werden im Request Zähler alle neuen Anforderungen auf Bus B mitprotokolliert.

Erwähnenswert ist auch, dass beim QA-Zugriffsverfahren das Übertragungsmedium von einer Station immer nur einmal für den Datentransfer angefordert werden kann. Erst nach einer Befriedigung der Anfrage kann ein neuer Sendewunsch gestellt werden.

Das QA-Zugriffsverfahren lässt sich mit Hilfe eines endlichen Automaten, der sich aus zwei Hauptzuständen zusammensetzt, darstellen. Eine Station befindet sich immer entweder im Idle-Zustand oder im Countdown-Zustand. Im Idle-Zustand hat die Station keine eigenen Daten zu senden. Im Countdown-Zustand wartet sie auf einen freien Slot. Ein Zustandswechsel innerhalb des Automaten wird durch das Belegt-Bit und das Request-Bit des Slot-Kontrollfeldes sowie durch die beiden assoziierten Zähler in den Stationen gesteuert.

Pre-Arbitrated Zugriffsverfahren

Das PA-Zugriffsverfahren ist speziell zur Unterstützung von Diensten mit isochronen Datenströmen vorgesehen. Der PA-Zugriff arbeitet grundsätzlich verbindungsorientiert, d.h. vor jeder Datenübertragung wird explizit eine Verbindung hergestellt und die benötigte Übertragungsbandbreite für eine isochrone Verbindung mit bestimmter Verzögerung reserviert. Bandbreite, die nicht für den PA-Zugriff reserviert wird, steht für den QA-Zugriff zur Verfügung. Als potentielle Anwendungen für den PA-Zugriff sind Videoanwendungen mit konstanter Bitrate sowie Sprachanwendungen vorgesehen.

Digital Subscriber Line (DSL)

Die relativ neue Technik der superschnellen Telefonleitungen wird als Digital Subsciber Line (DSL) bezeichnet und ermöglicht die Übermittlung von Daten, Sprache und Video. Der Begriff DSL bezeichnet jedoch nicht die Leitung als solches, sondern auch die Leitung und die daran angeschlossenen Modems. Die unterschiedlichen DSL-Techniken wurden für die jeweiligen Anwendungen optimiert und bieten deshalb unterschiedliche Leistungsmerkmale.

VDSL - Very high rate Digital Subscriber Line

Als VDSL eingeführt wurde, hieß es noch VADSL, weil zumindest die ersten Geräte höhere asymmetrische Übertragungsraten als ADSL – allerdings bei kürzeren Reichweiten – erreichten. Die Höhe der Übertragungsrate ist sehr stark von der Länge des Kupferkabels abhängig:

Leitungslänge	Downstream	Upstream
1,4 km	12,96 MBit /s	1,5 MBit /s
0,9 km	25,86 MBit /s	2,3 MBit /s
0,3 km	51,85 MBit /s	13 MBit/s

Die Upstream Raten liegen hier zwischen 1,4 MBit/s und 2,3 MBit/s. VDSL ist in vielerlei Hinsicht einfacher aufgebaut als ADSL. Kürzere Leitungen bedeuten weniger Übertragungs-Constraints, so dass die zugrunde liegende Transciever-Technologie weniger komplex – obwohl 10mal schneller – ist. VDSL wird ausschließlich in ATM-Netzwerk-Architekturen eingesetzt, dadurch können bestimmte Anforderungen bzgl. des Packet Handling von ADSL beiseite gelassen werden. Ferner lässt VDSL passive Netzabschlüsse zu, wodurch mehrere VDSL-Modems an eine Leitung angeschlossen werden können. Bei näherer Betrachtung gibt es allerdings auch Nachteile. VDSL muss immer noch Fehlerkorrektur zur Verfügung stellen. Zudem gibt es noch kein öffentliches ATM Netz, so dass VDSL zunächst konventionellen Datenverkehr übertragen muss. Darüber hinaus bringt der passive Netzabschluss einige Probleme mit sich, was dazu führen wird, dass VDSL zunächst identisch wie ADSL, jedoch mit höheren Übertragungsraten, arbeitet. VDSL wird sowohl von POTS als auch von ISDN durch passive Filter getrennt.

Asymmetric Digital Subscriber Line (ADSL)

Die Asymmetric Digital Subscriber Line ist die direkte Nachfolgetechnologie von HDSL. Während es sich bei HDSL um ein System zur Übertragung gleicher Bitraten in beiden Richtungen handelte, wurden in den USA sehr früh ADSL-Verfahren entwickelt, die bzgl. ihrer Bitraten unsymmetrische, bidirektionale Übertragungen realisieren. ADSL-Systeme erfüllen damit die Anforderungen vieler Breitbanddienste und sollen diese im Anschlussbereich sehr wirtschaftlich zum Wohnsitz der Kunden verteilen. ADSL spielt in diesem Umfeld deshalb eine sehr bedeutende Rolle, weil neue Breitbandnetze Jahrzehnte benötigen würden, um alle interessierten Teilnehmer anzubinden. Der Erfolg der neuen Multimedia-Anwendungen hängt jedoch maßgeblich von ihrem Verbreitungsgrad in den ersten Jahren ab. Da ADSL eine schnelle, flächendeckende Einführung dieser Dienste ermöglicht, belebt es den Markt und ist zudem sehr wirtschaftlich, da keine weitere Hardware benötigt wird. Ein weiterer Unterschied zu HDSL besteht im Anwendungsbereich. Während HDSL vorwiegend im geschäftlichen Bereich eingesetzt wird, soll ADSL private Anwender ansprechen und zu einem Massenartikel werden. Bei ADSL handelt es sich um eine neuartige Modemtechnologie, die Hochgeschwindigkeitsübertragungen über existierende twisted-pair-Leitungen ermöglicht. Durch den Einsatz von ADSL werden in bestehenden Telefonnetzen bisher ungeahnte Kapazitäten freigesetzt. Die ADSL-Technologie ermöglicht Übertragungsraten von mehr als 6 MBit/s in Richtung des Teilnehmers und von max. 640 KBit/s in die Rückrichtung. Dadurch werden existierende Übertragungskapazitäten um den Faktor 50 – ohne zusätzliche Verkabelung – erweitert.

Die Bedeutung von ADSL liegt von je her in der Übertragung interaktiver Videodienste begründet. Seit den ersten konzeptuellen Überlegungen wurde ADSL von der Computersimulation über Laborprototypen bis hin zum fertigen Produkt fortentwickelt und dabei ständig verbessert. Das

Grundprinzip ist denkbar einfach: Übertrage einen Downstream-Kanal mit hoher Übertragungsrate zum Kunden hin und einen schmalbandigen Upstream zurück. Das ganze soll simultan und ohne Störung des normalen Telefonbetriebs auf der verwendeten Leitung geschehen.

ADSL wird also zusätzlich auf der Telefonleitung und zwar auf nur einer Doppelader, im Gegensatz zu HDSL, betrieben. Dies ist eine sehr strenge Forderung, da Kennzeichengabe, Weckerstromübertragung, Fernspeisung, Tonwahl u.a. ungestört erfolgen muss und zudem die spezifischen ADSL-Signale nicht beeinträchtigt werden dürfen.

Abgesehen davon, dass neuartige interaktive Videodienste i.a. asymmetrische Übertragungsraten benötigen, bringt die Verwendung von asymmetrischen Übertragungsraten auch große Vorteile für das ADSL-System, insbesondere bzgl. der zu erwartenden Störungen aufgrund von Nebensprechen, mit sich. Da der return transmitter mit viel geringeren Frequenzen als der forward transmitter arbeitet, ist der Grad von Nebensprechen auf Seite des Kunden sehr viel geringer als bei Systemen mit symmetrischen Datenübertragungsraten. Dadurch lassen sich insbesondere größere Übertragungsdistanzen erreichen.

Unter Verwendung von Bandpassübertragungsverfahren arbeiten ADSL-Transceiver mit Frequenzen oberhalb der zur Telefonübertragung benötigten. Filter vermeiden unerwünschtes Rauschen und Störeinflüsse durch mechanische Vermittlungsvorgänge. Dadurch können ADSL-Systeme mit existierenden Telefondiensten ohne Störungen koexistieren. Intelligente Signalverarbeitung in den Transceivern passt sich automatisch den Bedingungen jeder individuellen Leitung an und erkennt zudem zeitlich auftretende Änderungen, wie sie durch Temperatur oder Feuchtigkeit verursacht werden.

Eine ADSL Verbindung besteht aus einer Leitung, an deren Enden jeweils ein ADSL-Transceiver installiert ist. Die Installation von ADSL ist denkbar einfach und binnen kürzester Zeit wird ein zunächst recht beschränktes Übertragungssystem zu einem leistungsstarken, allgegenwärtigen Multimediasystem ausgebaut.

Die Verbindung besteht aus drei Informationskanälen – einem Hochge-
schwindigkeitskanal in Richtung des Teilnehmers, einem Duplex-Kanal
mittlerer Geschwindigkeit und einem konventionellen Telefonkanal.
Durch den Einsatz hochmoderner Modulations- und Signalverarbeitungstechniken ist ADSL in der Lage, zwischen 1,5 MBit/s und max. 6,144
MBit/s über sogenannte simplex Downstream-Hochgeschwindigkeitska-
näle in Richtung des Kunden zu übertragen. Die Duplexkanäle erreichen
Übertragungsraten zwischen 16 und 640 KBit/s. Jeder Kanal kann durch
Multiplexer in weitere Kanäle mit geringeren Übertagungsraten unterteilt werden. So sind beispielsweise bis zu vier 1,536-MBit/s-
Downstream-Kanäle oder bis zu drei 2.048-MBit/s-Downstream-Kanäle
realisierbar. Je höher die verwendete Übertragungsrate ist, um so geringer ist die Übertragungsreichweite des Systems.

Der Telefonkanal wird durch Filter von den anderen Kanälen getrennt,
um einen einwandfreien Telefondienst zu ermöglichen, selbst dann,
wenn die ADSL-Modems ausfallen. Die Übertragungsrate des
Downstream-Kanals hängt von mehreren Faktoren ab. Die Leiterlänge
und der Leiterdurchmesser sind ebenso ausschlaggebend wie die Präsenz
von sogenannten bridged taps oder Streuinterferenzen (Nahnebenspre-
chen). Unter optimalen Bedingungen ergeben sich folgende Werte:

Leitungsdurchmesser	Übertragungsraten	Entfernungen
0,5 mm	1,5 oder 2 MBit/s	5,5 km
0,4 mm	1,5 oder 2 MBit/s	4,6 km
0,5 mm	6,1 MBit/s	3,7 km
0,4 mm	6,1 MBit/s	2,7 km

Viele Anwendungen für die der Einsatz von ADSL denkbar wäre, beinhalten komprimierte digitale Videos. Ebenso wie für Echtzeitsignale kann
man für digitale Videos keine Standardfehlerkontrollprozeduren – wie
sie in Datenkommunikationssystemen zu finden sind – verwenden.

ADSL-Modems verwenden daher Forward Error Correction (FEC), wodurch die Fehler, die durch Impulsstörungen verursacht werden, signifikant reduziert werden.

Video-on-demand ist ein sehr interessantes Einsatzgebiet für ADSL. Dieser Dienst ermöglicht es dem Kunden seinen Wunschfilm über ein zugrunde liegendes Netzwerk abzurufen und den Film dabei beliebig zu stoppen, zurück- oder vorzuspulen. Video-on-demand beinhaltet also die Funktionalität eines handelsüblichen Videorecorders in Verbindung mit einer digitalen Videothek. Ein ADSL-Zugriffs-Übertragungssystem mit einer Übertragungsgeschwindigkeit von 2,048 MBit/s kann bereits MPEG (Motion Picture Experts Group) codierte Videos inklusive Stereo Sound übertragen. Dabei ist die erreichbare Bildqualität der handelsüblicher Videorecorder vergleichbar. Ein 6,144-MBit/s-Übertragungssystem kann bereits 3 Kanäle in VHS-Qualität anbieten oder einen Kanal mit einer Bildqualität, wie man sie von Liveübertragungen her kennt.

ADSL-Varianten

Durch die Entwicklung der ADSL-Übertragungstechnik haben sich im Nachhinein einige Varianten entwickelt. Im Wesentlichen wurde dadurch versucht, die Technik an die Marktgegebenheiten anzupassen. Dazu gehört U-ADSL, R-ADSL und auch T-DSL .

U-ADSL

Die Universal ADSL Working Group(UAWG) ist eine Gruppe aus Firmen, die im Bereich der Telekommunikation und der Informationsverarbeitung tätig sind. Bei Universal ADSL handelt es sich um eine abgespeckte Version von ADSL, die für den Massenmarkt bestimmt ist, und folgende Eigenschaften aufweist:

- Keine Splitter-Boxen und neue Verkabelung auf der Endanwenderseite.
- Einfache und schnelle Installation(Plug & Play).
- Übertragungsrate Downstream bis 1,5 MBit/s.

- Übertragungsrate Upstream bis 512 Kbit/s.
- Parallele Nutzung anderer Kommunikationstechniken(z.B. ISDN und POTS).

Aufgrund der weltweit verschiedenen Kommunikationstechnologien, Leitungsqualitäten- und- längen, hat sich die UAWG auf den kleinsten gemeinsamen Nenner geeinigt. Daraus ergibt sich, dass der Einsatz von Universal ADSL weltweit als ein Standard möglich ist. Zudem werden die Preise der Modems für den Endanwender in bezahlbare Dimensionen rücken.

Rate-Adaptive Digital Subscriber Line (RADSL)

Die Rate Adaptive Digital Subscriber Line (RADSL) Technik bietet die gleichen Übertragungsmerkmale wie die ADSL Technik. (Downstream 1,5 bis 8 MBit/s; Upstream 16 bis 640 KBit/s. Wie der Name der Technik bereits aussagt, sind die RADSL-Modems in der Lage, sich an die örtlichen Randbedingungen automatisch anzupassen. Die Übertragungsrate passt sich somit automatisch an die Länge und die jeweilige Qualität der Übertragungsleitung an. Die Geschwindigkeit der Leitung wird beim Verbindungsaufbau mit der Gegenstelle durch einen Synchronisationsprozess ermittelt. Die RADSL-Technik kann in Zukunft als die Basis für den Zugang von mobilen Nutzern und zur Anbindung von Remote Offices an das Internet/Intranet benutzt werden.

T-DSL

Die Deutsche Telekom AG stellt mit T-DSL ihre spezifische Variante der Breitbandübertragungstechnik ADSL zur Verfügung. Zusammen mit T-ISDN oder T-Net(analog) und T-Online wird T-DSL im Paket angeboten. Der Ausbau des T-DSL-Netzes ist noch nicht abgeschlossen. Der weitere Ausbau richtet sich nach der regionalen Nachfrage, so dass bis im Jahr 2003 mit einer weitestgehenden Versorgung der Kerngebiete zu rechnen ist. Die nationale Vollversorgung ist wegen technischer Gründe nicht realisierbar. Die Übertragungsgeschwindigkeit nimmt mit zunehmender

Entfernung von der Vermittlungsstelle ab. Vor allem in ländlichen Gebieten sind die Endanwender häufig über sehr lange Kabelwege an die nächste Vermittlungsstelle angeschlossen. Hier ist es schwierig die ADSL-Technik zu realisieren.

Mit T-DSL stehen Übertragungsraten von 768 KBit/s bis 6 MBit/s Downstream und 128 KBit/s bis 576 KBit/s Upstream zur Verfügung. Für den Einsatz von T-DSL zur Nutzung eines Internet-Zugangs reicht ein handelsüblicher Computer mit einer Ethernet- oder ATM-Schnittstellenkarte. Dazu kommt ein ADSL-Modem und ein Splitter, der den Datenkanal und den Sprachkanal voneinander trennt und an die richtigen Endgeräte weiterleitet. Der Splitter wird in die vorhandene TAE-Dose eingesteckt. Der Splitter nennt sich BBAE(Breitband-Anschlusseinheit) und das ADSL-Modem NTBBA(Netzwerkterminationspunkt Breitbandangebot).

High data rate Digital Subscriber Line (HDSL)

HDSL bildet digitale Hochgeschwindigkeitskanäle auf Kupferleitungen, zur Realisierung von Mehrwertdiensten sowohl im öffentlichen als auch im privaten Bereich, ab. Die durch HDSL erreichte Übertragungsqualität ist mit der von Lichtwellenleitern her bekannten vergleichbar. Letztlich liefert HDSL produktivere Dienste zu reduzierten Kosten, da die Übertragungsrate ohne Verwendung von Repeatern vervierfacht wird. Zum Betrieb einer HDSL-Leitung wird eine HDSL-Karte in der Zentrale angebracht und eine weitere Karte beim Kunden installiert. Die Systeme verwenden komplexe digitale Signalverarbeitungstechniken. HDSL sendet seine Signale mit normaler „Stärke". Die einzigartige Fähigkeit von HDSL liegt darin, die Signalintegrität, angesichts der schlechten Übertragungseigenschaften von Kupfer, zu erhalten oder wiederherzustellen. Es wird ein mathematisches Modell der Kupferleitungen erzeugt, das dem Übertragungsgerät erlaubt, präzise die im Hochfrequenzbereich auftretenden Störungen auf Kupferleitungen zu kompensieren. Diese Anpassung wird kontinuierlich durchgeführt, so dass das Übertragungssignal auch dann nicht abnimmt, wenn sich die Leitung oder die Umgebungsbedingungen ändern.

HDSL stellt die ideale Lösung dar, wenn verstreut liegende Gebäude und Nutzer verbunden werden müssen und Zeit, Geld und Leistung die signifikanten Faktoren darstellen. Es werden Reichweiten auf 0,4 mm Kupfer bis zu 3 km ohne Verwendung von Repeatern erreicht.

SDSL - Single Line Digital Subscriber Line

Bei SDSL handelt es sich um eine HDSL-Variante, die zur Übertragung eines T1/E1 Signals nur ein einziges Twisted-Pair verwendet. SDSL arbeitet in den meisten Fällen oberhalb von POTS, so dass auf einer Leitung POTS und T1/E1 simultan angeboten werden kann. SDSL ist für Applikationen mit symmetrischen Übertragungsraten ausgelegt und stellt somit das Gegenstück zu ADSL dar. Die Reichweite von SDSL ist jedoch auf ca. 3 km beschränkt.

Very High-bit-rate Digital Subscriber Line (VDSL)

Im Teilnehmeranschlussbereich lassen sich die Nutzungsmöglichkeiten vorhandener Netze durch die Einführung von Hybridnetzen, bestehend aus Glasfaser und Kupferleitungen, unter Verwendung leistungsfähiger Very High-bit-rate Digital Subscriber Line (VDSL) Transceiver weiter verbessern. In einem solchen hybriden Anschlussnetz, bei Kupferleitungslängen zwischen 100m und 500m, lässt sich die Übertragungskapazität weit über 2,048 MBit/s steigern. Beim Aufbau von Hybridanschlussnetzen werden i.a. mehrere Ansätze verfolgt. Man unterscheidet zwischen Fibre To The Curb (FTTC), Fibre To The Neighborhood (FTTN), Fibre To The

Basement (FTTB) und Fibre To The Home (FTTH). Die meisten Konzepte zur Einführung optischer Teilnehmeranschlüsse verfolgen die Strategie, den optischen Netzabschluss möglichst nahe an oder in den Wohnbereich zu führen. Bei FTTC befindet sich der Netzabschluss am Straßenrand. Von hier werden die Einzelteilnehmer über relativ kurze Kupferleitungen an das optische Netzwerk angeschlossen. Bei FTTB und FTTH wird der Netzabschluss direkt in die Gebäude gelegt und nur noch die Gebäudeverkabelung selbst mit Kupferleitungen realisiert. Da FTTH in der Regel noch zu teuer ist, bietet sich eine attraktive Alternative in Form von FTTN an. Bei dieser Strategie werden in der Nachbarschaft sogenannte Optical Network Units (ONUs) installiert, die mittels Glasfaser verkabelt sind, und die letzte Meile durch existierende Kupferleitungen überbrückt. Durch die Heranführung der Glasfaser bis zum Kabelverzweiger, einem Schaltpunkt im Teilnehmeranschlussnetz, kann die mit Kupferkabel zu überbrückende Distanz in 90 Prozent aller Fälle auf weniger als 500m reduziert werden. Die Very High Bit Rate Digital Subscriber Line (VDSL) Technik bietet im Moment die höchsten Übertragungsgeschwindigkeiten aller xDSL-Techniken. Downstream ist eine maximale Übertragungsrate zwischen 13 bis 52 MBit/s; Upstream eine maximale Übertragungsrate zwischen 1,5 bis 2,3 MBit/s zu erreichen. Diese hohe Übertragungsrate über eine Zwei-Draht Leitung geht natürlich zu Lasten der maximalen Entfernung. Über UTP Kabel (24 Gauge) können somit nur zwischen 350 bis 1500 Metern überbrückt werden. Durch die höhere Bandbreite der VDSL-Technik können neben den Standard-Anwendungen (Internet-Zugang, Remote Access) auch die Übertragung von High Definition Fernsehen (HDTV) und Multimedia geleistet werden.

CATV-Netze

Durch die Liberalisierung des Telekommunikationsmarktes eröffnen sich für Kabelnetzbetreiber neue Möglichkeiten zur Integration von Telefonie und Internet-Diensten mit hohen Übertragungsraten. Die vorhandenen Breitbandkabelnetze (Fernseh- und Rundfunkkabelnetz) sind jedoch nicht für die Online-Nutzung geeignet. Die klassischen Kabelfernsehnetze arbeiten als reine Broadcast-Netze. Sämtliche Daten und Signale fließen nur im Vorwärtskanal in Richtung des Abonnenten. Europäische Netze verwenden für die Verteilung ihrer Fernsehprogramme Kanäle mit einer Bandweite von 7 bzw. 8 MHz. Durch die Aufrüstung des Rückwärtskanals und die Verwendung von Kabelmodems können über 6-MHz-Kanäle Geschwindigkeiten von bis zu 10 Megabit pro Sekunde im Vorwärtskanal und Geschwindigkeiten zwischen 64 kBit/s und 10 MBit/s und mehr im Rückwärtskanal erreicht werden.

Heutige BK-Netze sind in der Regel in 450-MHz-Technik aufgebaut, das heißt sie übertragen neben den Normal- und Sonderkanalbereichen auch den erweiterten Sonderkanalbereich (ESB), der auch als Hyperband bezeichnet wird. Im Frequenzbereich von 47 MHz bis 300 MHz werden 30 Kanäle mit einer Bandbreite von 7 MHz bereitgestellt, davon 28 für Fernsehen. Im ESB sind zwischen 302 MHz und 446 MHz 18 TV-Kanäle à 8 MHz verfügbar. Des weiteren sind 30 UKW- und 16 digitale Hörrundfunkprogramme enthalten. Ein weiterer Ausbau des Übertragungsspektrums auf 606- und 862-MHz-Technik ist geplant und wird bei vielen Neuinstallationen im Bereich der Netzebene 4 bereits heute schon durch den Einbau entsprechender Superbreitbandverstärker berücksichtigt. Es entstehen dadurch die Fernsehbereiche IV und V, die bei einer Bandbreite von 8 MHz pro Kanal 19 bzw. 30 Kanäle zur Verfügung stellen.

Die existierende Infrastruktur heutiger BK-Netze muss für die bidirektionale Übertragung modifiziert werden. Dafür sind in erster Linie zwei Tatsachen verantwortlich:

▸ Zur Übertragung von Daten vom Teilnehmer bis zum Einspeisepunkt der Zusatzdienste muss eine Rückübertragung möglich sein, der Übertragungsweg muss hierzu bidirektional ausgelegt sein,

▸ Es werden topologische Änderungen des Netzes notwendig, um Teilnehmerzahlen pro Einspeisepunkt zu erhalten, die aus wirtschaftlicher und kapazitätsbedingter Sicht sinnvoll sind.

Da das Internet aus interaktiven Diensten besteht, ist ein Rückkanal erforderlich. Im Frequenzspektrum des Kabelnetzes wurden zwar ein paar Frequenzen für einen Rückkanal reserviert, diese sind jedoch nicht ausreichend, um mehreren Nutzern die Übertragung von Daten zurück ins Netz zu ermöglichen. Der Betrieb des Rückwärtsweges unterscheidet sich grundsätzlich von dem Betrieb in Vorwärtsrichtung.

Bei einem Verteilsystem werden alle Signalsenken von einem zentralen Punkt gespeist. In Rückwärtsrichtung überlagern sich die Signale vieler Sender in den Netzausläufern in jedem einzelnen Verzweigungspunkt des Netzes und werden schließlich in einem Netzknoten zusammengekoppelt. Alle Signalquellen senden also zu einer Signalsenke.

Dämpfungen werden in Verteilrichtung durch Verstärker ausgeglichen. In Rückrichtung können jedoch sehr unterschiedliche Dämpfungen auftreten. Der Sendepegel des Nutzsignals von Rückwärtskomponenten muss deshalb so variabel sein, dass die unterschiedlichen Dämpfungen aus den verschiedenen Richtungen eines Netzes bis zu einem gemeinsamen Knotenpunkt ausgeglichen und die zulässigen Empfangspegel-Grenzwerte nicht verletzt werden. Voraussetzung für die Ausbreitung des Rückkanalsignals ist, dass alle Komponenten im Netz den Frequenzbereich bis 47 MHz so wenig dämpfen wie möglich. Neben dem Nutzsignal werden aber auch Störsignale in den Netzknoten zusammengekoppelt. Diese Störsignale haben oftmals ihren Ursprung in elektrischen Schaltgeräuschen, die ihr Leistungsspektrum beispielsweise über das Niederspannungsnetz verteilen. Leistungsstarke Kurzwellensender können ebenfalls unzulässig hohe Fremdsignale in das Kabel einkoppeln. Besonders kritisch ist die Tatsache, dass diese Geräusche zu einem Großteil im Frequenzbereich von 5 bis 30 MHz auftreten, der aufgrund seiner frequenzbedingt geringeren Dämpfung für die Übertragung des Rückkanals vorgesehen ist. Es muss also sichergestellt werden, dass das Schirmungsmaß von Kabelanlagen eingehalten wird, damit die Störsignale den notwendigen Abstand zum Nutzsignal einhalten.

Die Fernsehsignale werden in das Breitbandnetz eingespeist und über die verteilte Koaxialkabelstruktur bis zum Teilnehmer gesendet. Alle Signale erreichen jedes angeschlossene Endgerät. Es ist naheliegend die Internet-Dienste in der Vorwärtsrichtung, auf einen freien Fernsehkanalträger moduliert, im Frequenzmultiplex zu übertragen. Da es nur einen Sender gibt, kann keine Konfliktsituation um das Übertragungsrecht entstehen, der Zugriff auf das Medium ist einfach durchzuführen. Das Empfangsgerät ist auf die Frequenz des Kanals, in dem das Downstreamsignal übertragen wird, eingestellt und liest den Datenstrom fortwährend mit. Weitergereicht werden aber nur die Daten, die an das Endgerät adressiert sind. Durch Verschlüsselungsverfahren muss sichergestellt werden, dass die auf dem Downstreamkanal gesendeten Daten nur vom entsprechenden Zielgerät gelesen werden können. Der Frequenzbereich, der für die Übertragung des Rückkanals vorgesehen ist, liegt zwischen 5 und 30 MHz bzw. ist bis 75 MHz möglich. Dagegen ist die Implementierung des Rückkanals nicht nur im übertragungstechnischen Sinn problematisch. Aufgrund der Existenz von vielen einzelnen Sendern und nur einem Empfänger besteht für die Übertragung im Rückkanal die n-to-1-Verkehrsbeziehung. Das Senden der einzelnen Stationen zur Kopfstation muss demnach über ein Zusatzprotokoll koordiniert werden, damit die Signale sich nicht gegenseitig beeinflussen.

Alle Stationen empfangen das gleiche Downstreamsignal, welches in einem ausgewählten Fernsehkanal übertragen wird. Über die Sendeeinrichtung im Teilnehmermodem werden auf der Upstreamfrequenz Daten zur Kopfstation geschickt, die den Endpunkt der Datenübertragung über das Breitbandnetz repräsentiert. Soll beispielsweise ein Datenaustausch zwischen zwei Stationen desselben Netzes stattfinden, müssen die Informationen zunächst über das ganze Netzsegment zurück übertragen werden, um dann im Vorwärtskanal zur Zielstation gelangen zu können. Die breitbandigen Kabelnetze verbinden über eine hierarchische Architektur einen begrenzten Teilnehmerkreis. An der Spitze stehen regionale Kopfstellen, die den Zugang zu Hochgeschwindigkeitsnetzen aufrecht erhalten. Zur Teilnehmerseite hin regeln die Kopfstellen den Datentransport durch das Kabelnetz mit Hilfe eines Cable-Modem-Termination-System (CMTS).

CATV-Modems

Ein Kabel (CAV) -Modem ist ein Gerät, das den PC mit dem Breitbandnetz des Kabelfernsehens verbindet. Über das TV-Kabelnetz kann ein Internet-Provider (ISP) oder auch ein Anbieter eigene Inhalte mit Geschwindigkeiten von bis zu 36 MBit/s an den Empfänger übertragen. Die Bezeichnung „Kabelmodem" tragen die Geräte zurecht: Sie modulieren und demodulieren Signale. Zum Modulieren der Daten im Kabelmodem werden entweder das QPSC oder das 16QAM-Verfahren verwendet. Das QPSK (Quadrature Phase Shift Keying) ist das robustere Verfahren, erlaubt aber „nur" 10 MBit/s, während mit 16QAM bis zu 36 MBit/s übermittelt werden können. Dafür ist 16QAM empfindlicher gegen Leitungsstörungen. Zum Demodulieren des Downstream im Kabelmodem wird auf das Modulationsverfahren 64QAM oder 256QAM zurückgegriffen. Bei der in Europa verwendeten Bandbreite von 8 MHz erlaubt 64QAM den Empfang mit bis zu 41,4 MBit/s, 256QAM bis zu 55,2 MBit/s. In den USA beträgt die Bandbreite 6 MHz, so dass bis zu 31,2 beziehungsweise bei 256QAM bis zu 41,6 MBit/s möglich sind. Die heute erhältlichen Kabelmodems arbeiten allerdings mit niedrigerer Übertragungsgeschwindigkeit. Da der Downstream vom CMTS am Headend beim Provider an alle angeschlossenen Kabelmodems geht, müssen sich mehrere Empfänger die Bandbreite teilen. Jedes Kabelmodem filtert dann die für es bestimmten Daten heraus.

Die Struktur des Kabelnetzes ist baumförmig: Das CTMS am Kopfende stellt die Wurzel des Baums dar, die angeschlossenen Kabelmodems die Äste. Jedes Kabelmodem ist direkt mit dem CTMS verbunden und kann direkt mit diesem kommunizieren (vorausgesetzt, der Rückkanal liegt auf dem Kabelnetz). Die Kommunikation zwischen zwei Kabelmodems läuft immer über das CTMS.

Auf der PC-Seite ist die am weitesten verbreitete Schnittstelle für Kabelmodems Ethernet. Die erste Generation der in den USA angebotenen Geräte, die dem Standard DOCSIS 1.0 folgt, unterstützt nur 10 MBit/s. Der eher im europäischen Raum verbreitete Standard DVB/DAVIC dagegen schränkt die Art der Datenschnittstelle nicht ein. Derzeit gibt es drei Varianten für die Ethernet-Anbindung: Externe und interne Kabelmodems und Settop-Boxen.

Externe Kabelmodems haben den Vorteil, dass man an ein Modem mehrere PCs anschließen kann – allerdings benötigt dann jeder PC einen eigenen Ethernet-Adapter. Interne Kabelmodems dagegen sind in der Regel Steckkarten für den PCI-Slot im PC; bislang gibt es keine Geräte, die man im PCMCIA-Slot eines Notebooks einsetzen könnte. Settop-Boxen sind im Grunde nichts anderes als externe Kabelmodems, die zusätzliche Funktionalität aufweisen und sich zum Beispiel zum Web-Surfen und für Emails nutzen lassen.

Die ersten Kabelmodems und CTMS-Geräte waren weitgehend proprietär: Der Endkunde konnte nur ein Kabelmodem einsetzen, das zum CTMS seines Providers passte. Üblicherweise verkauft oder vermietet der Kabelnetzbetreiber, der auch als ISP auftritt, seinen Kunden genau auf seine Kopfgeräte zugeschnittenen Kabelmodems. Eine großflächige Verbreitung von Kabelmodems ist jedoch nur dann möglich, wenn die Geräte verschiedener Hersteller zueinander kompatibel und damit auch austauschbar sind. Derzeit gibt es drei unterschiedliche Standardisierungsbemühungen für die Kabelmodems der zweiten Generation: den vor allem in den USA verbreiteten Standard DOCSIS, den in Europa bislang favorisierten Standard DVB/DAVIC sowie den Normierungsvorschlag von IEEE – IEEE 802.14. Am weitesten gediehen und inzwischen auch von der ITU anerkannt ist DOCSIS 1.0 beziehungsweise 1.1 (Data Over Cable Service Interface Specification), den alle neuen in den USA hergestellten Geräte befolgen. Obwohl der Standard DVB/DAVIC noch vor DOCSIS fertig war, hat er zumindest für Kabelmodems mittlerweile stark an Bedeutung verloren, da die wichtigsten Hersteller sich an den US-Standard DOCSIS halten.

Powerline Communication (PLC)

Mit der Powerline Communication (PLC) soll eine breitbandige und stabile Datenübertragung im Stromnetz möglich werden und somit als Ersatz für das Telefonnetz angeboten werden. Treibende Kraft hinter der neuesten Entwicklung ist zum einen der schnell wachsende Bedarf an Bandbreite, zum anderen die Suche nach einer schnellen und effizienten Alternative für die letzte Meile. Powerline will diesen Quantensprung durch die Nutzung der vorhandenen Infrastruktur möglich machen.

Grundsätzlich wird zwischen zwei Anwendungsbereichen unterschieden: Vorgänge, die sich außerhalb des Hauses (Outdoor) abspielen, und Vorgänge innerhalb des Hauses (Indoor). Im Outdoor-Bereich wird die jeweilige Ortsnetzstation über die herkömmliche Telekommunikationsinfrastruktur mit dem Telefonnetz oder einem spezifischen Internet-Backbone verbunden. Für die Anbindung kommen je nach Entfernung und örtlichen Gegebenheiten Richtfunk, Kupferleitungen oder Glasfaserkabel in Frage. Daten- und Sprachsignale werden in der Ortsnetzstation auf das Stromnetz eingekoppelt und als Datenstrom über das Niederspannungsnetz zu jeder Steckdose der angeschlossenen Häuser und damit zum Endverbraucher übertragen.

Der Access-Point koppelt den ankommenden Datenstrom auf das Indoor-Netz. Im Haus steuert und koordiniert ein Indoor-Master alle (extern und intern) gesendeten Datensignale. Zwischengeschaltete Adapter trennen Daten und Strom an der Steckdose und führen die Daten den individuellen Anwendungen zu. Die Notwendigkeit einer separaten Telefon- oder Datenverkabelung entfällt, da die Steckdose nun weit mehr ist als ein Elektrizitätsanschluss: Sie wird zur Kommunikationsschnittstelle – sei es zur Überbrückung der letzten Meile für den Highspeed-Internet-Zugang oder zur Vernetzung innerhalb des Hauses.

Die Aufteilung des PLC-Netzwerks in zwei kaskadierte unabhängige Systeme hat gute Gründe. Der öffentliche Teil des Netzwerks reicht vom Netztransformator zum individuellen Zugangspunkt im Haus. Diese Strecke befindet sich normalerweise in der Verantwortung von Energieversorgungsunternehmen. Das elektrische System vom Zugangspunkt zur einzelnen Steckdose ist Sache des Hauseigentümers und entzieht sich einer konsequenten Kontrolle. Für die Aufteilung spricht auch, dass das Outdoor-System von mehreren Häusern für den Zugang zum Backbone-Netz genutzt wird und daher eine hohe Zuverlässigkeit sicherstellen muss. Umgekehrt belastet der hausinterne Netzwerkverkehr bei einer Systemtrennung den Outdoor-Bereich nicht. Dazu kommen technische Gründe. So verhält sich etwa die Signalausbreitung im öffentlichen Stromnetz anders als im gebäudeinternen. Niedrige Frequenzen eigenen sich besser für den Outdoor-Bereich, höhere für den Indoor-Bereich.

Die Energienetze sind jedoch nur zur Energieverteilung ausgelegt und verhindern die schnelle Einführung der Powerline-Kommunikation. Das Problem der Kommunikation über das Stromnetz liegt in der elektromagnetischen Verträglichkeit im Haus und außer Haus, denn mit höheren Frequenzen auf der ungeschirmten Stromleitung steigt auch das Emissions-Problem und die Gefahr der Störung anderer Sender oder Installationen. Die Lang- und Kurzwellen-Übertragungen im zur Verfügung stehenden Frequenzbereich geben keine Lücken frei, die einfach den neuen Systemen zugewiesen werden könnten. Nach dem Fernmelderecht ist das nutzbare Frequenzspektrum auf 3 bis 148,5 kHz (Cenelec-Band) eingeschränkt. Außerdem darf der Sendepegel 5 mW nicht überschritten werden.

Zum Schutz vor Störungen und zur Gewährleistung der elektromagnetischen Vetäglichkeit regelt die CENELEC-Norm EN 50065-1 die Kommunikation über Stromnetze im Frequenzbereich von 3 bis 148,5 kHz.

CENELEC-Band	Frequenzbereich	Nutzer	Protokoll
	3 - 9 kHz	Energieversorger	
A	9 - 95 kHz	Energieversorger	
B	95 - 125 kHz	Kundenanlagen	
C	125 - 140 kHz	Kundenanlagen	CSMA
D	140 - 148,5 kHz	Kundenanlagen	

In Amerika oder Japan sind dagegen Anwendungen möglich, die Frequenzbereiche bis zu 500 kHz nutzen. Daher eignen sich japanische oder amerikanische Produkte nach der derzeitigen Genehmigungssituation nicht zum Einsatz im deutschen Stromnetz.

Alle Kabeltypen, die für die Datenübertragung genutzt werden, haben eines gemeinsam: sie sind geschirmt. Die innen liegenden spannungsführenden Adern sind mit einem Metallischen Mantel umgeben, der an beiden Kabelenden geerdet bzw. mit der Masse verbunden ist. Dies verhindert, dass sich Störstrahlungen durch andere Kabel oder Funk-Dienst negativ auf die Datenübertragungsrate auswirken. Genauso wird durch den Schirm eine Abstrahlung aus dem Kabel heraus weitgehendst verhindert. Die klassischen Stromkabel, sowie die Steckdosen sind durch nichts abgeschirmt. Wenn also über das Stromkabel mit hohen Frequenzen Daten übertragen werden, dann wirken die Kabel wie Antennen, die Störstrahlen abstrahlen. Zudem kommen noch andere gravierende Probleme hinzu:

▸ Störsignale während des Betriebs durch An- bzw. Ausschalten von elektrischen Geräten.

▸ Überlagerung von Störeffekten kann den Störpegel bei bestimmten Frequenzen so vergrößern, dass die Übertragung von Nutzsignalen unmöglich wird.

▸ Stark schwankende Impedanzen und Dämpfungen in Abhängigkeit der Frequenz, Zeit und Standort.

Somit sind unterhalb der Grenze 148,5 kHz des CENELEC-Bandes der breitbandigen Übertragungen enge Grenzen gesetzt. Neuere Untersuchungen sehen die absoluten Grenzen im besten Fall bei etwa 2 Mbit/s, im schlechtesten Fall bei etwa 400 kBit/s. Die wirtschaftlichen Grenzen sind natürlich sehr viel enger: bis ins letzte ausgereizte Übertragungsverfahren setzen teure Hard- und Software voraus, nicht akzeptabel zum Beispiel für ein Powerline-Modem, das in Massen in Haushalten eingesetzt werden soll.

Stromleitung wird zur Sendeantenne

Die Möglichkeit, über Stromleitungen Daten zu transportieren, ist allerdings keine Neuheit. Stromversorger übertragen schon seit langem zum Beispiel Störungsmeldung über ihre Stromnetze. Bei der modernen Powerline-Technologie werden binäre Daten mit deutlich höherer Datenrate über das Stromnetz geschickt. Der technische Trick dabei ist die Nutzung höherer Frequenzbereiche. Während die Elektrizität auf der standardisierten Frequenz von 50 Hz durch die Kupferadern rauscht, benötigt die Datenübertragung mit Powerline wesentlich höhere Trägerfrequenzen im Megahertz-Bereich. Was allerdings einen äußerst unangenehmen Nebeneffekt mit sich bringt: Die Stromleitungen werden zu Sendeantennen, deren Störfelder anderen Funkdiensten – Polizei-, Militär- und Amateurfunk – in die Quere kommen können.

Diese Problemlage führte zu mitunter hitzigen Meinungsgefechten und kann als Hauptgrund für den immer wieder verzögerten Marktstart von Powerline angesehen werden. Vornehmlich die Amateurfunker nahmen vehement Stellung gegen die neue Technologie. Nach langer Debatte wurde im Frühjahr 2001 in Deutschland die gesetzlichen Rahmenbedingungen für die kommerzielle Nutzung der Powerline-Technologie festgeschrieben. Andere Funkdienste dürfen nicht beeinträchtigt werden. Die Nutzungsbestimmung 30 (NB 30) der Regulierungsbehörde bestimmt gültige Grenzwerte für Störfeldstärken in und längs von Leitern, die zum einen sicherstellen sollen, dass Funkdienste nicht gestört werden. NB 30 beinhaltet einen Stufenplan für Störungsfälle, der nach dem Muster Störung lokalisieren, Störung beseitigen und im Worst Case abschalten, allen Eventualitäten vorbeugen soll.

Hohe Datenaufkommen erfordern hohe Bandbreiten. Das PLC-System nutzt dafür Frequenzen zwischen 1,6 und 30 MHz, wobei die verschiedenen Frequenzbänder im Hinblick auf einen maximalen Gesamtdurchsatz dynamisch verwaltet werden. Outdoor- und Indoor-System nutzen je bis zu drei Frequenzbänder, welche für das Outdoor zwischen 1,6 und 13 MHz, für das Indoor zwischen 15 und 30 MHz liegen. Die Bestimmung der Trägerfrequenzen, die sich auf umfangreiche Messungen und eine Frequenzplanung innerhalb des Kurzwellenbandes stützt, orientiert sich an den derzeit laufenden Standardisierungsarbeiten des Cenelec.

Grundsätzlich bemühte man sich um eine Koexistenz mit Radiofrequenzbändern, die bereits von wichtigen Kurzwellendiensten genutzt werden. Die Aufteilung des Signals auf die einzelnen Frequenzen ermöglicht, bei Bedarf ein Band zu wechseln oder bei lokalen Interferenzen ganz zu deaktivieren. Des weiteren wurden die niedrigeren Frequenzen aufgrund der geringeren Signaldämpfung für das Outdoor-System reserviert und gleichzeitig Maßnahmen getroffen, um eine ausreichende Trennung der parallel betriebenen Outdoor- und Indoor-Systeme sicherzustellen und Interferenzen zu vermeiden. Jede der Trägerfrequenzen ist mit einer unabhängigen Kommunikationsverbindung vergleichbar, die Anwendern eine Datenrate von 750 bis 1500 kBit/s zur Verfügung stellt, wobei diese von der Verbindungsqualität abhängt.

Frequenz f in MHz im Bereich (Spitzenwert)	Grenzwert der Störfeldstärke in 3 m Abstand dB(mV/m)
0,009 bis 1	$40 - 20 \cdot \log_{10}$ (f/MHz)
> 1 bis 30	$40 - 8,8 \cdot \log_{10}$ (f/MHz)
> 30 bis 1000	27
> 1000 bis 3000	40

Tabelle 12.3: NB30-Grenzwerte der Störfeldstärke von Telekommunikationsanlagen

Die Nutzung hoher Frequenzen in offenen Netzen wirft Fragen der Strahlungsemission auf. Es gibt dafür verschiedenen Regelungen. In den USA beschränkt die zuständige Behörde die Abstrahlungswerte auf eine maximal tolerierbare Feldstärke von 30 dB (mV/m) im Umkreis von 30 Metern eines PLC-Systems. In Europa gibt es einzig in Deutschland, wo nicht zuletzt aus Kreisen der Amateurfunker ein harter Kampf gegen die PLC-

Technik geführt wurde, eine gesetzliche Regelung. Die Nutzungsbestimmung 30 (NB30) beschränkt die Feldstärke derart, dass am Betriebsort und entlang der Leitungsführung im Abstand von 3 Metern zur Telekommunikationsanlage bzw. zum Telekommunikatiosnetz oder zu den angeschalteten Leitungen die Störfeldstärke (Spitzenwert) der Frequenznutzung die Werte der nachfolgenden Tabelle nicht überschreiten darf.

Installation

Mit der Powerline-Technologie werden Datenströme und Sprachsignale über das Niederspannungsnetz zu den Steckdosen in den Gebäuden gebracht. Das Konzept beruht auf einem Master-Slave-Prinzip und bedient sich einer kleinen Anzahl von Standardeinheiten: Der Outdoor-Master wirkt als Administrator des Ooutdoor-Systems sowie als Gateway für die Verbindungs des PLC-Systemes mit dem Backbone-Netz. Die Installationspunkte für die PLC-Komponenten sind unter normalen Umständen vorgegeben: Der Outdoor-Master wird in der Trafostation, der Access-Point neben dem Stromzähler und die Adapter in einer vom Anwender bestimmten Steckdose installiert. Nicht ganz so einfach ist die Bestimmung der optimalen Distanzen. Sie sind abhängig von der Stromleistung, dem Verlust bei der Stromverteilung und dem Rauschpegel beim Empfänger. Die durchschnittliche Distanz liegt im öffentliche Stromnetze zwischen 200 bis 300 Metern. Für die unstrukturierten Indoor-Netze mit den verschiedensten Störquellen sollten auch für Übertragungsdistanz bis zu 100 Metern die Systemwerte ausgemessen werden.

Der Indoor-Adapter ist die Schnittstelle zwischen hausinternem Datennetz, PC, Druckern, Telefonapparaten und dem Backbonenetz für Internet, Telefonie, Videokonferenz. Für die direkte Anbindung an das Outdoor-System stehen ebenfalls Adapter zur Verfügung, die auf der Frequenz des Outdoor-Systems kommunizieren.

Die Outdoor-Einheiten (Master, Access Point und Repeater) sind normalerweise über fest installierte Kabel mit allen Phasen verbunden. Das PLC-Signal wird zwischen zwei der drei Phasen bzw. zwischen Phase und Nullleiter eingekoppelt.

13 Integrated Service Digital Network (ISDN)

Das diensteintegrierende, digitale Fernmeldenetz ISDN ist ein Telekommunikationsnetz, welches den Teilnehmern leitungsvermittelte, durchgängig digitale Nutzkanäle der Übertragungskapazität 64 kBit/s bereitstellt. Diese Kanäle heißen Basiskanäle oder abgekürzt B-Kanäle. Parallel zu den B-Kanälen wird jedem ISDN-Teilnehmer ein separater Steuerkanal bereitgestellt, in dem die Steuerinformationen zum Auf- und Abbau sowie zur Steuerung von Verbindungen ausgetauscht werden. Dieser Kanal wird als D-Kanal bezeichnet. Der Austausch der Steuerinformation im D-Kanal heißt Signalisierung. Der Teilnehmeranschluss an das ISDN heißt Universalanschluss. ISDN-Universalanschlüsse existieren in zwei Versionen.

- ▸ Basisanschluss mit zwei B-Kanälen von jeweils 64 kBit/s und einem D-Kanal von 16 kBit/s: An einen Basisanschluss sind bis zu 8 Endgeräte direkt (ohne TK-Anlage) anschließbar. Die angeschalteten Endgeräte können die 2 zur Verfügung stehenden Basiskanäle unabhängig voneinander nutzen.

- ▸ Primärmultiplexanschluss mit 30 B-Kanälen von jeweils 64 kBit/s und einem D-Kanal mit der Übertragungskapazität von 64 kBit/s: Primärmultiplexanschlüsse dienen vor allem zur Anbindung privater TK-Anlagen an das ISDN.

Das ISDN unterstützt die Diensteintegration, d.h. die Vereinheitlichung der Techniken zur Abwicklung verschiedener Telekommunikationsdienste. Diese Integration der Dienste bedeutet, dass die verschiedenen Dienste zur Sprach-, Text-, Bild- und Datenkommunikation mit einer einheitlichen Prozedur zum Verbindungsauf- bzw. -abbau sowie zur Verbindungssteuerung und über eine einheitliche Schnittstelle zwischen Endeinrichtungen und Netz abgewickelt werden. Gleichzeitig können mehrere unterschiedliche Informationsarten und Dienste an einem Universalanschluss genutzt werden. Das ISDN unterstützt heute folgende Telekommunikationsdienste:

‣ Fernsprechen,
‣ Telefax,
‣ Datenübermittlung,
‣ Bildtelefon.

Die Standardisierung von ISDN wurde von den internationalen Standardisierungsgremien CCITT und CEPT vorgenommen. Für die Festlegung einheitlicher Protokoll-Profile und damit für die Festschreibung eines einheitlichen, kompatiblen ISDN in Europa ist ETSI (European Telecommunications Standards Institute) zuständig. Der europäische Standard für ISDN heißt Euro-ISDN.

EURO-ISDN

Da ISDN im wesentlichen auf bestehende Fernmeldeinfrastrukturen zurückgreift, ist es kein streng einheitlich spezifiziertes Netz. Betreiber nationaler Netze können eigene ISDN-Varianten in einem durch die ITU-T vorgegeben Rahmen entwickeln. Bereits 1993 wurde für Europa das EURO-ISDN eingeführt. Für diese ISDN-Variante wurden einheitliche Schnittstellen und D-Kanal-Protokolle festgelegt. Das ETSI hat basierend auf den ITU-T-Empfehlungen eine europäische Spezifikation abgeleitet, deren Basis aus folgenden Vorgaben besteht:

‣ Durchgehende digitale „end-zu-end" vermittelte 64 kBit/s-Transportkanäle für Kommunikation jeglicher Art.
‣ Ein ISDN-Teilnehmer-Anschluss besteht aus zwei 64 kBit/s-Transportkanälen, sowie einem 16 kbit/s-Signalisierungskanal.
‣ Für den Teilnehmeranschluss wird, hinter einer Netzabschlusseinrichtung, eine einheitliche S0-Schnittstelle spezifiziert, über die alle Endeinrichtungen angeschlossen werden können.

- Jeder Anschluss hat, unabhängig von der Anzahl der angeschlossenen Endgeräte, nur eine Rufnummer.
- Signalisierung und Protokolle arbeiten nach standardisierten Normen.

ISDN-Basisanschluss

Der normale Teilnehmeranschluss im ISDN wird Basisanschluss genannt. Ein Basisanschluss stellt zwei 64 kBit/s-Transportkanäle (B-Kanäle) und einen 16 kBit/s-Signalisierungskanal (D-Kanal) zur Verfügung.

Die Teilnehmerschnittstelle des ISDN-Basisanschlusses ist international genormt und unter dem Begriff S0-Schnittstelle bekannt. Sie ist als passiver Bus ausgelegt, an den bis zu acht gleichartige oder verschiedene Endeinrichtungen angeschlossen werden können. Von diesen acht Endeinrichtungen können allerdings immer nur zwei gleichzeitig genutzt werden.

ISDN-Primärmultiplexanschluss

Viele Unternehmen oder auch Privatleute verwenden eigene Telekommunikationsanlagen, die höhere Anforderungen an die Übertragungskapazität stellen. Solche Telekommunikationsanlagen werden nicht über einen bzw. mehrere Basisanschlüsse, sondern über einen Primärmultiplexanschluss an die Vermittlungsstelle angeschlossen. Ein Primärmulitplexanschluss stellt 30 64 kBit/s-Nutzkanäle, einen 64 kBit/s-Signalisierungskanal (D-Kanal) und einen 64 kBit/s-Synchronisationskanal zur Verfügung. Die Teilnehmerschnittstelle des Primärmultiplexanschlusses unterscheidet sich wesentlich von der des Basisanschlusses. Am Ausgang des Netzabschlusses wird dem Teilnehmer eine S2M-Schnittstelle mit einer Übertragungsrate von 2,048 Mbit/s angeboten. Die Verbindung zwischen Teilnehmeranschluss und Vermittlungsstelle erfolgt in diesem Falle vierdrähtig, es werden also zwei Kupferdoppeladern benötigt.

ISDN-Dienste

ISDN-Dienste lassen sich i.a. in Übermittlungsdienste und Teledienste einteilen. Während die Übermittlungsdienste nur in den Schichten 1 bis 3 des OSI-Basisreferenzmodells standardisiert sind, sind die Teledienste in allen sieben Schichten standardisiert. Sowohl die Übermittlungsdienste als auch die Teledienste werden direkt vom Netz unterstützt, d.h. Endgeräte können einen bestimmten Dienst anfordern. Angeschlossene Server können zudem weitere Leistungen oder Dienste erbringen, hier spricht man von sogenannten Mehrwertdiensten. Der Zugriff auf Mehrwertdienste erfolgt auch hier über die durch das Netz unterstützen Dienste.

Übermittlungsdienste entsprechen im Prinzip den durch die Schichten 1 bis 3 festgelegten Transportdiensten nach OSI. Die Schichten 4 bis 7 können durch die Kommunikationspartner frei ausgefüllt werden.

Übermittlungsdienste

Bei den Übermittlungsdiensten unterscheiden wir zwischen leitungsvermittelten und paketvermittelten Diensten.

Leitungsvermittelte Übermittlungsdienste

1. 64 kBit/s Datenübertragung
2. 3,1 kHz Audio-Übertragung für
   - Telefondienst aus dem analogen Netz
   - Datenübermittlung über Modem
   - Telefax (Gruppe 2 und 3)
   - Btx
   - Sprachübertragung

Paketvermittelte Übermittlungsdienste

- Leitungsvermittelter Zugang zum Paketnetz im B-Kanal
- Paketvermittelter Zugang mit einem Packet Handler im ISDN über den B- oder den D-Kanal

Teledienste

Neben den Übermittlungsdiensten wird eine begrenzte Anzahl von Telediensten unterstützt. Folgende Tabelle gibt einen Überblick über bisher festgelegte Teledienste:

ISDN-Fernsprechen mit 3,1 kHz Bandbreite

ISDN-Fernsprechen mit 7 kHz Bandbreite

ISDN-Teletex mit 64-kbit/s Übertragungsgeschwindigkeit

ISDN-Telefax (Gruppe 4)

ISDN-Mixed Mode: Datenübertragung mit Text und Bildern

ISDN-Btx mit 64 kbit/s Übertragungsgeschwindigkeit

Videotelefonie

Computerized Communication Service:

Datenkommunikation mit standardisierten Protokollen

Dienstmerkmale

Sowohl zu den Übermittlungsdiensten als auch zu den Telediensten lassen sich bestimmte Dienstmerkmale angeben. Dienstmerkmale sind im Prinzip Teilmengen eines Dienstes und lassen sich mit den Leistungsmerkmalen moderner Telekommunikationsanlagen vergleichen.

- ‣ Anschlussdienstmerkmale
    - ‣ Festverbindungen
    - ‣ Endgeräteauswahl am Bus
    - ‣ Geschlossene Benutzergruppe
    - ‣ Paketvermittlung
- ‣ Verbindungsmerkmale
    - ‣ Anklopfen mit Anzeige
    - ‣ Rufweiterschaltung
    - ‣ Automatischer Rückruf bei „Besetzt"
    - ‣ Gebührenübernahme durch den B-Tln
    - ‣ Konferenzverbindung
    - ‣ Ruhe vor dem Telefon

- ‣ Informationsdienstmerkmale
  - ‣ Gebührenanzeige
  - ‣ Teilnehmeranzeige

Link Access Protocol-Channel D (LAPD)

Beim LAPD (Link Access Protocol-Channel D) handelt es sich hier um ein bit-orientiertes bzw. bitsynchrones Protokoll der Schicht 2. Es wurde im CCITT Q.920/921 Standard definiert. Im ISDN wird eine Teilmenge der im HDLC möglichen Protokollelemente verwendet. Die HDLC-Protokolle (ISO 3309 und ISO 4335) sind grundsätzlich für synchrone Übertragungskanäle entwickelt worden und eignen sich daher speziell für die Anforderungen im D-Kanal. Ein LAPD Paket hat folgendes Format:

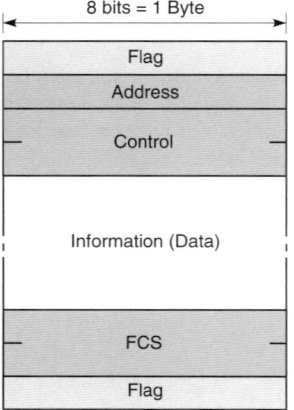

Abbildung 13.1: LAPD Paketstruktur

Flag

Das Flag-Feld dient der Synchronisation und ist immer mit '01111110' belegt. Sollten im folgenden Bit-Strom einmal sechs (oder mehr) '1'-Bit in Folge vorkommen, so wird nach der jeweils fünf 1-Werten ein 0-Wert eingefügt, damit Daten-Bits nicht irrtümlich als FLAG interpretiert werden.

Adressfeld

Das zwei Byte lange Adressfeld definiert die Adresse des Pakets. Das Adressfeld hat folgendes Format:

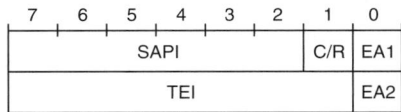

Abbildung 13.2: LAPD Adressfeld

EA1

Das erste Address Extension Bit zeigt durch den Wert = 0 an, dass ein weiteres Adress-Byte folgt.

C/R

Das Command/Response Bit definiert die Flussrichtung. Pakete vom Nutzer mit dem C/R-Wert = 0 signalisieren Kommandopakete. Pakete vom Netzwerk mit dem C/R-Wert = 1 signalisieren ebenfalls Kommandopakete. Alle anderen Werte signalisieren Response-Pakete.

SAPI

Definiert den Service Access Point Identifier.

EA2

Das zweite Address Extension Bit wird immer auf den Wert = 1 gesetzt.

TEI

Der Terminal End-Point Identifier (TEI) dient der eindeutigen Identifizierung der Endgeräte. Folgende Kennungen wurden definiert:

0-63	für nicht automatisch registrierende Geräte
64-126	für automatisch registrierende Geräte
127	Broadcast-Verbindung für alle Endgeräte

Control

Das Kontrollfeld dient zur eindeutigen Identifizierung des Pakets. Darüber hinaus werden im Kontrollfeld die Sequenznummern, Kontrollfunktionen und Fehlerprozeduren signalisiert.

Packet Type

Das Pakettyp-Feld definiert die Art der Pakete. Folgende Pakettypen wurden festgelegt:

Supervisory Frame Type:

RR	Receive Ready
REJ	Reject
RNR	Receive Not Ready

Unnumbered Frame Type:

DISC	Request Disconnection
UA	Acknowledgement frame.
DM	Response to DISC
FRMR	Frame Reject.
SABM	Initiator for Asynchronous Balanced Mode
SABME	SABM in Extended Mode
UI	Unnumbered Information.
XID	Exchange Information.

Information Pakettyp:

Info	Information Frame.

Information

Enthält die eigentlichen Nutzdaten.

FCS

Die Frame Check Sequence (FCS) enthält eine Prüfsumme, die sich über folgende Felder erstreckt: Address, Control, Information (Data).

Flag

Das Flag-Feld dient der Synchronisation und ist immer auf den Wert 01111110 gesetzt. Bei mehreren, aufeinander folgenden LAPD-Frames bildet das hintere Flag-Feld des vorangehenden Frames zugleich das vordere Flag-Feld des nachfolgenden Frames.

ISDN Paketstruktur

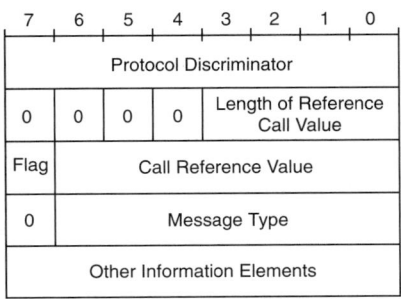

Abbildung 13.3: allgemeine ISDN Paketstruktur

Protocol Discriminator

Beschreibt das verwendete Kodierungsprotokoll.

Length of call reference value

Definiert die Länge des nächsten Felds. Die Call-Referenz kann ein oder zwei Oktett lang sein.

Flag

Das Flag-Feld wird immer vom Sender, der den Call Reference Value festgelegt hat, auf den Wert = 1 gesetzt. In allen anderen Fällen wird das Flag-Feld auf den Wert = 1 gesetzt.

Call Reference Value

Beschreibt einen individuellen Kennzeichner, der für die jeweilige Session zwischen dem Endgerät und dem ISDN-Switch verwendet wird.

Message Type

Definiert die Funktion des jeweiligen Pakets. Das Message Typfeld kann 1 oder 2 Oktett lang sein. Folgende ISDN Message Typen wurden festgelegt:

Call Establishment

000 00001	Alerting
000 00010	Call Proceeding
000 00011	Progress
000 00101	Setup
000 00111	Connect
000 01101	Setup Acknowledge
000 01111	Connect Acknowledge

Call Information Phase

001 00000	User Information
001 00001	Suspend Reject
001 00010	Resume Reject
001 00100	Hold
001 00101	Suspend
001 00110	Resume
001 01000	Hold Acknowledge
001 01101	Suspend Acknowledge
001 01110	Resume Acknowledge
001 10000	Hold Reject

001 10001	Retrieve
001 10011	Retrieve Acknowledge
001 10111	Retrieve Reject
Call Clearing	
010 00101	Disconnect
010 00110	Restart
010 01101	Release
010 01110	Restart Acknowledge
010 11010	Release Complete
Weitere	
011 00000	Segment
011 00010	Facility
011 00100	Register
011 01110	Notify
011 10101	Status inquiry
011 11001	Congestion Control
011 11011	Information
011 11101	Status

ISDN Information Elements

ISDN unterscheidet zwischen folgenden Informationselementen:

‣ 1 Oktett Informationselemente
‣ Informationselemente mit variabler Länge.

1-Oktett Informationselemente

Die 1 Oktett langen Informationselemente haben folgendes Format:

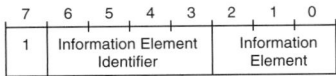

Abbildung 13.4: 1-Oktett Informationselement

Die folgenden 1-Oktett Informationselemente wurden definiert:

1 000 ----	Reserved
1 001 ----	Shift
1 010 0000	More data
1 010 0001	Sending Complete
1 011 ----	Congestion Level
1 101 ----	Repeat indicator

Variable Length Information Elements

Die Informationselemente mit variabler Länge haben folgendes Format:

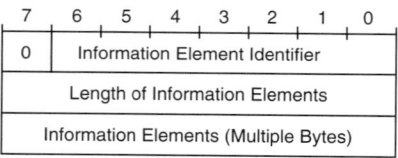

Abbildung 13.5: Variable length information element

Folgende Informationselemente mit variabler Länge wurden festgelegt:

0 0000000	Segmented Message
0 0000100	Bearer Capability
0 0001000	Cause
0 0010100	Call identify
0 0010100	Call state
0 0011000	Channel identification
0 0011100	Facility
0 0011110	Progress indicator
0 0100000	Network-specific facilities
0 0100111	Notification indicator
0 0101000	Display

0 0101001	Date/time
0 0101100	Keypad facility
0 0110100	Signal
0 0110110	Switchhook
0 0111000	Feature activation
0 0111001	Feature indication
0 1000000	Information rate
0 1000010	End-to-end transit delay
0 1000011	Transit delay selection and indication
0 1000100	Packet layer binary parameters
0 1000101	Packet layer window size
0 1000110	Packet size
0 1101100	Calling party number
0 1101101	Calling party subaddress
0 1110000	Called party number
0 1110001	Called Party subaddress
0 1110100	Redirecting number
0 1111000	Transit network selection
0 1111001	Restart indicator
0 1111100	Low layer compatibility
0 1111101	High layer compatibility
0 1111110	User-user
0 1111111	Escape for ex
Other values	Reserved

14 Weitere Telefonstandards

Neben der terrestrischen Telefonie hat sich die mobile Kommunikation in den vergangenen Jahren zum Motor des technischen Fortschritts entwickelt. Die Prognosen der Analysten wurden immer wieder von der Realität überholt. Das globale Roaming legte die Grundlage für den Erfolg der mobilen Netze. Höhere Datengeschwindigkeiten sind für die Weiterentwicklung der mobilen Netze von entscheidender Bedeutung. Die leitungsvermittelte High Speed Circuit Switched Data (HSCSD) hat die Datenübertragungskapazität   drastisch verbessert. Der General Packet Radio Services (GPRS) Standard sorgt für den Übergang zur Paketdatenübertragung. Damit steht der Zugang zu allen Diensten offen.

Den kleinsten Teil der Übertragungsstrecke wird ein Mobilfunk-Gespräch über Funk geführt. Die kurze Funkstrecke findet nur zwischen dem Mobiltelefon (Handy) und der Basisstation des Mobilfunknetzes statt. Der Rest der Übertragungsstrecke sind normale Telefonleitungen. Nur in ganz entlegenen Gebieten, wo keine Kupferkabel liegen, oder deren Nutzung zu teuer ist, wird über Richtfunk Gespräche geführt. Ein Mobilfunknetz ist in Zellen aufgeteilt. Der Durchmesser einer Zelle beträgt mehrere Kilometer. In jeder dieser Zellen hat der Mobilfunknetzbetreiber eine Basisstation aufgestellt.

Bewegt sich ein Handy-Nutzer durch das Mobilfunknetz, dann bewegt er sich durch viele solcher Zellen. Manchmal kommt es vor, dass er sich in einen Bereich einer Zelle bewegt, der sehr schlecht oder gar nicht mit Funkwellen von der Basisstation erreicht wird. Er befindet sich dann in einem Funkloch.

Das Handy strahlt seine Funkwellen in alle Richtungen aus.

Da der Mobilfunkkunde nicht immer innerhalb einer Zelle bleibt, kommt es vor, dass er sich an den Rand einer Funkzelle bewegt. Das Netz erkennt dann, wann es besser ist, eine neue Verbindung zu einer anderen Basisstation aufzunehmen. Das Netz entscheidet dann anhand der Verbindungsqualität, welche Basisstation für eine Verbindung besser geeignet ist. Die Verbindungsqualität zu den Basisstationen wird ständig geprüft. Bei Bedarf wird die Basisstation gewechselt. Dabei wird die Verbindung zur alten Basisstation erst abgebrochen, wenn die neue Verbindung komplett steht. Der Handynutzer merkt davon nichts. Ein Telefonat wird unterbrechungsfrei fortgeführt.

Die Vermittlungsstelle dient als Schnittstelle zu anderen Telefonnetzen und übernimmt die Verwaltung eines Teils der Nutzerdaten. In einer sogenannten Heimatdatei (HRL) sind die Daten jedes Kunden gespeichert. Schaltet ein Kunde sein Handy ein, stellt es eine Verbindung zur nächsten Basisstation her. Danach werden Daten der Telefonkarte an die Basisstation gesendet. Die Daten werden mit der Heimatdatei abgeglichen und der aktuelle Standort des Handys gespeichert. In der Mobilfunk-Vermittlungsstelle (MSC), an der die Basisstation angeschlossen ist, wird eine Besucherdatei (VRL) angelegt. Dort wird die Heimatdatei-Adresse und die Rufnummer des Handys gespeichert. Verlässt ein Handy-Nutzer den Einzugsbereich einer Vermittlungsstelle, wird die Datei wieder gelöscht, und in der neuen Vermittlungsstelle gespeichert.

Die Mobilfunknetze eignen sich grundsätzlich nicht zur Datenübertragung. Die Übertragungsraten sind einfach zu niedrig. Im Zeitalter des Internets und der uneingeschränkten Mobilität wurden dem Mobilfunkstandard GSM Erweiterungen hinzugefügt, die die Übertragungsraten erhöhen sollen. Hierzu gehören die Standards GPRS und UMTS.

Global System for Mobile communication (GSM)

Das Global System for Mobile communication (GSM) bildet die technische Grundlage der heutigen modernen digitalen Mobilfunknetze. Das GSM-System ist primär auf die Sprachübertragung und kleinere Teledienste (beispielsweise den Short Message Service (SMS) ausgelegt. Die Menge der pro Zeiteinheit zu übertragenden Daten ist stark beschränkt und erreicht eine maximale Datenrate 22,8 KBit/s.

Das GSM-Netz ist ein hierarchisch gegliedertes System aus verschiedenen Netzelementen.

Das Ende des Systems bilden die Mobiltelefone (Mobile Stations; MS), die über Funk mit der nächstgelegenen Basisstation (Base Tranceiver Station; BTS) in Verbindung stehen. Zur Lenkung und Kontrolle des Datenverkehrs werden die Basisstationen regional zusammengefasst und einer Kontrolleinrichtung (Base Station Controller: BSC) unterstellt. In der Hierarchie des Systems stehen über diesen BSC dann noch einige Mobilvermittlungseinrichtungen (Mobile Switching Centers; MSC), über die der Zugang zu anderen Netzen möglich ist. Die Verbindungen zwischen BTSs und BSCs bzw. zwischen BSCs und MSCs werden je nach Möglichkeiten per Richtfunk, öffentlichen Mietleitungen oder direkten Kabelanbindungen realisiert. Die MSCs sind für Vermittlungs- und Verwaltungsaufgaben zuständig, für deren Bewältigung eine Reihe von Datenbanken nötig sind. Zu den Datenbanken gehören:

▸ Home Location Register (HLR): Diese Datenbank enthält alle wichtigen persönlichen Informationen des Benutzers, zum Beispiel die Telefonnummer, welche Dienste er benutzen darf (SMS, Roaming (Benutzung fremder GSM-Netze), usw.), welchem Heimbereich er zugeordnet ist und wo er sich zur Zeit aufhält.

▸ Visitor Location Register (VLR): Im VLR eines MSCs werden die Benutzer aus fremden Heimbereichen, die sich zur Zeit im Zuständigkeitsbereich dieses MSCs befinden, registriert und gespeichert. Die VLR-Daten werden ständig mit Hilfe des HLR aktualisiert.

‣ Authentication Center (AUC): Hier sind die Zugangsdaten der Nutzer gespeichert, insbesondere Kopien der persönlichen und geheimen SIM-Karten-Schlüssel, die für die Codierung der Gesprächsdaten und die Teilnehmeridentifizierung notwendig sind. Das AUC ist meist in das HLR integriert.

‣ Equipment Identity Register (EIR): Die EIR ist eine Gerätedatenbank, in der alle zugelassenen Handys mit ihren spezifischen Daten geführt werden. So ist es möglich, nicht registrierte oder gestohlene Handys zu beobachten.

GSM verwendet zwei Multiplexverfahren, einerseits FDMA-Frequenzmultiplex und andererseits TDMA-Zeitmultiplex.

Bei GSM-900 als auch bei DCS-1800 existieren jeweils zwei getrennte Frequenzbereiche für den Uplink bzw. den Downlink. Der Uplink ist dabei die Übertragungsstrecke von der MS zur BTS und der Downlink die Strecke von der BTS zur MS. Diese zwei Frequenzbänder gewährleisten den Duplexbetrieb. Das „Sprachband" und das „Hörband" haben bei GSM-900 immer 45MHZ und bei DCS-1800 immer 95MHz Abstand voneinander. In jedem der Up- bzw. Downlinkbänder bleibt ein Guardband von 200kHz übrig. Jeder Radio Frequency Channel (RFCH) Frequenzkanal ist eindeutig nummeriert. Da niedere Frequenzen weniger stark gedämpft werden bei ihrer Ausbreitung im Raum, wird dem Uplink-Band immer die niedrigeren Frequenzen zugewiesen, da die MS weniger Energiekapazitäten zur Verfügung hat als die BTS.

Jeder Funkzelle wird eine Teilmenge der Frequenzkanäle, die CA-Cell Allocation, zugeteilt, wobei einer der Frequenzkanäle der CA als BCCH-Träger bereitgestellt wird, damit die Synchronisationsdaten (SCH, FCCH) und der BCCH ausgestrahlt werden können. Eine andere Teilmenge der verbleibenden Frequenzkanäle der CA wird einer MS zugewiesen, die MA-Mobile Allocation, die für das Frequenzsprungverfahren wichtig ist.

Gibt es im geografischen Raum mehrere GSM-Netzbetreiber, so müssen die zur Verfügung stehenden Frequenzbänder durch eine Lizenzierungsstelle auf die Netzbetreiber aufgeteilt werden, damit es zu keinen Überlagerungen der einzelnen Frequenzkanälen kommt.

Jedes Frequenzband wird durch TDMA-Multiplex in acht Einzelkanäle (Zeitschlitze) zerlegt. Damit die Sende- und Empfangselektronik der MS möglichst einfach und billig gehalten werden kann, werden die TDMA-Rahmen des Uplinks mit drei Zeitschlitzen Verzögerung gegenüber dem Downlink gesendet. Die MS verwendet im Uplink und im Downlink jeweils den gleichen Zeitschlitz. Durch diese Zeitverschiebung braucht die MS keine echte Duplex-Einheit, da sie so die Datenrichtungen sequentiell abarbeiten kann.

Die Datenübertragung über den Funkweg ist um einiges fehleranfälliger als die Kabelverbindungen im Festnetz. Gerade bei digitalen Daten kann das zu erheblichen Problemen führen, da bereits einige fehlerhafte Bits eine erhebliche Beeinträchtigung der Übertragungsqualität bedeuten können. Aus diesem Grund wird in GSM-Netzen ein großer Aufwand für den Fehlerschutz betrieben. Zunächst wird das 260 Bit große Datenpaket eines 20 ms-Blocks gemäß der Wichtigkeit der Daten in drei Klassen unterteilt: 50 sehr wichtige Bits, 132 wichtige Bits und 78 weniger wichtige Bits. An die sehr wichtigen Bits wird eine Prüfsumme (CRC) von drei Bits und an die wichtigen Bits noch vier Abschlussbits angehängt, um Fehler erkennen zu können. Die so entstandenen 189 Bits werden nun einem Faltungscodierer unterzogen, der den Datenumfang durch Einfügen von Redundanz verdoppelt. Die als weniger wichtig deklarierten Bits werden dann ohne Fehlerschutz dem codierten Datenblock angehängt. So entstehen aus den 260 Bits (entsprechen einer Datenrate von 13 kBit/s) insgesamt 456 Bits, was einer Datenrate von 22,8 kBit/s entspricht. Durch dieses Verfahren lassen sich jedoch lediglich 25 Prozent der Fehler erkennen und beheben. Deshalb werden im wesentlichen noch zwei weitere Techniken verwendet.

Übertragungsfehler haben die Tendenz sowohl zeitlich als auch auf bestimmten Frequenzen gehäuft aufzutreten. Die sogenannte Bitverspreizung (Bit-Interleaving) verteilt die 456 Datenbits über einen längeren Zeitabschnitt (40 ms) und versucht ursprünglich benachbarte Bits möglichst weit auseinander zu bringen, um damit bei zeitlichen Übertragungsfehlern den Ausfall ganzer Datenblöcke zu verhindern. Treten auf einer Frequenz vermehrt Fehler auf, so besteht zusätzlich die Möglichkeit zwischen verschiedenen Frequenzen zu wechseln (Frequenzsprungverfahren), um so den Störungen zu entgehen.

Als weiterer Schutz besitzt jeder Datenübertragungsburst in der Mitte eine immer gleich bleibende Trainingsbitfolge mit deren Hilfe, die Art der Fehler erkannt werden kann, um sie dann gezielt beseitigen zu können. Wenn all dies nichts nützt, dann kann sich das System auf der Empfangsseite noch mit einem aus der CD-Technik bekannten Trick behelfen: Ist das empfangene Datenpaket nicht wiederherstellbar, so wird es schlicht ignoriert und stattdessen der Parametersatz des letzten Sprachrahmens verwendet. Technisch bewirkt dies eine Interpolation der Ausgangswerte, die subjektiv kaum bemerkbar ist. Erst nach 320 ms kontinuierlich falschem Sprachrahmen wird der Ausgang komplett stumm geschaltet.

Wie bei allen Kommunikationssystemen hat auch bei GSM die Sicherheit der Gesprächspartner vor unbefugtem Eingriff Dritter in die Verbindung einen hohen Stellenwert. Bei GSM-Systemen stellt hauptsächlich die Funkverbindung zwischen den MS und den BTS einen Schwachpunkt dar, da hier prinzipiell jeder, der über eine entsprechende Ausrüstung verfügt, die Signale empfangen kann. Daher wird gerade in diesem Abschnitt ein besonderes Augenmerk auf die Datenverschlüsselung gelegt. Die Prüfung der Netzzugangsberechtigung, d.h. ob ein Netzteilnehmer wirklich der ist, für den er sich ausgibt, stellt ein typisches Kryptografieverfahren dar. Man verwendet hierzu das sogenannte „Challenge-Response-Verfahren". Dabei werden keinerlei persönliche Daten, wie Schlüssel oder Geheimzahl, über die unsichere Luftschnittstelle übertragen. Das AUC eines MSCs generiert hierfür nach dem Zufallsprinzip die 128 Bit lange Zahl RAND (random number), für die somit ca. $3,4 \times 10^{38}$ verschiedene Möglichkeiten entstehen. Diese Zahl wird an die MS übertragen. Die SIM-Karte des MS besitzt einen geheimen, teilnehmerspezifischen Schlüssel S und den ebenfalls geheimen A3-Algorithmus, mit deren Hilfe sie aus der Zahl RAND einen 32 Bit langen Ergebniswert SRES (signed response) berechnen kann, den sie an das AUC zurückgibt. Das AUC, das den Schlüssel S und den A3-Algorithmus auch kennt, berechnet den Wert SRES ebenfalls und vergleicht die beiden Werte. Nur wenn sie übereinstimmen wird die Zugangsberechtigung erteilt.

Bei der Verschlüsselung von Nachrichten zeigt sich ein weiterer Vorteil der digitalen Übertragung. Die Nachricht wird mittels XOR-Prinzip bitweise mit einer Verschlüsselungssequenz verknüpft und so für jemanden, der diese Verschlüsselungssequenz nicht kennt, unlesbar gemacht. Anhand des Schlüssels S, der Zahl RAND und dem wiederum geheimen netzbetreiberspezifischen A8-Algorithmus auf der SIM-Karte wird ein weiterer 64 Bit langer Schlüssel V berechnet. Mittels diesem Schlüssel und der über die Luftschnittstelle übermittelte TDMA-Rahmennummer (RNr.) erzeugt dann der A5-Algorithmus fortlaufend die Verschlüsselungssequenzen für die beiden Funkrichtungen (MS->Netz, Netz->MS). Diese Berechnungen werden bereits bei der Teilnehmeridentifikation durchgeführt und die Verschlüsselungssequenz an einem Testwort überprüft.

General Packet Radio Service (GPRS)

General Packet Radio Service bietet den GSM-Mobilfunknetzbetreibern erstmals die Möglichkeit, paketorientierte Datendienste anzubieten. Vor der Einführung des GPRS waren mit einem herkömmlichen GSM-Handy Datenraten von nur 9600 Bit/s möglich. GPRS unterstützt eine Reihe von Datenübertragungsprotokollen (beispielsweise das Internet Protokoll IP). Das ermöglicht dem Mobilfunkteilnehmer mit fremden Datennetzen wie dem Internet zu kommunizieren. GPRS öffnet also die unendliche Weiten des www – World Wide Webs. Im Gegensatz zu den bisherigen GSM-Übertragungsverfahren wird bei GPRS nicht die Verbindungsdauer bezahlt, sondern die tatsächlich übertragene Datenmenge.

Beim normalen GSM-Sprachdiensten teilen sich bis zu sieben Teilnehmer eine Übertragungsfrequenz. Dazu wird jedem Teilnehmer ein Zeitschlitz zugewiesen. Pro Frequenzband gibt es acht Zeitschlitze, wovon allerdings einer für Signalisierungsdaten (Kontrollinformationen) reserviert ist. Pro Zeitschlitz werden 114 Bit Daten eines bestimmten Teilnehmers übertragen. Wenn der achte Zeitschlitz und damit auch ein 4,6 ms-Zeitrahmen fertig übertragen ist, wird der nächste Zeitrahmen (4,6 ms) beginnend mit dem ersten Zeitschlitz übertragen. Die Wiederholrate ist so groß gewählt, dass die Sprachqualität eines Telefonats dadurch nicht gestört wird. Ein Zeitschlitz stellt somit einen Übertragungskanal dar. Bei dieser herkömmlichen GSM-Kanalvergabe ist eine Übertragungsleitung permanent für die Dauer der Verbindung einem Teilnehmer zugewiesen. Beim Surfen im Internet, werden im Normalfall aber nicht permanent Daten übertragen, sondern eine Webseite wird aufgerufen und anschließend gelesen. Während des Lesens werden aber keine Daten über den Kanal (Zeitschlitz) übertragen. Aus der Sicht des Mobilfunknetzbetreibers ist das eine Verschwendung bestehender Funkkanäle, bzw. für den Teilnehmer ist dieser Aspekt ebenso ungünstig, da er die aufgebaute Leitung nach Zeit bezahlen muss, ohne Daten übertragen zu haben.

Der paketorientierte Datendienst von GPRS geht einen komplett anderen Weg zur Vermeidung der Leerzeiten. Ein Übertragungskanal wird dabei auf mehrere Teilnehmer aufgeteilt. Die zu übertragenden Daten werden dabei in Pakete aufgeteilt und über den Kanal übertragen. Bei GPRS wird die Übertragungskapazität von allen Teilnehmern einer Funkzelle geteilt. Damit es zu keinen Kollisionen des Kanals bei der Paketbelegung und zu einer fairen Verteilung zwischen den Teilnehmer kommt, sind spezielle Protokolle für die Funkstrecke verantwortlich.

GPRS ermöglicht es den Teilnehmern, Daten mit öffentlichen Datennetzen auszutauschen. Um höhere Datenraten zu erzielen, können mehrere Zeitschlitze miteinander kombiniert werden – maximal aber acht. Pro Zeitschlitz lassen sich je nach Fehlerschutzmechanismen bis zu 21,4 kbit/s übertragen, wobei im Normalfall schon 15,6 kbit/s pro Zeitschlitz die Maximalrate sein dürfte, um nicht zu hohe Bitfehlerraten zu bekommen. Bei acht Zeitschlitzen (15,6 KBit/s x 8) ließen sich so immerhin 124,8 KBit/s erzielen. Zu Beginn wird die maximale Datenrate pro Zeitschlitz bei etwa 13,4 KBit/s liegen, was bei einer Kanalbündelung von acht Zeitschlitzen eine Datenrate von 107,2 KBit/s bedeuten würde. Das ist immerhin eindeutig schneller als ein ISDN-Anschluss. Allerdings muss diese Übertragungskapazität unter Umständen mit anderen Teilnehmern geteilt werden.

GPRS unterstützt die Übertragung von Daten zwischen einem Sender und einem oder mehreren Empfängern. Sender bzw. Empfänger können mobile Geräte oder einfache Datenendeinrichtungen sein. Die Datenendeinrichtung ist entweder direkt an das GPRS-Netz oder an externe Datennetze angeschlossen, während mobile Geräte über die Basisstation an das GPRS-Netz angeschlossen sind. Die Realisierung von GPRS erfordert größere Änderungen in der Netzarchitektur von GSM, um die von GPRS unterstützte Paketvermittlung zu ermöglichen. Die wichtigste Änderung ergibt sich aus der Einführung der GPRS Support Nodes (GSN), die die Paketvermittlung übernehmen und als Gateway zu den Paketnetzen dienen. Die GSN sind auch für das Mobilitätsmanagement (Roaming) der Teilnehmer verantwortlich. Hieraus ergeben sich die zwei Hauptfunktionen des GSN: die Gateway- und die Roamingfunktion. Für die Erfüllung dieser Funktionen sind zwei unterschiedliche Subsysteme vorgesehen. Die Gatewayfunktion wird vom Gateway GPRS Support Node (GGSN) wahrgenommen, während der Serving GPRS Support Node (SGSN) für das Roaming zuständig ist. Durch die Zuordnung einer temporären, dynamischen Adresse zur Mobilstation wird es dem SGSN möglich, beim Roaming eine Identifizierung der Mobilstation vorzunehmen.

Aus der Sicht des Teilnehmers erfolgt die Adressierung wie gewohnt über seine IP-Adresse.

Um das reibungslose Nebeneinander von durchschaltevermittelten Kanälen (GSM) und paketvermittelten Kanälen im selben Netz gewährleisten zu können, muss auf der Luftschnittstelle eine dynamische Ressourcenverwaltung vorgenommen werden. Hierbei wird den durchgeschalteten Kanälen eine höhere Priorität zugeordnet, indem in der Aufbauphase einer GSM-Verbindung der betroffene Kanal für GPRS-Pakete gesperrt wird. Innerhalb eines Trägers können die verfügbaren Zeitschlitze nebeneinander von GSM und GPRS genutzt werden. Zu einem bestimmten Zeitpunkt kann so ein Teil der Zeitschlitze durch GSM genutzt werden, während ein anderer Teil der Zeitschlitze von GPRS-Diensten belegt ist. Bei den von GPRS unterstützten Diensten wird unterschieden zwischen Point-to-Point-Diensten (PTP) und Point-to-Multipoint-Diensten (PTM):

PTP-Dienste unterstützen die Übertragung eines oder mehrerer Pakete zwischen zwei Benutzern. Die Übertragung kann verbindungslos oder verbindungsorientiert erfolgen. Die verbindungslosen GPRS-Dienste (PTP-CLNS, connection-less network service) sind konsistent zu ISO 8348 (connection-less network layer definition). GPRS unterstützt laut Standard alle Applikationen, die auf dem Internet-Protokoll (IP) der TCP/IP-Protokollfamilie basieren. Verbindungsorientierte GPRS-Dienste (PTP-CONS, connection-oriented network service) stellen eine logische Beziehung zwischen zwei Benutzern her (virtuelle Verbindung), über die die Datenübertragung erfolgt, und sind konsistent zu ISO 8348. PTM-Dienste unterstützen die Übertragung von einem Absender zu einer Empfängergruppe, die sich zu einem bestimmten Zeitpunkt in einem vorgegebenen geografischen Gebiet befinden. Jeder GPRS-Teilnehmer hat die Möglichkeit, sich für eine oder mehrere Teilnehmergruppen registrieren zu lassen. Diese Gruppen sind entweder Dienstanbietern oder Applikationen zugeordnet. Es gibt zweierlei PTM-Dienste:

‣ PTM-Multicast (PTM-M): Die Daten werden in alle vom Absender angegebenen Gebiete übertragen, entweder an alle Empfänger in diesen Gebieten oder nur an die angegebenen Teilnehmergruppen.

‣ PTM-Group Call (PTM-G): Die Daten werden nur an eine spezielle Teilnehmergruppe gesendet, und zwar nur in denjenigen Zellen eines geografischen Gebietes, in denen sich Teilnehmer der Gruppe befinden. Dies bedeutet, dass dem Netz, anders als bei PTM-M, alle Teilnehmer der Gruppe, die sich zum Sendezeitpunkt innerhalb des Gebietes befinden, bekannt sein müssen. Das geografische Gebiet wird bei PTM-G vom Absender des Gruppenrufs für alle Datenübertragungen, die sich auf diesen Ruf beziehen, festgelegt.

GPRS – Architektur

Der Mobilfunknetzbetreiber muss ein neues Netzwerk aufbauen, um paketorientierte Datendienste zu ermöglichen. Dazu werden GPRS-Support-Nodes (GSN) implementiert. Der GGSN (Gateway GPRS Support Node) ist für die Anbindung an externe Datennetze und somit mit deren Kommunikation verantwortlich. Seine Funktion ist also das Tor zu fremden paketorientierten Datennetzen. Der Serving GPRS Support Node (SGSN) ist für das Mobilitätsmanagement verantwortlich und übernimmt für die Paketdatendienste eine ähnliche Funktion wie der Mobile Switching Center (MCS) für die verbindungsorientierten Sprachsignale. SGSN und GGSN kommunizieren über einen IP-Backbone. Der SGSN muss die Datenkommunikation mit dem Funknetzteil herstellen. Dazu kommuniziert er über ein Frame Relay Backbonnetz mit der PCU (Packet Control Unit), die ihrerseits die Daten in den Base Station Controller (BSC) einschleust. Der BSC ist bereits Bestandteil des herkömmlichen GSM-Netzes und nimmt mit den Basisstationen die Kommunikation auf. Hauptaufgabe des BSC ist im allgemeinen, die Funkressourcen der an ihm angeschlossenen Zellen zu verwalten. Herkömmliche Sprachdaten (Circuit Switched) werden also vom BSC zum Mobile Switching Center (als Vermittlungsstelle) transportiert, Paketdaten werden vom BSC über die PCU zum SGSN transportiert.

Im GSM/GPRS-Netz sind diverse Schnittstellen definiert, um mit externen Netzen kommunizieren zu können.

GPRS -Klassen

Für GSM/GPRS-Dienste gibt es drei verschiedene Geräteklassen für die Mobile Station (Handy).

Klasse A
Bei Klasse A Geräten können gleichzeitig GPRS-Datendienste und GSM-Übertragungsdienste durchgeführt werden bzw. können die Kanalressourcen beider Dienstwelten, nämlich paket- und leitungsorientiert, parallel überwacht werden. Es muss nur ein Zeitschlitz-Kanal für einen der Dienste verfügbar sein. Ist die mobile Station gerade aktiv mit einem Dienst beschäftigt, so muss es noch möglich sein Steuerkanäle zu überwachen, um feststellen zu können, ob ein Dienst hereinkommt oder nicht, über den signalisiert wird, wenn ein Anruft zum Handy durchgestellt werden soll.

Klasse B
Bei dieser Klasse ist eine gleichzeitige Überwachung der Signalisierungskanäle von GSM und GPRS möglich, solange noch kein Dienst durchgestellt ist. Diese Geräteklasse erlaubt aber kein gleichzeitiges Durchführen mehr von GSM- und GPRS-Diensten. Sobald ein CS- oder ein PS-Dienst aktiv ist, werden die Steuerkanäle der anderen Dienstklasse nicht mehr überwacht.

Klasse C
Hier muss sich der Teilnehmer vorher entscheiden, ob er das Handy für GSM oder GPRS nutzen möchte, da die Paging Channels von GSM und GPRS nicht mehr simultan überwacht werden können.

i-mode

Der größte japanische Mobilfunkanbieter NTT DoCoMo hat im Februar 1999 die i-mode -Technologie eingeführt und in kürzester Zeit unglaubliche Erfolge verbucht. Im ersten Betriebsjahr konnten für diesen Dienst über 28 Millionen Kunden gewonnen werden. Dazu kommen in zwei konkurrierenden Netzen weitere 17.2 Millionen Kunden: EZweb 8.6 Millionen und J-Sky 8.6 Millionen. i-mode ist zwar ein proprietärer Dienst, aber NTT DoCoMo hat durch Marktmacht und vor allem durch hohe Qualitätsstandards dafür gesorgt, dass es für die Kunden ein interessantes Angebot ist. Einer der Erfolgsfaktoren dürfte wohl sein, dass hier der Netzbetreiber für einige Anbieter auch Inkasso für gebührenpflichtige Dienste macht. Dabei wird, wie gesagt, auf Qualität geachtet. Das gilt für 666 Partner, die fast 30.000 Seiten online haben, darunter alleine 20 Suchmaschinen.

Als Ausrüstung für i-mode benötigen die mobilen Surfer lediglich ein spezielles i-mode-Telefon und eine Anmeldung zur Nutzung des Dienstes. Die europäischen Netzbetreiber blicken neidisch nach Japan. Denn auch sie erhofften sich mit dem Wireless Application Protocol (WAP) einen ähnlichen Erfolg. DoCoMo bietet den Dienst in ihrem PDC-Netz an. Unterschied gegenüber den GSM-Netzen (Global System for Mobile Communications): Personal Digital Cellular bietet eine paketvermittelte Übertragung an, wobei die i-mode-Datenrate allerdings nur 9.600 Bit/s beträgt. Am Erfolg von i-mode zeigt sich, dass nicht die geringe Übertragungsgeschwindigkeit der hemmende Faktor bei der Verbreitung eines mobilen Internet-Zugangs ist. Vielmehr ist – ein ausreichendes und zielgruppengerechtes Dienstangebot vorausgesetzt – die paketvermittelnde Übertragung das entscheidende Kriterium für einen Erfolg auf dem Massenmarkt. Damit ist dem japanischen Netzbetreiber eine volumenorientierte Abrechnung möglich. Das heißt, die Kunden bezahlen nur für die Übertragung der Bytes. Während des Lesens der Seiten fallen keine Gebühren an.

DoCoMo lockt die Kunden darüber hinaus mit einer attraktiven Tarifgestaltung der Dienste. Das System besteht aus drei Preiskomponenten:

- monatliche Grundgebühr
- monatlicher Pauschalpreis für Nutzung spezieller Angebote
- Kosten für die Übertragung

Der Nutzer muss sowohl für ankommende als auch abgehende Daten bezahlen, unabhängig von der Dauer der Übertragung.

Der i-mode-Mechanismus ist ein bislang nur in Japan verbreiteter mobiler Datenübertragungsstandard, welcher Inhalte aus dem Internet auf das Mobiltelefon überträgt. Mit i-mode werden dieselben Serviceleistungen angeboten wie über WAP: Entertainment, Information, Shopping, Banking, Brokerage.

Der japanische Telecom-Konzern NTT DoCoMo will bereits in diesem Jahr seine UMTS-Dienste starten. Angefangen in den Ballungszentren Tokyo, Yokohama und Kawasaki sollen die UTMS-Services verfügbar sein. Zwar bietet UMTS grundsätzlich die Möglichkeit, Up- wie Downstream gleichschnell zu betreiben, NTT DoCoMo will aber mit einer Datenübertragungsrate von 384 kBit/s Downstream und 64 kBit/s Upstream online gehen. NTT DoCoMo hat gleichzeitig Zahlenmaterial über die durchschnittlichen Kosten eines Mobilfunkanschlusses veröffentlicht.

UMTS – Universal Mobile Telecommunications System

Immer wieder ist die Rede von der Konvergenz der Medien und verschiedener Technologien. Mobilfunk der dritten Generation ist ein wichtiger Schritt in diese Richtung, denn durch den Einsatz neuer Technologien soll es in Zukunft möglich sein, mit einem Handy nicht nur zu telefonieren, sondern auch im Internet zu surfen, eMails zu verschicken und Videos zu sehen. Die Handys von morgen werden kleine Multimedia-Talente sein. Die Universal Mobile Telecommunications System (UMTS) ist

Bestandteil der Vision „IMT-2000", der International Telecommunication Union. UMTS ist einer der wichtigsten Standards für drahtlose Kommunikationssysteme der dritten Generation (3G). UMTS wurde vom European Telecommunication Standards Institute (ETSI) gemeinsam mit führenden Unternehmen aus dem Bereich Telekommunikation festgelegt.

Die bisher eingesetzte Mobilfunktechnik krankt an einem Punkt, der sie gerade für den Einsatz als Datenübertragungsmedium fast unbrauchbar macht: den geringen erzielbaren Übertragungsraten. UMTS verspricht Übertragungsraten, bei denen nicht nur mobile, sondern auch stationäre Anwender ins Schwärmen geraten: Bei quasi-stationärem Betrieb, bei dem sich der Anwender nicht schneller als 10 km/h in städtischen Gebieten bewegt, sollen mindestens 2 MBit/s möglich werden. Das UMTS-Funknetz wird in hierarchische Versorgungsebenen unterteilt, die in Abhängigkeit von der Bewegungsgeschwindigkeit des Empfängers unterschiedliche Transfergeschwindigkeiten zulassen.

- In der Makroebene sind es mindestens 144 KBit/s bei einer maximalen Reisegeschwindigkeit von 500 km/h.
- In der Microebene mindestens 384 KBit/s bei einer Geschwindigkeit von maximal 120 km/h.
- In der Pikozone sind wie bereits erwähnt Transferraten von 2 MBit/s bei maximal 10 km/h möglich.

UMTS baut auf einem komplett neuen ULTRAN (UMTS Terestrial Radio Access Network) Funknetz auf, dessen Technologie sich grundlegend von der GSM-Technik unterscheidet. Es soll eine effizientere Nutzung der Frequenzen und die Unterstützung schnellerer Datendienste erreicht werden. Im Mittelpunkt der neuen Technik steht das Wideband Code Division Multiple Access W-CDMA Multiplexverfahren. Auf Basis von W-CDMA können mehrere Teilnehmer gleichzeitig über nur einen Frequenzkanal kommunizieren, ohne dass diese sich gegenseitig stören bzw. beeinflussen. Jedes Teilnehmersignal wird mit einem binären Code gekennzeichnet, so dass der Empfänger das gewünschte Signal aus dem gemeinsam genutzten Frequenzkanal wieder herausfiltern kann.

Die physikalische Schicht des UMTS-Netzes bildet das elektronische Bindeglied zwischen dem User-Equipment und dem Netzwerk. Die Information kann aus Sprache, Datenpaketen (oder Datenströmen) oder Signalisierungsdaten bestehen und wird in Form elektrischer Signale bzw. eines Bitstroms übertragen.

Den Übertragungsweg zu höhergelegenen Schichten bilden Datentransfer-Services, die über Transportkanäle auf die MAC-Schicht zugreifen. Für diese Services stehen Funkverbindungen zur Verfügung, die durch Signalisierungsprozeduren eingerichtet werden. Diese Verbindungen werden von der Managementschicht der physikalischen Schicht verwaltet. Eine solche Funkverbindung besteht aus einem oder mehreren Transportkanälen und einem physikalischen Kanal.

Die physikalische Schicht wird in zwei Gruppen unterteilt: die Transportschichten und die physikalischen Sublayer. Prozesse wie Kanalkodierung, Interleaving, etc. werden von der Transportschicht übernommen. Hier sind auch die QoS-Funktionen zu finden. Die Modulation des Bitstroms (Aufbereitung für die Funkschnittstelle), sowie Bandspreizung finden auf dem physikalischen Sublayer statt.

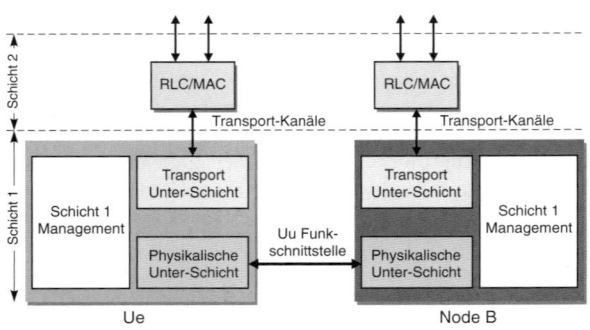

Abbildung 14.1: UMTS Schichten

Der Layer 1 erbringt folgende Funktionen:

‣ Macrodiversität: Aufteilung und Zusammenfassung, sowie Soft Handover Funktionen
‣ Fehlerverwaltung der Transportkanäle und Übermittlung an höhere Layer
‣ Coding/Decoding und Interleaving/Desinterleaving von Transportkanälen
‣ Multiplexing/Demultiplexing von Transportkanälen
‣ Mapping von kodierten kombinierten Transportkanälen auf physikalischen Kanälen
‣ Modulation/Demodulation von physikalischen Kanäle
‣ Frequenz- und Zeitsynchronisierung
‣ Messungen und Übermittlung der Ereignisse an höhere Schichten
‣ Closed-loop Leistungskontrolle
‣ Frequenzverwaltung

UMTS Protokolle

Beim UMTS unterscheidet man zwischen Protokollen, die nur für den Funkverkehr an der Funkschnittstelle verantwortlich sind, und jenen Protokollen, die für die Kommunikation der Funknetzkomponenten zuständig sind.

Radio Interface Protocol (RIP)

Das Radio Interface Protocol (RIP) wird zur Einrichtung und Verwaltung der Funkdienste benötigt. Die Protokollschichten bieten die Funktionen der Schichten 2 und 3. Bei der UMTS Terristrial Radio Access - Frequency Division Duplex (UTRA-FDD) Schnittstelle ist der Data Link Layer in folgende Subschichten aufgeteilt:

‣ die Control Plane und
‣ die User Plane.

Die Control Plane besteht aus dem Media Access Control (MAC) und dem Radio Link Control Protokoll (RLC). In der User Plane sind Packet Data Convergence Protokoll (PDCP) und das Broadcast (Multicast Control Protokoll (BMC) angesiedelt. Auf der Schicht 3 arbeitet das Radio Ressource Control Protokoll RRC.

Medium Access Control Protokoll (MAC)

In der MAC-Schicht werden die logischen Kanäle auf die Transportkanäle abgebildet. Die MAC-Schicht ist für die Auswahl eines geeigneten Transportformats für jeden Transportkanal in Abhängigkeit der momentanen Übertragungsrate bzw. Datensensitivität des logischen Kanals zuständig. Das Transportformat wird in Bezug auf das Transport Format Combination Set (TFCS) gewählt, das vom Access-Controller für jede Verbindung definiert wird.

Die MAC-Schicht besteht aus folgenden logischen Einheiten:

- MAC-b: Behandelt die Broadcast-Channels (BCH). Es gibt in jedem UE und in jedem Node B eine MAC-b-Einheit
- MAC-c/sh: Behandelt die Common Channels und die Shared Channels. Dazu gehören der Paging Channel (PCH), der Forward Link Access Channel (FACH), der Random Access Channel (RACH), der Common Packet Channel (CPCH) im Uplink und der Downlink Shared Channel (DSCH). Diese MAC-Einheit existiert wieder in jedem UE und im RNC des UTRAN für alle Zellen. Der logische BCCH (Broadcast Control Channel) kann sowohl auf den BCH als auch auf den FACH als Transportkanal abgebildet werden. Die logischen PCCH-Daten werden direkt in die PCH-Transportkanal-Daten umgeleitet.
- MAC-d: Kontrolliert die Dedicated Channels (DCH), die einem UE im Verbindungszustand zugewiesen werden. Es gibt wiederum MAC-d-Einheiten in jedem UE und für jeden Serving-RNC im UTRAN (für alle Teilnehmer).

MAC-Funktionen

▸ Zuweisung der logischen Kanäle auf die entsprechenden Transportkanäle

▸ Auswahl des passenden Transportformats aus dem TFCS (Transport Format Combination Set) für jeden Transportkanal in Abhängigkeit der Datenrate

▸ Behandlung der Priorität für die Datenrate des UE. Das wird dadurch erreicht, in dem „High Bit Rate" und „Low Bit Rate" Transportformate für unterschiedliche Datenraten ausgewählt werden.

▸ Behandlung der Priorität zwischen UEs mittels dynamischer Zeitplanung, die für Common und Shared Downlink Transport Channels (FACH und DSCH) angewandt werden.

▸ Identifizierung der UEs auf Common Transport Channels. Die Identität der UE´s oder des UTRAN wird in den MAC-Header gepackt.

▸ Multiplexen/Demultiplexen von höheren Protokollen in/von Transportblöcke der physikalischen Schicht für Common Transport Channels als auch Dedicated Transport Channels

▸ Überwachung des Verkehrsaufkommen

▸ Dynamische Vermittlung von Transportkanälen

▸ Verschlüsselung. Falls ein logischer Kanal den transparenten RLC-Mode verwendet, wird die Verschlüsselung in der MAC-d-Schicht durchgeführt. Die Daten werden dabei über eine XOR-Funktion mit einer Verschlüsselungsmaske, die von Verschlüsselungs-Algorithmen erzeugt werden, chiffriert. In der MAC-Verschlüsselung wird ein zeitabhängiger Parameter (COUNT) für den Verschlüsselungs-Algorithmus verwendet, der mit dem gleichen Takt wie die System Frame Number (SFN) erhöht wird, also alle 10ms. Jeder logischer Kanal wird separat verschlüsselt.

▸ Auswahl der Access Service Class (ASC) für RACH-Transport. Die PRACH-Ressourcen (Physical Random Access Channel) werden zwischen unterschiedlichen ASC´s aufgeteilt, um unterschiedliche Prioritäten bezüglich der RACH-Verwendung zu unterstützen.

Radio Link Control Protokoll (RLC)

Das RLC-Protokoll unterstützt Segmentierung und Rücktransport für Nutz- und Signalisierungsdaten. Jede RLC-Instanz wird vom RCR so konfiguriert, dass in einer von drei Modi gearbeitet werden kann. Zu diesen Modi gehören der:

- transparenter Modus (Tr)
- nicht-transparenter Modus
  - unacknowledged Mode (UM)
  - acknowledged Mode (AM)

RLC-Services für höhere Schichten:

- Datentransfer: hier kommen transparente, acknowledged und unacknowledged Moden zur Verwendung.
- QoS-Einstellung: das Rückübertragungsprotokoll (nur bei acknowledged Modus) soll über die dritte Schicht verschiedene Arten von Quality of Service anbieten.
- Bericht über irreparable Fehler: der RLC informiert die übergeordneten Schichten über Fehler, die er nicht selbst korrigieren kann.

Die RLC-Funktionen sind:

- Mapping: Aufteilung zwischen PDUs (Packet Data Unit) aus höheren Schichten und logischen Kanälen
- Ciphering: Datenverschlüsselung zum Schutz der Daten vor dem nicht-berechtigten Zugriff Dritter (nichttransparenter RLC-Modus - AM,UM)
- Segmentierung/Zusammensetzung: diese Funktion teilt PDUs von höheren Schichten (variable Länge) in kleinere Payload-PDUs, welche dann vom RLC verarbeitet werden können, und umgekehrt. Die Größe der PDUs, die der RLC verwaltet, kann während des Betriebs eingestellt werden; sie liegt im Ermessen des Betreibers. Außerdem können Verkettung von Datenpaketen und Auffüllen nichtgenützter Datenteile angewandt werden.

- Fehlerkorrektur: diese wird bei der Rückübertragung und nur im acknowledged Modus angewandt.

Radio Resource Control (RRC)

Das RRC-Protokoll befindet sich in der dritten Schicht und wird verwendet, um die Signalisierung zwischen UE und UTRAN zu gewährleisten. Es verwaltet General Control (Gc), Nofication (Nt) und Dedicated Control (Dc) Services für die höhere Schichten. Die einzelnen Funktionsinstanzen sind:

- Routing Function Entity (RFE): wird verwendet, um Nachrichten von höheren Schichten an die verschiedenen Instanzen des Control Modul (CM) oder des Mobility Managements (MM) auf der UE-Seite, oder zu verschiedenen Netzwerkdomänen auf der RNC-Seite (Radio Network Controler) zu leiten.
- Broadcast Control Function Entity (BCFE): verwaltet Broadcast-Funktionen (Gc-Service Access Point zu höheren Schichten) unter Verwendung von transparenten und unacknowledged SAPs, welche von unteren Layern zur Verfügung gestellt werden.
- Paging and Notification Control Function Entity (PNFE): Diese Instanz dient zur Überwachung von Paging-Rufen im Leerlaufmodus (via Nt_SAP zu höheren Schichten). Auch hier kommen Services von untergeordneten Schichten zum Tragen.
- Dedicated Control Function Entity (DCFE): sie verwaltet alle Funktionen, welche für eine Verbindung zu einem bestimmten UE spezifisch sind. Diese Instanz verwendet auch Funktionen, die von unteren Schichten angeboten werden über transparente, acknowledged oder unacknowledged SAPs (abhängig von dem angeforderten Service).
- Transfer Mode Entity (TME): diese Instanz ist für das Mapping zwischen den verschiedenen RRC-Instanzen und den SAPs des RLC zuständig

Die wichtigsten Funktionen des RRC sind:

- Einrichtung, Neueinrichtung, Wartung und Auflösung einer RRC-Verbindung zwischen UE und UTRAN: es beinhaltet eine optionale Zellenwiederauswahl, eine Aufnahmekontrolle und eine Schicht 2 Linkeinrichtung.
- Einrichtung, Konfiguration und Auflösung eines Funkträgers: abhängig vom angeforderten QoS ist es möglich, zur gleichen Zeit mehrere Träger pro Verbindung zu einem UE einzusetzen.
- Anweisungen, Konfiguration und Auflösung von Funkressourcen einer RRC-Verbindung: die Anweisungen von Funkressourcen sind verwendete Codes, geteilte Kanäle, etc. Diese Funktion steuert außerdem die Systemressourcen, wenn es zu einem Handover kommt.
- Paging und Mitteilungen: verwaltet Broadcastnachrichten vom Netzwerk zu den UEs
- Broadcasting von Informationen: diese Funktion wird von der Access-Schicht bzw. der Non-Access-Schicht im Core-Netzwerk verwaltet.
- UE-Messungen und Verarbeitung der Messwerte
- Leistungskontrolle: laufende Messung; es können Grenzwerte eingesetzt werden.
- Verschlüsselungskontrolle: diese Funktion verwaltet alle Prozeduren, die für die Verschlüsselung benötigt werden.

Broadcast-Multicast Control Protokoll (BMC)

BMC ist ein Sublayer der 2. Netzschicht und ist oberhalb der RLC-Schicht untergebracht. Das BMC-Protokoll wird ausschließlich für Cell Broadcast und Multicast Services verwendet. Der hierbei benützte physikalische Kanal ist der CTCH (Common Traffic Channel), der dem CBCH (Cell Broadcast Channel) der GSM-Generation entspricht. Jede BMC-Instanz benötigt einen CTCH.

Broadcast Dienste

Die Dienste der ersten UMTS-Phase wurden von der GSM-Technologie übernommen. Sie werden verwendet, um generelle Informationen von einem Cell Broadcast Center (CBC; im Core-Netzwerk untergebracht) an jedes in der Zelle befindliche UE (oder Teilnehmer) zu senden. Die Aufgabe des BMC besteht darin, sicherzustellen, ob die in Auftrag gegebene Nachricht vom CBC auch gesendet wurde.

Multicast Service

Diese Funktion arbeitet ähnlich wie das Broadcast Service. Es überwacht jedoch, dass Informationen, die vom Netzwerk verschickt werden, nicht von unautorisierten Teilnehmern in einer Zelle empfangen werden.

Die BMC-Funktionen sind:

‣ Speicherung von Broadcast-Nachrichten
‣ Mitverfolgung des Verkehrsvolumens und Anforderung nötiger Funkressourcen für Cell Broadcast/Multicast Services
‣ Zeitliche Planung von BMC-Nachrichten
‣ Übertragung von BMC-Nachrichten zu den UEs und den höher gelegenen Schichten

Durch intelligentes zeitliches Planen der BMC-Nachrichten kann man Sendeleistung sparen, da die UEs den CTCH nur zu bestimmten Zeitpunkten erwarten müssen.

Packet Data Convergence Protocol (PDCP)

UMTS unterstützt verschiedene Arten von Netzwerkprotokollen. Typische sind IPv4 und IPv6. Damit die Verwendung dieser und auch zukünftiger Protokolle ohne einer Umstellung der UTRAN-Protokolle möglich ist, wurde die PDCP-Schicht eingeführt. Das PDCP soll außerdem auch zur Implementierung neuer Optimierungsmethoden (beispielsweise Header Kompression) verwendet werden können. Algorithmen und deren Parameter werden vom RRC zum PDCP weitergeleitet – verschiedene Netzwerkschichten verwenden auch verschiedene Komprimierungs-

und Dekomprimierungsmethoden. Um zu kennzeichnen, welche Methode dabei verwendet wurde, wird ein Packet Identifier (PID) gesetzt. Komprimierungsalgorithmen existieren für TCP/IP, RTP/UDP/IP und andere Protokolle.

Neben dieser Funktion hat das PDCP auch die Aufgabe, als Buffer zu dienen, falls das Serving Radio Network Subsystem (SRNS) neu lokalisiert werden muss. Hierfür wird jede PDCP-SDU (Service Data Unit), egal ob im Uplink oder Downlink, von 0 bis 255 durchnummeriert. Diese Nummerierung findet erst nach der Hader-Komprimierung statt. Diese SDUs werden dann solange aufbewahrt, bis der RLC den korrekten Empfang von PDCP-PDUs bestätigt. Bei Verlust oder Beschädigung von Daten erfolgt eine Neuübertragung.

S Stichwortverzeichnis

R

Radio Interface Protocol
  siehe RIP
Radio Link Control Protokoll
  siehe RLC
Radio Resource Control
  siehe RRC
Rate Management
  siehe RM
Reconciliation Layer 198
Registration Protocol (GVRP) 79
Removal Algoritmus 341
Request for Comments
  siehe RFC
Resilient Packet Ring 18
  siehe RPR
Resilient Packet Transport
  siehe RPT
Resolve Contention 291
RFC 460
RIF 72
RII 71
RII-Bit 240
Ring In (RI) 232
Ring Management Task
  siehe RMT
Ring Out (RO) 232
Ringinitialisierung 362
Ringmanagement 482
Ringnummer 248
Ringsynchronisation 483
Ringtopologie 25
RIP 299, 583
RLC 586

RM 445
RMT 365
  Protokoll 349
Roaming 260
Root Bridge 50, 51, 52, 59, 62, 63
Root Identifier 59, 60
Root Path Costs 61
Root Port 65
Route Information 240
Router 326, 341, 476
Routing 472, 476, 483
Routing Information Field
  siehe RIF
Routing Information Indicator
  siehe RII
Routing Information Protokoll
  siehe RIP
RPR 471, 478, 480
RPT 482
RRC 587

S

SAP 16, 296, 298, 299, 304
SAR 414
Satellit 475
S-Band 490
SC 345
SCO 279
SCSI 381
SDEL 236, 287
SDH 410, 471, 503
SDLC 19
  Protokoll 282

ISBN 3-8266-0803-8
www.mitp.de

Mathias Hein, Michael Reisner

TCP/IP Ge-Packt

- Schnelles Nachschlagen der einzelnen Protokoll-Elemente
- Genaue Informationen auf Bits- und Bytes-Ebene
- Inklusive IPsec, IPv6 und VoIP

Alle Netzwerk- und Systemadministratoren müssen die einzelnen Protokolle und ihre Funktionen genau kennen, um effektiv arbeiten zu können. Keiner kann sich jedoch alle Einzelheiten merken. Dies ist nun auch nicht mehr nötig - dank dieses handlichen und praktischen Nachschlagewerkes.

Mit TCP/IP Ge-Packt erhalten Sie einen schnellen Überblick über die Funktionen der einzelnen Protokolle der TCP/IP-Familie. Alle Daten, die Sie für die tägliche Arbeit benötigen, finden Sie kompakt zusammengefasst in dieser Referenz.

Die Kapitel richten sich nach den Schichten des OSI-Modells: Data Link Layer, Network Layer, Transport Layer, Session Layer, Application Layer und behandeln innerhalb dieser Kapitel die einzelnen Protokolle alphabetisch.

Es werden alle aktuellen Entwicklungen wie IPsec und IPv6 berücksichtigt.